W0175237

Knaur.

Im Knaur Taschenbuch Verlag sind bereits
folgende Bücher des Autors erschienen:
Das Koch-Buch
Die Stümper
Die Profitgeier
Die Dilettanten
Schwarzbuch Beamte
Die verblödete Republik
Die geplünderte Republik
Einigkeit und Recht und Doofheit
Euroland

Der Autor:
Thomas Wieczorek, Jahrgang 1953, ist Journalist und Parteienforscher.
Nach dem Volkswirtschaftsstudium an der Freien Universität Berlin war
er bei der *dpa* Volontär, politischer Redakteur und Chef vom Dienst und
anschließend Leiter des Baden-Württemberg-Büros von *Reuters.* Als freier Autor arbeitete er u.a. für die *Frankfurter Rundschau,* Deutschlandfunk und den Südwestfunk, seit 1989 auch für das Satiremagazin *Eulen-*
spiegel. Am Berliner Otto-Suhr-Institut promovierte er über »Die Normalität der politischen Korruption«. Das Spektrum seiner Radio- und
Fernsehauftritte reicht von RBB bis Sat1. Thomas Wieczorek hat bereits
mehrere Bestseller geschrieben.

Thomas Wieczorek

Die rebellische Republik

Warum wir uns nicht mehr für dumm
verkaufen lassen

Knaur Taschenbuch Verlag

Besuchen Sie uns im Internet:
www.knaur.de

Originalausgabe September 2011
Knaur Taschenbuch.
Copyright © 2011 by Knaur Taschenbuch
Ein Unternehmen der Droemerschen Verlagsanstalt
Th. Knaur Nachf. GmbH & Co. KG, München.
Alle Rechte vorbehalten. Das Werk darf – auch teilweise –
nur mit Genehmigung des Verlags wiedergegeben werden.
Redaktion: Holger Keller
Umschlaggestaltung: ZERO Werbeagentur, München
Umschlagillustration: N. Reitze de la Maza
Satz: Adobe InDesign im Verlag
Druck und Bindung: CPI – Clausen & Bosse, Leck
Printed in Germany
ISBN 978-3-426-78443-3

2   4   5   3   1

Zuerst ignorieren sie dich, dann lachen sie über dich,
dann bekämpfen sie dich, und dann gewinnst du.
MAHATMA GANDHI

Wer kämpft, kann verlieren.
Wer nicht kämpft, hat schon verloren.
BERT BRECHT

Inhalt

Einleitung

Es ist etwas faul im Staate Deutschland: Ob Hartz IV oder Gesundheitsreform, Atommüll-Endlagerung oder umweltzerstörender Bahnhofsneubau, Bildungskatastrophe oder Rente erst nach dem Tod – lange, vielleicht zu lange, haben sich die Bürger das angesehen und ihrem Ruf als »schweigende Mehrheit« alle Ehre gemacht. Nun aber fiel jener Tropfen, der das Fass zum Überlaufen brachte. Wo man auch hinschaut: Es brodelt im Volk, und zwar quer durch alle Altersgruppen und sozialen Schichten.

Und die Verantwortlichen? Bisher ging die ebenso emsig eingeübte wie bodenlos unverschämte Nummer so: Wann immer die Kritiker, egal ob Opposition oder Normalbürger, offenbar dem Volk aus der Seele sprechen, werden sie als »Populisten« beschimpft, wohingegen man den Raubzug gegen die Bevölkerung als »alternativlosen Sachzwang« und die hanebüchenen und zurechtgelogenen Begründungen dafür als »unbequeme Wahrheit« verkauft. Sobald die politischen Entscheidungsträger merken, dass sie hoffnungslos in die Enge getrieben werden, fordern sie von Kritikern und murrenden Bürgern trotzig »bessere Konzepte« – dabei haben die Verantwortlichen ihrerseits nicht einmal den Hauch eines Konzepts, weder für das allgemeine Desaster insgesamt noch für konkrete Projekte wie Gesundheits- oder Steuerreform. Man stelle sich nur einmal vor, ein offenkundig hoffnungslos überforderter Chirurg würde den ungehaltenen Patienten anfahren: »Dann operieren Sie sich doch selbst.« Diese verstandesbeleidigenden Spielchen aber machen die Bürger offenbar nicht länger mit.

Ein Gespenst geht um in Deutschland

Die *Süddeutsche Zeitung* spricht von einer »Protest-Demokratie«[1], der *Spiegel* von einer »Barrikadenrepublik Deutschland«[2], wieder andere warnen vor einer »Dagegen-Republik«[3], die Abteilung »Irre lustiger Vorspann« von *hart aber fair* verfällt auf »Deutschland 21 – Land der Schlichter und Stänkerer?«[4], und die Gesellschaft für deutsche Sprache kürt »Wutbürger« zum Wort des Jahres 2010. Diese abwertend-überhebliche Kennzeichnung, die außer seinem Erfinder, dem *Spiegel*-Angestellten Dirk Kurbjuweit[5], so gut wie niemand benutzt, soll jeden aktiven kritischen Bürger in die Nähe des Hysteriker-Darstellers Louis de Funès oder des legendären cholerischen HB-Männchens rücken. Aber das ist ein alter Hut: Je gefährlicher Trends oder Bewegungen den Herrschenden erscheinen, desto unflätiger die Wortwahl, desto zügelloser die Hetze – nun also gegenüber den rebellischen Deutschen.

Was denn: Die Deutschen und Widerstand? Passt das nicht zusammen wie die Malediven mit Rasterfahndung? Sind die Deutschen nicht eher ein Volk der Untertanen, Duckmäuser und Denunzianten, das sich mit egal welcher Obrigkeit schnell und bereitwillig arrangierte, das selbst zum Sturz der NS-Diktatur fremder Hilfe bedurfte und das man zur Zivilcourage – worunter man den in anderen Ländern selbstverständlichen Mut zum Einschreiten gegen Unrecht versteht – erst mit Kampagnen auffordern und mit Preisen ködern muss?

So meint man, dabei haben die Deutschen durchaus eine Geschichte des Widerstandes. Im Dritten Reich waren es zwar beschämend wenige – und von denen wollten viele lediglich einen NS-Staat ohne die Person Hitler –, aber es gab sie. Recht aufschlussreich in diesem Zusammenhang ist auch ein Blick auf die gescheiterten Aufstände wie etwa die Bauernkriege (15. bis 17. Jahrhundert) oder den schlesischen Weberaufstand von 1844. Eine Ausnahme bildet die Märzrevolution von 1848/49 als Beginn der Deutschen Revolution, ausgelöst durch die erfolgreiche französische Februarrevolution.[6]

Nahezu ohne Gegenwehr der bis dahin Herrschenden bildeten die deutschen Einzelstaaten liberale »Reformministerien«. Als Erfolge der Märzrevolution gelten die Einführung des konstitutionellen Regierungssystems, der Pressefreiheit, der Schwurgerichte sowie die Vorbereitung von Wahlen zu einem deutschen Nationalparlament.[7] Eine bürgerlich-demokratische Verfassung konnte aber erst 1919 nach dem Zusammenbruch des Kaiserreichs als Ergebnis des Ersten Weltkriegs durchgesetzt werden. Den widersprüchlichen Verlauf der Märzrevolution schildert der Lyriker Ferdinand Freiligrath 1848 in einem vertonten Gedicht, das noch heute zum Standardliedgut »linker« Bewegungen zählt.

Trotz alledem

Das war 'ne heiße Märzenzeit,
Trotz Regen, Schnee und alledem.
Nun aber, da es Blüten schneit,
Nun ist es kalt, trotz alledem!
Trotz alledem und alledem –
Trotz Wien, Berlin und alledem –
Ein schnöder scharfer Winterwind
Durchfröstelt uns trotz alledem!

Das ist der Wind der Reaktion
Mit Meltau, Reif und alledem!
Das ist die Bourgeoisie am Thron –
Der dennoch steht, trotz alledem!
Trotz alledem und alledem,
Trotz Blutschuld, Trug und alledem –
Er steht noch und er hudelt uns
Wie früher fast, trotz alledem!

Die Waffen, die der Sieg uns gab,
Der Sieg des Rechts trotz alledem,
Die nimmt man sacht uns wieder ab,
Samt Kraut und Lot und alledem!

Trotz alledem und alledem,
Trotz Parlament und alledem –
Wir werden unsre Büchsen los,
Soldatenwild trotz alledem!

Doch sind wir frisch und wohlgemut,
Und zagen nicht trotz alledem!
In tiefer Brust des Zornes Glut,
Die hält uns warm trotz alledem!

Trotz alledem und alledem,
Es gilt uns gleich trotz alledem!
Wir schütteln uns: Ein garst'ger Wind,
Doch weiter nichts trotz alledem!

Denn ob der Reichstag sich blamiert
Professorhaft, trotz alledem!
Und ob der Teufel reagiert
Mit Huf und Horn und alledem –
Trotz alledem und alledem,
Trotz Dummheit, List und alledem,
Wir wissen doch:
die Menschlichkeit

Obwohl die Märzrevolution dem Volk nur einen halben Sieg brachte, war sie doch weit mehr als ein Unentschieden, denn man erkämpfte die Befreiung der Bauern für ganz Deutschland und die erste preußische Verfassung vom 31. Januar 1850.[8] Die schrieb zwar das Dreiklassenwahlrecht fest,[9] aber wenigstens hatten die Bürger jetzt »etwas Schriftliches in der Hand«, und insofern machte diese Verfassung Appetit auf mehr.

Hervorzuheben bleibt der als Novemberrevolution bekannte Übergang von der Monarchie zur parlamentarischen Demokratie im Jahr 1918. Der Name ist allerdings irreführend, denn sie bestand gerade aus der Niederschlagung der Januarrevolution (»Spartakusaufstand«), wie man den Generalstreik und die bewaffneten Kämpfe in Berlin vom 5. bis 12. Januar 1919 später nannte.

Der damalige SPD-Boss Friedrich Ebert, den laut Wikipedia »die heutige SPD ... als eines ihrer größten Vorbilder«[10] sieht, hatte im Ersten Weltkrieg durch seine Politik des *Burgfriedens* und der *Vaterlandsverteidigung* durch Bewilligung der Kriegskredite im Jahr 1914 der Monarchie buchstäblich bis zum letzten Atemzug die Treue gehalten.

Nach dem Krieg wollte die SPD – »ist der Ruf erst ruiniert ...« – die alten kaiserlichen Eliten nicht völlig entmachten, sondern mit der neuen Demokratie versöhnen. Dazu verbündete sie sich mit der *Obersten Heeresleitung* und ließ den Spartakusaufstand mit Hilfe nationalistischer Killerkommandos blutig niederschlagen.[11] Am 6. Januar übergab der erst am 19. Februar als Reichspräsident inthronisierte, also zu diesem Zeitpunkt von keinem Menschen in irgendein Staatsamt gewählte Ebert den Oberbefehl über die Truppen in und um Berlin seinem SPD-Kumpan Gustav Noske, der sofort weitere »Freikorps« aufstellte. Zu organisierten Schlachten kam es nicht, da die Aufständischen nicht darauf vorbereitet waren; vielfach ergaben sie sich freiwillig. Dennoch erschoss das Militär über hundert Aufständische und eine unbekannte Zahl von unbeteiligten Zivilisten vor Ort. Ein Untersuchungsausschuss des Preußischen Landtags bezifferte die Zahl der Todesopfer später auf 156. Wie der international anerkannte und gewiss nicht als SPD-Hasser bekannte Historiker Hans Mommsen den Sozialdemokraten ins Stammbuch schrieb, folgten der militärischen Besetzung erhebliche Gewaltexzesse der braunen Horden, die vorherige Aktionen einiger Linker weit in den Schatten stellten.[12] Am 15. Januar 1919 wurden Rosa Luxemburg und Karl Liebknecht von aufgeputschten Soldaten, also von Noskes Untergebenen, heimtückisch und kaltblütig umgebracht. Als diese von der SPD-Führung zu verantwortenden Morde zu republikweiten Unruhen führten, war Noske erst richtig in seinem Element. Er hetzte Freikorps und Reichswehrverbände auf alle Andersdenkenden mit dem Ergebnis von etwa 5000 Todesopfern und einigen politischen Morden an führenden Vertretern der Linken.[13]

Zusammengefasst: Der oberste Chef der Mörder von Luxemburg und Liebknecht sowie 5000 weiterer Frauen und Männer war die SPD-Ikone Friedrich Ebert. Und ist die These wirklich so absurd, dass Ebert durch seine Kooperation mit den Monarchisten einen Reichspräsidenten Paul von Hindenburg – und damit letztlich auch Adolf Hitler – erst möglich machte? Wieso hat die SPD ihre Stiftung eigentlich nach Friedrich Ebert und nicht gleich nach Gustav Noske benannt? Möglicherweise hat man ja gewürfelt ...

Heinrich Manns 1914 fertiggestellte Satire *Der Untertan* spielt zwar in der wilhelminischen Ära, beschreibt aber auch das Verhalten einer gewissen Sorte Mensch von 1933 bis heute. Die Rede ist von der Radfahrermentalität: nach oben buckeln, nach unten treten. Als Lehre aus der Nazizeit nahm die damalige Generation mit: »nur nicht auffallen«, »nur nicht aus der Reihe tanzen«, »sich nie mit der Obrigkeit oder mit Stärkeren anlegen«, »sein

Fähnlein stets nach dem Wind hängen«. So entsteht »Mob« oder »Pöbel« – eine Ansammlung feiger Würstchen, die in der Masse aber gemeingefährlich werden kann.

In der Nachkriegszeit kamen zwei Dinge zusammen: Zum einen hatte fast jeder Zweite irgendwie »Dreck am Stecken« und wollte kein Aufsehen. Zum anderen – und das gilt bis heute – entwickelten manche Mitbürger ein schlechtes Gewissen bis hin zum blanken Hass auf diejenigen, die sich das trauten, wozu sie selbst zu feige waren. Dabei war kein Anlass zu lächerlich: Selbst wer nur gegen ein spießiges Outfit durch eine andere, zuweilen sogar individuelle Selbstpräsentation protestierte, konnte regelrechte Wutanfälle provozieren: »Wie die rumläuft; so was hätte es früher nicht gegeben« – hat es natürlich doch, aber die Spießer waren schon immer zu feige.

Erst recht entlädt sich diese Variante von *Neid* beim öffentlichen oder gar politischen Protest. Vor nicht allzu langer Zeit hielt der kriecherische Mainstream jegliche Proteste und erst recht Demonstrationen schon als solche für anstößig: »Man widerspricht nicht« – Kinder nicht den Erwachsenen, Erwachsene nicht der Obrigkeit. Wenn man (das hier tatsächlich *Mann* bedeutet) überhaupt seinem Herzen Luft machte und auf die Obrigkeit schimpfte, dann höchstens in den »eigenen vier Wänden« oder am Stammtisch. Die Faust wurde bestenfalls in der Hosentasche geballt. Und die Frauen spielten ihre Hausfrau-und-Mutter-Rolle großenteils mit. Wie in der Satireserie *Ein Herz und eine Seele* mit Ekel Alfred brillant beschrieben, war der Mann für »die Politik« zuständig, das Heimchen für den Herd. Dies hat sich spätestens seit der Studentenbewegung geändert. Heute demonstrieren sogar Polizisten, Zahnärzte und Radfahrer beiderlei Geschlechts auf offener Straße und unvermummt.

Dabei ist Widerstand beileibe nicht gleich Widerstand: Die Gruppe Stauffenberg trennten – bei all deren politisch problematischen Positionen wie der Ablehnung der parlamentarischen Demokratie[14] – Lichtjahre von faschistischen Ausländermördern. Und auch der Aufruf des Rechtspopulisten und Historikers Arnulf

Baring zum Steuerboykott »Bürger auf die Barrikaden«[15] hat nichts gemein mit Boykottaufrufen vieler Umweltorganisationen wie Greenpeace 1995 gegen den Energiemulti Shell, der die Erdölplattform *Brent Spar* im Atlantik versenken wollte. Kritiker befürchteten schwere Umweltschäden, da die Plattform massiv mit gefährlichen Giftstoffen belastet war. Wegen des großen öffentlichen Drucks und eines Umsatzrückgangs von über 25 Prozent allein in Deutschland ließ Shell sein Vorhaben fallen und entsorgte *Brent Spar* an Land.[16]

Dass selbst Normalbürger keine egoistischen »Geiz-ist-geil«-Idioten sind, musste auch die Drogeriekette Schlecker erfahren. Laut einer Studie der Gesellschaft für Konsumforschung (GfK) brachen die Erlöse in den ersten vier Monaten 2010 um 16 Prozent ein. Nach der Debatte um Dumping-Löhne hatten mehr als eine Million Kunden dem Unternehmen den Rücken gekehrt. GfK-Experte Wolfgang Twardawa äußerte sich in der *Wirtschaftswoche*: »Die in diesen Fragen zunehmend kritischen Verbraucher bestrafen solche ethischen Fehltritte inzwischen nicht mehr nur durch zeitweilige Kaufzurückhaltung, sondern durch dauerhaften Vertrauensentzug.«[17]

Mal nebenbei gefragt: Was hindert die Verbraucher eigentlich daran, sich einen Supermarkt, einen Discounter nach dem anderen vorzunehmen. Dass viele Schlecker-Boykotteure auf eine andere Drogeriekette umsteigen, hilft ja dem bestreikten Konzern nicht im Geringsten. Und hat die Verbrauchermacht den einen Wirtschaftsriesen weichgeklopft, kommt der nächste dran … Übrigens können »Widerständler« durchaus auf den erst 1968 eingefügten Artikel 20 des Grundgesetzes verweisen:

(3) Die Gesetzgebung ist an die verfassungsmäßige Ordnung, die vollziehende Gewalt und die Rechtsprechung sind an Gesetz und Recht gebunden.
(4) Gegen jeden, der es unternimmt, diese Ordnung zu beseitigen, haben alle Deutschen das Recht zum Widerstand, wenn andere Abhilfe nicht möglich ist.

Nun haben viele Mitbürger zum Widerstand ein gestörtes Verhältnis. So unterstellte Franz Josef Strauß dem späteren Bundeskanzler und Friedensnobelpreisträger Willy Brandt Landesverrat,[18] weil er von Norwegen und Schweden aus den Widerstand gegen Hitler organisierte: »Eines wird man Herrn Brandt doch fragen dürfen: Was haben Sie zwölf Jahre lang draußen gemacht? Wir wissen, was wir drinnen gemacht haben.«[19]

Aber wie sang schon der Liedermacher Franz Josef Degenhardt:

Grundgesetz, ja Grundgesetz, ja Grundgesetz:
Sie berufen sich hier pausenlos aufs Grundgesetz.
Sagen Sie mal, sind Sie eigentlich Kommunist?
BEFRAGUNG EINES KRIEGSDIENSTVERWEIGERERS (1972)

Dennoch scheinen sich die Deutschen zu einem »Volk der Widerborste« und einer »Dagegen-Republik« *(Spiegel)* zu entwickeln. Eine Protestwelle rollt durch Deutschland. Allerorten kämpfen Bürger gegen die Projekte von Politikern, bemerkt der *Spiegel*. Und das Interessante: Anders als frühere Protestbewegungen, wo Studenten, Hartz-IV-Geschädigte oder Gewerkschafter praktisch unter sich waren, umfassen sie nahezu alle Bevölkerungsschichten. »Bei unseren Montagsdemonstrationen versammeln sich Ärzte, Lehrer, Ingenieure und Anwälte«, sagt eine Stuttgarter Bahnhofsaktivistin. »Das sind Leute, die unsere Gesellschaft tragen – aber diesen politischen Amoklauf nicht länger hinnehmen wollen.«[20] Und da die Herrschenden geradezu darauf angewiesen sind, die Armen und die Normal- und Besserverdiener, die Jungen und die Alten, die Arbeitslosen und die Job-Inhaber, ja sogar die Raucher und Nichtraucher gegeneinander aufzuhetzen, könnte sich eine »Kollaboration« der unterschiedlichen Schichten für »Die-da-oben« zu einer brenzligen Angelegenheit entwickeln.[21] Sind also die wiederauferstandene Anti-Atomkraft-Bewegung und die Kämpfe um den Stuttgarter Hauptbahnhof nur ein Sturm im Wasserglas oder der Anfang einer beispiellosen Protestlawine, deren Richtung und Ziel bislang völlig ungewiss sind?

18

I Wie alles begann

Zwischen Marx und Murks: die Achtundsechziger

Deutschland besiegte nicht aus eigener Kraft die Nazidiktatur, sondern musste von den Alliierten befreit werden. Die Auseinandersetzung mit Hitlers Reich war meist ein Tabu; die »Entnazifizierung« geriet zur Farce, die von den Alliierten aufgrund der Ernennung der UdSSR zum neuen Hauptfeind mehr oder minder geduldet wurde. Wie der jüdische Historiker Chaim Frank verbittert feststellt, »stülpte die Ideologie des ›Kalten Krieges‹ den ewiggestrigen und unbelehrbaren Nazis ein wärmendes Persil-Westchen über, mit dem diese Faschisten nun nicht mehr vor ihrer Vergangenheit ängstlich zu frieren oder sich zu schämen brauchten«.[22] So konnte der frischgebackene Bundeskanzler Konrad Adenauer schon in seiner Regierungserklärung vom 20. September 1949 unwidersprochen feststellen: »Durch die Denazifizierung ist viel Unglück und viel Unheil angerichtet worden. Die wirklich Schuldigen … sollen mit aller Strenge bestraft werden. Aber im Übrigen dürften wir nicht mehr zwei Klassen von Menschen in Deutschland unterscheiden: die politisch Einwandfreien und die Nichteinwandfreien. Diese Unterscheidung muss baldigst verschwinden.«[23] Und im Oktober 1952 forderte er im Bundestag: »Wir sollten jetzt mit der Naziriecherei einmal Schluss machen, denn, verlassen Sie sich darauf, wenn wir damit anfangen, weiß man nicht, wo es aufhört.«[24] Nicht zufällig war eines der ersten Gesetze, das der Deutsche Bundestag 1949 erließ, das einstimmig verabschiedete Amnestiegesetz. Dem folgte 1954 die zweite Bundesamnestie, nach der die große Mehrheit der verurteilten NS-Täter begnadigt und die Urteile aus dem Strafregister gelöscht wurden.[25]

Vor diesem Hintergrund entstand die Achtundsechziger-Bewegung. Wer aber über sie redet, darf über die Vorgeschichte nicht schweigen, vor allem nicht über ein nicht nur aus heutiger Sicht sensationelles Dokument:

»Das kapitalistische Wirtschaftssystem ist den staatlichen und sozialen Lebensinteressen des deutschen Volkes nicht gerecht geworden. Nach dem furchtbaren politischen, wirtschaftlichen und sozialen Zusammenbruch als Folge einer verbrecherischen Machtpolitik kann nur eine Neuordnung von Grund aus erfolgen. Inhalt und Ziel dieser sozialen und wirtschaftlichen Neuordnung kann nicht mehr als das kapitalistische Gewinn- und Machtstreben, sondern nur das Wohlergehen unseres Volkes sein. Durch eine gemeinwirtschaftliche Ordnung soll das deutsche Volk eine Wirtschafts- und Sozialverfassung erhalten, die dem Recht und der Würde des Menschen entspricht, dem geistigen und materiellen Aufbau unseres Volkes dient und den inneren und äußeren Frieden sichert ... Ausgangspunkt aller Wirtschaft ist die Anerkennung der Persönlichkeit. Freiheit der Person auf wirtschaftlichem und Freiheit auf politischem Gebiet hängen eng zusammen ... Die neue Struktur der deutschen Wirtschaft muss davon ausgehen, dass die Zeit der unumschränkten Herrschaft des privaten Kapitalismus vorbei ist. Es muss aber ebenso vermieden werden, dass der private Kapitalismus durch den Staatskapitalismus ersetzt wird ... Monopolartigen Charakter haben die Kohlenbergwerke schlechthin wegen des von ihnen geförderten, für das gesamte Volk lebenswichtigen Urproduktes ... sie sind somit zu vergesellschaften ... Auch bei der eisenschaffenden Großindustrie ist der Weg der Vergesellschaftung zu beschreiten. ... Das Genossenschaftswesen ist mit aller Kraft auszubauen.«

Na, wer schreibt denn so was? Fragt man nun unsere Parteifunktionäre danach, so werden die meisten auf das Programm der damaligen SED-Filiale DKP, die Memoiren von Erich Honecker oder einen abgefangenen Kassiber der Häftlinge der RAF (»Rote Armee Fraktion«) oder auf ein Thesenpapier von deutschen

Kuba-Emigranten tippen. Alles ganz weit daneben. Die Passagen entstammen dem Ahlener Programm der CDU vom 3. Februar 1947, was viele, besonders die Milchbärte der Jungen Union, erst glauben, wenn sie es schwarz auf weiß sehen.[26]

Mit der Absage an den Kapitalismus sowie der Forderung nach Verstaatlichung der Schlüsselindustrie und Ausbau des Genossenschaftswesens ist dies das mit Abstand linkeste Programm einer größeren Partei nach Kriegsende; entsprechend hagelt es heute Ausreden, was das Zeug hält. Tenor: »Ist doch Schnee von gestern. War einfach eine ganz andere Zeit damals.« Fragt sich nur, was an Menschenwürde und Ausrichtung der Wirtschaft am Gemeinwohl historisch überholt sein soll. Fest steht: Wäre dieses Programm wirklich in die Tat umgesetzt worden, hätten wir heute eine gänzlich andere Republik. Ständig verspätete oder entgleisende Züge und massenhaft verschwindende Briefe und Pakete hätte es wohl nicht in heutigem Ausmaß gegeben, ebenso wenig die endlose Reihe von Skandalen, von Gammelfleisch und Umverteilung nach oben über die unzähligen Parteispendenaffären, bis hin zur gigantischen, von Deutschland mitverschuldeten großen Finanz- und Wirtschaftskrise.

Den Achtundsechzigern war es mit ihrem Widerstand ernst, sie wollten Worten auch Taten folgen lassen. Allerdings waren sie alles andere als eine von denselben Zielen motivierte, homogene Studentenbewegung. Grob gegliedert, wurde sie von acht Aspekten geprägt:

- Aufarbeitung der Nazizeit und Hochschulreform
- Kampf für eine national und global bessere Gesellschaft
- pseudopolitischer Terrorismus
- Emanzipation der Frau
- sexuelle Befreiung
- antiautoritäres Miteinander
- zwanghaft-alternatives Leben
- totales Aussteigen aus der Gesellschaft

Kinder fragen – Nazi-Eltern rasten aus

»Unter den Talaren – Muff von 1000 Jahren« – diese erstmals 1967 von Hamburger Studenten anlässlich der Rektoratsübergabe auf einem Transparent gezeigte Parole spielte auf das »Tausendjährige Reich« der NS-Diktatur an. Als Foto ging sie um die Welt und wurde zu einem zentralen Motto der frühen deutschen Studentenbewegung. Der Ordinarius für Islamkunde Bertold Spuler rief beim Anblick des Transparents den Studenten zu: »Sie gehören alle ins Konzentrationslager!«[27] Daraufhin wurde er vorübergehend suspendiert.

Zu diesem Zeitpunkt galt das Interesse der Studenten noch der Nazivergangenheit ihrer Mütter und vor allem ihrer Väter, allgemein der Elterngeneration und daher natürlich auch ihrer Professoren. Nicht wenige Familien zerbrachen am Wissensdurst und den Pauschalurteilen der Jungen (»Irgendwie wart ihr doch alle Nazis.«) ebenso wie an der Uneinsichtigkeit der Alten (»Was hätte ich denn tun sollen?« Einige verteidigten sogar das Dritte Reich, auch wenn sie das Thema satthatten, den Holocaust für »überflüssig« und den Weltkrieg für »taktisch ungeschickt« hielten.

Einen Schlag ins Kontor bedeutete das im Jahr 1968 in der DDR erschienene *Braunbuch – Kriegs- und Naziverbrecher in der Bundesrepublik und in Westberlin*[28], enthielt es doch die Namen nicht nur führender bundesdeutscher Politiker, sondern auch unzähliger Professoren. Die Entlarvten und die noch nicht Erwischten schäumten vor Wut, und auch viele Normalbürger wollten die Vergangenheit lieber ruhen lassen.

Der Historiker Götz Aly rezensierte das Buch in der *Süddeutschen Zeitung* anlässlich des Nachdrucks im Jahr 2002. »In der alten Bundesrepublik galt der Band lange als ›politische Pornographie‹.« Ihm zufolge handelte es sich bei dem Band, der die deutsche Öffentlichkeit mit der NS-Vergangenheit von Ministern, Staatssekretären, Generälen und Admiralen der Bundeswehr, Justizbeamten, Staatsanwälten und Richtern und weiteren

Berufsgruppen konfrontierte, um Propaganda. Aber Aly betont, dass die Fakten in der Regel stimmen würden und die Irrtumsquote »deutlich unter einem Prozent« liege, was das Buch vor zahllosen historischen Nachschlagewerken auszeichne.[29] Damals jedenfalls kam es gerade jüngeren Studenten, die zunächst wissbegierige Familienchronisten waren und dann zu Antifaschisten mutierten, gerade recht – ebenso jenen, die seit jeher gegen die damalige Unistruktur ankämpften. »Die deutschen Hochschulen knüpften 1945 in ihrer inneren Organisation und ihrem Selbstverständnis an jene Traditionen an, die durch das nationalsozialistische ›Führerprinzip‹ überlagert worden waren. Im Mittelpunkt stand erneut der (zumeist noch männliche) ›Ordinarius‹, also ›Lehrstuhlinhaber‹. Ordinarien konnten als Direktoren ihrer Institute, die die organisatorische Grundeinheit der Universitäten bildeten, alleinverantwortlich über deren Angelegenheiten verfügen.«[30] Und ebenso wie der US-Wahlkampf wegen Barack Obamas Hautfarbe zwangsläufig den Rassismus zu einem Thema machte, war auch damals der Kampf um die Demokratisierung der Uni (durchgesetzt wurde tatsächlich eine wenn auch nur scheinbare Demokratisierung[31]) ohne eine Auseinandersetzung mit dem Faschismus – und damit mit Politik überhaupt – unmöglich. »Nie wieder Faschismus, nie wieder Krieg«, war eine zentrale Parole jener Tage.

Benno Ohnesorg und der ewige 2. Juni

Endgültig politisiert und radikalisiert wurden Teile der Studenten durch die Tötung ihres Kommilitonen Benno Ohnesorg am 2. Juni 1967 in Berlin nach einer Kundgebung gegen den diktatorischen, »US-hörigen« Schah von Persien Reza Pahlavi. Es begann mit einer wüsten Prügelorgie von 150 mit Dachlatten und Eisenstangen bewaffneten Agenten des persischen Geheimdienstes Savak, die der deutschen Politik damals hochwillkommen waren, gegen die unbewaffneten, meist studentischen Demonstranten. Die

Polizei räumte schließlich den Platz und begann eine wilde Verfolgungsjagd durch die umliegenden Straßen. Eine Lautsprecherdurchsage, die Studenten hätten soeben einen Polizisten erstochen, sollte die Stimmung unter den Beamten zusätzlich anheizen und vor den Bürgern ihr brutales Vorgehen rechtfertigen, in dessen Verlauf der politisch nie aktive Student Benno Ohnesorg in einem Hinterhof zunächst von mehreren Beamten zusammengeschlagen und schließlich vom Beamten Karl-Heinz Kurras durch einen Schuss aus eineinhalb Metern in den Hinterkopf lebensgefährlich verletzt wurde.[32]

Trotzdem machte die Polizei weiter. Erst die herbeigeeilte Krankenschwester Frederike Dollinger konnte die Beamten zum Auf-

Im Gerichtssaal.
Staatsanwalt: »Das Opfer wurde zwölfmal in den Hinterkopf geschossen.«
Angeklagter: »Tja, das war der erschütterndste Selbstmord, den ich in zwanzig Jahren Polizeidienst erlebt habe.«

hören bewegen. »Die Polizisten haben geprügelt wie blöd«, erinnert sie sich. »Ist denn niemand hier, der helfen kann? Er kann ja nicht mehr alleine aufstehen, und er atmet ja auch kaum noch«, hatte sie gerufen. Ein Polizist brüllte sie an: »Was? Dem wollen Sie noch helfen?«

Ein Foto, auf dem sie sich über den blutenden Ohnesorg beugt, ging um die Welt und stellte Deutschland gerade mal zweiundzwanzig Jahre nach Kriegsende erneut als brutalen Polizeistaat dar.[33] Den Krieg und Deutschlands Befreiung hatte der damals vierjährige Benno Ohnesorg überlebt, den Berliner Polizeieinsatz vom 2. Juni 1967 nicht.

Hätte Ohnesorg trotzdem gerettet werden können? Anwesende Polizisten weigerten sich zunächst, einen Krankenwagen zu holen. Sie hinderten einen herbeigeeilten norwegischen Schiffsarzt daran, dem Verletzten Erste Hilfe zu leisten. Der zehnminütige

Wortwechsel endete damit, dass der Arzt wegen eines Abzeichens der *Résistance*[34] als Kommunist verdächtigt wurde. Erst gegen 20:50 Uhr, also zwanzig Minuten nach dem Polizeischuss, traf der Krankenwagen ein. Die Fahrt ins Krankenhaus dauerte etwa fünfundvierzig Minuten, da das zunächst angefahrene Albrecht-Achilles-Krankenhaus und die Westendklinik vorgaben, keine Betten für Verletzte mehr frei zu haben. Die Begleiter, ein Sanitäter und eine selbst verletzte Krankenschwester, versuchten während der Fahrt Ohnesorgs Leben zu retten. Nach Aussage der Schwester starb er in ihrem Beisein auf dem Transport. Gegen 21:35 Uhr erreichte der Wagen mit dem toten Benno Ohnesorg das Krankenhaus Moabit.

In den nächsten Tagen tönte die Springer-Journaille wie erwartet: *Bild* druckte das Foto eines blutenden Polizisten ab: »Gestern haben in Berlin Krawallmacher zugeschlagen, die sich für Demonstranten halten. Ihnen genügte der Krach nicht mehr. Sie müssen Blut sehen. Sie schwenken die rote Fahne, und sie meinen die rote Fahne. Hier hören der Spaß und die demokratische Toleranz auf. Wir haben etwas gegen SA-Methoden.«[35] Die *BZ* trompete: »Die Berliner haben keinen Sinn und kein Verständnis dafür, dass ihre Stadt zur Zirkusarena unreifer Ignoranten gemacht wird, die ihre Gegner mit Farbbeuteln und faulen Eiern bewerfen ... Wer Terror produziert, muss Härte in Kauf nehmen.«[36] Die *Berliner Morgenpost* stellt den Todesschuss als Notwehr dar; »Krawallradikale« hätten die Zusammenstöße provoziert. »Benno Ohnesorg ist nicht der Märtyrer der FU-Chinesen, sondern ihr Opfer ... Das Maß ist nun voll. Die Geduld der Berliner Bevölkerung ist erschöpft. Wir sind es endgültig leid, uns von einer halberwachsenen Minderheit, die noch meist Gastrecht bei uns genießt, terrorisieren zu lassen.«[37]

Im Bereich der Printmedien stand die Springer-Presse mit ihren Ergüssen allerdings ziemlich allein da. So schrieb Karl Heinz Bohrer in der *Frankfurter Allgemeinen Zeitung* vom 12. Juni 1967, die Polizei habe »... ohne gravierende Notwendigkeit, mit Planung, einer Brutalität Lauf gelassen, wie sie bisher nur aus Zeitungsberichten über faschistische oder halbfaschistische Länder bekannt wurde … Dieselbe Polizei, die am Nachmittag einer … persischen Prügelgarde zusah, wie sie mit Latten und Totschlägern deutsche Demonstranten anging, sah am gleichen Abend offensichtlich die Stunde gekommen, ihr Mütchen an jenen zu kühlen, die nicht aufhören wollten, den hohen Staatsgästen ihre unroyalistischen Ansichten zu zeigen.« Heinz Grossmann kommentierte am 26. Juni 1967 voller Ironie in der *Zeit:* »Man wird sich daran zu gewöhnen haben, dass der Geheimpolizei irgendeines demokratischen Vorzeigelandes – Persiens, Spaniens oder Griechenlands – bei uns die Funktion einer Hilfspolizei zugebilligt wird.«[38] Im *Stern* vom 27. Juni 1967 sah Sebastian Haffner die Vorgänge so: »Es war ein systematischer, kaltblütig geplanter Pogrom, begangen von der Berliner Polizei an Berliner Studenten … Sie hat sie abgeschnitten, eingekesselt, zusammengedrängt und dann auf die Wehrlosen, übereinander Stolpernden, Stürzenden mit hemmungsloser Bestialität eingeknüppelt und eingetrampelt.«[39]

Übrigens finden sich im Berliner Landesarchiv reichlich Dokumente über massive Vertuschungsversuche. Demnach hat ein Assistenzarzt auf Weisung einen Totenschein mit falschem Todeszeitpunkt ausgestellt, und ein wichtiges Beweisstück, ein bei der Obduktion herausgetrenntes Knochenstück mit dem Einschussloch, ist plötzlich »spurlos verschwunden«.[40]

Am 7. Juni wurde Polizeipräsident Duensing – der zwei Tage zuvor zu Ohnesorgs Erschießung vor Journalisten erklärt hatte: »Nehmen wir die Demonstranten wie eine Leberwurst, nicht wahr, dann müssen wir in die Mitte hineinstechen, damit sie an den Enden auseinanderplatzt.«[41] – beurlaubt und am 22. September vorzeitig pensioniert.

Der Regierende Bürgermeister Heinrich Albertz räumte nachträglich »schwere Fehler« ein und trat am 26. September 1967 zurück.[42] Kurras selbst wurde in zwei Verfahren wegen fahrlässiger Tötung freigesprochen und durfte sogar Polizist bleiben. Später soll er seiner Hauswartsfrau gegenüber geprahlt haben, er habe seine Waffe gezogen, auf den Hinterkopf Ohnesorgs gezielt und abgedrückt. »Ein Lump weniger«, habe er gesagt. Erst jetzt, nachdem seine Stasi-Vergangenheit bekannt geworden ist, fordern einige, ihn erneut anzuklagen – wegen Mordes, denn »Mord verjährt nie«.[43]

Aber dieser plötzliche Schwenk um 180 Grad ist so verlogen, dass es einem schlecht wird: Nur weil gewisse Kreise erfuhren, dass Kurras in Wahrheit doch kein so strammer, die deutsche Volksgemeinschaft gegen die ungewaschenen Radaubrüder verteidigender Deutschnationaler war, sondern ein DDR-Spion, wurde seine Tat in null Komma nix von heldenhafter Notwehr zum kaltblütigen Mord umgedichtet. Dies erinnert an einen Vater, der erfährt, dass sein verhätschelter Sohnemann gar nicht sein eigen, sondern des Briefträgers Fleisch und Blut ist, und ihn daraufhin unverzüglich vor die Tür setzt und seine Kreditkarte sperren lässt.

Ob dies nun die Geburtsstunde der Achtundsechziger war, mögen Historiker entscheiden. Jedenfalls machte der Tod Benno Ohnesorgs gleichsam über Nacht aus unpolitischen politisch interessierte und aus denen wiederum politisch aktive Studenten: Alle waren ein Stück nach links gerückt – die Gegenseite aber auch ein Stück nach rechts. Nicht nur jene, die Nazidreck am Stecken hatten oder nach 22 Jahren den »Zusammenbruch« des Dritten Reiches bedauerten, sondern auch im Zuge des Kalten Krieges von den Medien aufgehetzte Normalbürger beschimpften jeden, den sie für einen linken Studenten hielten, als »Kommunistenschwein« und gaben ihm den geistreichen Tipp: »Geh doch rüber in die Ostzone.« Die Ermordung des schwarzen Bürgerrechtlers Martin Luther King am 4. April 1968 und Robert Kennedys am 6. Juni 1968 heizte die Stimmung noch weiter an, und nach dem Attentat auf Rudi Dutschke genau eine Woche später eskalierte die Situation erst richtig. Noch am selben Abend zogen Tausende von Studenten zum Berliner Springer-Haus, da man in den Blättern des Verlages die wahren Schuldigen ausgemacht hatte. Zeitungslieferwagen gingen in Flammen auf oder wurden umgestürzt.[44]

Dass binnen kurzer Zeit auch die Unterstützung der »Völker der Dritten Welt« hinzukam – allen voran Vietnam, Laos und Kambodscha, aber auch die damaligen portugiesischen Kolonien Angola, Mosambik und Guinea-Bissau oder der Iran unter dem Schah –, war eigentlich nur eine logische Folge. Fernsehbilder wie die des Massakers von My Lai vom 16. März 1968 erübrigten jeden Kommentar und machten Ausreden und Abstreiten unmöglich: Die Soldaten vergewaltigten Frauen und ermordeten fast alle Bewohner des vietnamesischen Dorfes: 503 Zivilisten, darunter 182 Frauen, 172 Kinder, 89 Männer unter sechzig Jahren und sechzig Greise.[45] Diese Bilder schockierten die US-Bürger dermaßen, dass sich ihre verhaltene Zustimmung zum Krieg in empörte Ablehnung verwandelte, woraufhin die Regierung Richard Nixon am 27. Januar 1973 durch ein Waffenstillstandsabkommen mit dem Vietcong de facto ihre Niederlage eingestand und ihre Truppen abziehen musste.

Ebenso vorhersehbar wie die Internationalisierung der studentischen Solidarität war die Tatsache, dass sich die politischen Achtundsechziger früher oder später zerstreiten und zersplittern würden. Unzählige Gruppen entstanden, darunter allein sechs maoistische mit 1970 laut Verfassungsschutz insgesamt 15 000 Mitgliedern. Extreme des linken Wirrwarrs waren die Terroristen der RAF (Rote Armee Fraktion) einerseits und die Anhänger des »Marsches durch die Institutionen« andrerseits, womit zunächst nur die SPD gemeint war. Dieser Marsch führte vor allem für »geläuterte« Maoisten nach ganz oben: So wurden Jürgen Trittin (Kommunistischer Bund) und Ulla Schmidt (KBW) Bundesminister. Am meisten aber räumten die Genossen aus dem Umfeld der KPD ab: Antje Vollmer wurde Bundestagsvizepräsidentin, Kurt Ziesemer Chefredakteur des *Handelsblatts*, Alan Posener Kommentar-Boss der *WamS*, und Ex-KPD-Chef Christian Semler Leiter der *taz*. Nicht zu vergessen die »Undogmatischen« vom *Revolutionären Kampf* wie Thomas Schmid und Joschka Fischer, von denen es einer zum Chef der *Welt* und der andere zum Außenminister brachte.

Achtundsechziger – Animateure der RAF?

Die Studentenbewegung habe durch ihr »verbales Liebäugeln mit der Gewalt die Saat der späteren Gewaltexplosion gelegt«, meint der rechtsgerichtete Schriftsteller Willi Winkler.[46] Zweifellos entstammte die erste Generation der RAF der Achtundsechziger-Bewegung und gab sich als »sozialistische Volksbefreier« aus (siehe Anhang 2). Und obwohl die aktiven Terroristen nur aus einem kleinen Häuflein bestanden, zählte ein zeitweilig recht großer Teil der Bewegung die RAF zur Linken und verglich sie sogar mit der Guerilla Südamerikas. Und wie der Name schon sagt und das RAF-Gründungspapier vom 5. Juni 1970 ausführlich darlegt, wollte sich zumindest die »Erste Generation« als eine Art Militärabteilung des Volkes darstellen.[47] Aus der Distanz von über 40 Jahren mutet es allerdings merkwürdig an, dass dieselben superkritischen linken Intellektuellen, die im Zweifelsfall eher misstrauisch als gutgläubig waren und die Frage nach der Uhrzeit mit der Gegenfrage »wozu willst du denn das wissen?« beantworteten, dass also diese tiefschürfenden Analytiker ausgerechnet der von Anfang an dubiosen RAF ihren guten (= »linken«) Willen so einfach abnahmen.

Der Mensch ist bereit, für jede Idee zu sterben, vorausgesetzt, dass ihm die Idee nicht ganz klar ist.
GILBERT KEITH CHESTERTON

Nicht ganz unschuldig an dieser Solidarisierung, vor allem mit den »politischen Gefangenen« der RAF, waren Teile der Politik und gewisser Medien, die gleich die gesamte Studentenbewegung und sogar jede Menge Prominente zu Sympathisanten und geistigen Wegbereitern des Terrorismus zählten – u.a. die Schriftsteller-Legende Jean-Paul Sartre, seine Kollegen Martin Walser, Oskar Negt, die Nobelpreisträger Heinrich Böll und Günter Grass, Verleger Klaus Wagenbach, die Regisseure Margarethe von Trotta und Claus Peymann, Berlins Ex-Bürgermeister und Pfarrer Heinrich Albertz, ja sogar Außenminister Willy Brandt und Justizminister Gustav Heinemann.[48] Überhaupt spielte in der Linken der Streit um »Gewalt gegen Sachen und Personen« lange Zeit eine große Rolle: Motto: »Polizeiautos anzünden ja, ›politische‹ Morde nein« (siehe Anhang 2).

Auch wenn die RAF durchaus im Laufe der tiefgehenden Auseinandersetzung der Achtundsechziger-Bewegung um die Wege und Mittel des Protests entstanden ist, erscheint es aus heutiger Sicht verlogen und absurd, der Studentenbewegung diese pervertierte Radikalisierung einiger weniger Protagonisten anzulasten. Schließlich macht man ja auch nicht den Papst für die Sittenstrolche in der Soutane verantwortlich, ebenso wenig wie die schwarzbraunen Sarrazine für künftige Morde an fremdländisch aussehenden Menschen.

Wer zweimal mit derselben pennt: sexuelle Befreiung

Ein ebenfalls wichtiges Anliegen der Achtundsechziger war der Kampf für die Emanzipation der Frau. Schließlich galt damals allgemein (und in gewissen Kreisen noch heute) die Hausfrau und Mutter als ideale Frau: Erst seit 1958 dürfen Frauen ihr Vermögen selbst verwalten und ohne Zustimmung des Ehemannes berufstätig sein,[49] erst seit 1977 sind sie nicht mehr in erster Linie zur Haushaltsführung verpflichtet,[50] und erst seit 1997 ist Vergewaltigung in der Ehe strafbar. Einen Meilenstein stellte das Bekenntnis 374 teils prominenter Frauen im *Stern* vom 6. Juni 1971 dar: »Wir haben abgetrieben.«[51]

Eine Frau, die ihren Widerstand aufgibt, geht zum Angriff über.
Marcello Mastroianni, Schauspieler (1924 – 1996)

Nicht verwechselt werden darf damit die meist von Männern initiierte Bewegung für die »sexuelle Befreiung«. Einerseits wurde
die faschistoide Diskriminierung und Strafverfolgung Homo-
sexueller ebenso hinweggefegt wie der Kuppeleiparagraph, wonach sich Eltern strafbar machten, die ihre Tochter in einem
Raum mit ihrem Freund übernachten ließen. Andrerseits handelte es sich häufig um den plumpen Versuch lächerlicher Machos –
Standardspruch: »Wer zweimal mit derselben pennt, gehört schon
zum Establishment« –, Frauen unter ideologischen Vorwänden
buchstäblich »ins Bett zu quatschen«. Man denke nur an die legendären *Kommunen.*

Anpassung nein danke:
der Alternativ-Wahn

Zwangsalternative und Aussteiger waren zwar eher Randgrup-
pen der Achtundsechziger, leisteten aber auf ihre Art ebenfalls
Widerstand gegen die bürgerliche Gesellschaft, wenn auch »nur«
durch Verweigerung und Verletzung der »Spielregeln«. Die einen
kehrten der Gesellschaft demonstrativ den Rücken, zogen aufs
Land und versuchten sich in ökologischer Landwirtschaft und im
Extremfall in weitestgehender Autarkie inklusive Petroleumlampe statt elektrischem Licht und abgekochtem Fluss- oder Regen-
statt Leitungswasser, selbstgenähter Kleidung und selbstgebauter
Möbel und Boykott sämtlicher Medien und anderer Informati-
onsquellen mit Ausnahme der gelegentlichen Besucher aus der
»Zivilisation«. Dass dieses Steinzeitspielen im Nachhinein mehr
mit den heutigen Überlebenscamps für Manager gemein hatte als
mit alternativem Leben und folglich nur von kurzer Dauer war,
liegt auf der Hand.
Die anderen waren in gewisser Weise Vorläufer der Punks. Sie
wollten um jeden Preis – meist durch ihr Äußeres – auffallen und
provozieren. Da lange Haare, Parka, Flickenjeans, Schlaghosen,
Stirnband oder Che-Guevara-Outfit längst zur »Nonkonformis-

ten-Uniform« (Reinhard Mey) verkommen waren, mit denen man kaum noch jemanden provozieren konnte, und die Gesellschaft für den Punkerkult mit Nasenpiercing und Steißbeintattoo noch nicht reif genug war, praktizierte man zunächst zivilere Varianten des Auffallens um jeden Preis. Einige dieser »Alternativisten« wurden zu unfreiwilligen Lachnummern: Die einen hatten einen Vorrat von zwanzig Sorten Früchtetee und töpferten ihre Aschenbecher selber, die anderen machten rundum auf *Bio* – von der Biobanane über das Biobettzeug bis hin zur Biolek-Biographie –; wieder andere verloren sich in den Untiefen der esoterisch verbrämten Rundumtherapie bei therapiebedürftigen Laientherapeuten. Sie ließen den lieben Gott einen guten Mann und die liebe Göttin eine gute Frau sein und verbrachten ihre Zeit damit, sich des alternativen Lebens zu freuen oder über das »elementare Zerwürfnis des Seins«[52] vor sich hin zu meditieren und blauäugige Appelle zu verbreiten.

»Make love, not war« und »Flower Power« lautete das Credo der Hippiebewegung. Im Gegensatz zu den »Aussteigern« aber wollten sie nicht prinzipiell der Gesellschaft den Rücken kehren, sondern ein anderes, menschenwürdiges Zusammenleben. In engem Zusammenhang damit stand das Aufkommen leichter Drogen wie Haschisch oder Marihuana. Selbst Bill Clinton gab zu, in seiner Studentenzeit »ein Tütchen« probiert zu haben: »Als ich in England war, habe ich ein oder zwei Mal mit Marihuana experimentiert, und ich mochte es nicht«, verriet er im März 1992 der *New York Times*. »Ich habe nicht inhaliert und es nie mehr probiert.«[53]

Aber wie dem auch sei: Langfristig muss jedes alternative Lebenskonzept, das die politische, wirtschaftliche und gesellschaftliche Realität einfach ignoriert, schon allein daran scheitern, dass es von der Marktwirtschaft aufgesogen wird. Heute leben von den Marotten unserer Möchtegern- oder edelalternativen Mitbürger ganze Branchen – dubiose »Naturheiler« und selbsternannte »Therapeuten« ebenso wie Ökoboutiquen und Biokosthändler. Letzteren sagt ein uraltes Gerücht bekanntlich nach, sie würden

Man kann niemals eine Revolution machen, um damit eine
Demokratie zu gründen. Man muss eine Demokratie haben,
um eine Revolution herbeiführen zu können.
Gilbert Keith Chesterton, Schriftsteller (1884 – 1936)

Discounter-Äpfel im Straßenmatsch wälzen und zum fünffachen
Preis in ihrem Laden als »unbehandeltes Obst« anbieten.[54]
Vereinfacht ausgedrückt: Sobald sich mehr als hundert Leute für
irgendetwas »Unkonventionelles« interessieren, entdeckt es irgendein Hersteller als Profitquelle. Dies ist übrigens auch das große Problem der – logischerweise als Abgrenzung von »den Erwachsenen« gedachten – Jugendkultur. Kaum ist etwas Neues
entstanden, verliert es in Windeseile seine Exklusivität an die
Großen: Oma lädt sich Klingeltöne runter, Opa hört *Tokio Hotel*
auf dem MP3-Player, Mama säuft Alkopops, und Papa flucht wie
ein Zwölfjähriger. Fast scheint es, als habe die Marktwirtschaft
frei nach Udo Lindenberg »alles im Griff auf dem sinkenden
Schiff«.

Die gelebte Worthülse: *antiautoritär*

Der antiautoritäre Mythos ist für viele Volksdeutsche ein rotes
Tuch. Kern des Hasses einiger Mitbürger ist vor allem die angeb-
liche Aufweichung von »Zucht und Ordnung«, vor allem in der
Kindererziehung. Gerade die endlose Kette seit alters üblicher,
bestenfalls als Kavaliersdelikt gerügter und bis heute andauern-
der Kindesmisshandlung macht diesen Hass begreiflich. Hier ein
Kinder verprügelnder Bischof, dort Sittlichkeitsverbrecher in der
Jesuiten-Soutane, an weltlichen Eliteschulen wie den allesamt
eliteorientierten Privatschulen Schloss Salem, Birklehof und
Odenwaldschule sexueller Missbrauch – wer im geistig-morali-
schen Sumpf erwischt wird, reagiert eben aggressiv.[55] Zumal
skurrile Missverständnisse »antiautoritärer« Erziehung ja Argu-

mente liefern: völliger Verzicht auf Einflussnahme auf die Entwicklung der lieben Kleinen und das Beibringen sozialen Verhaltens. Der kleine Fridolin Theodor, der im Lokal Leuten am Nebentisch die Bulette vom Teller klaut, ist eben nicht »süß«, sondern verzogen. Und auch das Parken der lieben Kleinen vor der Glotze hat nichts mit »freier Entfaltung der Persönlichkeit« zu tun.

Schaum vorm Spießermund:
Achtundsechziger auch schuld am Wetter?

Andere wiederum werfen den Achtundsechzigern natürlich ihre humanistische Grundeinstellung vor und überhaupt alles, was den Demokraten vom faschistoid-spießigen Pöbel unterscheidet. »Trostlos sei auch die Kleidung gewesen«, gibt Bild-Chef Kai Diekmann bei der Vorstellung seines Buches Der große Selbstbetrug[56] im Oktober 2007 zum Besten: Parka, Poncho, Palästinensertuch. »Kein Arbeiter ist so rumgelaufen.« Da sei »mangelnde Hygiene als Ausdruck innerer Werte verstanden« worden. Nur ein paar wenige seien es gewesen, die irgendwann genug gehabt hätten von der »blöden Solidarität mit den Kaffee-, Baumwoll- und Bananenpflückern dieser Welt«. [57] Nase voll von christlicher Nächstenliebe?

Der zu seiner eigenen Überraschung zur Präsentation eingeladene frühere Kulturstaatsminister Michael Naumann (SPD) zog Diekmann verbal das Fell über die Ohren. Ein angeblicher Haupttäter wie der Sozialistische Deutsche Studentenbund habe »auf seinem Höhepunkt nicht mehr als 2000 Mitglieder« und die größte Demo nach dem Tod von Rudi Dutschke gerade mal 70 000 Teilnehmer gehabt. Sollte Diekmann recht haben, so Naumann, dann hätte dieser kleine Haufen auf die bundesdeutsche Mehrheit eine geradezu »heroische Wirkungsmacht« gehabt. Diekmann argumentiere mal mit dem großen Wir derer, die sich vom Staat entmündigen lassen, mal mit dem kleinen Wir derer, die sich nach einem Führer sehnen. »Es wird nicht so klar, welches Wir er von

Kapitel zu Kapitel bevorzugt. Aber das ist ja der Vorzug des Populismus: Gemeint sind immer die anderen.«[58]
Die netteste Kritik ist die aus der eigenen Familie, in diesem Fall von *WamS*-Kommentarchef Alan Posener: Der Ex-Maoist verteidigt im Mai 2007 in seinem Weblog die *Generation Dutschke* gegen Kai Diekmanns Anwürfe: »Die Achtundsechziger zwingen ihn noch heute, täglich auf der Seite 1 eine Wichsvorlage abzudrucken, und überhaupt auf fast allen Seiten die niedrigsten Instinkte der *Bild*-Leser zu bedienen.«[59]
Noch verschärfter argumentiert der Historiker Götz Aly, der zwischen den Achtundsechzigern und der Nazigeneration kaum einen Unterschied sieht. Auf Deutsch: Reichskristallnacht und Vietnamdemonstrationen waren im Prinzip Jacke wie Hose. »Waren die Studenten so schlimm? Oder die Nazis vielleicht doch auch nur eine Jugendbewegung?«, mokiert sich Franziska Augstein in der *Süddeutschen Zeitung* vom 19. Februar 2008. Alys Buch sei eine »Hasstirade« und »seinem Leiden entsprungen«, kein Ordinarius geworden zu sein.[60] Auch der Historiker Norbert Frei weist Alys Vorwurf zurück, die Achtundsechziger seien »verkappte Nazis und Antisemiten« gewesen.[61]

II Formen des Widerstandes

Was ist eigentlich Widerstand?

»Widerstand ist zwecklos«, lautet eine der beliebtesten Phrasen aus Vorabendkrimis. »Widerstand ist zwecklos« suggerieren auch die Gralshüter von Recht & Ordnung bei den unerhörten, aber weltweit gehörten Demonstrationen gegen AKW-Kamikaze, Umweltzerstörung oder G8-Gipfel. Aber ist Widerstand überhaupt zwecklos? Der zweifellos berühmteste, vielleicht weil friedliche, Widerstand der vergangenen hundert Jahre ist der des Inders Mahatma Gandhi gegen die »britischen Kolonialherren«, wie sich die ebenso verkommenen wie königlichen Herrenmenschen damals höflich nannten. Aber ist Widerstand Schnee von gestern? Und vor allem: Was ist eigentlich Widerstand?

Das Volk ist da recht erfinderisch. Man denke nur an den Aufruf der Sozialdemokratischen Arbeitsgemeinschaft zum »Gebärstreik« von 1917, mit dem die Geburt künftiger Soldaten verhindert werden sollte.[62]

Eine solche Aktion verkündeten im Jahr 2002 Hunderte von Finninnen gegen den Bau eines Atomkraftwerks.[63] Zynischer Unsinn ist dagegen die »Analyse« des aktuellen Geburtenrückgangs bei berufstätigen Frauchen durch die Busenfreundin von Angela Merkel und Friede Springer, Alice Schwarzer: »Die deutschen Frauen sind in den Gebärstreik getreten.«[64] Wer die individuelle Entscheidung verzweifelter Frauen in einer im Turbokapitalismus ausweglosen Situation zum »Gebärstreik« hochjubelt, der bezeichnet auch das Elend in der Dritten Welt als »Hungerstreik« und die seltene Anwesenheit unserer Ärmsten in edlen Politikerrestaurants als »Konsumstreik« – das hämische Wort »mangelnde Kauflaune« gehört ja bereits zum festen

Wortschatz unserer Herrscherkaste und ihrer Gossenmedien. Die Formen des echten Widerstandes sind allerdings durchaus mannigfach.

Revolte für die Galerie: ungefährlicher Widerstand

Hundertprozentig ungefährlich ist natürlich nichts im Leben. Auf dem Weg zum Zigarettenautomaten können wir ausrutschen und das Zwei-Euro-Stück verbiegen, bei Tempo 280 kann uns ein Reifen platzen, und bei Fahrten mit der Deutschen Bahn können wir nicht ausschließen, dass wir im Winter erfrieren, im Sommer ersticken und jeden Moment entgleisen. Nicht einmal beim Schlafen im Bett sind wir sicher: »In der schönsten Traumphase wächst auch die Lebensgefahr«, haben US-Forscher jetzt entdeckt: Der Abbau bestimmter Gehirnzellen kann ihnen zufolge zu tödlichen Atemaussetzern führen.[65]

Aber von diesen Risiken einmal abgesehen, können wir zum Beispiel beim Sammeln von Unterschriften oder der Teilnahme an Demos und anderen Aktionen zwischen »riskant« und »ungefährlich« unterscheiden: Was kann uns körperlich, juristisch, beruflich und sozial passieren?

Mutig war zum Beispiel bis in die noch immer nazidurchtränkten sechziger Jahre das Eintreten für die Rechte von Homosexuellen – schließlich konnten gemäß dem erst 1994 ganz gestrichenen § 175 des Strafgesetzbuches Lesben und Schwule noch bis 1969 wegen Homosexualität auch unter Erwachsenen für fünf Jahre ins Gefängnis wandern. Hinzu kam – vor allem in katholischen Gegenden – die zuweilen in Hass ausartende Ausgrenzung in Nachbarschaft, Job oder Verein. Heute dagegen spukt Homophobie zwar noch immer in den Köpfen einiger Psychopathen, und Homosexuelle riskieren in katholischen Einrichtungen die Kündigung;[66] aber eine Teilnahme am Christopher Street Day,

Anton und Berta im Streit. Anton sagt: »Die neue Fassade des Rathauses ist doch klasse.« Mischt sich Chris ein: »Ja, da haben Sie recht.« Nun Berta: »Die Fassade ist doch das Allerletzte.« Darauf Chris: »Ja, da haben Sie recht.« Jetzt Anton und Berta: »Sie können doch nicht uns beiden recht geben. Das widerspricht sich doch.« Chris nickt: »Ja, da haben sie recht.«

wo sogar Promis wie der Berliner Regierende Bürgermeister Klaus Wowereit (»Ich bin schwul, und das ist auch gut so«) ganz vorn mit dabei sind, erscheint doch wenig Gefahrenpotenzial zu bergen.

So tun als ob: symbolischer Widerstand

Generell gilt: Wenn bei irgendwas Spitzenpolitiker mitmachen oder gar mehrere Parteien (die Linke meist ausgenommen) dazu aufrufen, dann können wir ruhig mitlaufen. Dies gilt auch für Aktionen und Forderungen, gegen die ohnehin kaum jemand etwas hat – häufig auch, weil sie zu allgemein und unverbindlich sind. Beliebte Themen sind Morde an Ausländern, kriminelle Islamisten, Rechtsradikalismus, Klimawandel, Rettung des tropischen Regenwaldes, Hunger und Armut (wenn man nicht gerade die Großkonzerne und deren Regierungen als Schuldige erwähnt), Kinderpornographie oder Rettung von Robben und Walen. Unvergessen ist die Szene in der Komödie *Miss Undercover* mit Sandra Bullock, in der jede einzelne Kandidatin einer Miss-Wahl zum Abschluss ihrer Präsentation ausruft: »Und außerdem bin ich für den Weltfrieden.«

Diese Art von »Widerstand« ist für die Politik meist Teil des Wahlkampfes und der Eigenwerbung. Aber auch ganz gewöhnliche Karriere-Opportunisten versuchen hier zu punkten. Wenn zum Beispiel ein Moderator, der stets allen wichtigen Politikern aller wichtigen Parteien recht gibt, plötzlich kämpferisch wird und mit bebender Stimme bekennt: »Ich bin gegen Kinderschänder ebenso wie gegen Serienkiller«, dann hat das so viel mit »Mut« und »Widerstand« zu tun wie ein Fisch mit einem Fahrrad.

Eng verwandt mit dieser Form des ungefährlichen Widerstands sind »von oben« initiierte Protestaktionen wie Schweigemärsche oder Lichterketten gegen jene Morde an Ausländern, die sich wegen einer undichten Stelle nicht totschweigen lassen. Angeführt wird dieses Theater oft von Politikern, deren Parteien erst die Stimmung für solche Verbrechen geschaffen haben. Das allerdings soll nicht heißen, dass unzählige aufrechte Menschen sich an diesen Lichterketten und Demos beteiligen. Ihnen gehen die Morde wirklich nahe; ihnen sagt kein persönlicher Referent: »Wenn Sie wiedergewählt werden wollen, dann müssen Sie sich unter diesen Idioten und Gutmenschen auch blicken lassen. ARD und RTL sind auch schon bestellt.«

Tarifzank nach Drehbuch: Arbeitskämpfe als Ritual

Zu den echten Arbeitskämpfen kommen wir später, hier geht es um die symbolische, ritualisierte Form. Dieses »So tun als ob« gilt insbesondere für die Gewerkschaften. Häufig rufen Gewerkschaftsbosse nicht hauptsächlich deshalb zu Streiks auf, um Forderungen durchzusetzen, sondern damit die Beschäftigten »Dampf ablassen« und die Arbeitnehmervertreter die Kampfentschlossenen geben und »Wir tun was« vortäuschen können.

Allerdings müssen die Gewerkschaften aufpassen; hängt doch ihre Macht wesentlich von der zahlenmäßigen Stärke und der Kampfbereitschaft ihrer Basis ab. Der seit Jahren andauernde massive Mitgliederverlust von 7,8 Millionen im Jahr 2000 auf 6,3 Millionen im Jahr 2009[67] zeigt den Schwund des Vertrauens in die Führung, was eigentlich kein Wunder ist. So boykottierte die DGB-Spitze nahezu jede »Hartz-IV-muss-weg«-Demonstration. Und

Gewerkschaftsführer machten der Belegschaft auch freiwilligen Lohnverzicht zwecks Rettung von Arbeitsplätzen schmackhaft.

Hier mal ein Warnstreik für Mindestlöhne, gegen Werkschließungen oder unzumutbare Arbeitsbedingungen, dort eine Kundgebung gegen unbezahlte Überstunden, Abbau des Kündigungsschutzes oder für mehr Ausbildungsplätze. Und die Adressaten, ob Regierung oder Arbeitgeber, lehnen sich entspannt zurück: Solange der Protest von einer DGB-Gewerkschaft inszeniert oder wenigstens kontrolliert wird, besteht nicht die geringste Gefahr.

Das amüsanteste Beispiel bieten die Tarifverhandlungen selbst. Ob nun im Straßenbahner-Waldheim unter dem Stuttgarter Fernsehturm oder im Kongresszentrum Potsdam mit Blick auf den Templiner See: In irgendeinem Tagungsraum wird streng geheim, also ohne Zeugen, »hart und zäh« verhandelt. Vor der Tür hocken Journalisten: die von den Agenturen und vom Fernsehen, um Geheimverhandler auf dem Weg zum WC abzufangen und auszuquetschen, die anderen, um Skat oder Poker zu spielen. Denn die Ergebnisse der erbitterten Verhandlungen stehen schon seit Tagen bis ins Detail genau fest. Deshalb liegen auch die Medienleute mit ihren Tipps fast immer richtig. Die Faustregel ist einfach: Forderung vier Prozent, Angebot zwei Prozent, Abschluss drei Prozent. Was die geheimen Streithähne ohnehin am meisten umtreibt, ist die Frage, wie möglichst jede Seite ihren Leuten das Ergebnis als Erfolg verkaufen kann. Und weil dieser Erfolg umso größer erscheint, je härter er »erkämpft« wurde, vertagt man sich einige Male ohne Ergebnis, und die Gewerkschaften faseln pressewirksam etwas von einer Streik-Urabstimmung und die Arbeitergeber von gefährdeten Arbeitsplätzen. Alles ist so sorgfältig inszeniert, dass – ähnlich wie einige Mitbürger den ZDF-Bergdoktor für einen echten Arzt halten – sehr viele diese Verhandlungs-Show als einen Ausdruck von Tarifautonomie betrachten.

Vorvorletzte Warnung:
Wahlboykott und Umfragen

Eine im Rahmen der parlamentarischen Demokratie wichtige Form des Widerstands ist die immer geringere Wahlbeteiligung. Der Grund liegt auf der Hand: Laut Forsa-Umfrage vom Sommer 2009 glauben nur noch fünf Prozent der Deutschen, sie könnten die Politik durch Wahlen »in starkem Maße« mitbestimmen. 57 Prozent glauben, man könne wenigstens »etwas« mitbestimmen, während 38 Prozent nicht einmal das für möglich halten. Besonders realistisch sind Arbeiter: Dass sie die Politik durch Wahlen maßgeblich beeinflussen könnten, meinen null Prozent. »Das Vertrauen ins demokratische Ideal ist zur Restgröße verkümmert«, fasst Hans-Ulrich Jörges im *Stern* zusammen.[68]

Nur folgerichtig geht bei Kommunalwahlen meist weniger als die Hälfte der Wahlberechtigten zur Urne. Und bei der Schicksalswahl 2009 in Hessen erreichte die Wahlbeteiligung mit 61 Prozent ein historisches Tief: Ein Jahr zuvor bei der »Ypsilanti-Wahl« lag sie noch bei 64,3 Prozent.[69] Selbst die Bundestagswahl im September 2009 erreichte mit blamablen 70,2 Prozent einen historischen Tiefststand.[70] Und bei der Landtagswahl in NRW im Mai 2010 fanden gerade mal 59,3 Prozent der Wahlberechtigten den Weg ins Wahllokal.[71]

Das wahre Wahlergebnis von NRW

Nichtwähler	46,1 %
CDU	18,6 %
SPD	18,6 %
Grüne	6,5 %
FDP	3,6 %
Linke	3,0 %

Es lässt sich nicht mehr leugnen: Sowohl im Bund als auch in den Ländern sind die Nichtwähler längst die stärkste Fraktion. Besonders dramatisch ist die Entwicklung beim Bund, wo die Zahl der Nichtwähler von 9,9 Prozent im Jahr 1972 über 20,9 Prozent 2002 auf 22,3 Prozent bei der Wahl 2005 und auf 29,8 Prozent im Jahr 2009 stetig gestiegen ist.

Das wahre Ergebnis der Bundestagswahl 2009

Nichtwähler	29,8 %
CDU/CSU	23,7 %
SPD	16,2 %
FDP	10,2 %
Linke	8,4 %
Grüne	7,5 %

Ein Grund für diese Enthaltsamkeit der Wahlberechtigten ist die schwindende Unterscheidbarkeit der Parteien. Anthony Downs, der Mitbegründer der *Neuen Politischen Ökonomie*, führt diese Entwicklung auf den Eigennutz der Politiker zurück. Sie hätten »als Hauptmotiv den Wunsch, sich die mit dem Regierungsamt verbundenen Vorteile zu verschaffen; daher streben sie nicht die Regierung an, um vorgefasste politische Konzepte zu verwirklichen, sondern formulieren politische Konzepte, um an die Regierung zu kommen«.[72] Logische Folge ist die permanente Suche nach Marktlücken. So macht schon mal die SPD auf *law and order* (Schily) und neoliberal (Agenda 2010), die Union dagegen auf sozial (von der Leyen). Die FDP spielt die Pharmakonzerngegnerin (Rösler), und die Grünen machen sowieso seit eh und je alles mit, was ihnen zum Erringen und Erhalten der Macht nützlich ist: ob Afghanistankrieg oder Hartz IV, Gerhard Schröders Unterstützung der Auto- und AKW-Industrie oder gleich eine schwarz-grüne Koalition.

Bei diesem Bäumchen-wechsle-dich-Wirrwarr ist es keinem Bürger zu verdenken, wenn er am Wahltag lieber ins Grüne fährt. Und wenn er dann auch noch von einem Franz Müntefering hören muss, es sei »unfair«, eine Partei an ihren Wahlkampfversprechen zu messen, dürfte der Bedarf des Bürgers an Wahlen und fast allen politischen Parteien bis auf weiteres gedeckt sein.[73] Und wenn er aktiv genug ist, übt er seinen Widerstand gegen unsere Variante der parlamentarischen Demokratie nicht passiv aus, sondern schließt sich einer Organisation wie Attac oder Greenpeace an.

Das rasante Abnehmen der Wählerzahl darf aber wohl auch darauf zurückgeführt werden, dass der Einfluss der Bürger auf die Politik, wie von ihnen vermutet (siehe Umfrage oben), trotz Wahlen gegen null geht. So kündigte der Regierende Bürgermeister Klaus Wowereit im Jahr 2010 schon vor dem Volksentscheid über die Zukunft des Flughafens Tempelhof an, dass ihm das Votum der Bürger schnurzegal sei und er sich keinesfalls danach richten werde.[74] So redet nur jemand, der das Volk für verblödete Duckmäuser hält.

Dabei heißt es in Artikel 63, Absatz 1 der Verfassung von Berlin eindeutig: »Ein Gesetz … ist durch Volksentscheid angenommen, wenn eine Mehrheit der Teilnehmer und zugleich mindestens ein Viertel der zum Abgeordnetenhaus Wahlberechtigten zustimmt.«[75] Dabei hat Wowereit die nassforsche Art gerade nötig. Bei den Wahlen 2006 stimmten für ihn nur peinliche 17,9 Prozent der Wahlberechtigten, dennoch fühlt er sich als Bürgermeister aller Berliner. Und gingen auch nur drei Bürger zur Wahl, und wählten zwei von ihnen dieselbe Partei, so würde er sich strahlend vor der Kamera aufbauen und mit stolzgeschwellter Brust verkünden, das Ergebnis von 2 zu 1 habe seiner Partei eine überzeugende Zweidrittelmehrheit aller Bürger beschert.

Heribert Prantl von der *Süddeutschen Zeitung* nennt solche realitätsblinden Politiker, die nur noch die Wähler als vollwertige Bürger betrachten, »Agenda-Menschen«: Weil nicht sein kann, was nicht sein darf, nimmt man die Wähler als das eigentliche Volk. »Die politische Kommunikation konzentriert sich auf den noch wählenden Rest«, konstatiert Heribert Prantl. »Wahlabende sind Resteabende geworden, die Parlamente Resteparlamente … Die großen Parteien verhalten sich zu dieser Malaise wie der

Autofahrer, der erklärt, ihm seien steigende Benzinpreise egal – er tanke ohnehin immer nur für dreißig Euro.«[76]
Für Prantl hat diese Betrachtungsweise einen gefährlichen Aspekt: »Die Missachtung der Dauer-Frustrierten, die Geringschätzung der Reformverlierer und politische Ausblendung der relativ Armen zeigt sich auch darin, dass sich an Wahlabenden einfach diejenige Partei zum Sieger erklärt, die weniger Stimmen verliert als die andere.«[77] Das ganze Brimborium erinnert an feudale Zeiten. Bei Hof wird ausgelassen getanzt und sich selbst gefeiert, während das Volk außen vor bleibt – es hat ja mit diesen Schmierenkomödien sowieso nichts zu tun.

Das Gefährlichste am Wahlboykott aus Politikerverdrossenheit – die für den Göttinger Politikprofessor Franz Walter den »Diebstahl an Demokratie« befördert[78] – ist aber der Verfall von Autorität und Gestaltungsspielräumen. Als Folge hat ein solches Parlament kaum noch Einfluss auf Entscheidungen, die treffen die politischen Anführer und »Strippenzieher« bei geheimer Mauschelei in irgendwelchen Hinterzimmern.

Gleichzeitig starren die Spitzenpolitiker auf Umfragen gebannter als das Kaninchen auf die Schlange. »Debakel für Kanzlerin Merkel und ihre Union«, fasste der *Stern* eine Umfrage vom Juli 2010 zusammen. Mit 28 Prozent lag die SPD trotz Gabriel und Nahles erstmals seit Jahren nur noch einen Prozentpunkt hinter der Union, die erstmals seit 2006 unter 30 Prozent rutschte. Auch die Werte der beiden anderen Oppositionsparteien änderten sich nicht: Die Grünen, die inzwischen außer mit den Zeugen Jehovas und Arminia Bielefeld um die Diäten und der Machtillusion willen praktisch mit jedem koalieren, verteidigten ihr damaliges Rekordhoch von 19 Prozent, die Linke hielt ihre 11 Prozent.[79] Nun weiß jeder, der schon einmal mit dem Entstehen solcher Umfragen zu tun hatte, dass hier mehr geschlampt und getürkt wird als beim Tageshoroskop der Privaten. Man denke nur an das Eingeständnis der legendären Wahlforscherin Elisabeth Noelle-Neumann, dass Demoskopie sich vorzüglich zur Demagogie eigne.[80] Dennoch ist der Normalbürger nicht ganz so dumm und kritiklos, wie die politische Klasse ihn gern hätte, und insofern nehmen die Parteipaschas Umfragen nicht zu Unrecht ziemlich ernst, denn auch sie sind eine Form des Widerstands. Insofern herrscht in den Parteizentralen zu Recht Alarmstufe Rot, wenn etwa laut Allensbach-Umfrage vom Januar 2010 rund 58 Prozent der Bürger die Verteilung der Einkommen und Vermögen für ungerecht und nur knapp 15 Prozent für »im Großen und Ganzen gerecht« halten und 71 Prozent meinen, die soziale Gerechtigkeit habe seit 2006 weiter abgenommen. Nur folgerichtig: Für 49 Prozent ist die deutsche Variante der Marktwirtschaft »nicht wirklich sozial«, nur für 35 Prozent ist sie »sozial«.[81]

Nun sind ja Zahlen geduldig und Umfragewerte erst recht; aber in Verbindung mit dem steigenden Wahlboykott dürften bei den »Eliten« sämtliche Alarmglocken schrillen: Ist darauf Verlass, dass das deutsche Duckmäusertum ewig währt und »systemkritische« Umfragen das Äußerste an Widerstand bleiben werden?

Alles schön parlamentarisch: die Protestparteien

Vereinfacht ausgedrückt, unterscheiden sich Protestparteien von »normalen« Parteien dadurch, dass sie zur Durchsetzung von Forderungen bzw. zur Abwehr bestimmter Missstände in *einzelnen* Bereichen der Politik gegründet werden. So entstanden die Grünen aus der Bewegung gegen Umweltzerstörung und Atomgefahr, die WASG wandte sich gegen Hartz IV und die Piratenpartei trat für mehr Freiheiten im Internet ein. Logischerweise wurden diese Parteien nur ins Leben gerufen, weil ihre Anhänger das Vertrauen in die etablierten Parteien verloren hatten. Dies bedeutet aber keineswegs, dass sich diese Vereinigungen nicht irgendwann in die anfangs kritisierte gegenwärtige Parteiendemokratie integrieren und ihrerseits zur etablierten Partei und zum vollwertigen Mitglied der politischen Kaste werden.

Als Bettvorleger gelandet:
die Grünen

Manche Mitbürger halten Freitag, den Dreizehnten für verhext, Gewitterblitze für göttliche Zeichen und die Grünen für eine Protestpartei. An den ersten beiden Vermutungen könnte vielleicht doch etwas dran sein, an der dritten wohl kaum. Richtig allerdings ist, dass Bündnis 90/Die Grünen als einzige Bundestagspartei aus außerparlamentarischen Protestbewegungen hervorgegangen ist. Gegner von Umweltzerstörung, Atomkraft und Krieg, aber auch des gesamten kapitalistischen Systems und seinen Lebensformen gründeten am 13. Januar 1980 die Grüne Partei, wobei eine gleichzeitige Mitgliedschaft bei den Maoisten (»K-Gruppen«) abgelehnt wurde. Am 6. März 1983 kamen die Grünen mit 5,6 Prozent der Zweitstimmen erstmals in den Bundestag, am 24. Oktober 1983 nahmen mehrere Fraktionsmitglieder, unter ihnen der spätere als »Kriegsminister« geschmähte Joschka Fischer, an der Blockade der US-Militärbasis in Frankfurt am Main teil, um gegen den NATO-Doppelbeschluss zu protestieren.

Am 12. Dezember 1985 wurde Joschka Fischer hessischer Umwelt- und Energieminister und damit erster Grüner in einer Landesregierung. Zur Bundestagswahl 1990 trat eine Liste Bündnis 90/Grüne-Bürger/-innenbewegung an und scheiterte wegen der getrennten Auszählung für Ost und West in den alten Ländern an der Fünf-Prozent-Hürde, während sie in der Ex-DDR acht Bundestagsmandate errang. Einen Tag nach dem Wahldesaster fusionierten die west- und ostdeutschen Grünen, am 21. September 1991 wurde die Listenvereinigung Bündnis 90 in eine Partei umgewandelt, und am 14. Mai 1993 vereinten sich beide zur gesamtdeutschen Partei Bündnis 90/Die Grünen.

1990/1991 entbrannte ein teilweise hasserfüllter Richtungsstreit zwischen den systemkritischen Ökosozialisten (»Fundis«) und den staatstragenden Marktwirtschaftlern (»Realos«), der mit dem Rückzug der damals im Bundesvorstand und den meisten Delegiertenkonferenzen dominierenden »Fundis« (darunter Jutta Ditfurth, Rainer Trampert und Thomas Ebermann) endete.[82] Dies beschleunigte – ähnlich wie 1999 Oskar Lafontaines Rücktritt als Parteichef bei der SPD – einen bis dahin für unmöglich gehaltenen Rechtsruck der Grünen. Entsprechend verschwand auch das »Rotationsprinzip«, nach dem bei Halbzeit der Wahlperiode die Abgeordneten ihr Mandat an ihre Nachrücker übergaben, lautlos in der Versenkung. Schließlich sollte es ja jene Berufspolitikermentalität und Machtfülle einschränken, die für die »Realos« bis heute offenbar das Lebenselixier und so ziemlich ihre einzigen erkennbaren Ziele sind.

Die Vollbeschäftigung und das angebliche Bildungsparadies mit lebenslanger Job-Garantie wichen der Massenarbeitslosigkeit, auch bei Akademikern. Alle Karrierewege schienen versperrt – auch die in den öffentlichen Dienst. Zehntausende waren nach ihrem Lehrstudium zunächst arbeitslos. Und auch eine Politkarriere in der für sie einzig in Frage kommenden SPD erschien angesichts der vielen Nachwuchsplatzhirsche à la Lafontaine und Schröder aussichtslos. Also gründeten sie ihre eigene Partei: die anfangs scheinbar unangepassten und exotischen Grünen. Schon bald allerdings war von den »grünen Milieus aus Schlabberlook und Zottelhaaren, mit den Gegenorganisationen von roten Buchläden, Kinderhorten, Wohngemeinschaften, selbstverwalteten Handwerksbetrieben, Bioläden und Vollkornbäckereien gesellschaftlich nicht viel übrig geblieben. Als die Zugehörigen des alternativen Milieus, die Aktivisten der Ökologie-, Frauen- und Friedensbewegung, in der zweiten Hälfte der achtziger Jahre auf das dreißigste Lebensjahr zugingen, löste sich der Milieuzusammenhang rasch auf.«[83]

Etliche hatten nun eine Anstellung in den öffentlichen Kultur-, Bildungs- und Sozialdiensten der Republik ergattert. »Der Protest wurde verbeamtet, es veränderte sich der Habitus. Und die Anti-AKW-Plakette landete als Erinnerungsstück an die großen Kämpfe gegen die Energieindustrie in den Schubladen.« Man war inzwischen »materiell gut versorgt ... mit der Republik und den parlamentarischen Institutionen versöhnt und hatte eine ironisch-liebevolle Distanz zu den alten Mythen und Utopien« aufgebaut.[84]

Einen Meilenstein beim schrittweisen Umbau zur Kriegspartei und damit das Ende des scheinheiligen Pazifismus-Theaters bedeutete im Jahr 1995 das Ja des Bundestagsfraktionschefs Fischer zur militärischen Aufrechterhaltung der UN-Schutzzonen in Bosnien und Herzegowina. Durch Lobeshymnen auf die profitorientierte Marktwirtschaft machte er die Grünen endgültig stubenrein für die neoliberale rot-grüne Koalition.

Bereits kurz nach Amtsantritt als Außenminister machte Fischer die Bundesrepublik zum wichtigsten Helfer der USA beim völkerrechtswidrigen Angriffskrieg[85] gegen Jugoslawien (24. März 1999–10. Juni 1999). Als Fischer deswegen auf dem Grünen-Parteitag am 13. Mai 1999 in Bielefeld einen Farbbeutel ans Ohr bekam, markierte ausgerechnet der Ex-Steinwurfprofi den sterbenden Schwan, stellte aber seinen beschmierten, vermutlich sündhaft teuren Maßanzug dem Bonner Haus der Geschichte für eine Ausstellung zur Verfügung.[86]

Internationale Spitzenklasse beim Vortäuschen schwerer Bedenken bewiesen die Grünen bei der Frage der Kriegsbeteiligung in Afghanistan. So kündigten acht Bundestagsabgeordnete am 11. November 2001 ihr Nein an, was aber wegen der schwarzgelben Zustimmung völlig belanglos war. Als Kriegskanzler Gerhard Schröder aber die Erpresserkarte »Vertrauensfrage« ausspielte und es plötzlich um Krieg oder Machterhalt ging, fielen vier Abweichler »verabredungsgemäß«[87] um und ermöglichten so am 16. November die Fortsetzung der Koalition und den Kriegsbeschluss.[88]

Auch bei ihrem anderen großen Schwerpunkt, dem schnellstmöglichen Abschied von der Kernkraft, vollzogen die Grünen einen 180-Grad-Schwenk. So stieß bereits auf dem Karlsruher Parteitag Mitte März 2000 der »Kompromiss« des grünen Energieministers Jürgen Trittin mit der Atomindustrie über die Restlaufzeit der Kernkraftwerke auf massive Kritik.[89]

Ein ähnlich absurdes Theater zog man unmittelbar vor der Ersten

Lesung zu Hartz IV am 5. September 2003 im Bundestag durch. So äußerten 16 Grüne in einer feierlichen Erklärung die allergrößten Bedenken, um dann doch wieder die Kurve zu kriegen: »Wir stellen uns der Einbringung der Gesetzentwürfe nicht entgegen mit der Aufforderung, folgende Punkte im parlamentarischen Verfahren vor der 2. und 3. Lesung zu verändern ...«[90]

Spätestens hier hatten die Grünen den Ruf weg, das »Krötenschlucken« zur Wissenschaft entwickelt zu haben und dem politischen Machterhalt und der Karrieren ihrer »Realo«-Führer zuliebe buchstäblich jedem noch so faulen Kuhhandel zuzustimmen. Entsprechend stellte sich auch die Bilanz ihres Mitregierens dar: Außer der eingetragenen Lebensgemeinschaft für Lesben und Schwule, dem ominösen Bio-Siegel (2001) und dem Dosenpfand, auf das die Menschheit seit Adam und Eva so sehnsüchtig gewartet hatte, haben die Grünen in sieben Jahren Regierungsmacht buchstäblich nichts Erwähnenswertes erreicht. Selbst die oft ins Feld geführte »Ökosteuer« von 1999 in Form einer erhöhten Mineralöl- und einer neuen Stromsteuer war – auch wegen der zigfachen Extrawürste für Großkonzerne – so ziemlich das Gegenteil des von den Grünen versprochenen ökologischen Umbaus. Zudem werden die Einnahmen für alles Mögliche wie etwa die Sanierung der zugunsten der Privatversicherer bewusst ruinierten staatlichen Rentenkassen oder der Finanzierung der Spitzensteuersatzsenkung verprasst, aber nicht für Umweltschutz ausgegeben.

Bürger: Die Ökosteuer bringt ja gar nichts für die Ökologie.
Trittin: In einem Jägerschnitzel ist ja auch kein Jäger.

Als Folge des strammen Marschs der Grünen ins bürgerliche Lager, vor allem an die Fleischtöpfe des etablierten Parteienspektrums, wandelte sich auch ihre Wählergemeinde. Hatten bei der Bundestagswahl 1987 weniger als ein Prozent der Selbständigen für Grün gestimmt, so stellen sie im Jahre 2010 laut Umfragen und Regionalwahlen bis zu 19 Prozent. Der Kern der grünen Anhängerschaft hatte privilegierte Positionen erreicht und genoss jetzt die Früchte des Karrierismus. »Das Rebellionsmilieu von 1983, als noch zwei Drittel der Grün-Wähler ohne Erwerb waren, hatte sich im nachfolgenden Vierteljahrzehnt zum Elitenmilieu gewandelt und ist nun im Jahr 2010 zum Statusmilieu des avancierten Bildungsbürgertums der 1950er und 1960er Geburtsjahrgänge geworden.«[91]

Allerdings macht diese »postmaterialistische« Klientel krampfhaft einen auf anspruchsvoll. »Sie verlangt nach Exklusivität und hat deshalb mit den nivellierenden Volksparteien nichts am Hut. Gerade von den Grünen erwarten sie einen Schuss – aber nie zu viel – Unkonventionalität.« Sie sollen »den eigenen neuen pragmatischen Realismus widerspiegeln, aber doch nicht ganz auf jede Transzendenz der früheren Jugendzeit verzichten. Ihre Partei muss professionell sein, darf aber nicht vollständig des Charmes der Basisdemokratie entbehren … Das arrivierte postmaterialistische Bürgertum wünscht sich einen kulturell reizvollen, nonkonformistischen Realismus oder besser noch: einen realistischen Nonkonformismus«,[92] quasi einen ökologischen Kinderspielplatz mit hohem Elektrozaun drum herum.

Einen ungeahnten Höhenflug erleben die Grünen seit dem Herbst 2010; zeitweilig lagen sie in Umfragen bundesweit vor der SPD. Wo die Konkurrenz ihr »Profil« wie Hemden wechselt, machen die Ex-Humanisten neuerdings auf berechenbar, was nicht nur in »konservativen« Kreisen seit jeher gut ankommt. Diese »Grundmentalitäten« einer außerdem zusehends alternden Gesellschaft hätten Union und SPD, so Franz Walter, seit zwanzig Jahren vor lauter Reform-, Innovations- und Deregulierungswahn schlicht verkannt. Anders die Grünen: »Konrad Adenauer hätte seine Freude an dieser Partei gehabt.«

Einen großen Anteil am grünen Aufschwung haben zweifellos gewisse Medien, die über den rot-grünen Umbau der Gesellschaft vom Sozialstaat zum Turbokapitalismus kein Wort mehr verlieren. Motto: Hartz IV war die SPD, Afghanistan die CDU und die

Reformen zugunsten von Spekulanten und Heuschrecken womöglich die FDP. Stattdessen tragen die Grünen das Hypnosewort »Bio« wie eine Monstranz vor sich her: »Für Bio sind irgendwie alle, ... selbst wenn man als Grüne in der Regierung für drastische Sparprogramme und Sozialkürzungen eintritt«, denn man fördert ja durch öffentliche Sparsamkeit vorbildlich die »Nachhaltigkeit«.[93] »Alternativer« Zynismus in Reinkulter.

Anders als die früheren Konservativen lebt die Grünen-Klientel nicht auf dem Dorf, sondern in der Stadt, wo man sich allerdings »Dörfer im städtischen Umfeld« aufbaut: Ruhe, Sicherheit, Freunde um die Ecke und selbst Partys und Feste im vertrauten, überschaubaren Umfeld. Und das ist kennzeichnend für diese grüne Spezies: Man will sich um jeden Preis abheben und abgrenzen, vor allem von der »Unterschicht« und natürlich durch den Konsum. Die einen kaufen in ihren »postmateriellen Lebenswelten« überteuerten Bio-Schnickschnack, die anderen beim Discounter das billige und ungesunde Nötigste.

Allerdings: Eine von Franz Walter genüsslich zitierte Studie aus dem Jahr 2010 mit dem Titel *Machen uns grüne Produkte zu besseren Menschen?* entlarvt die ach so hochgebildete und kultivierte grüne Klientel am Beispiel der Bioladen-Kundschaft als, wie der Berliner sagt, geiziges, diebisches und prolliges Gesindel. »Sie benehmen sich oft, weil ihnen der Öko-Bio-Bonus das zu gestatten scheint, rücksichtsloser als der Rest. Es wird weniger für obdachlose Bettler gespendet. Mit der Ehrlichkeit nimmt es die Öko-Klientel nicht sehr genau. Denn man hat zuvor durch den Einkauf ungespritzten Obstes gezeigt, dass man zu den besseren Menschen gehört.«

Johann Schloemann mokiert sich in der *Süddeutschen Zeitung* über die Klientel der Grünen: »Klimaschädlich bei Bosch arbeiten, aber Käse im Bioladen kaufen. Für eine Stunde das Licht ausschalten – und dann wieder einschalten. Und mit einem Porsche Cayenne das Altglas zum Container bringen. Toll ... All jene, die das [die Notwendigkeit ökologischer Politik. T.W.] ein bisschen erkannt haben und zugleich aber den westlichen, modernen Lebensstil im Ganzen nicht so gerne aufgeben wollen, wählen Grün.«[94] Bezeichnenderweise outet sich fast jeder zweite Fan der Grünen als »politisch uninteressiert«, mehr als bei jeder anderen Partei. »Grün wählen« ist für Franz Walter – »eine Stilfrage«.[95] Als Partei, mit der man sich nicht blamiert, kommen vor allem für die sich »links« gebenden besserverdienenden Parvenüs tatsächlich nur die Grünen in Frage, die sich ihrerseits publikumswirksam an Widerstandsbewegungen wie jüngst in Gorleben und Stuttgart anhängen und vor jeder Wahl die dicke linke Lippe riskieren.

Dieser Hype aber könnte recht bald zusammenfallen wie ein Potemkinsches Dorf. Wenn nämlich »der eine oder andere investigativ ehrgeizig gebliebene Journalist noch einen Blick auf die logistischen Netzwerke grüner Politiker oder auf die prekären sozialrechtlichen Strukturen mancher Umweltunternehmen wirft«,[96] dann könnten die Öko-Götter sehr schnell ähnlich als Kaiser ohne Kleider dastehen wie im Frühjahr 2011 die FDP.

Die Methode der Habgierigen – was nicht passt, wird passend gemacht – hat bei den Grünen bestens funktioniert. Ähnlich wie *mann* nur festangestellter Eunuch werden kann, wenn *mann* sich entmannen lässt, ist der Preis für die Aufnahme einer Protestpartei in den Dunstkreis oder gar das Zentrum scheinbarer politischer Macht die Aufgabe aller Prinzipien zugunsten der Ideologie der von Menschenwürde und Solidarität befreiten und deshalb *freien* Marktwirtschaft und ihrer Umsetzung in die Praxis. Und wie ein Konvertit seinem bisherigen Glauben abschwören und seine Glaubwürdigkeit beweisen muss, haben die Grünen mit ihrer Zustimmung zu weltweiten Angriffskriegen, Hartz IV und Atomlobbypolitik den Wirtschaftseliten ihre grenzenlose Loyalität mehr als hinreichend bewiesen. Zwei Führungskräfte tun sich dabei besonders hervor: »Niemand symbolisiert den Weg der Grünen von der Protest- zur Funktionärspartei besser als Joschka Fischer und Claudia Roth«, schreibt Grünen-Experte Walter. »Nur weil sie sich aus ihren Milieus lösten, hatten sie Erfolg.«[97] Je mehr sich die Grünen von ihren Anfängen entfernen, je stärker sie »Kröten schlucken« und »Realitäten akzeptieren« müssen, desto massiver wächst der Bedarf bei den Anhängern, zumindest an den Sonn- und Feiertagen die alten Lieder zu hören und mitzusingen, vom Gefühl getragen zu werden, sich bei allen Veränderungen im Kern doch treu geblieben zu sein.

Rechts leben und links wählen? Die Grünen machen's möglich.[98] »Junge urbane Zielgruppen leben rechts – und wählen links«, meint auch der Wiener Politologe Günther Burkert.[99] Für die machtbewusste Parteispitze bedeutet dies: vor den Wahlen das Grüne vom Himmel versprechen und anschließend Politik für die Besserverdiener machen, also »links blinken, um nach rechts abzubiegen«.[100] Dies gilt auch für ihre »linke« Taktik, sich an den Protest gegen den Umbau des Stuttgarter Hauptbahnhofs und gegen die Zwischenlagerung des Atommülls in Gorleben anzuhängen. Und hier hatten sie auch noch das Glück, dass ausgerechnet ihr »Linker vom Dienst«, Hans-Christian Ströbele, vor dem Bundestag einen Riesenskandal aufdecken und vorübergehend die führende Rolle der Grünen bei den Protesten vorspielen konnte. Er präsentierte eindeutige Fotobeweise dafür, dass die Creme der wüstesten französischen Prügelpolizisten bei der Schlacht im Wendland kräftig mitmischte, was selbst nach den kühnsten schwarz-gelben Polizeistaatsphantasien bislang noch illegale Amtsanmaßung auf Einladung deutscher Behörden darstellt.[101] Anfang Februar leitete die Staatsanwaltschaft Lüneburg ein Ermittlungsverfahren gegen ein besonders gemeingefährliches Exemplar aus Sarkozys Amokläufertruppe ein. Bezeichnend: Das deutsche Innenministerium hatte laut *taz* »den Einsatz damals zunächst bestritten, ihn wenig später bestätigt – und verteidigt«.[102]

Aber auch der publikumswirksame penetrante persönliche Einsatz der Führungsriege in Stuttgart und Gorleben erinnerte eher

Der Angeklagte: Erstens kenne ich gar keinen Max Müller,
zweitens habe ich ihn nicht mal berührt,
und drittens war es nur eine leichte Ohrfeige.

an die Homestorys bei eitlen Chauvinisten, die vor laufender Kamera im Hausputzlook staubsaugen und das Bad wischen. »Nun haben wir gelacht, aber jetzt ist wieder gut!«, wird sich die Grüne Versorgungskarawane sagen; und ihr Ziel bleibt die Teilhabe an *irgendeiner* Regierung, egal ob Schwarz-Grün, Rot-Grün, Rot-Gelb-Grün, Rot-Rot-Grün oder Wer-auch-immer-Grün. Notfalls würden Künast & Co. wohl auch mit Arminia Bielefeld oder *Tokio Hotel* eine Regierung bilden.

Insofern muss auch der vorübergehende bundesweite Höhenflug der Grünen – Forsa sah sie auf dem Höhepunkt der Auseinandersetzungen von Stuttgart und Gorleben im Oktober 2010 bei 25 Prozent[103] – nicht allzu viel bedeuten. Betrachtet man den Werdegang der Grünen im Zusammenhang, so sind sie als Tiger gesprungen und als Bettvorleger gelandet. Für die Zukunft kann man jedenfalls sicher sein: Grüner wird's nicht.

Partei mit frühem Verfallsdatum: die WASG

In Rekordzeit entwickelte sich die Wahlalternative Arbeit und soziale Gerechtigkeit (WASG) vom Widerstandsverein gegen Hartz IV zur Protestpartei. Ebenso schnell verschwand sie wieder als eigenständige Partei. Am 5. September 2003 beschloss der Bundestag in Erster Lesung Hartz IV (siehe oben) – am 5. März 2004 gründete sich die WASG als eingetragener Verein. Am 1. Januar 2005 trat Hartz IV in Kraft – genau drei Wochen später wurde die WASG zur Partei, am 16. Juni 2007 vereinigten sich ihre etwa 10 000 Mitglieder mit den 70 000 der Linkspartei.PDS[104] zur Partei Die Linke.[105]

Der entscheidende Schub kam offenbar vom Noch-SPD-Mitglied Oskar Lafontaine und von Gregor Gysi, die 2005 ein gemeinsames Wahlbündnis anregten. Am 18. Juni 2005 trat Oskar Lafontaine zur WASG über und wurde kurz darauf für die Bundestagswahl am 18. September als Nr. 1 der NRW-Landesliste sowie als Direktkandidat in seiner Heimatstadt Saarbrücken nominiert.

Ihm wird auch die starke Beitrittswelle sowohl in der WASG als auch in der Linkspartei.PDS zugeschrieben. Unter den zahlreichen SPD-»Überläufern« war auch der frühere baden-württembergische Parteichef Uli Maurer, der allerdings sein Landtagsmandat zur WASG mitnahm.

Die Mitglieder der neuen Partei waren vor allem ehemalige Angehörige oder Wähler besonders der SPD, aber auch praktisch aller anderen Bundestagsparteien einschließlich der PDS. Ebenfalls stark vertreten waren Gewerkschafter, Attac-Aktivisten, kritische Intellektuelle, alternative Wirtschafts- und Sozialwissenschaftler, Anhänger der christlichen Soziallehre, pragmatische Kommunisten und Anarchisten, Rentner sowie bisherige Nicht- oder Protestwähler und frühere oder noch aktive Mitglieder diverser »linker« Grüppchen.[106] Die WASG selbst begriff sich als Protestbewegung und gewerkschaftsnaher »parlamentarischer Arm« sozialer Bewegungen und kämpfte gegen einen übermäßigen Einfluss von Kapitalinteressen auf Politik und Gesellschaft. Das Programm forderte eine Stärkung der Nachfrage, mehr und mehr soziale Gerechtigkeit, auch in der Steuerpolitik. Insbesondere sollten die rot-grünen Steuersenkungen seit 1999 für die Kapitaleinkünfte der großen Aktiengesellschaften und hohe Einkommen rückgängig gemacht sowie die 1997 ausgelaufene Vermögensteuer wieder eingeführt werden.

Ursprünglich strebte die WASG eine »Wirtschaftsdemokratie« an, nicht aber unbedingt den Sozialismus. Das war verständlich, weil Sozialismus ein wahrer Kaugummibegriff ist, unter dem jeder etwas anderes versteht. So wurde die Staatsform der DDR von Freund und Feind als »Sozialismus« bezeichnet, und auch bei der Kriegs-, Sozialabbau- und Umweltzerstörer-Partei SPD steht der »demokratische Sozialismus« im Parteiprogramm. Dass die WASG der PDS zuliebe diesen Begriff auch ins Programm der neuen Partei rutschen ließ, hing mit der Win-win-Situation zusammen: Von einer Fusion würden beide profitieren, während ohne sie vermutlich weder WASG noch PDS heute irgendeinen bundespolitischen Einfluss hätten und womöglich gar nicht mehr existieren würden.

Virtueller Raubkopierer-Protest:
die Piratenpartei

Die Jugend geht nicht auf die Straße.
Die Jugend geht ins Internet.
Geflügeltes Wort seit der Jahrtausendwende

Wer die These für lächerlich hält, das Geheimnis des Aufstiegs Barack Obamas bis zum Präsidenten sei sein Internetwahlkampf gewesen,[107] der dürfte sich angesichts der 847 870 oder 2,0 Prozent Zweitstimmen der Piratenpartei bei der Bundestagswahl 2009[108] ungläubig die Augen gerieben haben. »Erfolgreich gescheitert«, kommentierte die *Frankfurter Allgemeine Zeitung* anerkennend.[109] Die im Jahr 2006 gegründete Vereinigung ist nämlich fast ausschließlich im Netz vorhanden, hatte im Herbst 2010 über 12 000 im Durchschnitt neunundzwanzig Jahre alte hauptsächlich männliche Mitglieder.[110]

»Eine Splitterpartei macht Furore«, staunte *Spiegel Online* schon im August 2009. »Piratenpartei greift offline an.«[111]

»Jung, männlich, internetaffin«[112] sind offenbar auch die Anhänger: Laut einer ARD-Wahlanalyse werden die Piraten »eher von Männern gewählt, eher von Hochgebildeten und eher in Großstädten. Unter den männlichen Erstwählern bekommt sie 13 Prozent der Stimmen, unter den Achtzehn- bis Vierundzwanzigjährigen 9 Prozent.«[113]

Die Piraten verstehen sich als »weiche Themenpartei«.[114] Sie wollen also gar nicht zu allem und jedem ihren Senf dazugeben, was übrigens manch etablierter Partei angesichts der teilweise entsetzlich verquasten Allgemeinplätze auch gut anstünde. Die Piraten setzen sich aus unterschiedlichen sozialen Schichten zusammen, die eines verbindet: kommerzielle und private Nutzung des Internets als wesentlicher Bestandteil der Lebensgestaltung. Besonderen Wert legt man auf die Verteidigung der Menschenwürde, die ihres Erachtens durch die »digitale Revolution« zusehends gefährdet ist.

»Die Piratenpartei hat es verstanden, sich als eine Bürgerrechtspartei mit digitaler Kompetenz zu präsentieren. Bekommen hat sie diese Chance hauptsächlich ... durch die von immer mehr Heranwachsenden kritisch beäugten Sicherheitsgesetze aus dem Innenministerium und das Zugangserschwerungsgesetz.«[115] Letzteres dient nach Auffassung beileibe nicht nur der Piratenpartei in keiner Weise dem Kampf gegen die Kinderpornographie. Vielmehr würde, so *Die Zeit*, »mit den Internetsperren nur wirkungsloser Aktivismus zu Wahlkampfzwecken auf dem Rücken missbrauchter Kinder betrieben«.[116] Namhafte Juristen kritisieren einen Eingriff in gleich vier Grundrechte: in das Fernmeldegeheimnis sowie in das Recht auf »informationelle Selbstbestimmung«, auf die Informationsfreiheit und auf die Berufsfreiheit des Anbieters (Providers).[117]

Kommunikationsdesigner und Medienkünstler Alvar Freude brachte es in seiner Laudatio zur Verleihung des BigBrother-Award 2009 an die damalige Familienministerin Ursula von der Leyen auf den Punkt: »Die Sperren etablieren eine technische Infrastruktur zur Internet-Zensur, die in der Lage ist, beliebige Inhalte zu kontrollieren und blockieren. Es entstünde ein allgegenwärtiges Überwachungsinstrument. Dies greift nicht nur in unsere freiheitlich-demokratischen Grundrechte ein, sondern ist auch ein erster Schritt der Politik, sich den virtuellen Raum Internet zu unterwerfen.«[118] Konsequenterweise ist die Piratenpartei auch gegen Vorratsdatenspeicherung, Bewegungsprofile, Lauschangriff, Rasterfahndung und Videoüberwachung an öffentlichen Plätzen und die Filterung des Internets, denn dies gilt als »Schritt auf dem Weg zum Überwachungsstaat«. Selbst Wahlcomputer werden als manipulierbar abgelehnt.

Von den heutigen technischen Mitteln bis hin zu biometrischem Pass und elektronischer Gesundheitskarte hätten »die Diktatoren aller Zeiten nicht einmal zu träumen gewagt. Die überwachte Gesellschaft entsteht momentan allein dadurch, dass sie technisch möglich geworden ist und den Interessen von Wirtschaft und Staat gleichermaßen dient.«[119]

Zentrales Anliegen der Piratenpartei ist der freie Zugang zu Information, Bildung und Wissen und in diesem Zusammenhang vor allem die Reform von Urheber- und Patentrecht. Obwohl der Parteiname es nahelegt, geht es den Piraten laut Programm nicht um die Verbreitung illegaler Kopien, sondern um den Ausbau des Rechts auf Privatkopien, »um die allgemeine Verfügbarkeit von Information, Wissen und Kultur« als »essenzielle Grundvoraussetzung für die soziale, technische und wirtschaftliche Weiterentwicklung unserer Gesellschaft«.[120]

Trotz ihres vergleichsweise lächerlichen gegenwärtigen Stimmenanteils sollte man die Piratenpartei nicht unterschätzen: Erstens nimmt der Anteil der Internetgeneration ständig zu – Randprobleme von heute können zentrale Themen von morgen werden. Zweitens kann auch eine Zweiprozentpartei bereits jetzt Zünglein an der Waage sein. Besonders betroffen zeigen sich zu Recht die Grünen, nicht nur wegen des Eintritts der früheren Grünenchefin Angelika Beer (2002–2004) und zahlreicher anderen Grüner in die Piratenpartei,[121] sondern vor allem wegen inhaltlicher Überschneidungen. So gab Parteichef Cem Özdemir schon im August den Eingeschnappten: »Vieles, was jetzt an Themen von der Piratenpartei entdeckt wird, ist längst grüne Programmatik, dafür setzen wir uns seit vielen Jahren ein.«[122]

Dabei dürfte es nur ein schwacher Trost sein, dass die Piraten »nur« eine Protest- und Spartenpartei sind und dass das Thema Internet von kaum einem Normalbürger gegenwärtig als Hauptproblem für die Zukunft unserer Gesellschaft empfunden wird. Gerade beim ehrgeizigen Projekt Rot-Grün dürfte es bei der Bundestagswahl 2013 auf jede Stimme ankommen. Wie ernst die Grünen die kleine Konkurrenz nehmen, zeigte sich im November 2010, als Renate Künast auf der Jagd nach dem Job der Regierenden Bürgermeisterin Berlins einen »Fachkongress« zum Thema Internet aus dem Boden stampfte.[123]

Die Piraten ihrerseits beklagen den zunehmenden »Themenklau« durch die etablierten Parteien. Längst haben auch sie ihre eigenen Arbeitsgruppen zur Internetpolitik; der Bundestag setzte sogar eine Enquetekommission für Grundsatzfragen ein.[124] Nun hat irgendwann jede Partei über die Übernahme »ihrer« Forderungen durch die Konkurrenz lamentiert. Wirklich uneigennützige Politiker dagegen freuen sich darüber, dass ihre Anliegen auch von anderen vorgebracht oder sogar durchgesetzt werden.

Vom Widerstand Online zur realen Revolution

Eine zusehends größere Rolle beim Widerstand – besonders bei Revolutionen in Diktaturen wie den arabischen Staaten – spielt das Internet, vor allem die zahlreichen sozialen Netzwerke wie Facebook. Und anders als bei der erwähnten Solidaritätsblamage der notorischen Guttenberg-Groupies wird in Ägypten, Tunesien oder Libyen nicht durch folgenlose Knopfdruck-»Unterstützung« von anonymen Feiglingen wütiger Unmut geäußert. Hier dient das Netz als wichtige Kommunikationsplattform entschlossener Gleichgesinnter und als Organisationszentrale eines zunächst scheinbar dezentralen Widerstands. Was unter den Bedingungen von Ausgangssperren, eingeschränkter Meinungsfreiheit, staatlichen Medienmonopolen und politischer Zensur Wochen oder Monate konspirativer Kleinstarbeit erfordert hätte, gelang hier auf virtuellem Weg binnen weniger Stunden: Die »Zusammenrottung« zu (fast) allem bereiter Bürger zu Kundgebungen, Demonstrationen, Gebäudebesetzungen bis hin zu erfolgreichen Straßenkämpfen. Das Internet ist nicht alles, kann man in Abwandlung einer Volksweisheit sagen, aber ohne das Internet ist alles nichts.

Mehr als hundert kluge Analysen sagt eine kleine Meldung vom 22. Februar 2011 im Wiener *Standard.at.*: »Ägypter nennt seine Tochter aus Dankbarkeit Facebook.«[125]

Deserteure der Volksparteien: die Freien Wähler

Die Freien Wähler (FW) sind für viele bislang brave und naive Staatsbürger der Anker vor dem Schritt ins Lager der Wahlverweigerer. Und tatsächlich klingt schon der Name ein wenig nach unverbindlicher, niemandem verpflichteter Hobbypolitik. Letzteres aber ist ein großer, für die etablierten Parteien zuweilen verhängnisvoller Irrtum. Die Freien Wähler sind eine Vereinigung lokaler und regionaler Wählerinitiativen, die nicht selten aus Bürgerinitiativen entstehen. Motto: »Es ist gut, den Gemeinderat unter Druck zu setzen. Besser aber ist es, im Gemeinderat die Mehrheit zu haben.« Bundesweit zählen die Freien Wähler nach eigenen Angaben 280 000 Mitglieder und sind vor allem in den süddeutschen Bundesländern stark vertreten.

Aufgrund der regionalen Ausrichtungen gibt es keine bundesweit einheitliche Struktur. Der Schwerpunkt der Arbeit liegt in den einzelnen regionalen Verbänden oder Vereinigungen. In allen Ländern gibt es allerdings Landesverbände, von denen elf dem Bundesverband Freie Wähler angehören. Nur Sachsen, Baden-Württemberg und Schleswig-Holstein sind inzwischen ausgetreten, während Bremen und Brandenburg wegen Unterwanderung durch den braunen Sumpf ausgeschlossen wurden.

Gemeinsame Ziele sind unter anderem:
- Mehr Bürgerbeteiligung, vor allem durch Volksbegehren und Volksentscheide
- Stärkung der Kommunen durch mehr eigene Finanzhoheit und weniger »Fördertopfpolitik«
- Verteidigung der sozialen Marktwirtschaft gegen marktbeherrschende Konzerne
- Förderung regionaler Wirtschaftskreisläufe
- Besserer Verbraucherschutz, etwa durch klare Lebensmittelkennzeichnung
- Besserer Datenschutz und Kampf gegen organisiertes Verbrechen

- Genug Geld für Bildung und Forschung
- Ausbau der Kinderbetreuung für bessere Vereinbarkeit von Familie und Beruf
- Soziale Sicherheit und Einbindung in die Gesellschaft auch im Alter
- Erhalt oder Wiederherstellung eines solidarischen Gesundheitssystems
- Keine Privatisierung der öffentlichen Daseinsvorsorge, insbesondere der Trinkwasser- und Energieversorgung sowie des Personennahverkehrs
- Stärkung des ländlichen Raums durch Erhalt und Ausbau der Infrastruktur[126]

Soweit sich das angesichts des ständigen inhaltlichen Bäumchenwechsle-dich-Spiels der etablierten Parteien und der inhaltlichen Vielfalt der FW-Basis überhaupt sagen lässt, wollen die Freien Wähler auf Bundesebene mehr direkte Demokratie und eine an christlichen Werten orientierte soziale Marktwirtschaft ohne die schwarzen Knalltüten an der Unionsspitze. So kündigten sie im April 2009 an, bei der Bundespräsidentenwahl für den Amtsinhaber zu stimmen.[127] Ähnliche Positionen sind aber beileibe nicht immer ein Grund zur Freude, eher schon zum Läuten der Alarmglocken: Der Stimmenklau geht um. »Was die Linke für die SPD ist, könnten die Freien für die Unionsparteien werden«, prophezeit Sebastian Fischer in *Spiegel Online*.[128]

Einen herben Vorgeschmack erhielt die CSU bei den bayerischen Landtagswahlen am 28. September 2008. Während die »Staatspartei« gegenüber 2003 von 60,3 auf 43,4 Prozent erdrutschartig absackte, schnellten die Freien Wähler von 4,0 auf 10,2 Prozent nach oben und zogen mit einundzwanzig Abgeordneten erstmals ins bajuwarische Parlament.

Schon bei den Kommunalwahlen am 2. März 2008 hatten die Freien Wähler 19,0 Prozent (2002: 16,6) erreicht und stellen seitdem 15 Landräte – nur die CSU hat mehr. Bei der Europawahl am 7. Juni 2009 allerdings erreichten die FW nur 441 796 Stimmen

(1,7 Prozent) und traten deshalb und wegen organisatorischer Probleme zur Bundestagswahl 2009 nicht an.[129] Hinzu kam, dass ihre Spitzenkandidatin, die am Sturz von Edmund Stoiber nicht ganz unbeteiligte frühere CSU-Landrätin Gabriele Pauli, nach der Wahl die Gründung einer eigenen Partei ankündigte und deshalb am 16. Juni aus der Landtagsfraktion flog.

Einen noch größeren Kommunalwahlerfolg im Jahre 2008 erzielten die Freien Wähler Schleswig-Holsteins mit 6784 Mandaten und 51,8 Prozent, vor der CDU mit 3400 Mandaten und 26 Prozent sowie der SPD und mit 2141 Mandaten und 16,4 Prozent der Stimmen.

Die rapide Zunahme von Anzahl und Bedeutung freier Wählergemeinschaften zeigt, dass viele Bürger nicht vom parlamentarischen System als solchem die Nase voll haben, sondern von den etablierten Parteien und Politikern. Und die wehren sich mit den ihnen eigenen Methoden. So wurde die CDU Nordrhein-Westfalens pünktlich eine Woche vor der dann auch prompt verlorenen Landtagswahl am 9. Mai 2010 von einem Wahlskandal aus dem Jahr 2005 eingeholt. Die Partei hatte im Landtagswahlkampf 2005 einen mit 40 000 Euro dotierten und ein halbes Jahr laufenden Vertrag mit einer Frankfurter Werbeagentur abgeschlossen. Die Agentur sollte den Aufbau einer angeblich von der Partei unabhängigen Wählerinitiative organisieren. Diese Gruppe namens Wähler für den Wechsel sammelte daraufhin Geld für Zeitungsanzeigen zugunsten des Spitzenkandidaten Jürgen Rüttgers, ohne ihre Verbindung zur CDU zu verraten.[130] Offensichtlich rutscht jene massive Behinderung der Wählergemeinschaften durch die staatstragenden Parteien, die der Speyerer Juraprofessor Hans Herbert von Arnim schon seit Jahren anprangert,[131] zusehends ins Kriminelle.

Aber egal wie weit sich der Widerstand gegen den Widerstand von der Legalität entfernt: Eine Hoffnung sollten sich die verbissenen Verteidiger von Bürgermelkprojekten wie Stuttgart 21 und die Reichen und Mächtigen der Republik aus dem Kopf schlagen, dass nämlich bei den Freien Wählern jede Ortsgruppe ihren »eigenen Kram« macht und sich einen feuchten Kehricht um die Probleme in anderen Gemeinden, Städten oder Bundesländern schert. Im Gegenteil – das Prinzip »getrennt kämpfen, vereint siegen« wird kaum irgendwo so augenscheinlich praktiziert wie bei den Freien Wählern.

»Neu gegründete ›Reblandinitiative 21‹ kündigt Demo für 28. Oktober an – Beate Böhlen und Freie-Wähler-Vertreter sollen am Steinbacher Postplatz sprechen.«[132] Solche und ähnliche Aufrufe wie der hier aus Baden-Baden finden sich hundertfach im Internet. Wenn in Stuttgart die Hölle los ist, muss der eigene Kampf gegen eine Autobahnzufahrt oder für einen Kindergarten eben zurückstehen.

Zudem sprechen die Freien Wähler selbst dann mehr und mehr mit einer Stimme, wenn sie nicht im selben Verband organisiert sind. So forderte Martin Linek, Chef der FW-Konkurrenzorganisation Freie Wähler Gemeinschaft, nach der Stuttgarter Bahnhofsschlacht vom 30. September 2010 einen sofortigen Baustopp, einen Volksentscheid und den Rücktritt von Baden-Württembergs Polizeiminister Heribert Rech. Er sei »entsetzt über den brutalen Einsatz der Polizei gegen Tausende Bürgerinnen und Bürger«. Die Landesregierung wolle »das Prestigeprojekt offensichtlich mit Wasserwerfern, Reizgas und Schlagstöcken durchprügeln«.[133] Dies klingt aus dem Munde vermeintlich biederer Bürger zumindest bemerkenswert. Es spricht aber viel dafür, dass sich die politisch Verantwortlichen an diesen Ton werden gewöhnen müssen.

Flucht ins Paralleluniversum

Eine in den sechziger und siebziger Jahren verbreitete Art des Widerstandes war das »Aussteigen«. Man verweigerte sich der Gesellschaft und machte sein »eigenes Ding«. Legendär sind die Landkommunen, wo man versuchte, möglichst autark zu leben.

Diese Art der Verweigerung allerdings lebt heute fort – wenn auch mit anderen Vorzeichen.

Eltern haben häufig keinen Schimmer, was ihre Kinder bewegt, in welchem Umfeld sie verkehren und wovon sie träumen. Nur in Extremfällen – der Sprössling als Dealer, Rauschgifttoter, Einbrecher oder perverses Sado-Monster – erfahren die Erzeuger überhaupt, in welchen Parallelwelten sich ihr Nachwuchs herumtreibt. Nun ist die Aussteigerbewegung keineswegs ein Jugendproblem, sondern betrifft alle Altersgruppen. Zum Beispiel die erwähnten Nichtwähler: Viele von ihnen, das kann man in persönlichen Gesprächen, auf Diskussionsveranstaltungen ebenso wie in Internetforen nachvollziehen, sind nicht politik-, sondern politikerverdrossen. Ein »guter Demokrat« ist eben nicht jener, der ohne Hirn und den Hauch politischer Minimalbildung irgendeinen Politkasper der Bundestagsparteien wählt, sondern derjenige, der sich für Hintergründe interessiert und gerade deshalb bewusst nicht zur Wahl geht: Wenn ein Restaurantbesucher die Wahl zwischen Gammelfleisch, stinkendem Fisch und einer madenübersäten Käseplatte hat und er dann das Lokal verlässt, leidet er deshalb unter Appetitlosigkeit? Was Wunder also, dass offenbar immer mehr Menschen die Nase voll haben von der gedrechselten Besserwisserei all der angeblichen Volksvertreter, Experten oder sonstigen Durchblicker, die durch die Medien geistern.

Stattdessen schalten sie auf Durchzug und begeben sich in eine (oder mehrere) der zahllosen Parallelwelten. Dies kann die Familie oder die Clique sein, der Sportverein oder der Fanclub, die Hobbykochgruppe oder das Ehrenamt in der Altenpflege, ja sogar die Kitschserie oder die virtuelle Realität des Computerspiels oder des Internets – nicht umsonst heißt die bedeutendste einschlägige Internet-Plattform *Second Life*. In der Parallelwelt finden sie all das, was ihnen das »wirkliche Leben« meist vorenthält: eine sie ausfüllende und zufriedenstellende Tätigkeit, die Anerkennung der Gemeinschaft sowie große und kleine Happy-End-Erlebnisse. Nun haben Millionen Menschen irgendwelche Hobbys, sind in Vereinen, identifizieren sich mit Filmhelden und Spitzensportlern oder werden in Gesellschaftsspielen zum »Räuber« oder »Gendarm«. Aber die wenigsten verwechseln Traumwelt und Wirklichkeit, denn auch hier gilt der Satz des Schweizer Arztes und Philosophen Paracelsus (1493–1541): *Dosis sola facit venenum* – Allein die Dosis macht das Gift. Erst wer zum Beispiel immer häufiger zugunsten von Vereinsterminen den Job schwänzt oder wegen der virtuellen Arbeitslosigkeit seines Serienhelden frustrierter ist als wegen seiner eigenen, wem der Sieg seines Fußballclubs wichtiger ist als die Rettung der Partnerschaft, fällt in die Kategorie »Protest durch Realitätsflucht«. Im Grunde ist dies nichts anderes als eine Variante des amtskirchlichen Vertröstens auf ein paradiesisches Leben nach dem Tod: Die Realitätsflüchtlinge wollen sich dieses Paradies schon auf Erden und zu Lebzeiten schaffen.

Diese Art »Widerstand gegen die Gesellschaft« scheint auf den ersten Blick für die Profiteure unserer heutigen Verhältnisse und ihren Staat völlig ungefährlich zu sein. Diese Sicherheit kann aber trügerisch sein, wie wir weiter unten noch sehen werden.

Fest steht: Immer mehr Menschen aller Gesellschaftsschichten fühlen und handeln immer weniger als Staatsbürger, sondern leben und kommunizieren »informell«. Über sie berichtet kein Massenmedium – aber sie existieren trotzdem, und es werden immer mehr. Längst ist es eine »Gesellschaft in der Gesellschaft«.

Die Macht der Wahrheit: Widerstand durch Enthüllung

Wirklichen Mut erfordert hingegen »Enthüllungsjournalismus«. Nicht umsonst kommt die Floskel »Der Kerl weiß zu viel« in fast jedem zweiten Krimi vor. Aber wie immer ist die Realität noch spannender als der beste Film.

Die gnadenlose Macht der bloßen Information spürte die US-Regierung unter Richard Nixon in den siebziger Jahren. Die teilweise Veröffentlichung der *Pentagon-Papiere* am 13. Juni 1971 durch Daniel Ellsberg, einem hochrangigen Mitarbeiter der US-Verteidigungsministeriums, in der *New York Times* deckte die gezielte Irreführung der US-amerikanischen Öffentlichkeit bezüglich des Vietnamkriegs durch alle Präsidenten von Harry S. Truman bis Lyndon B. Johnson auf. Die empörte Bevölkerung erfuhr, dass entgegen vieler Beteuerungen beteiligter Präsidenten der Krieg schon lange vorher geplant wurde und die Sicherung der Demokratie in Südvietnam nicht das eigentliche Ziel war. Die Veröffentlichung gelang nur gegen den Widerstand der Regierung aufgrund der Entscheidung des höchsten US-Gerichts und trug wesentlich zur Beendigung des Krieges bei.

Der später aus dem Amt gejagte Richard Nixon versuchte mit allen Mitteln, eine weitere Veröffentlichung zu verhindern. Zu seinem Berater Henry Kissinger – dem bekennenden Mordauftraggeber für Chiles Präsidenten Salvadore Allende – soll Nixon gesagt haben: »Let's get the son-of-a-bitch in jail!« (»Bringt diesen Hurensohn [gemeint ist Daniel Ellsberg] hinter Gitter!«). Kommentar des *Spiegel:* »Nicht wider Willen und schicksalhaft, sondern zielstrebig und provokativ, von Kommunismus-Angst besessen, haben drei Präsidenten der USA ihr Land in den Vietnamkrieg geführt – das wies Amerikas Presse vier Wochen lang durch Auszüge aus der Vietnam-Studie des Pentagon nach.«[134]

Mutiger Enthüllungsjournalismus führte auch zur *Spiegel*-Affäre: Am 10. Oktober 1962 veröffentlichte das Blatt den Artikel *Bedingt abwehrbereit,* in dem der verantwortliche Redakteur Conrad Ahlers interne Dokumente der Bundeswehr zitierte und zu dem Schluss kam, die NATO und die Bundesrepublik könnten einem sowjetischen Angriff nicht standhalten.[135] Am 26. Oktober 1962 wurden das *Spiegel*-Verlagsgebäude in Hamburg und die Redaktion in Bonn durchsucht und sieben Haftbefehle wegen des Verdachts des Landesverrats, landesverräterischer Fälschung und aktiver Bestechung ausgestellt. Bundesverteidigungsminister Franz Josef Strauß ließ Conrad Ahlers in Spanien mit falschen Behauptungen durch die Polizei verhaften und nach Deutschland überführen. Daraufhin solidarisierten sich weite Teile der Öffentlichkeit mit dem Nachrichtenmagazin; Studenten gingen für Augstein auf die Straße. Bundeskanzler Adenauer – sein Kanzleramtsleiter war Hitlers Rassegesetz-Kommentator Hans Globke, und auch sonst wimmelte es in seinem Kabinett von Altnazis – sagte im Bundestag unter heftigem Protest aus den Reihen der SPD und auch der FDP, allerdings unter Beifall der CDU, beim *Spiegel* habe sich ein »Abgrund von Landesverrat« geöffnet. Nach 103 Tagen wurde Rudolf Augstein aus der Haft entlassen, und Strauß musste noch 1962 zurücktreten. 1963 sagte er über das Blatt:

»Sie sind die Gestapo im Deutschland unserer Tage … Ich war gezwungen, gegen Sie zu handeln.«

Am 13. Mai 1965 lehnte der Bundesgerichtshof aus Mangel an Beweisen die Eröffnung des Hauptverfahrens gegen den *Spiegel* ab. Bundeskanzler Adenauer überstand die Affäre trotz seines »Abgrundes an Landesverrat« verhältnismäßig unbeschädigt, insbesondere auch deshalb, weil ihn sein Verteidigungsminister in nicht unerheblichem Umfang falsch informiert hatte und der Bundeskanzler sich darauf berief, er hätte seinem eigenen Minister wohl kaum misstrauen müssen. Die sogenannte *Spiegel*-Affäre führte dazu, dass sich die demokratische Öffentlichkeit, vor allem junge Leute und kritische Intellektuelle, für den *Spiegel* als Bollwerk der Meinungsfreiheit einsetzte, was den inzwischen verblassten Mythos des Blattes begründete.[136]

Aber all das war eigentlich noch gar nichts gegen den »World Wide Wirbel«, den der australische Journalist und Internettüftler Julian Assange mit seiner Enthüllungsplattform *WikiLeaks* auslöste. Im Juli 2010 veröffentlichte man die ersten 91 731 von insgesamt mindestens 200 000 geheimen Dokumenten der US-Administration. Top Secrets der Army und der Marines waren ebenso dabei wie vertrauliche Einschätzungen westlicher Spitzenpolitiker und Regierungen durch USA-Diplomaten oder pikante Details zur US-Klimapolitik und zum Abhören von UNO-Diplomaten durch die US-Geheimdienste.

Nichts ist mächtiger als eine Idee zur richtigen Zeit.
VICTOR HUGO

Assange selbst vergleicht seinen Coup mit dem Öffnen der Stasi-Archive. Wohlweislich lebte er bis zu seiner Festnahme – er stellte sich im Dezember 2010 in London der Polizei – ohne festen Wohnsitz. Für einen Staat, der etwa den frei gewählten chilenischen Präsidenten Salvador Allende ermorden lassen kann, dürfte die Liquidierung eines mutigen Journalisten reine Routine sein. WeakiLeaks »stellt eine sehr reale und potenzielle Bedrohung für jene dar, die jeden Tag sehr hart für unsere Sicherheit arbeiten«, knurrte Präsidentensprecher Robert Gibbs.[137] Deutlicher hätte auch Al Capone eine Drohung nicht aussprechen können.

Schon allein durch das virtuelle Ausplaudern der hämischen Botschafternotizen über die Regierungscrews der wichtigsten EU-Staaten sorgte der »Geheimdienst der Internet-Gesellschaft« (Prantl)[138] – noch dazu mit Partnern wie der *Spiegel*, der *Guardian*, *El Pais, Le Monde* und die *New York Times* – je nach Standpunkt für Erheiterung oder Empörung von London bis Madrid, von Paris bis New York, von Rom bis Berlin. Dies war aber noch gar nichts gegen die Veröffentlichung geheimer Politdokumente, die aus Sicht der Entlarvten auch besser geheim geblieben wären. So erfuhr die Welt erst durch WikiLeaks den wahren Grund für das Scheitern des Weltklimagipfels 2009 in Kopenhagen. Es war im wahrsten Sinne des Wortes ein »schmutziges Komplott« der beiden verbliebenen Supermächte gegen die relativ zivilisierte Welt: »China und die USA verbrüderten sich gegen Europa«, meldete *Spiegel Online* brühwarm am 8. Dezember 2010. »Die zwei größten Klimasünder hintertrieben alle Pläne der Europäer.«[139]

Der bislang größte von WikiLeaks aufgedeckte Skandal dürfte wie kaum ein zweiter der letzten Jahre das Vertrauen der Deutschen in Rechtsstaat und Unabhängigkeit der Justiz nachhaltig erschüttern. Laut *Spiegel Online* vom 9. Dezember 2010 beugte sich die schwarz-rote Regierung im Fall des 2003 von dreizehn CIA-Gangstern in ein US-Foltercamp in Afghanistan verschleppten Deutsch-Libanesen Khaled el-Masri dem »Druck aus Washington«. Vor allem das Justizministerium unter Brigitte Zypries und das Außenamt unter Frank Walter Steinmeier zwangen demnach die deutsche Justiz und die Strafverfolgungsbehörden, »die verantwortlichen US-Agenten nicht effizient zu jagen«. Gleichzeitig aber wurde der Öffentlichkeit schamlos vorgelogen, die Fahndung nach den Geheimdienstverbrechern laufe auf Hochtouren.[140]

Der Bürger lernt daraus zweierlei. Erstens: Nicht nur in Wahlkämpfen, sondern auch bei der Wahrung der Interessen des Volkes lügen unsere Regierungen, schon bevor sie den Mund aufmachen. Zweitens: Wer sich als deutscher Staatsbürger auf die Fürsorgepflicht der Regierung verlässt, der ist verlassen. Die Rechte der Bürger sind keinen Cent mehr wert, wenn die Profitinteressen der Großkonzerne des Exportweltmeisters dies erfordern. Und da die USA der wichtigste Absatzmarkt sind, muss man sich mit ihnen gutstellen.

Die Herrschenden aller Länder sollten sich darauf einstellen, dass künftig im Wochenrhythmus irgendein Skandal per Internet ans Tageslicht gezerrt wird, und zwar unabhängig vom Schicksal von Assange und WikiLeaks: Nichts spricht dagegen, dass es schon bald Dutzende, womöglich Hunderte solcher Enthüllungsplattformen geben wird. »Nachdenkenswert und beachtlich«, findet Sissy Bruns vom *Tagesspiegel*, »ist das in der Assange-Solidarität unverkennbare Bedürfnis nach einem Robin Hood. Sieh da, ein Held mit einer Idee in einer Welt, die doch alle Utopien hinter sich gelassen hat.« Und sie kommt zu dem Schluss: »Gegen WikiLeaks kann man nur sein wie gegen die Dampfmaschine oder den Buchdruck. Nämlich gar nicht.«[141]

Passiver Widerstand pur:
gewaltlose Gewalt

Zu den größten Irrtümern mancher Politstrategen gehört die Auffassung, gewaltloser Widerstand sei ein Zeichen von Schwäche, Zaudern oder gar Feigheit, materielle Gewalt dagegen von Stärke, Entschlossenheit und Mut. In der großen Politik zeigte sich dies bei den friedlichen Revolutionen in Indien und nicht zuletzt in der DDR. Die Ostdeutschen siegten ja nicht deshalb, weil Gorbatschow und Honecker zu faul oder zu zimperlich zur gewaltsamen Niederschlagung des Aufstands à la Platz des himmlischen Friedens gewesen wären, sondern weil auch eine Diktatur ein Minimum an Unterstützergesindel benötigt: Kein Staat der Welt könnte neben jeden Bürger zwei Soldaten stellen.

Ähnliches gilt für den Widerstand der bundesdeutschen Bürger: Die Sitzblockade, der Firmenboykott oder gar das Schottern von Gleisbetten entwickeln sich mehr und mehr zu einer Art Volkssport. Mehr noch: Dass bloßes Unterlassen durchaus eine gewaltige Gewalt sein kann, erfährt sogar der Krimikonsument, wenn der Bösewicht der Erbtante das lebensrettende Nitrospray vorenthält.

Verzeihen oder Geduld haben heißt nicht, dass man immer alles hinnimmt, was andere einem zufügen. Mein Glaube an die Gewaltlosigkeit verpflichtet mich zu äußerster Entschlossenheit. Da bleibt kein Raum für Feigheit oder Schwäche.
DALAI-LAMA

Gandhi

Tatsächlich verwechseln viele Mitbürger passiven und gewaltlosen Widerstand mit masochistischer Duldsamkeit oder gar Feigheit. Das Gegenteil ist der Fall. Der berühmteste passive Widerstand ist der des indischen Volkes unter dem Rechtsanwalt Mahatma Gandhi gegen die britische Kolonialmacht. Gandhis gewaltloser Kampf gegen Diskriminierung in Südafrika und Indien machen ihn zusammen mit seiner daraus resultierenden Lehre zu einem der wichtigsten Vorbilder der Menschheit. Für Millionen »normale« und prominente Menschen – nicht zuletzt für den amerikanischen Bürgerrechtler Martin Luther King – war und ist er Vorbild.

Und des Vorbilds Vorbilder? Für Kenner seiner tabulosen Denkweise nicht einmal überraschend, outete sich Gandhi als Anhänger der – bei »christlichen« Marktwirtschaftsanbetern so unbeliebten – Bergpredigt[142] des überlieferten Christus.[143]

Ich werde den Hindus sagen, dass ihr Leben unvollständig ist, wenn sie nicht ehrerbietig die Lehren von Jesus studieren.
MAHATMA GANDHI.[144]

Als Gandhi nach wiederholtem mehrjährigem Aufenthalt in Südafrika im Jahr 1914 endgültig nach Indien zurückkehrte, begann er seine politische Karriere. Ein erster Höhepunkt des zivilen Widerstandes gegen die britischen Besatzer war der Salzmarsch im Jahre 1930, der das staatliche Salzmonopol brach und den Indern geringfügige ökonomische Verbesserungen brachte. Wichtiger war Gandhi jedoch, dass sein Volk es lernte, die militärische Vorherrschaft der Briten durch eine stärkere, eine moralische Macht in die Knie zu zwingen.

Bürgerlicher Ungehorsam ist das angeborene Recht jeden Bürgers. Gibt er es auf, hört er auf, ein Mensch zu sein.
MAHATMA GANDHI

Während anfänglich immer wieder gewaltlose Machtproben an der Disziplinlosigkeit der Massen scheiterten, gewannen Gandhis Ideen nach und nach einen steigenden Einfluss auf die Bevölkerung. Ein bloßer Blick auf die Statistik verdeutlicht Gandhis gigantische Leistung: Vor der Unabhängigkeit am 15. August 1947 und der damit verbundenen Teilung zwischen Indien und Pakistan standen in Britisch-Indien 410 Millionen Einwohner, davon 281 Millionen Hindus, 115 Millionen Moslems, 7 Millionen Christen und 6 Millionen Sikhs, rund 150 000 britischen Herrenmenschen mit ihrer Militärmaschinerie gegenüber. Die Hindus waren in 3000 Kasten und Unterkasten aufgeteilt, davon ungefähr 70 Millionen Unberührbare und Nachkommen der Ureinwohner. Unter britischer Verwaltung standen 310 Millionen Einwohner und bewohnten etwa zwei Drittel des Landes. Ein Drittel mit etwa 100 Millionen Einwohnern war in 565 Fürstenstaaten aufgeteilt; es gab fünfzehn Sprachen und 845 Dialekte, 85 Prozent Analphabeten und eine unbeschreibliche Armut.[145]

Es geht hier nicht um Gandhis Fehler, zum Beispiel der untersten Kaste der »Unberührbaren« ein Leben in der Verachtung und Unsicherheit schmackhaft machen zu wollen, sondern um sein Verdienst, Millionen seiner Landsleute im friedlichen Widerstand gegen die Kolonialherren für ein freies Indien zu vereinen. Für dieses Lebenswerk setzte Gandhi das ganze Arsenal gewaltfreier Kampfmethoden ein, man denke nur an seine wiederholten wochenlangen Hungerstreiks in den dreißiger und vierziger Jahren, mit denen er schließlich erfolgreich einen Bürgerkrieg verhindern konnte.

Als endlich die Unabhängigkeit Indiens ausgerufen und am 15. August 1947 Wirklichkeit wurde, erfolgte zugleich die Teilung zwischen Indien und Pakistan. Erfolglos war auch sein Bemühen um die Aussöhnung zwischen Hindus und Moslems. Am 30. Januar 1948 wurde Gandhi, der im Gegensatz zu einem Henry Kissinger nie den Friedensnobelpreis erhielt, von einem nationalistischen Hindu erschossen.[146]

Der eigene Körper als Waffe:
der Hungerstreik

Beim Hungerstreik geht es fast immer darum, öffentlichkeits-
wirksam auf politische oder persönliche Missstände hinzuweisen
und entsprechende Ziele durchzusetzen. Ihn unterscheidet von
anderen Protestformen *nicht* das Riskieren der eigenen Gesundheit. Dies gilt für Demos, Sitzblockaden oder Haus- und Gelände-
besetzungen auch. Anders als bei diesen Aktionen aber fügt sich
der Hungerstreikende den Schaden mehr oder weniger selbst zu –
er kann also die Aktion ohne »Feindkontakt« durchführen. Die
Logik des Hungerstreiks erinnert an die eines Kindes: »Geschieht
meinen Eltern ganz recht, wenn ich mir die Finger verbrenne.«
Dieser Erpressermasche des kokelnden Nachwuchses entspricht
auch die Logik des Hungerstreiks:
Da die Nahrungsverweigerung spätestens ab der vierten Woche
zu ernsthaften gesundheitlichen Schäden oder gar zum Tod führen kann, stellt der Hungerstreik gegenüber einem fürsorge-
pflichtigen Staat ein recht großes Druckmittel dar, sofern die Politik den Tod des Protestierenden nicht billigend einkalkuliert.
Ebenso kann der Hungerstreikende – wie seinerzeit Gandhi – seine Anhänger oder gar das mit ihm sympathisierende Volk dazu
zwingen, zum Beispiel die Feindseligkeiten untereinander einzustellen. Ebenfalls Erwähnung verdient in diesem Zusammenhang
der französische Pazifist Louis Lecon (1888–1971), der im Juni
1961 als Vierundsiebzigjähriger für das Recht auf Kriegsdienst-
verweigerung erfolgreich in den Hungerstreik trat. 1963 ließ die
Regierung de Gaulle die inhaftierten Kriegsdienstverweigerer
frei.
Deutschland dagegen kann mit derartigen Aktionen, geschweige
denn erfolgreichen, nicht aufwarten. Wirklich spektakulär waren
bezeichnenderweise nur die Hungerstreiks eingesperrter RAF-
Terroristen, die damit in den siebziger Jahren menschenwürdige
Haftbedingungen erzwingen wollten, was teilweise sogar gelang.
Als allerdings Holger Meins bei einem dieser Streiks im Novem-

ber 1974 starb, wurde er prompt für Teile des »linken« Spektrums zum Märtyrer, was zeitweilig die Zahl der – zumeist allerdings passiven – RAF-Sympathisanten vergrößerte.

Auch im Kampf gegen Massenentlassungen oder Werksschließungen setzten Arbeiter hierzulande auf den Hungerstreik, so zum Beispiel in den sechziger Jahren im westdeutschen Steinkohlebergbau oder 1990 gegen die Stilllegung der Kaligruben der ehemaligen DDR. Die Arbeiter hatten zwar keinen Erfolg, konnten aber die Öffentlichkeit aufmerksam machen.

Ständig gibt es irgendwo einen Hungerstreik, wobei die dahinterstehenden menschlichen Schicksale in der öffentlichen Wahrnehmung natürlich entweder gar nicht oder nur als vom Boulevard ekelhaft-voyeuristisches Zerrbild vorkommen. Die Anzahl der Gründe für diese Protestform scheint jedenfalls unbegrenzt. So traten in den Hungerstreik

- im Januar 2007 in Grafenau ein Russlanddeutscher für eine Arbeits- und Aufenthaltsgenehmigung.
- im Oktober 2008 in Bergisch-Gladbach 27 Contergan-Opfer für die Anhebung ihrer Schwerbeschädigtenrenten.
- im April 2009 in Hannover: 213 VW-Leiharbeitskräfte gegen ihre Entlassung.
- im Mai 2009 sechs Milchbäuerinnen vor dem Kanzleramt für höhere Milchpreise.
- im September 2009 in Görlitz ein Vater und sein Sohn wegen ruinöser Existenzgründungstipps der Arbeitsagentur.
- im Januar 2010 ein ehemaliger Stasi-Häftling für mehr Mitsprache bei der Gestaltung der Gedenkstätte.
- im September 2010 in Kassel drei Iraner gegen ihre drohende Abschiebung.
- im November 2010 in Augsburg und Denkendorf (Kreis Eichstätt): 250 Flüchtlinge wegen unzumutbarer Lebensbedingungen.

Aber trotz derartiger Aktionen spielt der Hungerstreik im Protestalltag der rebellischen Republik nur eine untergeordnete Rolle.

Passiver Widerstand light:
ziviler Ungehorsam

Der Begriff ziviler Ungehorsam ist äußerst dehnbar. Der Grazer katholische Theologe und Ethikprofessor Kurt Remele sieht ihn als »zentrales Merkmal ... Gesetze zu übertreten, also illegal zu handeln«, und zwar mit Absicht.[147] Zwar wird die Regierung, wie Remele ausführt, samt ihrem Programm idealerweise durch das Volk bestimmt, das sich vermutlich um sein Gemeinwohl sorgt. Daher könne man meinen, in einer Demokratie sei das Gemeinwohl »strukturell garantiert« und niemand dürfe ein Gesetz brechen.[148] Aber auch in einer pluralistisch-demokratischen Gesellschaft setzt sich das Gemeinwohl ihm zufolge nicht automatisch als Ergebnis der ausgetragenen Interessenkonflikte durch. Vielmehr spiegelt das Resultat nur die realen Machtverhältnisse wieder. Wer mehr Macht in der Gesellschaft hat, dessen Interessen werden sich weitergehend durchsetzen.[149] Wie wahr! Man denke nur an die Banken, die Pharmaindustrie und die Energiekonzerne. Daher kann es laut Remele notwendig sein, die Gesetze dieser Demokratie zu brechen. Wo staatliche Autorität die Gemeinwohlverpflichtung schwer vernachlässigt, ist seines Erachtens der Widerstand dagegen zulässig und sogar geboten.

Wenn Unrecht zu Recht wird, wird Widerstand zur Pflicht!
Bert Brecht

Besonders angetan hat es Remele die Law-and-Order-Fraktion. Gehorsam gegenüber Regeln dürfen seiner Meinung nach nie taub und blind gegenüber ihren Zielen und Inhalten sein. Wer fordert, dass jedes Gesetz ausnahmslos immer dem Buchstaben nach zu befolgen ist, wünscht keine »vernünftig denkenden StaatsbürgerInnen, sondern gedankenlose SklavInnen«.[150]
Nebenbei: War es nicht gerade ein Law-and-Order-Mann wie der

frühere Bundesinnenminister Manfred Kanther, den im Zusammenhang mit der hessischen CDU-Parteispendenaffäre am 27. September 2007 das Landgericht Wiesbaden wegen Untreue zu einer 54 000 Euro (300 Tagessätze) Geldstrafe verurteilte, womit er vorbestraft ist?[151] War nicht gerade die Karriere von Franz Josef Strauß von etlichen Skandalen überschattet, wie zum Beispiel der Affäre um das Kriegsflugzeug *Starfighter* – wegen 292 Abstürzen und 115 toter Piloten »Witwenmacher« genannt –, wo der Hersteller in mehreren NATO-Staaten die Kaufentscheidung der Politik durch Bestechung beeinflusst hatte?[152] Ebenso war Strauß in die Fibag-Affäre[153] und in die Onkel-Aloys-Affäre[154] und den HS-30-Skandal verwickelt. Dabei spielten insbesondere Recherchen des *Spiegel* eine Rolle, dessen Gründer Rudolf Augstein ein Intimfeind von Strauß war.

Passiver Widerstand und ziviler Ungehorsam bedeuten also zunächst, ohne Gewalt seine Meinung kundzutun, notfalls auch durch Missachtung von Gesetzen und Verträgen, wenn ihr Gehalt und ihre Zielsetzung dem Geist der Demokratie und dem Gemeinwohl eindeutig widersprechen.

Bitte Platz nehmen zum Widerstand: Sitzblockaden

Die klassische Form des passiven Widerstands ist die Sitzblockade, ob nun gegen Fahrpreiserhöhungen, Atommülltransporte, Nazi-Umzüge oder wie beim Stuttgarter Hauptbahnhof gegen völlig überteuerte Umbauten von »Wahrzeichen«. Dabei haben einige aufgehetzte Polizisten im Zeitalter der Foto-Handys und Videokameras ein riesiges Problem: Als früher »arbeitsscheue, ungewaschene Langhaarige« behaupteten, sie hätten nur friedlich auf einem Bahngleis oder einer Autobahn gesessen und wären dann von den Ordnungshütern krankenhausreif geprügelt worden, ernteten sie von den Boulevard-Medien nur hämische Hetze und von der Justiz saftige Strafen wegen Widerstands gegen die

Staatsgewalt. Aussage stand gegen Aussage, und wer glaubte schon einem der Linksradikalen, zu denen man übrigens damals sogar die SPD-Mitglieder zählte. Heute aber zückt ein integrer Anwalt einen Videobeweis, wo etwa Uniformierte auf eine schwangere Frau eintreten – und wenn das Gericht das Dokument nicht zulässt, läuft es garantiert noch am selben Abend über die Fernsehkanäle. Heute braucht man nicht mehr der einen oder anderen Partei zu glauben – »glauben heißt nicht wissen« –, man sieht es ja mit eigenen Augen. Und wenn dann auch noch kämpferische Senioren unsanft behandelt werden, hat sich Volkes Stimmung endgültig gedreht.

Sogar Bundestagsvizepräsident Wolfgang Thierse beteiligte sich am 1. Mai 2010 an einer Sitzblockade, die einen NDP-Aufmarsch erfolgreich verhinderte, was ihm der Berliner Innensenator und SPD-Rechtsaußen Ehrhart Körting sehr übelnahm und die Unions-Bundestagsfraktion auf die Palme brachte.[155] Wer Nazischergen wie den bereits erwähnten Rassegesetz-Kommentator Hans Globke bis in die heutigen Tage zum »Widerstandskämpfer« umfrisiert,[156] dem muss ja jeder über verbale Heuchelei hinausgehende echte Widerstand ein Dorn im Auge sein. Nur folgerichtig behauptete der Generalsekretär der CDU-Landesgruppe, Stefan Müller, recht dreist, Thierse habe in Wahrheit »auf der Straße gegen die Polizei gekämpft«.[157] Auch die politisch unbedarfte Familienministerin Kristina Schröder ereiferte sich: »Herr Thierse sollte sich ernsthaft fragen, wem er mit seiner Sitzblockade geschadet hat – den Neonazis oder unserer demokratischen Rechtsordnung?« Und stilecht sagte das Kabinettsküken *Bild.de:* »Wie sollen wir Jugendlichen unsere Demokratie erklären, wenn sich selbst ein Bundestagsvizepräsident über das Grundgesetz hinwegsetzt?«[158] Wenn so etwas in der Regierung hockt, dann möchte man erst gar nicht die mittleren Funktionärsebenen der Union kennenlernen.

Dabei ist die Sorge der Merkel-Getreuen gar nicht mal unbegründet. So bestätigt Protestforscher Dieter Rucht in der *Süddeutschen Zeitung* genau das, was Körting, Schröder und Co. gerade verhindern wollen: »Die Sitzblockade ist in der Mitte der Gesellschaft angekommen.«[159] Zumindest zeigt die wachsende Beteiligung, dass sich immer mehr Bürger von dem Satz verabschieden: Bei Regen findet die Revolution im Saal statt.

Selbstverständlich ist auch passiver Widerstand im Grunde eine Form von Gewalt. Schließlich sollen Sitzblockaden bestimmte Projekte verhindern oder zumindest verzögern. Aber am 10. Januar 1995 entschied der Erste Senat des Bundesverfassungsgerichts zum Entsetzen der Polizeistaat-Fans und der Konzerne, Sitzblockaden seien keine Nötigung und somit nicht strafbar.[160] Allerdings hat man hier die Rechnung ohne den Wirt gemacht: So beruft sich der Verwaltungsgerichtshof Baden-Württemberg in einem Urteil vom 27. September 2004[161] zum vorsorglichen Wegsperren schon *vor* der Blockade eines Castor-Transports ausgerechnet auf die Europäische Menschenrechtskonvention.[162] Dasselbe Gericht hatte in einem Beschluss vom 18. Februar 2000 das bloße »Einüben von polizeiwidrigen Handlungen mittels Rollenspiels (hier Probeblockade auf einem Anschlussgleis zu einem Kernkraftwerk) zur möglichen unmittelbaren Gefahr für die öffentliche Sicherheit« erklärt, »die die zuständige Behörde ermächtigt, sofort vollziehbare Auflagen zur Verhinderung der Übung zu erlassen«.[163] Und auch der BGH wäre nicht der BGH, würde er nicht dem Verfassungsgericht das Wort im Mund herumdrehen. Straffreiheit gelte nämlich nur für Blockieren des ersten blockierten AKW-Fahrzeugs einer Kolonne, alle anderen würden strafbar genötigt.[164]

Soll man da lachen oder sich nur ehrfürchtig an den Kopf fassen? Das Ganze erinnert an den Buchhändler, der einem Kunden als »Biographie von Helmut Kohl« eine Fußballzeitung mit dem Lebenslauf des gleichnamigen österreichischen Schiedsrichters andrehen will. Diesem demokratiegefährdenden Unfug setzte allerdings das Bundesverfassungsrecht am 30. März 2011 ein vorläufiges Ende. Sitzblockaden seinen nicht automatisch Nötigung, sondern können durchaus durch das Grundrecht auf Demonstrationsfreiheit gedeckt sein. Damit wurde das Urteil des Frankfurter

Landgerichts gegen einen Friedensaktivisten aufgehoben, der gemeinsam mit anderen aus Protest gegen den Irakkrieg die Zufahrt zu einem US-Luftwaffenstützpunkt blockiert hatte.[165]

Die friedliche »Nötigung«: Anketten

Anders als mit den Sitzblockaden verhält es sich, wenn sich Menschen zum Beispiel an den Toren einer atomaren Wiederaufbereitungsanlage, wie am 23. Juni 1986 in Wackersdorf, an die Eingangstore ketten. Quasi um im Interesse der Herrschenden seine eigene Entscheidung wenigstens teilweise zu revidieren, kam der Erste Senat in seinem Beschluss vom 24. Oktober 2001 zu folgender Umdichtung von friedlichem Widerstand in Gewalt: »Die Ankettung gab der Demonstration eine über den psychischen Zwang hinausgehende Eignung, Dritten den Willen der Demonstranten aufzuzwingen. Sie nahm den Demonstranten die Möglichkeit, beim Heranfahren von Kraftfahrzeugen auszuweichen, und erschwerte die Räumung der Einfahrt.« So sei es »von Verfassungs wegen nicht zu beanstanden, wenn das Hinzutreten der von den Beschwerdeführerinnen errichteten physischen Barriere von den Strafgerichten als ausreichend für die Bejahung des Tatbestandsmerkmals der Gewalt angesehen wird. Aufgrund der Begleitumstände ist die Abgrenzung zur rein psychischen Zwangswirkung in einer hinreichend deutlichen und vorhersehbaren Weise möglich. Das Tatbestandsmerkmal der Gewalt setzt im Übrigen nicht das Überwiegen der Kraftentfaltung gegenüber der durch die bloße Anwesenheit von Personen ausgelösten psychischen Hemmung voraus.«[166]

Kleiner Partytipp: Sollte es auf einer Feier eines Richters – vielleicht zum 25. Fehlurteil – einen toten Punkt geben, so trage man anstelle eines Witzes diese Passage vor: »Bloßes Hinsetzen ist keine Gewalt, sich anzuketten und dadurch noch wehrloser zu machen, dagegen schon.« Witzig ist auch das Argument »der durch die bloße Anwesenheit von Personen ausgelösten psychischen Hemmung«. Nach dieser Logik dürfte man weder zu Auswärtsspielen seines Fußballvereins fahren (»Hooligan«-Alarm) noch zum Münchner Oktoberfest (Suffkopf-Alarm). Man stelle sich nur vor, mit dieser Begründung (»Taliban-Alarm«) würde ein Soldat einen Afghanistaneinsatz verweigern. Natürlich wird es auch bei der Polizei psychisch gehemmte Menschen geben. Aber ihnen dürfte professionelle Unterstützung eher helfen als solche seltsamen Beschlüsse des ansonsten recht vernünftigen Bundesverfassungsgerichts.

In den Läden bleibt es still, wenn der Kunde es so will

Letztlich hängt alles am Endverbraucher.[167] Unternehmen kaufen Maschinen, die Maschinen herstellen, dann und nur dann, wenn sie hoffen, sie auch loszuwerden. Diese Hoffnung ist aber nur berechtigt, wenn der Abnehmer – ob er nun Autos, Unterwäsche oder Möbel herstellt – seinerseits mit einer zahlungskräftigen Nachfrage rechnet. Ist dies nicht der Fall, gerät der gesamte Wirtschaftskreislauf ins Stocken: Die Krise ist da. Dieser Macht werden sich die Verbraucher zunehmend bewusst. Ob nun der bereits erwähnte Fall Schlecker oder Boykotts gegen Getränkehersteller, Supermarktketten oder Kraftstoffanbieter – das Mittel ist ebenso simpel wie wirkungsvoll: Der Bürger muss ja keineswegs auf wichtige Produkte verzichten; schließlich gibt es auch noch jede Menge anderer Tankstellen, und auch Milch und Wurst wird anderswo angeboten.[168] Hier wiederum kommt dem kritischen Verbraucher ironischerweise die marktwirtschaftliche Konkurrenz zugute. Es gibt kaum noch Produkte – wie zum Beispiel die braune Brause –, bei denen es nicht ein gleichwertiges Konkurrenzprodukt gibt, und auch die Preise gleichen sich immer mehr an. Dies aber macht den Käuferboykott für den Kunden zu einer eher läppischen Angelegenheit. Ob Butter, Erdbeermarmelade oder Schwarzbrot zwei Cent mehr kosten, ist für den Normalbürger nicht die Welt, und zumindest in den Metropolen liegen die

Supermärkte dichter beieinander als die Lauben in Schrebergärten. Andrerseits ist gerade für Discounter der Kunde vielleicht nicht König, aber Existenzgrundlage. Entsprechend – und das zeigen nicht nur die gigantischen Werbeetats – folgt man vermeintlichen oder wirklichen Trends. So präsentierte sich *Lidl* Anfang 2006 quasi über Nacht als Bio-Markt.[169] Dies muss nichts mit einem Umdenken der Konzernspitze zu tun haben, zeigt aber die ungeheure Macht der Verbraucher – auch wenn die sich dessen meist noch gar nicht so recht bewusst sind.

Das geflügelte Wort, »Die Abstimmung der Kunden findet im Laden statt«, zeigt sich besonders bei Lebensmitteln und hier vor allem bei der Biokost.

Seit einigen Jahren schon liegen Biolebensmittel in Deutschland voll im Trend. Im Jahre 2009 betrug hier der Umsatz bereits über fünf Milliarden Euro – trotz der Finanzkrise. Nach einer GfK-Studie lag der Anteil der Bioprodukte an den Gesamtausgaben der Bürger für Lebensmittel und Getränke bei 3,2 Prozent. Gut 94 Prozent der deutschen Haushalte kauften mindestens einmal Bioprodukte und gaben dafür im Schnitt 84 Euro aus. 25 Prozent sind bereit, auf Dauer für Bio mehr zu bezahlen.[170] Mehr als 80 Prozent der Befragten sind laut *emnid*-Umfrage jedenfalls überzeugt, dass Biolebensmittel nicht nur tiergerechter und umweltschonender hergestellt werden, sondern auch gesünder sind und besser schmecken. »Biokost schützt vor Krebs und Entzündungen«, lobte sogar *Welt Online* am 19. Januar 2009.[171] Mittlerweile kommt keine große Supermarktkette ohne eine stattliche Bio-Abteilung aus. Zuweilen präsentiert man sich dermaßen penetrant ernährungsbewusst, als habe man den ökologischen Anbau erfunden; fehlt nur noch, dass das Personal Latzhose, einen selbstgestrickten Pulli und Gesundheitslatschen trägt.

Der beispiellose Siegeszug der Biokost erscheint als überzeugender Beleg dafür, dass zumindest ernährungsbewusster und letztlich menschlicher Raubtierkapitalismus (Heiner Geißler) möglich ist. Um sich weiterhin dumm und dämlich zu verdienen, müssen die Lebensmittelkonzerne und Handelsketten wohl oder übel die

Wünsche der Kundschaft zufriedenstellen – jedenfalls kann man den Verbrauchern nicht mehr mittels verlogener Werbung jeden Müll aufschwatzen und noch weniger sie vom Wunsch nach bestimmten nützlichen Produkten abbringen.

Sollte also am Ende die marktradikale Theorie vom allmächtigen Verbraucher recht haben? Kann der Konsument durch Nachfrage und Boykott die Gesellschaft nach und nach zum marktwirtschaftlichen Paradies auf Erden umbauen, in dem Maximalprofitjäger und zufriedene Bürger in trauter Eintracht zusammenleben? Der Haken an der Sache zeigt sich sogar bei unserem Beispiel: Die Bio-Lebensmittelbranche ist nämlich über das wachsende Öko-Angebot bei den großen Discountketten weniger begeistert. Die Mega-Order der Handelsriesen sorgte zunehmend für »Angebotslücken«. Vor allem Fleisch, aber auch Milch und Bananen aus biologischer Erzeugung sind in einigen Regionen Deutschlands knapp geworden. Der von den Ketten ausgeübte Preisdruck sorgt dabei für ein »Paradoxon«: Trotz der hohen Nachfrage kommen die Erzeuger gemäß eigener Aussage immer weniger auf ihre Kosten. Demeter-Bauern in der Region Stuttgart etwa haben erst unlängst beklagt, sie könnten ihre Produkte nicht mehr zu kostendeckenden Preisen absetzen.[172] Dies allerdings – das Leben ist hart, aber ungerecht – kann dem nüchtern kalkulierenden Verbraucher eigentlich egal sein. Er hat eine wahre Lawine der Bioverköstigung im ganzen Land ins Rollen gebracht. Und das Damoklesschwert des Konsumentenboykotts schwebt allzeit über den Konzernen und Handelsketten.

Genannt sei hier auch der Fahrpreisboykott – also der Aufruf zum Schwarzfahren. Nun ist es vollständig klar, dass Schwarzfahren an sich nicht »fortschrittlich«, sondern eher asozial ist. Andrerseits erlangen solche Aufrufe bisweilen immense politische Dimensionen. So erreichte Peter Grottian, Politikprofessor am weltweit renommierten Berliner Otto-Suhr-Institut der FU Berlin, unter anderem mit aufsehenerregenden Schwarzfahraktionen, dass die Berliner Verkehrsbetriebe (BVG) das zuvor abgeschaffte Sozialticket wieder einführen mussten und in der

Öffentlichkeit bekannt wurde, welche satten Gehälter sich die Spitzenmanager des Berliner Öffentlichen Nahverkehrs spendieren – auch auf Kosten des Berliner Steuerzahlers. Die BVG-Chefs sorgten des Öfteren für Schlagzeilen. Schon im Jahr 2004 genehmigte sich die Vorstandsriege, der man schon alles Mögliche, niemals aber übertriebenen Arbeitseifer nachsagte, Einkommen bis zu 28 Prozent über denen des Regierenden Bürgermeisters. Selbst dem Landesrechnungshof wurde derlei parasitäre Selbstbedienungsmentalität zu viel.[173] Wieso auch soll der Bürger über die Fahrpreise das zweite Rennpferd eines verwöhnten Vorstandstöchterleins finanzieren?

Der Berliner Grünen-Abgeordnete Michael Cramer hätte es damals begrüßt, »wenn der Vorstand der BVG sich selbst eine Gehaltskürzung um 15 Prozent verordnet hätte, bevor er … von den Beschäftigten Einbußen um wenigstens 10 Prozent verlangt. Doch stattdessen predigt er öffentlich Wasser und trinkt heimlich nicht nur Wein, sondern edelsten Champagner.« Die Zahl der außertariflichen Mitarbeiter in der Führungsetage ist ihm zufolge innerhalb von acht Jahren von acht auf 76 Mitglieder gestiegen und deren Gehalt um durchschnittlich 30 Prozent auf bis zu 190 000 Euro erhöht worden. »In der reichen und solventen bayerischen Metropole München verdienen die Häuptlinge fünfmal so viel wie die Indianer. Im bankrotten Berlin genehmigen sie sich das Zehnfache!«[174]

In der Kürzung liegt die Würzung: die Zahlungsminderung

Es gibt so manches gesetzlich verbriefte Recht, das viele Bürger nicht in Anspruch zu nehmen wagen. Die Rede ist aber hier ausnahmsweise nicht von der Meinungs- oder Demonstrationsfreiheit, sondern von der Kürzung von Miete oder Strompreis. Dies hängt zweifellos mit der sprichwörtlichen Rechtsunsicherheit zusammen, noch dazu in einer relativ existenziellen Frage. Allen noch so eindeutigen Bestimmungen zum Trotz nämlich, sind *Recht haben* und *Recht bekommen* zweierlei. Und was nutzt es einem, wenn nach zwei Jahren Petroleumlampe, Brikettfernseher und Gas-PC oder Parkbank und Bahnhofsmission das Fehlurteil von der nächsthöheren Instanz korrigiert wird. Immer mehr Bürger allerdings gehen dieses Risiko ein und pochen auf ihr Recht.

Mieser wohnen – Miethahn zu

Wo früher die Bürger fluchten, es beim Vermieter mündlich und schriftlich, freundlich und aggressiv versuchten, ihn zur Beseitigung gravierender Mängel zu bewegen, da kürzen sie heute einfach die Miete. Wenn etwa

- die Elektrizität ausfällt und man sich ohne Lampenlicht, Mikrowelle, Kühlschrank, Waschmaschine oder Unterhaltungselektronik ins Erdmittelalter gebeamt fühlt,
- kein Wasser fließt und man sich nicht einmal kalt waschen und die WC-Spülung bedienen kann,
- bei minus fünf Grad die Heizung ausfällt und man schon beim Gedanken an die eisigen Nächte Husten und Schnupfen bekommt,

dann sind das schwerwiegende Missstände, die der Vermieter schleunigst zu beseitigen hat. Tut er das, so ist der Ärger schnell vergessen. Stellt er sich allerdings taub, so greift der Mieter von heute immer häufiger zum Druckmittel Mietminderung nach § 537 BGB. Wie hoch sie wofür sein kann, ist in Tabellen aufgelistet. Zudem sind viele wehrhafte Bürger Mitglied im Mieterverein oder haben eine Rechtsschutzversicherung.

Wichtig ist, sozusagen als letzte Chance für den Vermieter, dass die Minderung schriftlich angekündigt wird. Festzuhalten ist jedenfalls, dass sich immer mehr Bürger immer weniger gefallen lassen. Nun ist eine Mietminderung natürlich noch kein »revolutionärer Akt«. Dass die Menschen ihre Rechte endlich einfordern, ist aber schon bemerkenswert. Außerdem kann dies ja ein erster Schritt sein. So manch ein Politaktivist mag als Mietkürzer angefangen haben.

Strompreis mit AKW-Rabatt

Die Abzüge bei der Strompreisrechnung haben eine über 30 Jahre lange Tradition. Und nach einigen zu erwartenden Urteilen zugunsten der Energiekonzerne billigte Ende Juli 1979 erstmals ein deutsches Gericht, dass zwei »Stromteilzahlungsboykotteure« (»Strobos«) aus Protest gegen die Belieferung auch mit Atomstrom ihre Stromrechnungen um zehn Prozent kürzten und diesen Betrag auf das Treuhandkonto eines Rechtsanwalts überwiesen. Als Begründung nannte Richterin Adelheid Kiefner den sicherheitsbedingten Baustopp für das Atommüllzwischenlager in Gorleben. Zudem sei seit dem schweren Atomunfall am 28. März 1979 in Harrisburg, Pennsylvania, offenkundig, »dass die Atomtechnik nicht beherrscht wird«.[175]

Schon bald wurde der Teilboykott, der sich auch gegen die generell überhöhten Strompreise richtet, zu einer Art Volkssport. »Nicht nur in Großstädten wie Hamburg, Bremen, Stuttgart und Nürnberg kürzen Stromgegner eigenhändig ihre Stromrechnung. Der Boykott hat sich inzwischen auch in entlegenen Landstrichen eingebürgert. In Wewelsfleth an der Unterelbe, in Worpswede bei Bremen und in den Südprovinzen, etwa in Unterpfaffenhofen und Lörrach, ist die Strobo-Bewegung in Mode gekommen. Selbst kirchliche Würdenträger verweigern den Stromfirmen inzwischen ein Zehntel des Rechnungsbetrages. Angeführt von den Pfarrern Rolf Heinrich und Martin Hurraß, bekennt sich die evangelische Lukas-Gemeinde in Gelsenkirchen-Buer zur Strobo-Bewegung.[176]

Mittlerweile wurde die Zahlungsverweigerung weitestgehend von einem Wechsel des Anbieters abgelöst. Allein im Internet treten sich die Preisvergleicher virtuell auf die Füße. Auf den ersten Blick scheinen die Unterschiede gewaltig, in Wahrheit nehmen sich die Anbieter nicht viel. Die einen wollen für ein Jahr Vorkasse, andere eine Kaution und vor allem: Die meisten »Schnäppchen« gelten meist nur drei Monate. Danach kann man nach Lust, Laune und Profitgier erhöhen. Und die Kündigungsfristen laufen meist bedeutend länger.

Und nochmals Vorsicht: Viele kleinere Unternehmen gehören in Wahrheit zu Großkonzernen – was der Kunde sehr schnell merkt: »Strom bei Konzerntöchtern meist teurer«, fand *Plusminus* heraus. Stromanbieter, an denen die Energiekonzerne EnBW, E.ON, RWE oder Vattenfall beteiligt sind, haben demnach meist höhere Strompreise als Anbieter ohne Beteiligung der »großen Vier«. Die vier Energieriesen sind an 33 Prozent aller regionalen Stromanbieter beteiligt. Bei den Anbietern, deren Preise den Bundesdurchschnitt übersteigen, liegt die Beteiligungsquote bei 39 Prozent, bei denen mit Preisen unter Bundesdurchschnitt nur bei 25 Prozent. In den neuen Ländern sind die Konzerne an 60 Prozent der Stromversorger beteiligt; und natürlich sind die Strompreise etwa 7 Prozent höher als der Bundesdurchschnitt. Die höchste Beteiligungsquote gibt es in Thüringen mit 75 Prozent. Hier sind gemäß *Plusminus* auch die Strompreise im Schnitt am höchsten.[177]

Im Jahr 2010 mussten die Deutschen im Schnitt pro 100 Kilowattstunden 22,80 Euro zahlen. Nur die Dänen liegen in Europa mit 25,50 Euro noch höher. Auch gemessen an der Kaufkraft der Bürger liegen die deutschen Energiepreise im europäischen Spitzenfeld. Nur die Ungarn und die Polen müssten einen noch größeren Teil ihres Einkommens für ihre Stromrechnung zahlen, wie das Europäische Statistikamt *Eurostat* herausfand.[178]

Während die Konzerne die Preiserhöhungen stets auf den Weltmarkt schieben, geben sie Verbilligungen keineswegs weiter. So kostete 2009 und 2010 der Strom bis zu 40 Prozent weniger, während der Verbraucher teilweise noch mehr zahlen musste – insgesamt etwa eine Milliarde Euro zu viel.[179] Dass für immer mehr Menschen die Energiekosten zur Überlebensfrage werden, bewies bereits Anfang 2008 der zynische Vorschlag von Vattenfall und dem damaligen SPD-Bundesumweltminister Sigmar Gabriel, einen Stromtarif für Arme einzuführen.[180] Stattdessen aber strich man jetzt Hartz-IV-Empfängern den Heizkostenzuschuss. So viel zu Wort und Tat unserer Politiker.

Natürlich wechseln die meisten nicht, weil ihr bisheriger Anbieter ein Atomkonzern ist, sondern um Geld zu sparen. Das eigentlich Entscheidende aber ist, dass die Bürger mehr und mehr ihr Geschick in die eigenen Hände nehmen, dass der Zusammenhang von horrenden Konzernprofiten und astronomischen Preisen immer häufiger und deutlicher ins Auge springt, und das nicht nur im Energiebereich. Und so seltsam es klingen mag: Selbst ein simpler Anbieterwechsel ist eine – wenn auch klitzekleine – Form rebellischen Aufbegehrens. Wo Konzerne die Richtung der Politik vorgeben, wird der private Widerstand auch zum politischen.

Die unheimliche Macht der Straße: Demonstrationen

Dass Menschen auf die Straße gehen, wenn ihnen etwas nicht passt und sie keine Chance sehen, ihre Interessen durchzusetzen, Mitstreiter zu gewinnen und ihren Unmut auf dem parlamentarischen Weg zu artikulieren, gehört nach wie vor zum politischen Alltag. Allerdings sind die Zeiten des Demonstrationsrituals – etwa während der sechziger und siebziger Jahre – offenbar vorbei. Zuweilen kam der meist kritische Student schon durcheinander: »Geht es heute um Chile, den Faschismus in Portugal und Griechenland, um AKW, Vietnam oder Berufsverbote?«
Reinhard Mey nahm dies im Jahr 1971 in seiner *Ballade vom sozialen Aufstieg des Fleischermeisters Fred Kasulzke*, eines findigen Unternehmers, meisterhaft auf die Schippe.

Wenn er Müßiggänger, Rentner, Pensionäre drillen lässt, kann er
eine Firma gründen für gemieteten Protest,
Und am nächsten Tag ist's schon in jeder Zeitung inseriert:
Fünfundzwanzig, null, null, dreißig, Fred Kasulzke protestiert!
Um halb neun ruft zögernd die Frisörinnung an
Und bestellt einen Protestmarsch für Haareschneiden.

Fred Kasulzke akzeptiert und schickt fünfunddreißig Mann,
Und sein Honorar ist derzeit noch bescheiden ...
In Kasulzkes Hauptquartier steh'n fünf Kolonnen bereit
Für Manifestationen und Krawall:
Pressefreiheit, Antibabypille, Verkürzung der Arbeitszeit,
Für und wider, jederzeit und überall.
Eine Truppe macht nur Sitzstreiks, eine zweite spricht im Chor,
Fackelzüge macht die dritte und die vierte macht Terror.
Nummer fünf ist die Elite und nur drauf spezialisiert,
Wie man ausländische Botschaften mit Tinte bombardiert.

Trotz des Abebbens der »Demo-Manie« ist unverkennbar, dass sich immer mehr Normalbürger am öffentlichen Protest beteiligen oder ihn selbst organisieren. Der brave, kriecherische Untertan des Kaiserreichs und der Nazidiktatur wird mehr und mehr zum reaktionären Fossil. Und auch die Boulevardmedien geben es mehr und mehr auf, Autofahrer gegen Demonstranten als vermeintliche Urheber von Staus oder Umleitungen aufzuhetzen. Mittlerweile demonstrieren ja sogar die Polizisten, zum Beispiel für bessere Bezahlung.[181]

Sind Demos aber letztlich mehr als »Wut rauslassen«? Man solle die Macht von Demonstranten nicht unterschätzen, unterstreicht der Hamburger Politologe Wolfgang Kraushaar, das zeige der Erfolg der DDR-Bürgerrechtsbewegung ebenso wie der Grünen. Aus der Protestbewegung der sechziger und siebziger Jahre hervorgegangen, seien sie »inzwischen dabei, in Meinungsumfragen die SPD zu überholen«.[182]

Erinnern wir uns nur an die unzähligen Demonstrationen gegen die Agenda 2010. Unter anderem erweckten einfache betroffene Bürger die legendären DDR-Montagsdemonstrationen von 1989 fünfzehn Jahre später zu neuem Leben, diesmal als wochenlangen, vor allem aber massenhaften Protest gegen den umfassenden Abbau des Sozialstaates durch Rot-Grün. Politiker hatten übrigens auf den meisten dieser Demonstrationen Redeverbot:

Auf das übliche telegene Solidaritätsblabla konnte man dankend verzichten.

Auch der Widerstand gegen Stuttgart 21 wurde in erster Linie durch Bürgerinitiativen ganz normaler Stuttgarter Einwohner begründet und nicht durch irgendeinen etablierten politischen Protestverein. Dass die Grünen auf der schwäbischen Welle mitschwammen, war eher ein ungeplanter Nebeneffekt. Demonstrationen, auch wenn sie heute anders ablaufen als vor vierzig Jahren, gewinnen wieder an Bedeutung gerade für die Normalbürger, die ihre bürgerlichen Freiheitsrechte wahrnehmen wollen. Diese Rechte aber lassen sich bekanntlich auf Dauer nur verteidigen, indem man sie auch nutzt. Sonst geraten sie nämlich in Vergessenheit, als hätten sie nie existiert, man denke nur an die Grundgesetzartikel 14 und 15 zur Enteignung, die nicht wenige Mitbürger für Bestandteile der letzten DDR-Verfassung halten.

Platsch, klirr, schepper:
Gewalt gegen Sachen

Die Berechtigung von Gewaltanwendung gegen Sachen – also nicht gegen Menschen – war und ist ein heiß diskutiertes Thema nicht nur innerhalb der Linken. Wenn ein verbrecherischer Immobilienspekulant mittels verkommener und zumeist wegen Körperverletzung vorbestrafter Schlägertypen seine Häuser »entmietet« – also die Mieter hinausekelt – und dann tatendurstige Leute diese verwanzten Bruchbuden *instandbesetzen* und aus erbärmlichen Rattenlöchern gemütliche Wohnstätten machen, muss man schon ziemlich krank im Kopf sein, um die Miethaie als angesehene Bürger zu achten, die Hausbesetzer aber als Kriminelle zu beschimpfen.

Ein ähnliches Problem gab es während des Vietnamkrieges. Die einen ermorden mit nahezu 400 000 Tonnen der tödlichen Brandwaffe Napalm Hunderttausende Frauen, Kinder und Alte, die anderen werfen Scheiben von US-Botschaften und Amerikahäusern ein.[183]

Napalm wurde meist durch Jagdbomber in Kanistern flächendeckend abgeworfen. Da Napalm extrem schlecht heilende Brandwunden und große Schmerzen verursacht, fällt es unter die übermäßiges Leid verursachenden geächteten Waffen des Artikels 23 der Haager Landkriegsordnung.[184] Brandwaffen gegen die Bevölkerung wurden bereits 1980 im Protokoll III der Konvention der Vereinten Nationen zur Ächtung unmenschlicher Waffen verboten.[185]

Dies freilich interessierte George W. Bush im Irakkrieg weniger als das Umkippen einer Schüssel Mais in Texas. Zwar hatte seine Regierung die Napalmvorräte angeblich im Jahr 2001 zerstört. Andrerseits setzte man während des Irakkrieges 2003 die Brandbombe Mk-77 ein, die laut Pentagon bei aller Ähnlichkeit nichts mit Napalm zu tun habe, da sie weniger »Umweltschäden« verursache. Am 21. Januar 2009 ratifizierten die USA unter Vorbehalt das Protokoll III.[186]

Dies alles ist ins Verhältnis zu setzen zu den zersplitterten Scheiben in den Amerikahäusern nicht nur in Deutschland, sondern überall in der Zivilisation. Die Bilder von den Napalm-Einsätzen in Vietnam landeten damals auch in den Fernsehzimmern von Florida bis Alaska und trugen wesentlich dazu bei, dass auch die US-Bürger mehrheitlich die Nase voll hatten vom Vietnamkrieg. Übrigens waren die Kritiker des »Vandalismus« gegen Amerikahäuser meist dieselben, die sich am Stammtisch über das Leid der Vietnamesen halb totlachten und von Asiaten als »Fidschis« oder »Schlitzaugen« sprachen.

Um aber Missverständnissen vorzubeugen: Es geht hier um politischen Widerstand und *nicht* um das Ausrasten einer verzweifelten, ausgegrenzten und entsprechend aggressiven Minderheit, die am 1. Mai Autos anzündet oder Geschäfte plündert. Und dieses politische Kalkül der Protestierenden war es auch, das US-hörigen Politikern und rechtsgestrickten Zeitgenossen die Schläfenadern schwellen ließ: Denn *ein* lädiertes Amerikahaus wäre ja noch gegangen. Aber in der *Tagesschau* wurde ständig von vielen ähnlichen Aktionen in der ganzen Welt berichtet. So lächerlich war es also nicht, dass die Vietnamkriegsgegner auch zersplitterte Scheiben als Beitrag zur »Internationalen Solidarität« begriffen.

Menschen als Scharfrichter: Gewalt gegen Personen

Der klassische Fall ist das Attentat der Gruppe um den Grafen Claus Schenk von Stauffenberg auf Adolf Hitler am 20. Juli 1944. Erst die mutige Rede des damaligen Bundespräsidenten Richard von Weizsäcker vom 8. Mai 1985, in der er als erstes deutsches Staatsoberhaupt die Befreiung Deutschlands von der Naziherrschaft eben auch als *Befreiung* bezeichnete, stopfte jenem braunen Pöbel den Mund, der Stauffenberg als »Vaterlandsverräter« beschimpfte,[187] die Judenmörder in Wehrmachtsuniform[188] dagegen als »aufrechte Patrioten« verehrte. Unvergessen sind etwa die hasserfüllten, geradezu hysterischen verbalen Ausfälle gegen die erste Wehrmachtsausstellung (1995 bis 1999).[189]

Aber Schnee von gestern ist das nicht: Im März 2002 bezeichnet der CSU-Abgeordnete Norbert Geis im Bundestag die geplante generelle Aufhebung von NS-Unrechtsurteilen gegen Deserteure und Homosexuelle als »Schande«.[190] Im Mai 2008 meint er, »Kriegsverräter« hätten auch nach »heutigen Maßstäben verwerflich gehandelt« und »in einer verbrecherischen Weise den eigenen Kameraden geschadet«.[191]

Nun kann sich natürlich nicht jeder, dem unsere Gesellschaftsordnung nicht passt, auf die Helden des 2. Juli berufen und losballern oder Bomben legen. Das Gewaltmonopol liegt in Deutschland – anders als etwa in der Schweiz, den USA oder Somalia – beim Staat. Allerdings ist dieses Monopol ebenso wie jede Handlung des Staates strikt an Recht und Gesetz gebunden.

In diesem Zusammenhang lohnt ein Rückblick auf die Pläne einiger Volksvertreter in den Tagen der Entführung und Ermordung des Arbeitgeberpräsidenten Hanns Martin Schleyer im Herbst 1977. Völlig einig ist sich nahezu die gesamte Bevölkerung, dass diese Tat ebenso wenig ein Tyrannenmord war wie die Selbstjustiz Marianne Bachmaiers, die 1981 in einem Saal des Landgerichtes Lübeck den mutmaßlichen Mörder ihrer Tochter erschossen hatte. Der Schleyer-Mord war ein Verbrechen, und zwar ohne Wenn und Aber. Ebenso klar ist aber auch, dass es bei uns selbst für Mörder keine Todesstrafe gibt, sondern nur noch in Ländern wie Kambodscha, China, Saudi-Arabien oder den USA. Andrerseits lautete ein Titel von *Welt Online* am 6. September 2008: *RAF-Krisenstab erwog die Erschießung von Häftlingen.*[192]

Dies nur zum Thema Realität des Rechtsstaats. Aber zurück zu Schleyer: »De mortuis nil nisi bene«, predigte schon im 1. Jahrhundert nach Christi der römische Dichter Plutarch.[193] »Über Tote nichts Schlechtes« – über Mordopfer schon gar nicht. Im Jahr 1983 wurde eine Mehrzweckhalle nach Hanns Martin Schleyer benannt. Aber wieso eigentlich? Was zeichnete diesen Mann schon aus, außer Präsident des Bundesverbandes der Deutschen Industrie und Mordopfer zu sein? Wieso zum Beispiel wurde der Renommierbau nicht nach dem Stuttgarter Juristen Rüdiger Schleicher[194] benannt, der am 23. April 1945 in Berlin als Mitverschwörer des 20. Juli von den Nazis ermordet wurde? Warum also nicht Schleicher, sondern Schleyer? Ein Blick auf den Lebenslauf des RAF-Opfers gibt eigentlich die Antwort, wofür Schleyer wirklich posthum geehrt wurde: Ab 1931 war er in der Hitler-Jugend, ab Juli 1933 in der SS (Nr. 227 014), ab dem Mai 1937 in der NSDAP (Nr. 5 056 527) und Leiter des Heidelberger Studentenwerkes. Nach dem Anschluss Österreichs 1938 wurde er Reichsstudentenführer und Leiter des Studentenwerks an der Universität Innsbruck, wo er 1939 zum »Dr. jur.« promovierte. Von Sommer 1940 bis Mai 1941 leistete er im besetzten Frankreich den Wehrdienst.[195] Ab Juli 1941 leitete er das Studentenwerk der »deutschen« Karls-Universität Prag, ab April 1943 war er Sachbearbeiter im Zentralverband der Industrie für Böhmen und Mähren, der für die »Arisierung« der tschechischen Wirtschaft und die Beschaffung von Zwangsarbeitern für das Deutsche Reich zuständig war. Hier wurde er später Leiter des Präsidialbüros und persönlicher Sekretär des Präsidenten Bernhard Adolf. »Hier erwarb er sein Handwerkszeug als Manager und Organisator«, schreibt Gerd Koenen in der *Welt*, Fähigkeiten, die ihn – nach dreijähriger Internierung wegen SS-Mitgliedschaft und Entnazifizierung als »Mitläufer« – ab 1950 in einer steilen Karriere bis in den Vorstand der Daimler-Benz AG tragen sollten.[196]

Welt-Chefredakteur Thomas Schmid zitiert Schleyers Texte aus der Nazizeit: »Ich muss es ablehnen, dass man den Begriff der Treue, der uns Deutschen heilig ist, in irgendeiner Weise mit Juden in Verbindung bringt.« Oder: »Auslese bedeutet immer zugleich Ausmerze.«[197]

Was unterscheidet nun die RAF von den Männern des 20. Juli? So ziemlich alles; denn man kann den im Grundgesetz, Artikel 20 (Recht auf Widerstand) *nicht* ausgeschlossenen Tyrannenmord unmöglich mit dem Treiben angeblich »linker« Terroristen vergleichen und Schleyer sowie den am 30. Juli 1977 ermordeten Dresdner-Bank-Chef Jürgen Ponto und den am 7. April 1977 ebenfalls ermordeten Richter Siegfried Buback nicht mit Hitler oder Heydrich.

Andrerseits ist es mit der Gewalt gegen Menschen so eine Sache: Auch das unsanfte Vordrängeln an der Bushaltestelle ist ja ebenso eine solche Gewalt wie die Ohrfeige für den vierjährigen Sprössling (»Ein Klaps hat noch keinem geschadet«) oder eine Kneipenschlägerei. Es geht um die Wahrung der Relationen, vor allem bei politisch motivierter Gewalt. Sind Eier und Tomaten gegen Volksvertreter schlimmer als das zumindest indirekte Mitwirken am Holocaust? Hätte man einige Mitbürger zu Gefängnisinsassen gemacht statt zu Ministerpräsidenten, Bundeskanzlern und Wirtschaftsführern, so wäre unsere Demokratie um ein Vielfaches glaubwürdiger.

Legendär ist die Ohrfeige, die Beate Klarsfeld dem früheren begeisterten NSDAP-Mitglied und damaligen Kanzler Kurt Georg Kiesinger[198] am 7. November 1968 auf dem CDU-Parteitag in Berlin verpasste. Die engagierte Journalistin, Ehefrau eines Franzosen, dessen Vater von den Deutschen während des Nationalsozialismus ermordet worden war, wollte damit Kiesingers NS-Vergangenheit ans Tageslicht bringen, die der breiten Öffentlichkeit weitgehend bekannt war; sie erhielt eine Gefängnisstrafe, die zur Bewährung ausgesetzt wurde. Gleichzeitig langte es auch der demokratischen Intelligenz: Der prominente und eher dem konservativen Lager zugerechnete Philosoph Karl Jaspers und seine Frau gaben aus Protest gegen Kiesingers Kanzlerschaft ihre deutschen Pässe ab und wurden Staatsbürger der Schweiz. Auch der Literaturnobelpreisträger Heinrich Böll kritisierte Kiesingers Kanzlerschaft auf das schärfste.[199]

2009 lehnte der überforderte Bundesaußenminister Guido Westerwelle die Verleihung des Bundesverdienstkreuzes für Beate Klarsfeld ab. Nach Kriegsende wurde Kiesinger von den Alliierten verhaftet und 18 Monate lang interniert, Grund genug, ihm 1960 das Großkreuz des Verdienstordens der Bundesrepublik Deutschland zu verleihen[200] und damit alle Nazi-Opfer zu verhöhnen.

Laut Paragraph 25, Absatz 2 des Strafgesetzbuches werden sämtliche Mitglieder einer terroristischen Vereinigung gleichermaßen bestraft, also egal, ob sie die tödlichen Schüsse abgaben oder nur Schmiere standen. Diese Bestimmung wurde zu Ehren der RAF aus dem Juristenboden gestampft – aber: Was war dann die NSDAP mit ihren sechs Millionen ermordeten Juden? Eine patriotische Partei? Wieso also hat man zwar völlig zu Recht sämtliche RAF-Mitglieder wie Täter behandelt, aber nicht auch sämtliche NSDAP-Mitglieder wie Holocaust-Mörder?

Der damalige Kanzler Konrad Adenauer nannte als Grund, warum nach dem Krieg im öffentlichen Dienst vorwiegend brauner Abschaum beschäftigt war: »Wer kein sauberes Wasser hat, sollte schmutziges Wasser nicht wegschütten.«[201] Auf Deutsch: Leider haben wir nur Nazischweine im Angebot.

»Nazi-Relikt in Berliner Bundeswehrkaserne«, berichtete *Bild Online* am 18. August 2008. »In der Julius Leber Kaserne in Wedding prangt noch das Emblem des Regiments General Göring.«[202] Das ist das Problem: Jede völlig berechtigte Verurteilung, Verfolgung und Bestrafung von Gewalt gegen Menschen wirkt unglaubwürdig, lächerlich und abstoßend, solange sogar die Bundeswehr die jungen Soldaten de facto zur Heldenverehrung des Massenmörders Hermann Göring erzieht.

Dennoch: Brutale Gewalt gegen Menschen hat als Mittel des politischen Widerstandes in einer auch noch so heruntergewirtschafteten Demokratie nichts zu suchen. Der Zweck heiligt eben *nicht* jedes Mittel. Und was ist mit Gewalt gegen Sicherheitskräfte? Heiner Geißler, der unerschrockene Klartextsprecher der Nation, versicherte am Rande der Protestaktionen beim G8-Gipfel 2007 in Heiligendamm: »Wenn mich einer anfasst, dann schlage ich zurück – und wenn es ein Polizist ist, dann schlage ich zurück.« Zu demonstrieren sei schließlich ein Grundrecht.[203] Dies sollten mal Andrea Nahles, Renate Künast oder Gregor Gysi sagen – was allerdings derzeit kaum zu befürchten ist.

Ach wie gut, dass niemand weiß …: isolierter Widerstand

Einmal abgesehen von kriminellen Banden wie der RAF, gab und gibt es durchaus Gruppen, die als selbsternannte »Vorhut der Arbeiterklasse« stellvertretend für das Volk dessen Interessen vertreten wollen, man denke nur an die baskische ETA, Uruguays Tupamaros, Nordirlands IRA oder Italiens Rote Brigaden, die im

Jahr 1978 den ehemaligen Ministerpräsidenten Aldo Moro ermordeten.[204] Allerdings zeigt die Erfahrung, dass bei der Bewertung derartiger Terroranschläge ein wenig Skepsis nichts schaden kann. So kam nicht irgendein Verschwörungspsychopath, sondern die Untersuchungskommission »Terrorismus und Massaker« (1994–2000) des italienischen Senats zu dem Ergebnis: »Es gibt stichhaltige Indizien, dass auch die Geheimdienste bei der Entführung dabei waren.«[205] Und der US-Terrorismusexperte Steve Pieczenik, der als Vertreter seiner Regierung den Krisenstab während der Moro-Entführung beriet, plauderte im Jahr 2001 aus dem Nähkästchen: »Ich bedaure Aldo Moros Tod, aber wir mussten die Roten Brigaden instrumentalisieren, damit sie ihn töten. (…) Man könnte sagen, dass es ein kaltblütig vorbereiteter Totschlag war. (…) Moro musste sterben. Ihm das Leben zu retten [ist] nie meine Mission gewesen. Als stellvertretender Staatssekretär der amerikanischen Regierung und persönlicher Berater des italienischen Innenministers war es meine Aufgabe, Italien zu stabilisieren, den Kollaps der Christdemokratischen Partei zu verhindern und dafür Sorge zu tragen, dass die Kommunisten durch die Entführung nicht die Kontrolle der Regierung gewinnen würden.«[206]

Ähnlich Dubioses gibt es natürlich auch bei uns. Nur der Hartnäckigkeit von Michael Buback,[207] Sohn des ermordeten Siegfried Buback, ist es zu verdanken, dass Jahrzehnte später herauskam, dass eine der RAF-Anführerinnen, Verena Becker, für den Verfassungsschutz tätig gewesen war. Demnach soll sie schon seit 1972, also fünf Jahre vor dem Buback-Mord, mit den Staatsschützern zusammengearbeitet haben. Für den früheren *Spiegel*-Chefredakteur und Terror-Experten Stefan Aust lässt die Tatsache, dass gegen Becker bis heute keine Mordanklage erhoben worden sei, obwohl die Tatwaffe bei der Verhaftung 1977 bei ihr gefunden wurde, »darauf schließen, dass es irgendeine Art von Deal mit den Ermittlungsbehörden oder dem Geheimdienst gegeben haben muss«.[208]

Es bleibt die Frage, ob der Schaden für die Freiheitsrechte und die

Demokratie in den westlichen Industriestaaten, den diese isolierten – wogegen auch immer widerständigen – Terrorgruppen verursacht haben, jemals rückgängig gemacht werden kann. Schließlich richtet sich der ganze Gesetzeswahn infolge des Terrorismus gegen die normale Bevölkerung, die sich mittlerweile Nacktscannern auf Flughäfen gegenübersieht und biometrische Daten in ihre Ausweise eintragen lassen muss, einmal ganz abgesehen vom Wust an Schnüffelgesetzgebung, der den heimischen PC zum Spielplatz für Geheimdienste machen soll. Stellt man also diese simple klassische Frage »Cui bono – Wem nützt das«, so ergeben sich die abenteuerlichsten und doch so logischen Schlussfolgerungen. Und die müssen nicht immer in der Sackgasse einer »Verschwörungstheorie« landen.

Wie Fische im Wasser: eingebetteter Widerstand

Revolutionäre, Befreiungskämpfer oder Guerilleros sollten sich im Volk »wie Fische im Wasser« bewegen, forderte schon Mao Zedong. Bekannte Beispiele sind der Vietcong und im Zweiten Weltkrieg die jugoslawischen Partisanen, die vom Volk als mutige Kämpfer seiner Interessen angesehen und auf verschiedenste Weise unterstützt wurden, zum Beispiel mit Lebensmitteln, Schlafstätten, Informationen oder Falschaussagen gegenüber dem Feind. Besonders intensiv ist eine solche Zusammenarbeit, wenn es gegen ausländische Invasoren oder Diktatoren geht. Dabei können revolutionäre Gruppen und unterstützende Bevölkerung durchaus unterschiedlicher politischer oder religiöser Meinung sein. So arbeitete Kambodschas König und späterer Präsident Norodom Sihanouk gegen die USA mit den Roten Khmer zusammen,[209] ebenso im Iran alle möglichen Gruppen gegen den Schah Mohammad Reza Pahlavi.[210] Eine breite Front gegen die ausländischen Invasoren ist in Afghanistan zu beobachten. »Der Widerstand in der Bevölkerung blockiert die NATO-Offensive in der afghanischen Provinz Kandahar«, meldete die US-Nachrichtenagentur AP im Juni 2010. Der Oberkommandierende US-General Stanley McChrystal persönlich gestand ein: »Wir werden langsamer vorankommen als geplant.« Die Aufständischen seien keine verhassten Besatzer, und die Afghanen wollten nicht immer die Hilfe der ausländischen Truppen.[211] Dies belegt auch eine Umfrage von ARD, ABC, BBC und *Washington Post* vom Dezember 2010, wonach 67 Prozent der Afghanen von den westlichen Besatzern die Nase voll haben und 27 Prozent Anschläge gegen NATO-Einrichtungen begrüßen.[212]

Diese Unterstützung nur scheinbar isolierter Einzelkämpfer durch ein unüberschaubares Heer mehr oder minder Namenloser erfuhr auf einem ganz anderen »Schlachtfeld« auch die Enthüllungsplattform WikiLeaks. »Die Webseite von WikiLeaks soll unverwundbar gemacht werden«, berichtete *Spiegel Online* am 5. Dezember 2010. Nach andauernden Angriffen aus dem Netz und verschiedenen Versuchen, die Seite nicht mehr erreichbar zu machen, vertraut das Enthüllungsportal jetzt ganz auf seine Unterstützer.

Selbst als wichtige Internetpartner wie das Versandhaus *Amazon*, die Kreditunternehmen Mastercard und Visa sowie der Zahlungsservice PayPal die Zusammenarbeit stoppten, war WikiLeaks nicht mundtot zu machen. Nun sollte ein weitverzweigtes Netz von Kopien sicherstellen, dass niemand mehr die Inhalte des Enthüllungsportals aus dem Internet entfernen konnte. Als etwa der Internet-Dienstleister EveryDNS, der die Internetdomain www.wikileaks.org beherbergte, die Zusammenarbeit einstellte und WikiLeaks damit scheinbar unerreichbar machte, bot die Schweizer Piratenpartei unverzüglich einen Zugang zur WikiLeaks-Webseite über Alternativadressen wie wikileaks.ch oder wikileaks.de.[213]

Das Resümee von *Spiegel Online*: »Damit dürfte klar sein, dass man WikiLeaks nicht mehr aus dem Internet löschen kann. Dafür ist die Macht der Masse zu überwältigend.«

Diese Gefahr für die Reichen und Mächtigen samt ihrer Politiker – nicht etwa die Verhinderung von Terrorschlägen durch heimliches Lesen von E-Mails der Al-Qaida – ist der wahre Grund für den verbissenen Kampf eines Teils unserer Volksvertreter für den Abbau des Rechtsstaats durch die angeblichen »Anti-Terror-Gesetze«. Typisch war das Gesetz zur Vorratsdatenspeicherung, das Schwarz-Rot im September 2007 durch den Bundestag peitschte, das Bundesverfassungsgericht aber im März 2010 als verfassungswidrigen Müll aus dem Verkehr zog. Es geht nicht um eine Handvoll Amokläufer und Terroristen, denen man ohnehin nie »ein für alle Mal das Handwerk legen« kann, sondern um den »gläsernen Bürger«, um das möglichst umfassende Ausspionieren der politischen Haltung jedes Einzelnen – auch ohne ein Riesenheer von »IM« wie durch die Stasi in der Ex-DDR.

Die Zeit scheint allerdings zu drängen, denn »Mut ist ansteckend«, wie WikiLeaks-Chef Assange sagt.[214] Als er wegen eines dubiosen Vergewaltigungsvorwurfs von der britischen Polizei festgenommen wurde, störte dies die Kreise von WikiLeaks kaum: Man machte einfach weiter. Am Tag der Festnahme war das gesamte Enthüllungsmaterial bereits auf Tausenden Servern in aller Welt gespeichert. »WikiLeaks ist kaum zu stoppen«, resümierte *Spiegel Online*. »Die Plattform hat sich für den Krisenfall gerüstet. In Wahrheit scheint sie stärker denn je.«[215]

Und so sahen sich oben genannte und weitere WikiLeaks-Boykotteure mit massivsten Blockierangriffen auf ihre Internetseiten konfrontiert, die im Extremfall zum Ruin selbst größter Konzerne führen können. Dies sah PayPal wohl ähnlich und verkündete am 9. Dezember 2010 den Ausstieg aus dem Ausstieg aus der Zusammenarbeit mit WikiLeaks.

III Widerstand als Vielfrontenkrieg

Der ewige Kampf:
antifaschistischer Widerstand

Eine der wichtigsten Widerstandbewegungen war und ist zumindest in Deutschland die gegen den Faschismus – und zwar in allen Erscheinungsformen. Dabei geht es heute um weit mehr als um historisches Wissen und nachhaltige Betroffenheit. Es geht vor allem darum, dass sich so etwas wie das Dritte Reich niemals wiederholt. Insofern hört man keineswegs die Flöhe husten oder »verharmlost die NS-Zeit«, wenn man zum Beispiel das Anzünden von Asylheimen unter dem Beifall der Bevölkerung wie 1991 in Hoyerswerda als »Pogrom« bezeichnet und den tumben, gemeingefährlichen Ausländerhass samt der Errichtung »national befreiter Zonen« mit dem Judenhass im Dritten Reich vergleicht. Oder sollte der Mörder eines Schwarzen moralisch besser sein als ein Judenmörder?

Die Helden der Nazizeit

Typisch für den Umgang gewisser Kreise mit dem Widerstand in der Nazizeit ist seine Eingrenzung auf das Stauffenberg-Attentat vom Juli 1944 in Berlin. Mit wenigen Ausnahmen[216] wird jeder Ansatz einer halbwegs ehrlichen und ernsthaften Geschichtsaufarbeitung geradezu erschlagen durch eine unappetitliche Mischung aus Starkult, Totensonntagsgottesdienst und High Noon, vielleicht noch mit einem Vorprogramm über die Geschwister Scholl, die als Mitglieder der Widerstandsgruppe Weiße Rose am 22. Februar 1943 hingerichtet wurden.

Stauffenberg gegen Hitler: Ein Duell Mann gegen Mann. Das Volk ist bestenfalls Staffage; Stützpfeiler wie Gegner des NS-Regimes verschwinden gemeinsam in der Versenkung. Nicht zufällig war Hollywoodthriller *Operation Walküre* von 2008 mit Tom Cruise als Graf Stauffenberg absoluter Höhepunkt des Widerstandsgedenkens der letzten Jahre. Und wenn Jugendliche und historisch Unbedarfte dann als Wissen über das Dritte Reich und den Widerstands die Botschaft mitnehmen, »Bruno Ganz[217] hat versucht, Tom Cruise umzubringen«, so kann man ihnen das nicht einmal verdenken. Dabei gab es mindestens zweiundvierzig Attentate auf Hitler,[218] viele davon von Einzelkämpfern wie dem KPD-freundlichen Schreiner Georg Elser, dessen selbstgebastelte Zeitzünderbombe am 8. November 1939 auf einer Parteiveranstaltung im Münchener Bürgerbräukeller sechzehn Menschen tötete, nicht aber Hitler, der nach seiner Rede den Saal dreizehn Minuten zuvor verlassen hatte.

Widerstandsgruppen innerhalb Hitlers eigenen Machtapparats unternahmen mehrere Tötungsversuche.

Bei der Septemberverschwörung, dem am gründlichsten vorbereiteten und aussichtsreichsten Umsturzversuch von Militärs und Beamten im Auswärtigen Amt[219] sollte Hauptmann Friedrich Wilhelm Heinz am 28. September 1938 mit einem Stoßtrupp in die Reichskanzlei eindringen und Hitler in einem Handgemenge erschießen. Doch als Hitler kurz zuvor der Münchener Konferenz zur Regelung der Sudetenfrage zustimmte, waren die Aufrührer mit dieser »friedlichen Wende« vorerst zufrieden und bliesen den Staatsstreich ab.[220]

Nach dem Einmarsch in die Sowjetunion am 22. Juni 1941 häuften sich die Attentatsversuche. Nicht wenige – auch Graf von Stauffenberg – wollten nämlich gar keine Ablösung der NS-Diktatur durch eine Demokratie, sondern eine weniger kriegslüsterne und militärtaktisch nicht so dilettantische Reichsführung.

Die Bombe, die Generalstabsoffizier Henning von Tresckow am 13. März 1943 in Hitlers Flugzeug schmuggelte, zündete nicht. Nur eine Woche darauf misslang ein im Umkreis Tresckows geplantes Attentat, bei dem sich sein Kollege Rudolph-Christoph Freiherr von Gersdorff während einer Ausstellung im Berliner Zeughaus zusammen mit Hitler in die Luft sprengen wollte, weil der Führer die Veranstaltung früher als geplant verlassen hatte. Organisierter Widerstand kam auch aus den Reihen der Kommunisten und der Kirchen, was aber hier nicht weiter vertieft werden kann, deshalb seien hier stellvertretend für viele Widerstandskämpfer aus deren Reihen nur zwei genannt. KPD-Chef Ernst Thälmann wurde am 18. August 1944 im KZ ermordet, der evangelische Theologe Dietrich Bonhoeffer am 9. April 1945 im KZ Flossenbürg. Das Todesurteil gegen Bonhoeffer und andere Widerstandskämpfer galt bis in die letzten Tage der Ära Kohl als gültig, so dass zum Beispiel deren Verwandte keine Entschädigungen als Verfolgte des Naziregimes erhielten. Erst das Gesetz zur Aufhebung nationalsozialistischer Unrechtsurteile in der Strafrechtspflege vom 25. August 1998[221] erklärte die Urteile des berüchtigten Volksgerichtshofs für ungültig – im Wahlkampf brüskiert die Union bei Bedarf sogar den tiefbraunen Fanblock und spielt »Christlich-Demokratisch«. Um die Hardcore-Nazis unter den Wählern jedoch nicht völlig zu verprellen, bestätigte Schwarz-Gelb ausdrücklich die Gültigkeit der Militärgerichtsurteile gegen Deserteure, also auch der des Nazi-Marinerichters Hans Filbinger, und aller Urteile wegen Homosexualität. Erst am 23. Juli 2002 wurde dies durch Gesetzesänderung abgestellt.[222] Und erst am 9. September 2009 erklärte der Bundestag gegen die Unionsstimmen die Urteile wegen Hochverrats für null und nichtig.[223] Trotz all der zahllosen Beispiele persönlicher Courage ist die Bilanz des deutschen Widerstandes im Dritten Reich im Verhältnis zur Einwohnerzahl der Jahre 1933 bis 1945 von etwa 65 Millionen[224] eher durchwachsen. Selbst bei scheinbaren Kleinigkeiten wie dem Hitlergruß wagten es nur relativ wenig Bürger, im Alltag der braunen Diktatur den Gehorsam zu verweigern. Noch weniger Menschen trauten sich, dem Regime gar die Stirn zu bieten, indem sie etwa ihre Kinder dem Einfluss der Hitler-Jugend zu entziehen versuchten, Juden versteckten, heimlich »feindliche«

Sender hörten oder als Justizbeamte einzelnen Häftlingen durch »Verlegen« der entsprechenden Akten den Abtransport in Konzentrationslager ersparten. Von der faktischen Befehlsverweigerung an der Front durch »in die Luft schießen« oder »Drückebergerei« bei Terroraktionen der Wehrmacht braucht man gar nicht erst zu reden.

Auch dies erklärt die ungeheure Aggressivität, mit der in den Nachkriegsjahren besonders die Väter (»Kriegsheimkehrer«) auf neugierige Fragen ihrer Sprösslinge nach der Nazizeit und erst recht auf die »Inquisition« durch die Achtundsechziger reagierten. Viele hatten weniger ein schlechtes Gewissen, als vielmehr panische Angst, von ihren Opfern wiedererkannt zu werden oder anderweitig aufzufliegen.

Alle gegen den Hauptfeind: die Anti-Hitler-Koalition

Die geistigen Erben Adolf Hitlers benutzen *Antifa* gern als Schimpfwort. Dabei war die Anti-Hitler-Koalition nichts anderes als der gemeinsame Kampf von Völkern mit völlig unterschiedlichen Gesellschaftsordnungen gegen Nazideutschland. Dass nach einem Sieg eines solchen Zweckbündnisses aus Verbündeten Feinde werden, liegt in der Natur der Sache. Die USA und UdSSR hatten nun einmal unterschiedliche Interessen: Wenn in einer Kneipe je ein Mitglied von FDP, CDU, SPD und Linkspartei gemeinsam einen tobsüchtigen Frauenbelästiger überwältigen, werden sie anschließend dennoch kaum die besten Freunde.

Die Tragödie um die SPD und KPD

Reichstagswahlen in Prozent
6. November 1932: SPD 30,4, KPD 16,9, NSDAP 33,1
5. März 1933: SPD 18,3, KPD 12,3, NSDAP 43,9.[225]

Noch vor der ersten Sitzung des neu gewählten Reichstags wurden die Mandate der KPD annulliert, so dass das Parlament 566 Abgeordnete umfasste. Dieser Schritt brachte der NSDAP zwar die absolute Mehrheit. Um aber ihr nächstes Vorhaben – die Übertragung der gesetzgebenden Gewalt des Reichstags auf die Regierung durch das Ermächtigungsgesetz – umsetzen zu können, brauchte sie eine Zwei-Drittel-Mehrheit. Es gelang den Nationalsozialisten, die Parteien der Mitte dazu zu bewegen, diesem Gesetz zuzustimmen. Am 23. März 1933 passierte das Ermächtigungsgesetz gegen die Stimmen der SPD den Reichstag, der von nun an bedeutungslos war. Der nächste Schritt, das Verbot aller Parteien außer der NSDAP, wurde im Juli 1933 vollzogen.[226]

Wehret den Anfängen: Antifa heute

Der Schoß ist fruchtbar noch, aus dem das kroch.
BERT BRECHT, DER UNAUFHALTSAME AUFSTIEG DES ARTURO URI

Es ist eine blauäugige, trügerische und gefährliche Illusion, dass der Faschismus in Deutschland endgültig Geschichte wäre. 7,6 Prozent der Deutschen haben laut einer Studie der Universität Leipzig im Auftrag der SPD-nahen Friedrich-Ebert-Stiftung ein geschlossenes rechtsextremes Weltbild. Im Einzelnen seien 15 Prozent der Deutschen nationalistisch eingestellt, und gut ein Fünftel habe eine ausländerfeindliche Einstellung. Jeder achte wünscht sich »einen Führer, der Deutschland zum Wohle aller mit starker Hand regiert«. Sogar jeder fünfte glaubt, dass unser Land in diesen Zeiten eine einzelne starke Partei braucht, »die die Volksgemeinschaft insgesamt verkörpert«.

Auch antisemitische Vorurteile sind aus den Köpfen mancher Bürger nicht herauszubekommen. Ressentiments halten sich konstant. Etwa jeder zehnte hält den jüdischen Einfluss für »zu groß«, unterstellt den Juden »üble Tricks« und erkennt in ihnen etwas »Eigentümliches«, das nicht zu uns passe.

Interessant auch die Überzeugung der »guten Christen«: 22 Prozent der Protestanten und 17,6 Prozent der Katholiken geben ihre Ausländerfeindlichkeit offen zu, und auch Nationalismus ist für 15,4 und 14,7 Prozent Ehrensache, ebenso der Antisemitismus mit 8,5 und 9,6 Prozent.[227] Dazu passt, dass sowohl der Neonaziterror als auch der Kampf dagegen von interessierter Seite mit Hinweis auf den Tourismus und »unseren guten Ruf im Ausland« systematisch heruntergespielt werden. Bei den noch immer fast wöchentlich gemeldeten fremdenfeindlichen Übergriffen treibt die Politik vor allem eine Sorge um: Was sollen denn die ausländischen Investoren denken?

So warnte Bundestagsvizepräsident Wolfgang Thierse nach der Hetzjagd auf acht Inder durch eine Gruppe von 50 Deutschen im August 2007 im sächsischen Mügeln, solche Vorfälle seien »ein Risiko für den deutschen Wirtschaftsstandort«,[228] Sachsens damaliger Ministerpräsident Georg Milbradt warnte vor Vorverurteilung. Motto: Vielleicht waren es ja gar keine Nazis, sondern hitzköpfige, aber hochanständige Patrioten. Am konsequentesten beim Vertuschen zeigte sich das »Hakenkreuzmacherland« Sachsen-Anhalt *(Spiegel)*, indem man die Neonazidelikte einfach in normale Übergriffe umdichtete: Die Hakenkreuze könnten zum Beispiel auch Kinder gemalt haben. Ebenso wurden besonders erfolgreiche Nazijäger strafversetzt, weil sie zu genau und zu erfolgreich im »braunen Sumpf« ermittelten und dadurch dem »guten Ruf« (!) der betroffenen Kommunen schadeten.[229]

Nichtsdestoweniger formiert sich seit geraumer Zeit der Widerstand gegen eine wie auch immer geartete Renaissance der nationalsozialistischen Schreckensherrschaft, und er wird immer lauter. So war der *Berliner Zeitung* am 20. Juli 2009 ein Aufmarsch in Berlin-Friedrichshain mit 4000 Menschen den Aufmacher »Friedliche Demonstration gegen Rechts« wert.[230]

Bereits ein halbes Jahr zuvor hatte das Hauptstadtblatt unter dem Titel »Passau wehrt sich gegen Neonazi-Aufmarsch« ausführlich über eine Gegendemonstration zu einem Aufmarsch aus dem NPD-Umfeld berichtet. Rund 400 Gegendemonstranten hatten eine Straße in der Nähe der Polizeidirektion blockiert und die Rechtsextremen gezwungen, eine andere Route durch die Innenstadt zu wählen.[231] Erst drei Wochen zuvor hatte die vermutliche Nazi-Messerattacke auf den Passauer Polizeichef Alois Mannichl den demokratischen Teil der Republik erschüttert.

Die antifaschistische Bewegung nimmt eine Sonderstellung ein, da sich an sie auch die Parteien und teilweise sogar Firmen anhängen und eine Teilnahme relativ »ungefährlich« scheint, aber auch nur scheint: Als Bundestagsvize Wolfgang Thierse am 1. Mai 2010 in Berlin an einer Sitzblockade gegen einen geplanten Nazi-Aufmarsch teilnahm, erntete er derbe Kritik sogar aus den eigenen Reihen, allen voran vom Berliner Rechtsaußen und Innenminister Ehrhart Körting.[232]

»Antifaschismus« zum Wohle des eigenen Vorteils

Den unbedarften Bürger mutet es seltsam an, dass bei einigen Parteien der Kampf gegen Rechts meist in der Forderung nach Verbot der NPD mündet, während trotz annähernd 200 Todesopfern faschistischer Gewalt[233] rassistisch motivierte Übergriffe noch immer gern vertuscht oder als »unpolitische« Taten dargestellt werden. Schon 1994 war Winfried Holzinger vom Bund kritischer Polizisten überzeugt, die »fatale Nachlässigkeit in der Polizeiführung« sei »nur durch die Verharmlosung des rechtsradikalen Potenzials innerhalb der Polizei zu erklären«.[234] Daran geändert hat sich nichts. Im Jahr 2007 wurde bekannt, dass Sachsen-Anhalts Polizeiführung die erfolgreiche Arbeit und die entsprechend hohe Zahl der Strafverfahren missfiel: »Sie wies die Beamten aus politischen Gründen an, sich selbst auszubremsen.«[235] Klar ist aber auch, dass eine Polizeiführung in den seltensten Fällen ohne oder gar gegen eine Anweisung der politisch Verantwortlichen handelt.

Wenn also – sei es aus Sorge um den Standort Deutschland, sei es, um »alles im Griff« vorzugaukeln – Verbrechen und Gefahren des Rechtsextremismus systematisch heruntergespielt werden, wieso geben die politischen Verharmloser von Zeit zu Zeit die großen Antifaschisten? Dazu zwei Beispiele:

- Im September 2009 fordert die CSU in Konfrontation mit der Schwesterpartei CDU einen erneuten Anlauf zum NPD-Verbot.[236] Dies war aber weniger ein »Linksschwenk« der Christsozialen als vielmehr der Versuch, das Vermächtnis ihres großen Übervaters Franz Josef Strauß zu erfüllen, rechts von der CDU dürfe es keine demokratisch legitimierte Partei geben.[237] Das aber heißt, die CSU für Rechtsradikale wählbar zu machen. Ein solcher Schwenk könnte letztlich nach hinten losgehen und Wählerscharen statt zur Kopie zum Original treiben, zur NPD also. Daher muss die NPD weg, was entscheidende Stimmen bei den Wahlen zum Bundestag und zu den Landtagen bringen könnte.

- Am 17. Juli 2010 demonstrierten SPD, Grüne und Gewerkschaften gegen die Kandidatur der rassistisch-deutschnationalen »Bürgerbewegung« Pro Deutschland zum Abgeordnetenhaus. Vorneweg marschierte der Regierende Bürgermeister Klaus Wowereit[238] – es war wohl eine Premiere, dass ein Landesvater gegen die Kandidatur eines Konkurrenten demonstriert. Und auch hier ging es um knallhartes Wahlkalkül. Pro-Deutschland-Vorgängerin Pro Köln hatte in der Domstadt immerhin mit 5,4 Prozent den Wiedereinzug in den Stadtrat geschafft. Dies wiederum aber hätte eine zu diesem Zeitpunkt fast sichere rot-grüne Koalition im letzten Moment noch gefährden können.

Es gibt nichts Gutes außer ... Zivilcourage

Allgemein gesagt, bedeutet Zivilcourage, beim Eintreten für die Grundwerte unserer Verfassung, insbesondere der Menschenrechte, Nachteile in Kauf zu nehmen. Die Nachteile können in Repressionen durch die Staatsorgane, den Arbeitgeber oder das soziale Umfeld (Familie, Freunde, Nachbarn, Arbeitskollegen, Geschäftspartner) bestehen und von Ausgrenzung oder Mobbing bis hin zu »Schäden an Leib und Leben« variieren. Das größte Maß an Zivilcourage von Deutschen nach dem Zweiten Weltkrieg bewiesen diejenigen DDR-Bürger, die sich aktiv an der Friedlichen Revolution beteiligten, also nicht etwa für die D-Mark oder gar den Anschluss an die krisengeschüttelte Wirtschaft der Bundesrepublik, sondern für die Menschenrechte buchstäblich ihr Leben riskierten. Nun deutet nichts darauf hin, dass sich eine derartige Eskalation in nächster Zeit wiederholen könnte. Dennoch gibt es Chancen und Pflichten zur Zivilcourage auch heute in Hülle und Fülle.

Zivilcourage zeigt zum Beispiel, wer als

- Bewohnerin eines christlich-braunen oder »national befreiten« Kaffs oder Stadtviertels offen für die Rechte von Minderheiten eintritt, sie demonstrativ unterstützt (etwa durch Einkauf beim Türken) und rechte Straftaten anzeigt;
- Staatsbürger sein Demonstrationsrecht wahrnimmt, auch wenn ihn dies beispielsweise in Stuttgart (siehe unten) sein Augenlicht kosten und in Lebensgefahr bringen kann;
- Journalistin politische Skandale offenlegt;
- Parteimitglied oder -funktionär ohne Rücksicht auf seine Karriere gegen verfassungswidrige Beschlüsse stimmt und außerparlamentarischen Protest dagegen offen unterstützt;
- Supermarktkassiererin einen Betriebsrat fordert und bei seiner Gründung mitwirkt;
- Betriebsmitarbeiter gegen Mobbing auftritt und sich hinter gemobbte Kollegen stellt;
- Angestellte illegale Praktiken der Branche und sogar seines

Arbeitgebers wie Korruption, Steuerbetrug oder Umweltverbrechen auch dann publik macht, wenn sie unter das »Betriebsgeheimnis« fallen;

- Staatsdiener Straftaten im Amt oder Amtsmissbrauch entgegen aller Kameraderie an die Öffentlichkeit bringt und notfalls auch gegen die eigenen Kollegen aussagt;
- Ärztin oder Krankenschwester oder Hilfskraft Kunstfehler, Hygieneschlampereien oder ähnliche Missstände ans Tageslicht bringt;
- Altenpfleger auf unerträgliche Zustände hinweist und sie an die große Glocke hängt.

Es gibt also zahllose Möglichkeiten, in »kleinen« und großen Fragen echte Zivilcourage zu beweisen, zumal Teile der Politik und der Medien verbissen versuchen, diesen Begriff ausschließlich im Zusammenhang mit selbstlosen und mutigen, aber unpolitischen Heldentaten wie der Rettung eines Kindes vor dem Ertrinken oder einer Seniorin aus einer brennenden Wohnung zu verwenden. Nicht zufällig wurde die posthume Verleihung des »XY-Preises« der berüchtigten Denunzianten- und Menschenjägersendung *Aktenzeichen* XY … *ungelöst* an den Manager Dominik Brunner, der im September einen Streit mit angetrunkenen Jugendlichen in einer Münchner S-Bahn mit dem Leben bezahlte, auf der Internetseite der Bundesregierung ausdrücklich begrüßt.[239] Brunner erhielt nachträglich den Bayerischen Verdienstorden, und der CSU-nahe FC Bayern trat im Bundesligaspiel gegen Nürnberg mit Trauerflor an.[240]

Ganz anders ergeht es couragierten Menschen, die sich gegen gewalttätige Nachwuchsfaschisten wehren. *Frontal 21* berichtete im August 2010 vom Fall des einundvierzigjährigen kranken Carsten Heidrich: »14. Februar 2009, Dresden, in der Straßenbahn, kurz nach Mitternacht: Da steigt eine Gruppe von Jugendlichen zu. Sie pöbeln ihn an, beschimpfen ihn als ›Spasti‹, ›Assi‹ und ›Penner‹. Dann schnipsen sie immer wieder gegen den Kopf, halten ihm ein Handy mit lauter Musik ans Ohr. Schließlich bespuckt einer ihn sogar. Carsten Heidrich hat Angst vor noch Schlimmerem. Er greift zu einem Pfefferspray und sprüht dem Angreifer ins Gesicht.«

Das Dresdner Amtsgericht verhängt daraufhin einen Strafbefehl über 1800 Euro. Nein, nicht gegen die braunen Angreifer, sondern gegen Carsten Heidrich, wegen gefährlicher Körperverletzung. [241]

Offenbar verfahren Teile der Justiz nach der Logik: Entweder die Täter sind Nazis *oder* schuldig. Beides zusammen, das gibt es nicht in diesem ehrenwerten Land.

Widerstand der Staatsdiener: die Remonstrationspflicht

Beamte sind durch ihren Amtseid[242] zu Treue, Hingabe und Gehorsam verpflichtet; sie müssen also tun, was man ihnen sagt.[243] Dennoch sind das Bundesbeamtengesetz (BBG) und das entsprechende Beamtenstatusgesetz (BeamtStG) für Länder und Gemeinden[244] keinesfalls eine Lizenz zum Buckeln. So droht § 36, Absatz 1 BBG: *Der Beamte trägt für die Rechtmäßigkeit seiner dienstlichen Handlungen die volle persönliche Verantwortung.* Die Standardausrede vieler Naziverbrecher »Befehl von oben« würde also zumindest dem geduldigen Papier nach nicht mehr ziehen.

Dies führt zum Remonstrationsrecht[245], das trotz des irreführenden Namens vor allem eine Pflicht[246] ist, notfalls zu Einspruch, Gehorsamsverweigerung und Widerstand gegen Anordnungen und Dienstanweisungen. Beamte müssen das von ihnen Verlangte nämlich daraufhin überprüfen, ob es legal und zweckmäßig ist.[247] Haben sie Zweifel, so *müssen* sie beim Vorgesetzten remonstrieren, und falls der auf seiner Weisung besteht, beim nächsthöheren Vorgesetzten protestieren. Segnet auch er die Weisung ab, so muss sie nach § 36, Absatz 2 ausgeführt werden, »sofern nicht das ihm aufgetragene Verhalten strafbar oder ordnungswidrig und die

Strafbarkeit oder Ordnungswidrigkeit für ihn erkennbar ist oder das ihm aufgetragene Verhalten die Würde des Menschen verletzt; von der eigenen Verantwortung ist er befreit«.

Damit scheinen die Beamten aus dem Schneider. Einerseits entlasten sie sich und vermeiden Regressansprüche, andrerseits erfüllen sie ihre Treuepflicht gegenüber dem deutschen Volk, von dem sie »Schaden abzuwenden« haben. Es bleibt aber trotzdem die Zwickmühle, bei tatsächlich ungesetzlichen Befehlen, entweder wegen Ungehorsams oder wegen Ausführung illegaler Befehle zur Rechenschaft gezogen zu werden.

Aus diesem Widerspruch heraus entstand übrigens die Remonstrationspflicht, und zwar nicht etwa erst im bundesdeutschen Rechtsstaat, sondern bereits nach der Ära des Absolutismus.[248] Erstmals erwähnt wird sie in der Württembergischen Verfassungsurkunde von 1819, wobei sich allerdings schon damals die Eigenverantwortung auf das rein Formelle beschränkte. Nur wenn eine Anordnung schon allein dem Wortlaut nach illegal war, war die Remonstration erlaubt. Aber um dies zu vermeiden, zeigt die Phantasie gewisser Verantwortlicher keine Grenzen. »Lassen Sie die Sache mit dem Schwarzgeld des Milliardärs Dagobert doch einfach auf sich beruhen; dann schanze ich Ihnen eine Beförderung zu.« Stattdessen heißt es: »Sie arbeiten einfach zu viel. Die Akte Dagobert kann auch Kollege Handauf abschließen. Wussten Sie übrigens, dass bald eine Stelle frei wird, zwei Tarifgruppen über Ihrer …« So etwas klappt vermutlich oft – aber eben nicht immer, wie wir jetzt sehen werden.

Der hessische Steuerfahnder-Skandal

»Der hessische Steuerfahnder-Skandal – der Staat am Abgrund zum Willkürstaat« überschrieb der *Freitag* im Oktober 2010 eine Zusammenfassung über einen regelrechten Vernichtungskrieg der hessischen CDU-Regierung und ihrer Verwaltung gegen kritische Steuerfahnder: Psychoterror und Mobbing gegen mutige

Remonstranten,[249] die von ihrem gesetzlich garantierten Recht auf Widerspruch bis hin zur »Befehlsverweigerung« Gebrauch machen. Aber der Reihe nach: Gut 20 Jahre lang ist Regierungsoberrat Franz Honemann beim Finanzamt Frankfurt für die Prüfung der Deutschen Bank zuständig; dann wird ihm kurz vor Abschluss seiner Prüfungen urplötzlich von seinem Vorgesetzten ohne Begründung der Fall »mit sofortiger Wirkung« entzogen. Grund: Honemann hat die Auslandsgeschäfte der Bank zu sorgfältig untersucht und dabei »Aktivitäten« auf Kosten des Steuerzahlers gefunden. Dem Fahnder ist klar, dass seine Ergebnisse das Geldinstitut eine Menge kosten würden, doch er hält die Aufdeckung für seine Dienstpflicht. Heute ist ihm völlig klar, dass da hinter den Kulissen etwas lief: »Gespräche zwischen der Bank und seinen Vorgesetzten … Beschwerden, Absprachen vielleicht.« Dem damaligen Abteilungsleiter der Steuerfahndung Frankfurt, Oberamtsrat Frank Wehrheim, wurden ab Mitte der neunziger Jahre Zehntausende Fälle potenzieller Steuerbetrüger, durchweg Kunden der Commerzbank, zugespielt. Wehrheim und sein Team durchsuchten am 27. Februar 1996 mit Staatsanwälten die Bank und sparten auch die Chefetage nicht aus. »Die Fahnder werden zu Stars ihrer Branche; die Bank muss später 200 Millionen Euro Steuern und 60 Millionen Euro Verzugszinsen zahlen. Wehrheims Team wird in der Verwaltung hoch gelobt.« Die Arbeit der Frankfurter Steuerfahnder spülte in den Folgejahren bundesweit rund eine Milliarde Euro Steuernachzahlungen in die Staatskasse. Aber 1999 wurde Roland Koch Ministerpräsident und Karlheinz Weimar Finanzminister. Steuerfahnder Wehrheim hatte einen kapitalen Fisch an Land gezogen: Eine CD-ROM mit Daten Tausender von Steuergangstern, die ihr Schwarzgeld nach Liechtenstein gebracht hatten, tauchte bei der Staatsanwaltschaft Bochum auf. Wehrheim holte sich die Daten von etwa 80 Fällen, die Frankfurt betrafen. Erneut könnte sich der Staat Millionen zurückholen, doch Wehrheim wurde von seinen Vorgesetzten angewiesen, die Fälle nicht weiter zu bearbeiten.

In dieser Affäre hagelt es bis heute Fragen über Fragen, besonders nach den Liechtenstein-Fällen. Wurden die Steuerhinterzieher in Frankfurt wirklich verfolgt? Immerhin beschlagnahmte man allein bei der Deutschen Bank 356 Kisten und 357 Ordner und legte 191 Fälle an. Weimars ebenso offizielle wie dümmliche Antwort: Der Staat habe pro Fall 208 Euro erhalten. Komisch, denn in anderen Bundesländern lag das Minimum pro Liechtenstein-Fall bei einer Million Euro, wie Fahnder berichten.

Ende 1999 kam die CDU-Schwarzgeldaffäre ans Tageslicht. Auch hier ging es – na so ein Zufall – um Liechtenstein-Konten. 30 Millionen Mark hatte die Hessen-CDU dort illegal in einer Stiftung namens »Zaunkönig« versteckt. Staatsanwälte durchsuchten Büros der hessischen CDU und ihres Beraters Horst Weyrauch. Tags darauf übergab Weyrauchs Anwalt eine handgeschriebene Selbstanzeige seines Mandanten wegen eigener Steuerhinterziehung an den Fahnder Wehrheim. Der aber musste den Fall abgeben und wurde in die Landeshauptstadt Wiesbaden versetzt, dann begann die Zerschlagung des ganzen Bankenteams des Finanzamts, das Kaltstellen der anderen Steuerfahnder, unter andrem mit psychiatrischen Gutachten.

Im Sommer 2001 erließ der Frankfurter Amtsvorsteher eine Verfügung, die den Steuerfahndern die Verfolgung des Großsteuerbetrugs nahezu unmöglich machte. Ein Anfangsverdacht dürfe nur noch bestehen, wenn Beträge über 500 000 Mark auftauchen. Nun ist allgemein bekannt, dass die großen Wirtschaftsverbrecher ihr Schwarzgeld in kleinere Beträge aufteilen, weshalb die Verfügung nicht nur in den Augen der Fahnder einen »Freibrief zur Steuerhinterziehung« darstellte, da die Betrüger mit Straffreiheit rechnen könnten. »Die Beamten befürchteten Strafvereitelung im Dienst.« [250]

Neben dem gesamten Bankenteam und zahllosen anderen Steuerfahndern protestierten selbst Regierungsoberräte gegen die Verfügung, die ganz offenbar nur dem Schutz steinreicher Betrüger und ihrer Banken diente. »Tatsache ist«, schrieb die *Frankfurter Rundschau*, »alle Beamten, die es gewagt haben, gegen diese Dienstanweisung mit Widerspruch zu reagieren, wurden auf vielfältige Weise gemobbt, versetzt, gedemütigt, am Ende für psychisch krank erklärt und aus dem Dienst entfernt.«[251]

Dann aber wendete sich das Blatt: Dem Skandalgutachter Thomas H., Autor der »Jagdscheine« für vier Steuerfahnder, wurde von Kollegen auf die Finger gesehen. Ergebnis: Das Berufsgericht für Heilberufe verurteilte ihn mittlerweile wegen der »fehlerhaften Erstattung« von Gutachten zu 12 000 Euro Geldbuße. Und Minister Weimar ließ daraufhin wissen, die angeblich psychisch kranken Mitarbeiter dürften zurückkommen – vorausgesetzt, sie seien gesund. Für den Vizepräsidenten des saarländischen Finanzgerichts, Peter Bilsdorfer, war der Skandal aber damit noch lange nicht erledigt: Er erstattete bei der Staatsanwaltschaft Frankfurt Strafanzeige wegen Untreue gegen Verantwortliche der Finanzbehörden und Minister Karlheinz Weimar (CDU). Der Vorwurf: Das Land habe Steuermittel veruntreut, indem es arbeitsfähige Fahnder mit fadenscheinigen Gutachten für krank erklärt habe und nun lebenslang mit öffentlichen Mitteln alimentieren müsse.[252]

Frankfurt scheint übrigens ein gefährliches Pflaster für gewissenhafte Beamte, vor allem wenn sie den Reichen und Mächtigen oder hochangesehenen Gesetzesverbrechern ans Leder gehen. Das Mobben kritischer Staatsdiener, so meinen Zyniker, gehört zu Frankfurt wie das Oktoberfest zu München. Heute noch unvergessen ist der wie eine absurde Komödie anmutende Skandal um einen akkuraten Zollbeamten, der am Flughafen der Mainmetropole »etwas Merkwürdiges« entdeckt und daraufhin unverzüglich und noch während der Nachtschicht das Bundes- und Zollkriminalamt (ZKA) alarmiert und so den Export von Hochleistungsschaltern in den Iran verhindert hatte, die man laut ZKA auch für den Bau von Atomwaffenzündern verwenden kann. Doch was der ZKA-Sprecher Leonhard Bierl sogar im ZDF als vorbildliche Heldentat pries, war für die zuständige Oberfinanzdirektion Koblenz ein Kündigungsgrund. Die Pfälzer Diplombürokraten legten dem Beamten zur Last, »vorsätzlich bzw. zumindest grob fahrlässig (seine) dienstlichen Kompetenzen durch eigenmächtige Korrespondenz mit Bundeskriminalamt, Zollkriminalamt ohne die zuvor erfor-

derliche Einschaltung der Schicht- bzw. Abfertigungsleitung überschritten« zu haben. Es bedurfte schon eines gewaltigen Medien-
rummels, dass der Vorwurf schleunigst wie eine plötzlich heiße
Kartoffel fallengelassen wurde.[253]

Fälle wie diese sind es, die Gerüchten über Korruption in der
Politik, über gekaufte Loyalität gegenüber millionenschweren
Steuerbetrügern und illegalen Waffenhändlern immer neue
Nahrung geben. Und hätten die Autoren der Krimikomödienserie
Der Bulle von Tölz, die vor allem vom kriminellen und korrupten
Zusammenspiel von Politik und Wirtschaft handelt, diese Fälle als
Drehbuchentwurf vorgelegt, so hätte man sogar ihnen wegen
übersteigerter Phantasie eine Schaffenspause verordnet. Aber »so
etwas kann man nicht erfinden«, wie der Volksmund sagt.

Kamikaze-Aktion:
Befehlsverweigerung beim Militär

Nirgendwo ist das Ausüben des Rechts auf Remonstration bis hin
zur Befehlsverweigerung riskanter als bei der Bundeswehr. Nach
Paragraph 20 des Wehrstrafgesetzes kann man deswegen für drei
Jahre ins Gefängnis wandern.[254] Deshalb traute sich bislang so
gut wie niemand aufzumucken; dann allerdings erschütterte ein
bahnbrechendes höchstrichterliches Urteil die Republik und ver-
schaffte dem Grundgesetz, wenn auch nur in der Theorie und in
einem Punkt, endlich Geltung:
Der zweite Wehrdienstsenat des Bundesverwaltungsgerichts
(BVerwG) gestand in einem Grundsatzurteil[255] vom 21. Juni 2005
dem mutigen Major Christian Pfaff das Recht auf Befehlsverweigerung aus Gewissensgründen nach Artikel 4, Absatz 1 des
Grundgesetzes (Gewissensfreiheit) zu.[256] Pfaff entwickelte im
Streitkräfteamt Bonn im Jahr 2003 eine Computer-Software, die
nach Fertigstellung sofort der US-Armee übergeben werden sollte. Bedauerlicherweise konnten und wollten seine Vorgesetzten
nicht ausdrücklich ausschließen, dass die Software nicht von der

US-Armee für den Krieg gegen den Irak eingesetzt werden sollte. Daher verweigerte der engagierte Katholik Pfaff am Tag des Kriegsbeginns konsequenterweise seine weitere Mitarbeit an der Software, woraufhin er zum Hauptmann degradiert und in den Sanitätsdienst abkommandiert wurde. Die Degradierung hob das Gericht natürlich auf und stellte offenbar aus gutem Grund unmissverständlich klar:

»Das Grundgesetz normiert (…) eine Bindung der Streitkräfte an die Grundrechte, nicht jedoch eine Bindung der Grundrechte an die Entscheidungen und Bedarfslagen der Streitkräfte … selbst im Verteidigungsfall ist die Bindung der Streitkräfte an die Grundrechte (Artikel 1 Absatz 3) sowie an ›Gesetz und Recht‹ (Artikel 20 Absatz 3 des GG) gerade nicht aufgehoben.«

Noch beachtlicher als die höchstrichterliche Bestätigung des Remonstrationsrechts aber ist der Umstand, dass die Leipziger Richter den Irakkrieg im Widerspruch zur Bundesregierung offenbar nicht als legitimen Kreuzzug gegen das Reich des Bösen, sondern als illegale Aktion werteten und die Verweigerung der Beihilfe als Recht und Pflicht eines anständigen Soldaten. Umso bezeichnender, dass dieser Fall einer Befehlsverweigerung aus Gewissensgründen der bis dato einzige in der Bundeswehr war. Zwar hatte es zuvor im Zusammenhang mit dem Irakkrieg zahlreiche Beschwerden von Soldaten gegeben – allerdings hatten die Soldaten nach Ablehnung ihrer Beschwerden aus nachvollziehbaren Gründen den mutigen Schritt zum Gericht doch nicht gewagt.

Nun hätte man selbstverständlich erwartet, dass gerade die Law-and-Order-Truppe des Verteidigungsministeriums das gesprochene Recht höchster deutscher Gerichte anerkennt. Von wegen: Im Mai 2006 steht in der Dienstweisung (»G1-/A1-Information«) zur »Gehorsamsverweigerung aus Gewissensgründen« das direkte Gegenteil des Urteilstenors. So befiehlt sie den Vorgesetzten ohne Umschweife, die »dienstlichen Erfordernisse gegen die mögliche Gewissensbeeinträchtigung abzuwägen«. Ausdrücklich heißt es weiter: »Wenn durch die Nichtausführung des Befehls hochrangige Verfassungsgüter gefährdet werden, ist die Gewis-

sensfreiheit gegen das andere Verfassungsgut abzuwägen ...
Auch die Einsatz- und Funktionsfähigkeit der Streitkräfte kann
unter Umständen ein solches hochrangiges Verfassungsgut darstellen ... Wenn die Nichtausführung des Befehls ein solches
Verfassungsgut beeinträchtigen würde, kann die Gewissensfreiheit in den Hintergrund treten. Der Befehl bleibt dann trotz Gewissensbeeinträchtigung verbindlich.«

Wieso haben Deutschlands oberste Heerführer nicht gleich geschrieben: »Die Heinis vom Bundesverwaltungsgericht können
uns mal kreuzweise«? Denn die Leipziger Richter hatten ja eindringlich hervorgehoben, dass die Gewissensfreiheit *in jedem Fall*
und sogar im Krieg Vorrang habe vor der Funktionsfähigkeit der
Bundeswehr.[257]

Die Truppe ihrerseits tat mit dieser Dienstanweisung, »was ein
Baum tun würde, wenn ein Schwein sich an ihm kratzt« (Reinhard Mey)[258]. Vielmehr machte das Urteil der Bundesrichter auch
anderen Soldaten neuen Mut beim Widerstand gegen rechtswid-
rige Order. So rief im Jahr 2007 sogar der Bundeswehrverband die
Kampfjet-Piloten zur Befehlsverweigerung auf, falls ihnen der
damalige Verteidigungsminister Franz Josef Jung den Auftrag
zum Abschuss einer Passagiermaschine geben sollte.[259] Auch diese couragierten Menschen gehören zweifellos zur neuen Kultur
der Wiederstandes, die offenbar immer mehr Menschen in ihren
Bann schlägt und aktiviert.

Rebellen mit Witz:
mal Robin Hood, mal Charly Chaplin

Nachhaltiger Widerstand im Volk ist für die Reichen und Mächtigen und ihren Staat bedeutend bedrohlicher als linker und rech-
ter Terrorismus, der bestenfalls vorübergehend »die Märkte«
stört und willkommene Vorwände zur Aufweichung des Rechtsstaats liefert.

Noch gefährlicher wird eine Protestbewegung der Normalbürger, wenn sie von Humor, Ironie und Chuzpe begleitet wird: Im Idealfall müssen sogar Sympathisanten oder gar Vertreter der »Gegenseite« wider Willen zumindest schmunzeln und überdenken ihre bisherige Position. Am 28. Juni 2006 hatten Aktivisten der Politspaß-Gruppe *Prekäre Helden* aus einem Hamburger Delikatessengeschäft für 600 Euro Champagner, Hirschkeulen und andere Leckereien auf Kosten des Hauses mitgenommen und anschließend an Erzieherinnen, Praktikantinnen, Putzfrauen und Ein-Euro-Jobber verteilt. Aus genanntem guten Grund behandelte der Staatsschutz auf Kosten des Steuerzahlers die Sache wie einen tödlichen Terroranschlag. »Mit Verbissenheit fahndete er nach den Räubern« *(taz)* und brachte eine Studentin vor den Kadi. Amtsrichter Nils Werner allerdings lässt sich laut *taz* »durch sein häufiges Grinsen unverhohlen anmerken, dass er der ›karnevalistischen Einlage‹ einen gewissen Witz abgewinnt, die selbst die britische Zeitung *The Guardian* als den ›wahrscheinlich lustigsten Coup in der deutschen Kriminalgeschichte‹ würdigt.«[260] Sogar die *Hamburger Morgenpost* titelte: »Richter hat Sympathie für die ›Superhelden‹«.[261]

Historisches Vorbild ist Robin Hood, bei dem es ähnlich wie bei Jesus Christus relativ egal ist, ob die Figur als solche eine Erfindung oder eine reale Person war. Und der grün getarnte Bogenschütze wäre wohl kaum bis in die heutigen Tage so populär, hätten er und seine Getreuen ihren Kampf gegen die Obrigkeit nicht als fröhlichen Politschabernack vorgetragen. Allerdings geht es heute natürlich nicht mehr um Überfälle auf Postkutschen in Sherwood Forrest. Charly Chaplin gelang mit seinem Film *Der Diktator* sogar das Undenkbare, nämlich den Massenmörder Hitler durch den Kakao zu ziehen, ohne ihn zu verharmlosen; und auch so manche Aktion und Lästerei des »Politclowns«, »Pudding-Attentäters« und »Spaßrevoluzzers« der Achtundsechziger, Fritz Teufel (1943–2010), ist noch heute in lebhafter Erinnerung[262] insbesondere sein Eid »Ich schwöre bei Karel Gott«. Weltweiten Kultstatus erreichte der Schuhwurf eines irakischen Journalisten auf George W. Bush am 14. Dezember 2008. Schon zwei Tage später stellte ein Brite das »Attentat« zum Nachspielen ins Internet.[263]

In dieser Tradition sieht sich offenbar die inzwischen allseits bekannte Aktionstruppe *Die Überflüssigen*. Im Jahr 2004 in Berlin entstanden, fasste die Politspaßbewegung schnell auch in anderen deutschen Städten Fuß. *Die Überflüssigen* sind laut Selbstporträt[264] »überall und grenzenlos wie die kapitalistische Ausbeutung selbst … Menschen in den Industriestaaten, die vom gesellschaftlichen Reichtum ausgeschlossen werden« und »stehen für den Teil der Menschen auf der Erde, deren Alltag seit jeher aus Erwerbslosigkeit, Armut, Hunger und Krieg besteht«. Sie »lassen sich nicht länger auf Abfallprodukte des Kapitalismus reduzieren« und »sehen die Ursache ihrer Situation in einem profitfanatischen System, das nicht unangenehme Arbeiten überflüssig macht, sondern Menschen … *Die Überflüssigen* lassen sich nicht mehr abspeisen mit dem abgeschmackten Versprechen künftiger Teilhabe am gesellschaftlichen Reichtum. Sie sind zuversichtlich, sich diesen Reichtum bald gänzlich anzueignen, denn mit jedem Prozentpunkt Wirtschaftswachstum werden sie mehr.«[265] »Jeder kann ein Überflüssiger sein«, ist das doppeldeutige Motto: »Jeden kann es erwischen«, aber auch »Jeder kann bei uns mitmachen«. Mit ihren Aktionen wollen *Die Überflüssigen* nämlich zeigen, »dass es auch für sozial Benachteiligte möglich ist, ihre Stimme zu erheben und die ganzen Ungerechtigkeiten anzuprangern.«[266] Ihr Markenzeichen sind rote Kapuzenpullis und weiße Masken, und wo sie auftauchen, ist immer was los.

Viele der Aktionen sind auf der Homepage der Überflüssigen dokumentiert – hier eine Auswahl:

11. 10. 2004 Berlin: Dreißig »Überflüssige« besetzen aus Protest gegen bevorstehende Einführung der 1-Euro-Jobs die AWO-Bundeszentrale.

18. 12. 2004 Berlin: Fünfzig Aktivisten dringen in das Berliner Nobelrestaurant Borchert ein, verteilen Flugblätter, auf denen die vorgesehenen Ausgaben für einen Arbeitslosengeld-II-Empfänger und die Preise in dem Restaurant gegenübergestellt werden, und bedienen sich an den Tellern der (regulären) Gäste. Zeitgleich protestieren fünfzig *Überflüssige* mit Samba-Gruppe, Weihnachtsbaum und Monstranz in einem Berliner Kaufhaus gegen Hartz IV. Den Baum schmückt man mit Kaufhaus-Süßigkeiten, die man später vor dem Gebäude an Passanten verteilt.

1. 5. 2005 Hamburg: *Überflüssige* plündern im Nobelvorort Blankenese ein mit Lachs, tropischen Früchten und anderen Leckereien bestücktes kaltes Buffet eines Luxushotels. Was nicht geschafft wird, verschwindet in Tüten mit der Aufschrift *Fünf Sterne to go.* »Mit solchen Aktionen wollen wir zeigen, dass auch wir Hunger haben. Wir können uns aber von unseren 345 Euro Hartz IV so ein nobles Abendessen von 120 Euro nicht leisten.«

11. 8. 2005 Darmstadt: *Die Überflüssigen* besuchen das Restaurant Orangerie und stören Bert Rürups Feier anlässlich des Erhaltens des Bundesverdienstkreuzes.

19. 8. 2005 Köln: Beim Weltjugendtag mit dem Papst stiften sie Verwirrung mit einer Sankt-Prekarius-Prozession von zweihundertfünfzig »Brüdern und Schwestern des Dissidentiner-Ordens«. Neben der »Heiligsprechung« besucht man eine Lidl-Filiale: »Der heilige Prekarius möchte wissen, wer dafür verantwortlich ist, wer schikaniert die Beschäftigten, wer drangsaliert und bedroht die VerkäuferInnen, wer führt da so keck die Taschenkontrollen durch? Entlastet euer Gewissen und eure Herzen. Wie sieht er aus, wo ist sein Haus, welcher Name steht an seinem Klingelschilde, welches Auto steuert er nach Haus? … Wenn ihr Klage führen wollt, aus dem Verborgenen und im Gebet, dann saget und schreibet uns, was euch widerfahren ist (anonym an prekarius@ yahoo.de).«

19. 10. 2005 Berlin: Morgens um 6 Uhr wird der AWO-Landeschef mit viel Tamtam, Trommeln und Trompeten unsanft aus dem Schlaf geholt, weil er die Anzeigen wegen der Besetzung vom November 2004 nicht zurückgezogen hat.

16. 11. 2005 Bonn: Um 5 Uhr überprüfen *Die Überflüssigen* im Stile der berüchtigten Arbeitsagenturen die Wohnverhältnisse des noch amtierenden Arbeitsministers Wolfgang Clement und bringen am Haus und im Garten jede Menge Alarmwecker an. Grund des Protestes: »Wir lassen uns von den Herrschenden nicht straflos als ›Parasiten‹, ›Sozialschmarotzer‹ oder ›Abschaum‹ bezeichnen.«

29.11.2005 Berlin: *Die Überflüssigen* platzen in die Preisverleihung des »Reformer des Jahres« von der Initiative Neue Soziale Marktwirtschaft (INSM). Ihrerseits verliehen sie der INSM vor laufender Kamera den Preis für die »teuerste, dreisteste und dümmste Propaganda des Jahres«.

17.11.2006 Köln: Überflüssige besuchten das Ausländeramt im Bezirksrathaus Kalk, um gegen die in ihren Augen inhumane Migrationspolitik der Bundesrepublik Deutschland und der Europäischen Union zu protestieren.

17.1.2007 Braunschweig: Beim Prozess gegen Peter Hartz werden sie in Form von Live-Mitschnitten und großen Action-Fotos zum Aufmacher vieler Funk- und Printmedien. Sogar die *Süddeutsche Zeitung* berichtet: »Eine Gruppe von Demonstranten schaffte es, besonders oft in das Blickfeld der Kameras zu kommen. Etwa acht bis zehn Menschen trugen weiße Masken und rote Kapuzenpullis. Auf ihren Rücken konnte man ›die Überflüssigen‹ lesen.«[267]

2.3.2009 Oldenburg: *Überflüssige* bewerfen Oberbürgermeister Schwandner aus Protest gegen die Lokalpolitik mit Torten.

Die *SüddeutscheZeitung* fasst die recht unterschiedliche Beurteilung dieser Politspaßvögel zusammen: »Die Aktivitäten der Überflüssigen klingen nach harmlosem Witzprotest, dabei hat sie der Berliner Verfassungsschutz im Auge.«[268] Und dies eben nicht, weil derartige Gruppen den Rechts- und Sozialstaat »zersetzen«, sondern ihn mit zugegebenermaßen schrägen Methoden verteidigen wollen. Folglich bescheinigte das Bundesverfassungsgericht auch noch keiner einzigen Aktion der Spaßaktivisten Verfassungswidrigkeit, wohl aber einer Unmenge der von Rot-Schwarz und Schwarz-Gelb fabrizierten Gesetze. »Zersetzen« wollen *Die Überflüssigen* & Co. dagegen die deformierte Variante unserer

Gesellschaftsordnung. Reizwörter wie »Arm-Reich-Schere«, »Umverteilung nach oben«, »Armut per Gesetz«, »Hungerlöhne«, »Weltfinanzkrise«, »Steuergeschenke«, »Umweltzerstörung«, »Weltgendarm« oder »Hunger in der Welt« und »Ausbeutung der armen Länder« hört man jedoch mittlerweile immer öfter auch aus den Reihen der Bundestagsparteien.

»Den Reichen nehmen und den Armen geben – das fordern die Globalisierungskritiker von Attac schon lange«, schreibt *Zeit Online* im Mai 2010. »Nun, glauben sie, ist ihre Zeit gekommen.«[269] »Attac und andere globalisierungskritische Initiativen haben dazu seit Jahrzehnten einen Vorschlag: die Finanztransaktionssteuer. Noch im Jahr 2007, auf dem G8-Gipfel in Heiligendamm, wurden Befürworter dieser Steuer als Spinner und Linksextremisten abgetan. Nun aber spricht sich selbst die CSU für dieses Instrument aus. Und die schwarz-gelbe Bundesregierung hat unter dem Druck von Christsozialen, Opposition und öffentlicher Meinung versprochen, sich für eine solche Steuer einzusetzen.«[270] Ob eine solche Steuer irgendwann kommt, steht in den Sternen. Klar aber ist: Spaßige, ironische und augenzwinkernde Widerstandsaktionen mit Stil sind durchaus anregend sowohl für den Normalbürger, der die Wirklichkeit vielleicht verdrängt hat, als auch für die Politik, die offenbar mehr als nur simple Anregung braucht.

Spontan

Am meisten fürchten Herrschende die spontanen Aktionen der Menschen. Wenn etwa ein Ausländer umgebracht wird und sich Minuten später ein Protestmarsch gegen Neonazi-Verbrecher formiert, ist dies der reinste Horror für die Regierenden: Sollten sie sich nicht an die Spitze des Protestes gestellt und von ihren Assistenten formulierte Empörungserklärungen vom Blatt abgelesen haben?

Umso ärgerlicher ist für sie das Urteil des Bundesverfassungsgerichts: Es besteht keine Anmeldepflicht bei Spontandemonstrationen! Im Einzelnen führte das Gericht aus, normalerweise seien laut Versammlungsgesetz und im Einklang mit der Verfassung »Veranstaltungen unter freiem Himmel« anzumelden. Allerdings seien diese Vorschriften »dahingehend auszulegen, dass die Anmeldepflicht bei Demonstrationen nicht eingreift, die sich aus einem aktuellen Anlass augenblicklich bilden (Spontandemonstrationen). Dafür spricht auch der Wortlaut des Art. 8 Abs. 1 GG »ohne Anmeldung oder Erlaubnis«. Das Grundrecht der Versammlungsfreiheit wird durch das Grundgesetz gewährt, nicht durch das (dies nur einschränkende) Versammlungsgesetz. Eine Nichtanmeldung berechtigt dann nicht zu einer Auflösung oder einem Verbot.

Grundgesetz, Artikel 8 (Versammlungsfreiheit)
(1) Alle Deutschen haben das Recht, sich ohne Anmeldung oder
Erlaubnis friedlich und ohne Waffen zu versammeln.
(2) Für Versammlungen unter freiem Himmel kann dieses Recht
durch Gesetz oder auf Grund eines Gesetzes beschränkt werden.«[271]

Wie mögen wohl über diesen Beschluss des höchsten deutschen Gerichts jene Politiker und Mitbürger denken, die am liebsten alle Demonstrationen und Kundgebungen verbieten und Verstöße mit zehn Jahren Arbeitslager ahnden würden? Laut sagen dürfte dies trotz Narrenfreiheit nicht einmal ein Thilo Sarrazin.

»Unpolitischer« Widerstand

Die etablierten Parteien stellen gern jeden massenhaften oder vereinzelten Widerstand als »unpolitisch« dar, wenn sie nicht in vorderster Front dabei mitmischen oder wenigstens von den Widerständlern ausdrücklich angegriffen werden.

»Alles ist politisch«, meinen demgegenüber kritische Philosophen, Politikwissenschaftler, Künstler und Normalbürger, und sie sind zweifellos näher dran. Selbst wenn ein Widerstand denkbar »unpolitisch« beginnt, etwa als Selbsthilfegruppe misshandelter Frauen oder als Initiative gegen die Umwandlung eines Naturschutzgebietes in einen Golfplatz, landen die aufmüpfigen Bürger über kurz oder lang unweigerlich in der Politik. Die Selbsthilfegruppe, auch wenn sie untypischerweise aus politisch komplett desinteressierten oder »verdrossenen« Frauen bestünde, landet spätestens dann in der Politik, wenn ihr öffentliche Räume verweigert oder Gelder gestrichen werden, denn beide möglichen Gründe wären hochpolitisch – die Meinung, misshandelte Frauen seien nicht förderungswürdig, ebenso wie der Geldmangel der Kommune. Der nämlich ist – grob gesagt – Resultat neoliberalen Privatisierungswahns und massiver Steuergeschenke für die Konzerne und Reichen, was letztlich zu Lasten der Kommunen geht. Auf Deutsch: Vertreter einer solchen Politik zu wählen und gleichzeitig das Elend der Kommunen zu bejammern hat etwas Schizophrenes.

Nicht anders mit den Golfplatzgegnern: Auf der Suche nach Gründen für die naturfeindliche Entscheidung stoßen sie früher oder später auf Vetternwirtschaft, Korruption oder eben auf jenen Geldmangel, der die Kommune nach und nach auch das letzte öffentliche Eigentum verscherbeln lässt. »Alle Wege führen nach Rom« – und im wirklichen Leben zur Politik.

Die »Klagewut« der Hartzer

Nicht dass Bürger wegen eines Maschendrahtzauns vor Gericht ziehen, irritiert die Herrschenden, sondern dass immer mehr Menschen ihre Rechte einklagen. Dies ist umso sensationeller, da noch bis in die sechziger Jahre viele Menschen den Unterschied zwischen Richter, Staatsanwalt und Anwalt der Gegenseite nicht kannten und sich entsprechend einschüchtern ließen. Überhaupt galt es in einfachen Kreisen als unanständig, vor Gericht zu erscheinen: ob als (später verurteilter oder freigesprochener) Angeklagter oder gar nur als Zeuge, war dem Mob völlig egal. Doch je mehr das vom NS-Unrechtsstaat ererbte Duckmäusertum der »rebellischen« Wahrnehmung der eigenen Rechte wich, desto häufiger ging man vor Gericht. Bestes Beispiel für den grundlegenden Gesinnungswechsel sind die Hartz-IV-Empfänger, die ihre Rechte gerichtlich durchsetzen wollen, und das auch noch meist mit Erfolg. Ausgangspunkt des sozialen Tumults – man denke nur an die zahlreichen Demonstrationen – war die wider besseres Wissen aufgestellte diffamierende Behauptung einer menschenverachtenden Minderheit, wer einen Job wolle, der erhalte auch einen, also seien die Arbeitslosen zu faul zum Arbeiten. Deshalb sollten sie froh sein, überhaupt etwas vom Staat zu erhalten, zumal finanzielle Existenznot zur Arbeit motiviere – auch wenn diese Jobs gar nicht existierten. Wohin dieses Denken zwangsläufig führt, beschreibt Wolfgang Lieb in den *NachDenkSeiten*: »Danach müsste man am besten auf Geldzahlungen ganz verzichten und die Hartz-IV-Leute gleich in ein Arbeitslager stecken, dann könnte man ja auch noch die Wohnungskosten senken. Das Existenzminimum wäre gewährleistet und die Würde der Menschen wäre durch Zwangsarbeit garantiert.«[272]

Dieser ungezügelten und bewussten Umverteilung von Arm nach Reich schob allerdings die Justiz einen wenn auch kleinen Riegel vor. Die Hartz-IV-Sätze und die finanzielle Versorgung der Kinder sind menschenunwürdig, entschied das Bundesverfassungsgericht am 9. Februar 2010.[273] Die Hartz-IV-Regelsätze für Kinder bis 14 Jahre und Erwachsene sind in dessen Berechnung verfassungswidrig. (AZ: 1 BvL 1/09; 1 BvL 3/09; 1 BvL 4/09). Die obersten Richter bemängelten, dass die Leistungssätze nicht transparent, realitäts- und sachgerecht seien.[274]

Dieses mutige Urteil ist auch zurückzuführen auf die Fülle der Klagen gegen Details von Hartz IV. Seit Einführung von Hartz IV am 1. Januar 2005 hat sich die Zahl der Prozesse vor Sozialgerichten fast verdreifacht.[275] Auf einen Richter kommen derzeit 500

Prozesse.[276] In der Hauptstadt wurde im Juni 2010 die 100 000ste Hartz-Klage »gefeiert«. Und durchschnittlich alle sechzehn Minuten wird in Berlin eine neue Klage aktenkundig.[277]

Als Antwort auf die Prozessflut beschloss der Bundesrat, den Hartz-IV-Empfängern die Wahrnehmung ihrer grundsätzlich garantierten Rechte durch Kürzung der Prozesskostenhilfe zu »kürzen«.[278] »Armen soll das Klagen schwerer fallen«, titelte die *taz* am 23. Dezember 2007. Und der Deutsche Richterbund sieht darin »Zweierlei Recht für Bemittelte und Unbemittelte«.[279]

Je mehr also die Bürger von ihrem Recht auf Recht Gebrauch machen, desto drastischer werden ihre Rechte faktisch eingeschränkt. Hochseeyachten und Elbschlösser verdienen sich dagegen die Anwälte, die den Staat gegen Hartz-Kläger vertreten. Als erstes der zwölf Jobcenter in Berlin sucht Friedrichshain-Kreuzberg mit einer europaweiten Ausschreibung nach Anwälten, die das Amt vor dem Sozialgericht vertreten. Der gesamte Auftragswert soll in einer »Spanne von 350 000 bis 560 000 Euro« liegen, heißt es in der Ausschreibung.[280] Wenn das mal nicht an die zig Milliarden erinnert, die die Regierungen von Bund und Ländern windigen »Unternehmensberaten« für schludrige »Gutachten« und stümperhafte »Studien« in ihre nimmersatten Mäuler stopfen.

Der Karlsruher Spruch sei »ein Offenbarungseid für die Politik«, fasst Markus Horeld in *Zeit Online* zusammen: »Die Hartz-IV-Gesetzgebung, 2003 von Rot-Grün auf den Weg gebracht, spaltete das Land. Sie infizierte die Bevölkerung mit einem bis dahin vor allem in der Mittelschicht völlig unbekannten Gefühl: der Furcht vor raschem sozialem Abstieg. Sie demütigt Monat für Monat Millionen Hilfsbedürftige.« Die Karlsruher Richter hätten »der Politik einen Spiegel vorgehalten. Einen Spiegel, der ungeschminkt die Fratze der Willkür zeigt.« Das Urteil habe »allen Beteiligten vorgeführt, an welcher schändlichen, menschenverachtenden Politik sie sich beteiligt haben. Deshalb sollten sich SPD und Grüne hüten, nun allzu laut zu jubeln. Denn sie waren es, die diese Willkürherrschaft nicht nur toleriert, sondern forciert hatten. Sie waren es, die die Hartz-IV-Sätze gegen alle Kritik von Sozialverbänden verteidigt haben. Das gilt im gleichen Maße für Union und FDP.«[281]

Das Bundessozialgericht sah das Urteil allerdings kritisch, da es erst seit 2011 umgesetzt werden muss. »Das ist etwas unbefriedigend, weil wir einen rechtswidrigen Zustand auf den Rücken der Kläger austragen«, sagte der Vorsitzende Richter Peter Udsching.[282]

Wie berechtigt die Skepsis der Kasselaner Kadis war, zeigte sich an einem der dummdreistesten Zusammenspiele von Regierung und Opposition: Zunächst beschließt Schwarz-Gelb 5,00 Euro mehr für die Hartz-IV-Empfänger und 0,00 Euro mehr für ihre Kinder. Aber auch diese erbärmliche »Erhöhung« war Union, FDP und SPD offenkundig noch zu viel – irgendwie müssen Diäten, Konzernrettungsschirme und Steuergeschenke für Milliardäre ja finanziert werden. Also lehnen die Sozialdemokraten im Verein mit Grünen und Linkspartei das Gesetz am 17. Dezember – absichtlich auf den letzten Drücker – im Bundesrat ab und verweisen es bis zum Jüngsten Tag an den Vermittlungsausschuss,[283] von Polit-Insidern auch »Bermudadreieck« genannt.

Nun können Merkel, Seehofer und Gabriel den Verfassungsrichtern eine lange Nase machen: »Jammerschade, dass es nun doch nicht pünktlich klappt mit dem unwahrscheinlich dringlichen Gesetz …« Dies machten aber die Bundessozialrichter von Anfang an nicht mit. Und so entschieden sie zum Beispiel im März 2010, dass Schulkindern von Hartz-IV-Empfängern auch die Bezahlung von Tagesausflügen zusteht, wenn sie für die Teilnahme an einer mehrtägigen Klassenfahrt notwendig sind. Mit dem Urteil bekam ein Schüler aus Bochum recht, dem die Kostenübernahme für zwei Tagesausflüge vor einer Ski-Freizeit verweigert wurde.[284] Das Sozialgericht Detmold verurteilte das Jobcenter, die Monatsfahrkarten für zwei Schüler in Hartz-IV-Haushalten zu übernehmen.[285]

Derartige Erfolge können sich die Hartz-Rebellen, als Demonstranten oder Kläger, durchaus an ihre Brust heften. Außerdem ermutigt ein solcher erfolgreicher Widerstand vielleicht auch andere, erhobenen Hauptes ihre Rechte und Ansprüche geltend zu machen. Beispiel macht Schule.

Für das Jahr 2010 jedenfalls verzeichnete das Berliner Sozialgericht einen Anstieg der Klagen um 20 Prozent auf 30 000.[286] Dazu betonte der Pressesprecher und Sozialrichter Marcus Howe im RBB an die Adresse der tumben giftspeienden Unterschichtenhetzer, es handle sich nicht um »Wutbürger«, sondern um normale Bürger mit konkreten Problemen.

Widerstand gegen die Staatsgewalt

Eines der beliebtesten, für den unbescholtenen Bürger aber auch gefährlichsten Mittel gegen Widerstand ist hierzulande eine Anzeige wegen »Widerstands gegen die Staatsgewalt«. In Deutschland umfasst der Widerstand gegen die Staatsgewalt die Tatbestände Öffentliche Aufforderung zu Straftaten (§ 111 StGB), Widerstand gegen Vollstreckungsbeamte (§ 113 StGB), was einem bis zu fünf Jahren Knast einbringen kann. Widerstand gegen Personen, die Vollstreckungsbeamten gleichstehen (§ 114 StGB), Gefangenenbefreiung (§ 120 StGB) und Gefangenenmeuterei (§ 121 StGB). Kaum bekannt ist allerdings der § 113 Absatz. 3: »Die Tat ist nicht nach dieser Vorschrift strafbar, wenn die Diensthandlung nicht rechtmäßig ist. Dies gilt auch dann, wenn der Täter irrigerweise annimmt, die Diensthandlung sei rechtmäßig.«

Auf Deutsch: Wenn – wie beispielsweise am 16. Januar 2005 in Magdeburg – die Polizei durch Kettenbildung Demonstranten daran hindert, durch eine genehmigte Straße zu marschieren, obwohl sie ganz offensichtlich völlig frei ist, dann ist die Polizeiaktion rechtswidrig. Wenn dann ein paar hundert Leute mit Schubsen, Drängeln und Drücken störend und zu Unrecht die Kette der im Wege stehenden Beamten durchdringen, dann ist das nach dem erwähnten Paragraphen nicht strafbar.[287]

Übrigens waren Namensschilder für Polizisten nach dem Krieg

Pflicht, um jeden Uniformierten für den zivilen Bürger jederzeit identifizierbar zu machen. Die Alliierte Kommandantur hatte dies am 25. September 1945 beschlossen und erst im Blockadejahr 1948 wieder abgeschafft.[288] Der Berliner Rechtsprofessor Klaus Rogall kritisiert in diesem Zusammenhang, dass die Polizeiaussagen nicht selten wie abgesprochen wirken.[289] »Lügende Polizisten beschuldigen Journalisten« titelte das *Göttinger Tageblatt* am 10. August 2010. Drei Polizisten aus Hannover mussten sich vor dem Amtsgericht verantworten, weil sie wahrheitswidrig einem zweiunddreißigjährigen Journalisten aus Kassel Widerstand gegen Polizisten vorgeworfen haben sollen.

Der Fall: Am Rande der NPD-Demo im Mai 2006 behaupteten die 48, 35 und 34 Jahre alten angeklagten Beamten, der Journalist habe sich in eine Festnahme eingemischt; er habe versucht, einen Beamten wegzuzerren, ihn getreten und bei seiner Festnahme Widerstand geleistet. Diese Darstellung widerlegte ein Videofilm, zufällig aufgenommen von einem 28-jährigen Ingenieur aus Erfurt, der als »Bürgerjournalist« unterwegs war: Deutlich sichtbar, überwältigt ein Polizist einen von ihm verfolgten Demonstranten, wirft ihn zu Boden, kniet über ihm, als der Journalist sich einmischt und einen Schritt auf die Szene zutritt. Mit ausgestrecktem linkem Arm tippt er dem Polizisten von hinten auf den Arm: »Was soll denn das?«, und tritt sofort wieder zurück. Aber selbst angesichts des eindeutigen Videobeweises, dass jeder klar denkende Mensch dies als beruhigend gedachtes Handauflegen, »Antippen«, »Berühren« oder »Anfassen« erkennen würde, nannten die Verteidiger das noch immer »Stoßen« oder »Schubsen«. Sogar der Zugführer sieht trotz der entlarvenden Bilder »die Störung einer polizeilichen Maßnahme, für mich Grund genug, die Person zu separieren und zu überlegen, ein Verfahren einzuleiten«.

Tatsächlich wurde der Journalist wegen Widerstands angeklagt, und das seinerzeit von Christian Wulff regierte Land Niedersachsen wollte sogar Schmerzensgeld, weil der festnehmende Beamte sich angeblich dabei fürchterlich schwer verletzt hatte. Angesichts der Filmszene hatte allerdings das Gericht von derlei dummdreisten Verdrehungen die Nase voll und wies die Klage ab.[290] Eigentlich hätte nun gegen die Polizisten und das Land eine Anzeige wegen vorsätzlich falscher Anschuldigung folgen müssen. Aber vielleicht hat der Journalist ja Familie und übertrug den Fußballrowdyspruch »Schiri, wir wissen, wo dein Auto steht« sinngemäß auf sich. Und es sind ja, wie wir gleich sehen werden, schon andere im Polizeigewahrsam ums Leben gekommen.

Eine Anzeige wegen »Widerstands gegen die Staatsgewalt« erwartet auch manchen Bürger, der zum Beispiel ein Polizeirevier kerngesund betritt und krankenhausreif wieder herauskommt. In gewisser Weise ist diese Methode *Frechheit siegt;* denn mit dem Dezernat für interne Ermittlungen, das Verfehlungen von Polizisten untersucht, ist meist nicht zu spaßen. Und dort kann kein Beamter zugeben: »Ich habe den Inhaftierten nur so aus Jux und Tollerei zusammengeschlagen. Er *muss* einen »Widerstand gegen die Staatsgewalt« als Ausrede für seine eigene Prügelorgie erfinden.

Dabei haben die Bürger, die mit dem Leben davonkommen, noch Glück gehabt. Bei einem »der spektakulärsten Fälle in der deutschen Kriminalgeschichte« *(Welt Online)* war der Asylbewerber Oury Jalloh am 7. Januar 2005 in seiner Zelle im Dessauer Polizeirevier an Händen und Füßen gefesselt, als das Feuer ausbrach, an dessen Folgen er starb. Zuvor soll er natürlich jenen »Widerstand« geleistet haben. Der Bundesgerichtshof hob den Freispruch durch das Landgericht Dessau-Roßlau am 7. Januar 2010, also an Jallohs fünftem Todestag, für einen Polizisten auf.[291]

Derlei Fälle, bei denen es fast immer nach Korpsgeist und Kameraderie riecht, haben Tradition. Andreas Kopietz von der *Berliner Zeitung* wünscht sich deshalb »professionelle Ermittler und ehrliche Polizisten«. Doch auch Berlins Polizei stehe »so schlecht da wie seit dem Fall Benno Ohnesorg nicht mehr, dem Demonstranten, der 1967 von einem Beamten erschossen wurde, oder seit dem Fall in Schöneberg, wo 1982 ein Polizist einen Einbrecher von hinten erschoss. Auch damals deckten sich Beamte gegenseitig, schworen sogar Meineide. Das Schweigen der beiden Zeugen wirft ein seltsames Licht auf die Polizei und lässt an das böse Wort vom »Korpsgeist« denken – an andere Fälle, wenn etwa prügelnde Beamte vor Gericht von Kollegen gedeckt werden, die »nichts gesehen« haben. Zur Frage, wie die Polizeiführung generell gegen solche Kameraderie vorgehe, meinte eine Sprecherin nur knapp: »Die Berliner Polizei tut in der Aus- und Fortbildung und der täglichen Führungsarbeit alles ihr Mögliche, um Fehleinstellungen entgegenzuwirken. Erfahrungen zeigen, dass diese Aktivitäten wirken.«[292]

Offenbar nicht immer:

- Als am Silvesterabend 2008 ein Polizist im brandenburgischen Schönfließ einen Kleinkriminellen abknallte, hatten seine beiden Kollegen natürlich nichts gehört und nichts gesehen, was ihnen vom Landgericht Neuruppin allerdings jeweils 120 Tagessätze Geldstrafe wegen falscher Aussagen und versuchter Strafvereitelung einbrachte. Dem Killer selbst, einem sechsunddreißigjährigen Berliner »Freund und Helfer«, bescheinigte zwar Staatsanwalt Kai Clement, dass »der Jagdtrieb mit ihm durchgegangen ist«, und forderte drei Jahre und sechs Monate.[293] Der Richter attestierte dem Revolverhelden einen »bedingten Tötungswillen«, beließ es aber beim Urteil »Totschlag« und einer lächerlichen zweijährigen Bewährungsstrafe. Die aber muss der gemeingefährliche Terminator-Verschnitt nur dann absitzen, wenn er demnächst wieder einen Kleinkriminellen umlegt. Wenigstens warf ihn die Polizei raus, so dass sich die Schönfließer vorerst wieder auf die Straße trauen konnten. Es ist schade, dass die übergroße Mehrheit[294] ehrlicher und gesetzestreuer Polizisten durch ein paar schwarze Schafe bei der Bevölkerung im Misskredit gerät – allerdings auch, weil sie sich dem Druck des »Korpsgeistes« nicht zu entziehen vermögen. Und viele, meist Frauen, halten diesen Druck irgendwann nicht mehr aus.
- »Polizistin tötet sich nach sexueller Belästigung«, titelte der *Tagesspiegel* am 16. Februar 1999.[295]

- In Düsseldorf erschoss sich im Februar 2010 eine fünfunddreißigjährige Kripo-Kommissarin, sieben Jahre zuvor tat dies schon eine Düsseldorfer Kollegin.[296]
- In Oranienburg tötete eine zweiunddreißigjährige Beamtin im Juni 2010 ihre zehnjährige Tochter, ihren fünfjährigen Sohn und dann sich selbst.[297]
- Zivilcourage erfordert Zivilcourage, könnte man kalauern. Zum Risiko für Leib und Leben wird sie nicht nur gegenüber Neonazis, sondern beschämenderweise auch gegenüber Beamten, die nicht nur keinen Spaß verstehen, sondern vielmehr Spaß dran zu haben scheinen, auf Bürger loszugehen und an ihnen ihren Frust abzureagieren. Noch gefährlicher ist der Widerstand allerdings für kritische Beamte, die sich vom verlogenen Korpsgeist nicht einschüchtern lassen. Besonders hier kommt den demokratischen Print- und Funkmedien eine besondere Bedeutung und Verantwortung zu. Nicht erst seit WikiLeaks ist es eine Binsenweisheit, dass die bloße Herstellung von Öffentlichkeit eine äußerst wirksame Waffe sein kann.

Horror für die Verkalkten: die »rebellische Jugend«

Zunächst eine Banalität: Die Jugend ist zeitlich begrenzt, da hilft auch kein trotziges »Man ist so alt, wie man sich fühlt«, und wer noch mit dreißig Jahren Frisur, Kleidung, Musikgeschmack und Sprache der Fünfzehnjährigen zu imitieren versucht, wird in der Regel als »Berufsjugendlicher« gehänselt. Nicht umsonst haben viele Jugendclubs auch obere Altersgrenzen – Fünfzigjährige haben bei der Generation Zahnspange eben manchmal nichts zu suchen.

Nun ist der Generationskonflikt vermutlich so alt wie die Menschheit selbst.

Dabei machen die Erwachsenen, für die ihre Lebenserfahrung

Die Jugend liebt heutzutage den Luxus. Sie hat schlechte Manieren, verachtet die Autorität, hat keinen Respekt vor den älteren Leuten und schwatzt, wo sie arbeiten sollte, widerspricht ihren Eltern und tyrannisiert ihre Lehrer.
SOKRATES (470–399 v. CHR.).

Sie respektiert die Alten nicht, trägt zu kurze Tuniken und führt freche Reden.
PLATO (428–348 v. CHR.)

Ich habe überhaupt keine Hoffnung mehr in die Zukunft unseres Landes, wenn einmal unsere Jugend die Männer von morgen stellt. Unsere Jugend ist unerträglich, unverantwortlich und entsetzlich anzusehen.
ARISTOTELES (384–322 v. CHR.)

Die Jugend ist etwas Wundervolles. Es ist eine Schande, dass man sie an die Kinder vergeudet.
GEORGE BERNARD SHAW (1856–1950)[298]

(»man föhnt sich nicht die Haare in der Badewanne«) vor allem Verpflichtung ist, vor allem zwei Fehler: Sie wollen

- entweder den Nachwuchs »nach ihrem Ebenbilde« schaffen (»Wir hatten keinen PC und haben es trotzdem zu was gebracht). Klar aber ist: Wäre das den Elterngenerationen immer gelungen, so lebten wir heute noch auf Bäumen, behandelten die Epilepsie mit Teufelsaustreibung und meißelten unsere Geschäftspost in Tonscheiben.

- oder die Kinder nicht in der Entfaltung der Persönlichkeit einengen, indem sie bewusst keinerlei Einfluss ausüben und kaum einen Rat geben. Diese der Verhätschelung zum Verwechseln ähnliche »antiautoritäre« Erziehung hat meist fatale Folgen. Wer später wegen *Null Bock* auch *Null Bildung und Benimm* hat, läuft Gefahr, von der Gesellschaft und dem Arbeitsmarkt – man ist versucht zu sagen »verständlicherweise« – ausgegrenzt zu werden.

An dieser Stelle eine leider nicht überflüssige Zwischenbemerkung: Ob Kinder »kleine Genies« oder »nahe am Verblöden« sind, liegt in den seltensten Fällen an ihnen selbst. Koreanische Kinder entscheiden sich nicht für das Koreanische, kleine Dänen nicht für das Dänische und deutsche Kinder nicht für ein gutes oder schlechtes Deutsch. Kein Knirps lernt absichtlich ein Bayern-Deutsch, das im Rest der Republik kein Menschen versteht. Elfjährige sagen auch nicht: »Ich will nicht das Idiotenprogramm der Privatsender sehen, sondern lieber Arte oder 3sat.«

Es ist übrigens der Gipfel der Verlogenheit, Menschen in ihrer Eigenschaft als Hartz-IV-Empfänger pauschal der Faulheit, Verwahrlosung und Trunksucht zu verdächtigen und ihnen zugleich in ihrer Eigenschaft als Eltern ebenso pauschal das Prädikat »umsichtige mündige Bürger« zu verleihen, die ihre Kinder »eigenverantwortlich« und ohne jegliche »Einmischung« erziehen können. Entscheidend ist in diesem Zusammenhang das Bildungssystem. In Finnland müssen sich – wenn die Leistung stimmt – Vierzehnjährige nach der neunten Klasse für oder gegen das Abi entscheiden; bei uns tun dies die Eltern von Zehnjährigen nach der vierten Klasse – und entscheiden damit praktisch über deren gesamten Lebensweg. Die Quittung heißt Pisa. So schwachsinnig dieses pseudowissenschaftliche Rankingmonster insgesamt auch sein mag, den Unterschied zwischen »zurückgeblieben« und »brillant« zeigt es dennoch.

Auf dem Weg vom Kind zum »Erwachsenen« erleben die Heranwachsenden – und dadurch auch ihre Umgebung – vor allem fünf mehr oder minder existenzielle Bedürfnisse, und zwar das Bedürfnis nach:

- Abgrenzung von allen übrigen Generationen (»Traue keinem über 30«) und vor allem den Eltern (»Ich bin kein Kind mehr«, »Ihr seid echt peinlich«);
- Anerkennung und Beachtung durch die Gesellschaft und ihre Eltern;
- Setzen eines Zeichens, das keiner übersehen kann;
- Weltverbesserung, am liebsten hier und jetzt;

- ersten sinnlichen, insbesondere erotischen Erfahrungen. Gerade in der Pubertät wird dieses Bedürfnis meist zum wichtigsten, und zwar schichtenunabhängig.

Jugendlicher Widerstand erwächst aus dem Erwachsenwerden selbst und zieht sich durch alle Kulturen und Zeitalter. Mit der Auflehnung gegen die Lebensverhältnisse der Elterngeneration wollen sich die Sprösslinge von den Abhängigkeiten befreien, in die sie hineingeboren wurden und in denen sie aufwachsen. Dieser Protest kann ohne tieferen Sinn sein oder vor idealistischer Weltverbesserei strotzen. Interessant sind seine unterschiedlichen Spielformen.

Pseudopolitisches Aufmucken

Gelegentlich jubelt man gewisse Formen jugendlichen Aufbegehrens grundlos zu politischem Widerstand hoch. Provokation und Rebellion an sich bedürfen jedoch keiner subversiven Absicht und keines politischen Bewusstseins. Die Halbstarken der Zeit eines James Dean wollten weder in den USA noch in Deutschland oder anderen westlichen Industriestaaten eine andere Gesellschaft, sondern – wenn auch auf unübersehbare Art – schlicht die Aufmerksamkeit und Zuneigung der ihr (noch) fremden Gesellschaft. Kapitalismus, Sozialismus, Kommunismus oder Monarchie standen für sie nicht einmal als Frage im Raum. Auch die pazifistisch-pseudoreligiöse Bewegung der sechziger und siebziger Jahre rund um John Lennons und Yoko Onos *Give Peace a Chance* war – obwohl der Song den Ex-Beatle damals zum »Staatsfeind« der USA machte und noch heute als Hymne der Friedenbewegung gilt – im Kern keine wirklich politische. Der Forderung »Schießt nicht aufeinander, sondern habt euch alle lieb«, also der Vision eines kindlich gedachten Paradieses auf Erden, kann in dieser allgemeinen Form des »frommen Wunsches« niemand ernsthaft widersprechen.

Vorsicht Rattenfänger: die Jugendsekten

Ähnliches gilt für die zahlreichen Jugendsekten der siebziger und achtziger Jahre, diese Protestreligionen am Rande der Gesellschaft.[299] Allerdings lockten die oft konspirativen Zirkel weniger mit öffentlichem Protest als vielmehr mit religiös verpackter Realitätsflucht. Sie präsentierten sich als einzigen Ort, wo sich die Heranwachsenden verstanden und geborgen fühlen konnten. Für dieses Gefühl nahm man harte körperliche Arbeit sogar in fernen Ländern, Trennung von der Familie, psychoterroristischen Gruppendruck und absoluten Gehorsam gegenüber irgendeinem dahergelaufenen Anführer (»Guru«) in Kauf.[300] Derzeit sind diese Aussteigervereine relativ bedeutungslos. Weil aber »gesellschaftliche Werte« wegen Jugendarbeitslosigkeit, Lehrstellenmangel, Überwachungsstaat oder Massenarmut immer schwerer zu vermitteln sind, können solche Sekten jederzeit wieder erstarken. Dies dürfte allerdings vielen Reichen und Mächtigen – ungeachtet von geheucheltem Entsetzen – hundertmal lieber sein als eine humanistisch motivierte und politisch engagierte Jugend, die sich beispielsweise gegen Stuttgart 21 erhob. Motto: Besser, die beten das *Fliegende Spaghettimonster*[301] an, als dass sie uns bei Korruption, Umverteilung nach oben, Zerstörung der Landschaft und Scheffeln des Maximalprofits in die Quere kommen.

In der Gesellschaft angekommen: die Punks

Zwar kommt kaum eine Protestbewegung (oder was sich dafür hält) ohne ein »kulturelles Begleitprogramm« aus – man denke nur an die *Internationale* oder *Brüder zur Sonne zur Freiheit* und zahllos anderes Liedergut der Arbeiterbewegung, das umgedichtete Volkslied *Wer jetzig Zeiten leben will* der AKW-Gegner, das erwähnte *Give Peace a Chance* der Friedensbewegung oder *Macht kaputt, was euch kaputt macht* (Ton-Steine-Scherben, 1969) der pseudopolitischen »Autonomen«. Aber die große Frage ist, ob umgekehrt Provokation durch Musik und Outfit eine politische Protestbewegung begründen kann, womit wir bei den Punks wären. Ihre Vorläufer, die in den sechziger Jahren »durch lange Haare«

und »Negermusik« auffielen – mit beidem waren die aus heutiger Sicht eher braven Frisuren und Klänge wie die der Beatles(!) gemeint –, konnten zwar kaum in der Geburtsstätte England die toleranten Briten provozieren, dafür aber umso mehr die »Generation Zucht und Ordnung« der geistigen Nazi-Erben. Schon bald aber waren die »Provokateure« bestens integriert. Selbst in der Jungen Union und an der Börse sah man, wenn auch in Schlips und Kragen, Langhaarige; und Mamis Liebling übte in der Klavierstunde eifrig *Yesterday*. Fazit dieser Ära: Von der Kellerdisco zum Konzertsaal – als Tiger gesprungen und als Bettvorleger gelandet.

Ähnliches gilt für »rebellische Musik« wie den Punk. Für John Holmstrom, Herausgeber des *PUNK-Magazine* war Punkrock »Rock 'n' Roll von Leuten, die keine großen Fähigkeiten als Musiker hatten, aber trotzdem ein Bedürfnis fühlten, sich durch Musik auszudrücken«.[302] Es muss also nicht an einer Frühvergreisungsepidemie liegen, wenn Normalbürger den Punk als höllischen Krach von Unbegabten empfinden. Eines allerdings erreichten die Punkrocker: Aufmerksamkeit – und sei es auch nur nach 22 Uhr bei den Nachbarn und den kurz darauf erscheinenden Ordnungshütern.

Noch mehr Beachtung erlangten sie allerdings mit ihrem Outfit. Irokesenhaarschnitt und offenbar nicht zusammenpassende Klamotten, zuweilen Tattoos und Piercings bis zum Abwinken – da waren einem auf der Straße und in der U-Bahn die neugierigen, teils geschockten Blicke gewiss. Daher war das Schlimmste, was man einem Punker antun konnte, mit ihm zwanglos zu palavern und so zu tun, als ob nichts wäre. Bei einigen hatte man dann das Gefühl, sie würden die Normalos gleich anschreien wie die Gattin mit der neuen Frisur ihren Mann: »Fällt dir denn gar nichts auf, verdammt noch mal?!«

Diesen zuweilen ins Krankhafte spielenden überhöhten Geltungsdrang beobachtete der Philosoph Montesquieu schon im 18. Jahrhundert: »Je mehr Menschen zusammenleben, desto gefallsüchtiger sind sie, in ihnen erwacht der Drang, durch Kleinigkeiten aufzufallen. Sind sie so zahlreich, dass sich der Großteil untereinander nicht kennt, so wird der Drang zum Hervortun noch einmal so groß, weil er größere Erfolgsaussichten hat.«[303] Inzwischen wurde natürlich auch der Punk vom Mainstream vereinnahmt; längst sieht man gepiercte und tätowierte Hollywoodgrößen, Normalbürger und sogar Politiker wie etwa die grüne Bundestagsabgeordnete Agnieszka Malczak.[304]

Immer greller, immer schriller, immer nerviger: Um heute noch aufzufallen und gar »ins Fernsehen« zu kommen, muss man sich schon etwas Besonderes einfallen lassen. »Doch dafür ist es einfacher, Punk zu werden«, meint Farin Urlaub von der Punkband Die Ärzte, »weil alle wissen: Klar, der hat einen Iro oder zumindest bunte Haare. Dann gehst du einfach in den Laden und holst dir dein Outfit, und der Friseur weiß auch schon Bescheid.«[305]

Die Folge dieses Originalitätswettbewerbs beschrieb ebenfalls schon Montesquieu: »Indem sich aber jeder hervortun will, gleicht einer wieder dem anderen und tut sich gar nicht mehr hervor: Da sich alle Welt Beachtung verschaffen will, wird überhaupt niemand mehr bemerkt.«[306]

Live und zur besten Sendezeit sich paaren, gebären, gewaltsame Ehestreits austauschen oder Amoklaufen, da haben die Punker kaum eine Chance, und auf ihren »politischen Protest« reicht als Antwort der Spruch Winston Churchills: »Die Demokratie ist die schlechteste aller Staatsformen, ausgenommen alle anderen.« Jedenfalls was die Möglichkeit zur hemmungslosen Selbstdarstellung angeht. Wenn also Punks früher einmal mit Widerstand und jugendlicher Widerstandskultur in Verbindung gebracht werden konnten, so sind sie heute Teil des Mainstreams und nicht mehr wirklich vom Durchschnitt zu unterscheiden.

Pseudopolitische Randale: der Schwarze Block

Zweifellos liegen die Wurzeln des Schwarzen Blocks im entferntesten Sinn bei den Achtundsechzigern, aber das gilt auch für den Law-and-Order-Mann Otto Schily, den alternden Haremseigner Rainer Langhans und den Neonazi Horst Mahler.

Der Ausdruck Schwarzer Block wurde 1981 von der Bundesanwaltschaft erfunden, von den Autonomen übernommen und von sensationslüsternen Medien begierig aufgegriffen. Aber bereits seit Ende der siebziger Jahre sorgten Gruppen schwarz vermummter Gestalten auf friedlichen Demonstrationen etwa der Anti-AKW- oder der Friedensbewegung für Randale: Urplötzlich splitterten Scheiben, wurden Läden geplündert, gingen Autos in Flammen auf.

Legendär sind die zahlreichen, inzwischen schon zur Routine gehörenden Schlachten mit der Polizei, etwa während der Blütezeit der Hausbesetzungen in den Achtzigern und Neunzigern, der Bewegung gegen die Frankfurter Startbahn West, der Anti-AKW-Bewegung in Brokdorf, Wackersdorf und Gorleben. Geradezu Kultstatus genießen die erstmals 1987 vorgeführten Krawalle beim Berliner Revolutionären Ersten Mai.

Nicht wenige vermuten, dass bei derlei Gewaltexzessen, vor allem bei denen aus heiterem Himmel und aus einem friedlichen Protestmarsch heraus, Zivilpolizisten und V-Leute als Provokateure munter mitmischen. »Es ist damit zu rechnen«, schreibt ein User namens »Achtermann« in einem *Freitag*-Blog, »dass der Verfassungsschutz Pflaster-, Steine- und Flaschenwerfer organisiert, um die publizistische Einschätzung der Demonstrationen in die Richtung biegen zu können, die für die S21-Profiteure am günstigsten ist.«[307]

Dies scheint kein Verfolgungswahn zu sein: Nach Informationen von *stern.de* sollen zum Beispiel beim G8-Gipfel im Juni 2007 in Heiligendamm »Polizisten in den Reihen der Demonstranten Umstehende dazu aufgefordert haben, Steine zu werfen«.[308] Aber unabhängig vom eingeschleusten Provokantenheer, erscheint der Schwarze Block zu zwielichtig und seine Aktionen zu willkürlich und zu notdürftig politisch verbrämt, als dass man sie zur politischen Protestbewegung zählen sollte. Auf »die da oben« zu schimpfen oder Luxusautos anzuzünden ist weder links noch rechts; und Pflastersteine sind nun einmal kein stichhaltiges Argument. Bestenfalls ist es unpolitisches »Wutrauslassen«. Dies gilt, wie gesagt, besonders für Jugendliche, erst recht in der Pubertät. Zudem handelt es sich nicht in erster Linie um eingebildeten oder rein subjektiv empfundenen Weltschmerz (»Niemand versteht mich«, »Tina hat mit mir Schluss gemacht«), sondern um *objektive* Missstände: Mangel an Jugendclubs, Freizeitheimen, Ausbildungsplätzen und Bildungsmöglichkeiten sind keine Einbildung realitätsferner Freaks, sondern seit Jahren von der Politik wahlkampfwirksam oft bejammerte, aber bis heute nicht einmal in Ansätzen behobene Wirklichkeit. Ganz abgesehen davon, dass es bei Jugendlichen generell einigermaßen seltsam ankommt, wenn sich Politik und Gossenmedien über ein paar eingeschlagene Fensterscheiben und demolierte Edelkarossen mehr aufregen, als wenn bei einem Bundeswehreinsatz wie im September 2009 ahnungslose Zivilisten gleich dutzendweise umgebracht werden[309] oder deutsche Soldaten mal eben fünf verbündete Kollegen aus Versehen mittels Kugelhagel ins Jenseits befördern. (Motto: »Sorry, soll nicht wieder vorkommen«).[310]

Es versteht sich unter Demokraten von selbst, dass die Beschädigung oder Zerstörung fremden Eigentums – wozu auch öffentliches wie etwa eine Telefonzelle gehört – nicht augenzwinkernd hingenommen werden darf, von Vandalismus ganz zu schweigen. Wenn allerdings ein Angriffskriegsbefürworter den Kids Vorträge über die Strafbarkeit von Sachbeschädigung hält, muss das bei ihnen so ankommen, als wolle ihnen ein Vergewaltiger Respekt vor Frauen beibringen.

Nicht nur Verschwörungstheoretiker argwöhnen allerdings, viele der Gewaltakte, die dann dem demokratischen Widerstand pauschal in die Schuhe geschoben werden, würden von unseren Regierungen selbst organisiert. Wie berechtigt dieser Verdacht ist, zeigt sich bei der Entlarvung des britischen Berufsspitzels Mark Kennedy in Diensten unserer Regierungen. »Spionage in linker Szene«, titelte *Spiegel Online* am 26. Januar 2011. »Heikler Einsatz – auch als Agent Provokateur?« So hätten auf Vermittlung des BKA die Landesregierungen von Mecklenburg-Vorpommern und natürlich Baden-Württembergs schriftliche Hoch&Guck-

Verträge à la Stasi mit ihm geschlossen. Unter anderem soll er »Aktivisten bei Protesten gegen die Polizei aufgewiegelt« und sich »in Berlin an Brandstiftungen beteiligt« haben.[311]

Dass dies kein Hirngespinst ist, sondern seit Jahrzehnten zum Standardrepertoire der Herrschenden der westlichen Industrienationen gehört, verdeutlicht auch die beeidete Aussage eines Provokateurs in den Diensten der italienischen Regierung, des Agenten Vincenzo Vinciguerra, vom März 2000: »Du musstest Zivilisten angreifen, die Bürger, Frauen, Kinder, unschuldige Leute, unbekannte Leute weit entfernt von jeglichem politischen Spiel. Der Grund war sehr simpel: Um die Öffentlichkeit zu zwingen, sich dem Staat zuzuwenden, um nach mehr Sicherheit zu verlangen.«[312] Besser kann man kaum zusammenfassen, von welchem Demokratieverständnis diese Regierungen wirklich ausgehen.

Grenzen der Narrenfreiheit:
Die Neonazi-Kids

»Nicht hinter jeder Glatze steckt ein Neonazi«, betonen Eva Prausner und Kerstin Palloks und raten den Eltern zu mehr Aufmerksamkeit: »Welche Musik wird gehört, welche Kleidung wird gewählt, womit beschäftigt sich Ihr Kind? Welche Bücher, Broschüren und Flugblätter liest der Jugendliche? Seien Sie klar in Ihrem Standpunkt, ohne übereifrig zu werden: Es kann sich auch um ein vorübergehendes Phänomen handeln, ein ›Modethema‹, das sich von selbst verflüchtigt. Machen Sie zu schnell zu viel Druck, treiben Sie Ihr Kind unter Umständen noch stärker von Ihnen weg.«[313]

Nach einer für die Friedrich-Ebert-Stiftung erstellten Repräsentativumfrage und Studie *Die Mitte in der Krise – Rechtsextreme Einstellungen in Deutschland 2010* stimmt rund ein Viertel der Deutschen rassistischen Aussagen zu. So fand jeweils mehr als ein Drittel, dass Deutschland »überfremdet« sei, man »Ausländer« in ihre Heimat zurückschicken solle oder dass sie den Sozialstaat ausnutzen würden. Entsprechend meinten 8,8 Prozent der

Befragten, »im nationalen Interesse ist unter bestimmten Umständen eine Diktatur die bessere Staatsform«. Mehr als ein Drittel fand den Spruch richtig »Wir sollten endlich wieder Mut zu einem starken Nationalgefühl haben.«[314] Anders als etwa die Anarchotruppe vom Schwarzen Block ernten nicht wenige junge Nazis durchaus auch klammheimliche und zuweilen offene Zustimmung von Eltern, deren Nachbarn und Bekannten. Und wenn Sie Bayerns Ministerpräsidenten Horst Seehofer einen Einwanderungsstopp für fremde Kulturkreise, also vor allem für Türken, Araber und Schwarze, fordern hören,[315] kommt Ihnen da nicht der fatale Gedanke: »Eigentlich kämpfen wir doch für dasselbe wie die Politiker und das deutsche Volk – wenn auch mit anderen Mitteln«?

Nicht unwesentlich ist auch die Alltagsfürsorge von Faschoparteien. Wenn die Gemeinde einen Jugendtreff schließt – die Faschos machen einen auf. Wenn ein Pubertierender als Hartz-IV-Empfänger verspottet und ausgegrenzt wird – bei den Faschos findet er neue Freunde und ein neues Zuhause, das ihm Geborgenheit vermittelt. Und wenn er mit Glatze, Springerstiefeln und Bomberjacke den einen oder anderen provoziert – umso besser: Jedenfalls wird er nicht mehr übersehen.

Ganz anders verhält es sich natürlich mit dem gewalttätigen Nachwuchs der Hardcore-Nazis, der nach dem Vorbild der Anführer auch vor Mord nicht zurückschreckt. Solche Typen gehören – auch wenn sie erst sechzehn sind – zum Schutz der Bevölkerung und der zum Nazifeindbild erklärten Minderheiten hinter Schloss und Riegel oder in einer geschlossenen Anstalt ausbruchssicher weggesperrt. Großes Hindernis dabei ist die Justiz. Laut einer *Zeit*-Statistik wurden allein von Oktober 1990 (Wiedervereinigung) bis September 2010 von meist jugendliche Neonazis 137 Menschen ermordet. Auffällig dabei sind die meist relativ geringen Jugendstrafen sowie die Umdichtung von Mord in haftmäßige »billigere« Delikte.

So wurde in der Nacht zum 25. November 1990 in Eberswalde (Brandenburg) der Angolaner Amadeu Antonio Kiowa zu Tode geprügelt. Etwa sechzig Rechtsradikale fallen mit Knüppeln und Messern über Afrikaner vor einem Gasthof her. Mehrere von ihnen können teils schwer verletzt flüchten; der achtundzwanzigjährige Antonio erwacht nicht mehr aus dem Koma und stirbt elf Tage später. Die drei Haupttäter, zur Tatzeit zwischen siebzehn und neunzehn Jahre alt, werden 1992 vom Bezirksgericht Frankfurt (Oder) wegen gefährlicher Körperverletzung mit Todesfolge (!) zu je vier Jahren (!) Jugendstrafe verurteilt, ein achtzehnjähriger Mittäter erhält zwei Jahre auf Bewährung.[316] »Prima Deal«, sagte sich da der angehende Nazimörder. »Einen Bimbo kaltmachen, als Killergehilfe zwei Jahre auf Bewährung kassieren und dann als freier Mann wieder raus zur nächsten Attacke.«

So jung und schon politisch: Schülerdemos

Wer in seiner Kindheit als Mädchen nur *Bravo* und Schmachtschundromane, als Junge nur *Superman*-Comics und *Landser*-Heftchen verschlungen hat, dem sind Jugendliche, die sich heute statt Dschungelcamp und Castingshows lieber *Monitor* und *Frontal 21* ansehen, unheimlich und ein Dorn im rechtsblinden Auge. Die Achtundsechziger-Unruhen und die späteren spektakulären Aktionen und Massendemonstrationen der Umwelt-, Friedens- und Antiatomkraftbewegung bieten aber auch jenen unserer »konservativen« Mitbürger, die damals nicht einmal geplant waren, genügend Stoff für einen gepflegten Alptraum.

Der gefürchtete SDS hatte von Anfang an engen Kontakt zu kritischen Oberschülern und deren Gruppen: Der linksgestrickte Akademikernachwuchs der Gesellschaft zog also bereits seinen eigenen ideologischen Nachwuchs heran.[317] Teilweise wurden die Schüler durch die Generation Stalingrad nach Meinung des späteren grünen Bundestagsabgeordneten Hendrik Auhagen geradezu in die Arme der »Revoluzzer« getrieben, indem ihnen zum Beispiel bei eigenen harmlosen Demonstrationen etwa für eine

Erhöhung der Lehrergehälter von Adolfs Erben das Arbeitslager empfohlen wurde, also dasselbe wie den linken Studenten. Mit ihnen fühlten sich dann viele verbunden, obwohl »deren inzwischen grundsätzlich revolutionäre Haltung sie zumindest zu diesem Zeitpunkt noch nicht kannten, geschweige denn teilten«: Sie wurden »aufnahmebereiter für die Gedanken der radikalsozialistischen Studentenopposition«.[318]

Wenig Bedeutung hatten damals rechtschristliche »Kameradschaften« wie die Junge Union, der 1972 mit vierzehn Jahren zum Beispiel Politikersöhnchen[319] Roland Koch beitrat. Zur Ehrenrettung von Papis Lieblingen sei aber gesagt, dass die sich nicht die Bohne für Politik interessierten: »Für einen vierzehnjährigen … ist die Aktion wichtiger als der philosophische Hintergrund«, witzelt Kochs Hofbiograph Hugo Müller-Vogg.[320]

Wie gut, dass dann zunächst die Popper kamen (Jahrgang 1962–66), hochnäsige Sprösslinge der Mittel- und Oberschicht, die dank Papis Scheck ihr gesamtes Interesse dem Herausputzen der eignen Person widmen konnten, natürlich mittels allem, was teuer und exklusiv war, und die sich betont »unpolitisch« gaben. Nicht viel gefährlicher war die »Nullbock-Generation«; selbst die gegen 1980 aus den USA herübergeschwappte Punkerbewegung mit ihren Slogans *Null Bock auf nichts* und *Macht kaputt, was euch kaputt macht* war trotz Kontakten zur Hausbesetzerszene eine im Kern unpolitische, daher für die Herrschenden ungefährliche Bewegung.

Nicht viel anders die Generation Golf. Das gleichnamige Buch[321] des früheren Feuilleton-Chefs der *Frankfurter Allgemeinen Sonntagszeitung* Florian Illies seziert die Generation der zwischen 1965 und 1975 in der Bundesrepublik Deutschland Geborenen. Diese Generation war ihm zufolge geprägt von einer materiell sorgenfreien Jugend und dem System der übermächtigen, aber nicht polarisierenden Volksparteien und war deshalb – anders als die vorige Generation – außerordentlich unpolitisch. Stattdessen erhob sie als erste Generation Mode-Orientierung, Vergnügungssucht und Markenbewusstsein zu einem Wert an sich. Namensgebend für diese Generation war das erste Modell des Golf von Volkswagen: Er repräsentierte das Markenprodukt, während die Konkurrenzprodukte von Ford und Opel als minderwertig betrachtet wurden. Illies schreibt über Popkultur, Retrotrend, Nostalgie und Infantilität. Im Gegensatz zu anderen Gesellschaftsschichten hatte die Generation Golf auch nicht die geringste Lust, sich mit den ökologischen und politischen Folgen des vermeintlichen Wirtschaftsbooms der New Economy, ja überhaupt mit Politik zu befassen. Lieber genoss sie den Wohlstand, den ihre Elterngeneration erarbeitet hatte, und investierte nach der Devise »Millionär werden ohne Arbeit« am 1997 geschaffenen *Neuen Markt.* Als dessen Blase platzte und am 9. Oktober 2002 mit einem Stand von nur noch 318 Punkten in nur einunddreißig Monaten mehr als 96 Prozent seines Wertes (über 200 Mrd. Euro) verloren hatte, war auch in der Generation Golf der Katzenjammer groß, was wenigstens Illies Stoff für ein weiteres auflagenträchtiges Buch lieferte. In *Generation Golf zwei* schrieb er über die vorübergehenden Millionäre, die sogenannten Startup-Unternehmer. »Die jungen Männer durften zwei kurze Sommer lang glauben, das Erwachsenenleben sei bloß ein ewiger Aufenthalt im Landschulheim.«[322]

Dies ist alles schön und gut, vielleicht sogar treffend beschrieben. Aber anders als der Begriff »Generation« suggeriert, handelte es sich nur um einen relativ kleinen Teil der Jugend und jungen Erwachsenen. Die überwältigende Mehrheit bekam eben weder ein Auto zum achtzehnten Geburtstag noch ein vierstelliges Taschengeld. Und geradezu hanebüchen ist die Behauptung von der unpolitischen Generation und die These im Klappentext: »Die achtziger Jahre waren das langweiligste Jahrzehnt dieses Jahrhunderts.« Sicherlich werden einige ihre Zeit mit Shopping, Körperverschönerung, Toskana-Trips, Galeriebesuchen oder Schafkopfabenden totgeschlagen haben. Aber in den Achtzigern tobten die Kämpfe um das Endlager Gorleben und das AKW Brokdorf, an denen mit Sicherheit auch Tausende der Generation Golf vor Ort oder in örtlichen Antiatomkraftkomitees beteiligt waren, nicht zu vergessen die zahllosen Demonstrationen und

Menschenketten gegen den wachsenden Neonaziterror. »Langweilig« kann ein solches Jahrzehnt nur für ein verhätscheltes, im materiellen Überfluss erstickendes Jüngelchen gewesen sein. Mal spaßeshalber angenommen, Illies hätte recht, so hätten manche Politiker jubeln müssen: »Politikverdrossenheit« bei den Jungen entspricht ja – trotz allen geheuchelten Bedauerns, Warnens oder Alarmschlagens – genau ihrem Ideal: desto ungestörter können sie ihre Gesetze gerade gegen die unpolitischen Betroffenen durchwinken.

Aber kehren wir zur Realität zurück: Wesentliche Ursachen einer bei vielen Jugendlichen ausgeprägten äußersten Gereiztheit, die sich zuweilen in scheinbar ziellosen Provokationen und Gewaltexzessen entlädt, sind der Frust über eine trostlose Gegenwart und damit verbunden die Angst vor einer unsicheren Zukunft. Im Grunde ist dieses Ausrasten ein – wenn auch als solcher oft schwer erkennbarer – Hilfeschrei.

Diese Erkenntnisse sind allerdings keineswegs neu. Schon der Bericht einer Bundestags-Enquetekommission vom 1. Januar 2003[323] ergibt Ähnliches. Quellen der Zukunftsangst sind demnach vor allem:

- steigende Arbeitslosigkeit sowie immer schlechtere Aussichten auf einen Ausbildungsplatz oder einen halbwegs zumutbaren Job;
- immer größere Einengung des Spielraums für die Entfaltung der Persönlichkeit durch das immer tiefere Vordringen des Profitdenkens in alle Lebensbereiche, durch menschenverachtende Bürokratisierung (Der Mensch als bloße Nummer) und staatliche Kontrolle;
- zunehmende Zerstörung der natürlichen Umwelt und gewachsener Lebenswelten einschließlich persönlicher Beziehungen;[324]
- zielstrebige Umsetzung der Träume von Deutschland als waffenstarrender Weltgendarm;[325]
- Zweifel an der Möglichkeit eines lebenswerten Lebens (»Können wir in diese Welt noch Kinder setzen?«).[326]

So mancher Politfunktionär mag klammheimlich darauf hoffen, dass die Zukunftsängste der Jugendlichen sich mit der Zeit abschleifen und der Nachwuchs sich »die Hörner abgestoßen« hat. Sie mögen sich an Willy Brandts Wort erinnern, jeder gute Sozialdemokrat sei in seiner Jugend Kommunist gewesen, und an frühere Steinewerfer, Maoisten und andere Linksextreme denken, die es bis zu Ministern einer neoliberalen Regierung oder in die Chefredaktion »konservativer« oder populistischer Blätter gebracht haben.

Allerdings sind die Zukunftsängste vieler Jugendlicher alles andere als »Angst vorm Schwarzen Mann«, sondern werden von den meisten Erwachsenen geteilt. Selbst das zum Beispiel von der Wiener Kulturforscherin Beate Großegger vermutete Praktizieren einer »Zuschauerdemokratie, in der die Bürgerinnen und Bürger durch die Programme zappen, statt aus dem Sessel zu kommen und sich mit Ideen und politischen Positionen einzumischen«,[327] haben sie keineswegs exklusiv.[328] Ebenso abwegig ist die von Großegger den Parteiführungen nachgeplapperte Unterstellung, Jugendliche seien zu faul, sich mit den ach so vielschichtigen politischen Problemen auseinanderzusetzen. »Wenn der gewünschte Output nicht in Reichweite scheint, lassen sie es mit persönlichem Einsatz lieber sein und versuchen stattdessen, durch Teilhabe an fröhlich bunten Konsum- und Erlebniswelten Ablenkung von den Problemen der Zeit zu finden.« Jugendliche tauchen in das Eventerlebnis ein und können so für ein paar Stunden abschalten.[329]

Dabei wird umgekehrt ein Schuh draus. Ob Autoabgase, Verbraucherschutz, AKW-Laufzeiten, Gesundheitsreform, Hartz IV oder Steuern auf Erbschaft, Vermögen und Einkommen: Kein Politiker wird sagen: »Ich betreibe diese Umverteilung von unten nach oben, weil ich korrupt bis ins Rückenmark bin und deswegen Kohle bis zum Abwinken besitze, Berühmtheit durch ständige Medienpräsenz habe und bei wichtigen Entscheidungen meinen Senf dazugeben kann. Außerdem habe ich bis zu meinem Tod und bis in die vierte Generation für ein bequemes Leben in Saus und Braus ausgesorgt.« Stattdessen sprudelt es nur von Hunderten Variationen ein und derselben dümmlichen Ausrede. »Es ist alles viel zu komplex.« Was aber soll daran »komplex« sein, Zockerbanken Hunderte von Milliarden zur direkten Weitergabe an die ebenso zockenden Aktionäre hinterherzuwerfen, den Steinreichen die Steuer auf ihre ebenfalls milliardenschweren Erbschaften weitgehend zu erlassen und diese halbseidenen Geschenke durch die kleinen Leute und die völlig Armen finanzieren zu lassen?

Doch mit der unpolitischen jugendlichen Lethargie ist jetzt Schluss, glaubt man der Shell-Jugendstudie 2010.[330] Aus ihr geht hervor, dass trotz des gemessen an den siebziger und achtziger Jahren nach wie vor niedrigen Niveaus des politischen Interesses bei Jugendlichen der Anteil der politisch Interessierten wieder leicht angestiegen ist. Ausschlaggebend sind demnach die mittleren und gehobenen Schichten und die Jüngeren. Bei den Zwölf- bis Vierzehnjährigen hat sich das Interesse seit 1992 mit 21 Prozent nahezu verdoppelt, bei den Fünfzehn- bis Siebzehnjährigen ist es von 20 auf 33 Prozent gestiegen. Politisch sieht sich die Mehrheit der Jugendlichen weiterhin links von der Mitte. Auch das Vertrauen in gesellschaftliche Institutionen hat sich der Studie zufolge kaum verändert: Gute Noten bekamen Polizei (!), Gerichte, Bundeswehr sowie Menschenrechts- und Umweltschutzgruppen, schlechte die Regierung, die Kirche, große Unternehmen und Parteien. Als Folge der letzten Rezession zeigten Jugendliche »neuerdings einen ausgeprägten Missmut gegenüber Wirtschaft und Finanzen«, allen voran die Banken.

Trotz allgemeiner Politiker- und Parteienverdrossenheit wollen sich Jugendliche durchaus an politischen Aktivitäten beteiligen, vor allem bei für sie persönlich wichtigen Fragen. So würden 77 Prozent bei einer Unterschriftenaktion mitmachen, 44 Prozent an einer Demonstration teilnehmen. Hier zeigten sich »Mädchen aktivitätsbereiter als Jungen«.

Im Vergleich zu den Vorjahren sind immer mehr Jugendliche sozial engagiert: 39 Prozent setzen sich häufig für soziale oder gesellschaftliche Zwecke ein, wobei die Faustregel gilt: Je gebildeter und privilegierter, desto aktiver für den guten Zweck.

Die alternde Gesellschaft in Deutschland sähen Jugendliche auch weiterhin als Problem und das Verhältnis zwischen Jung und Alt mehrheitlich als eher angespannt an. Dennoch zeigten immer mehr Jugendliche Respekt vor der älteren Generation. So hielten 47 Prozent die Verteilung des Wohlstands zwischen Jung und Alt für gerecht. Nur noch 25 Prozent fordern, dass die Älteren ihre Ansprüche reduzieren sollen.

Professor Mathias Albert, einer der leitenden Autoren der Studie, sieht insgesamt eine »Repolitisierung der Jugend« und »erste Anzeichen einer neuen politischen Generation«. Die Jugendlichen »wollen mehr sein als Stimmvieh für die große Politik«, fasst Ayke Süthoff in *news.de* zusammen und nennt das Ganze *Aufstand der Teenies:* »Zu Tausenden ziehen Jugendliche auf die Straße, um für ihre Ideale zu demonstrieren. Wächst in Deutschland eine neue politische Klasse heran?«[331]

Zweifellos regt sich auch bei den Schülern Widerstand. Zwar kann man hierzulande von bundesweiten Protestaktionen und Massendemos mit drei bis vier Millionen Teilnehmern wie bei den Herbstunruhen 2010 in Frankreich bislang nur träumen. Aber eindeutige Protestaktionen und Aufmärsche wie die oben erwähnten Stuttgarter Schülerdemos – Stichwort noch einmal: Wasserwerfer und Tränengas gegen Kinder – müssten auch die naivsten Oberschichtler und Parteispitzen ahnen lassen, das da noch einiges auf sie zukommen könnte. Da helfen auch noch so viele Verblödungsklingeltöne nicht mehr. Etwas Bemerkenswertes haben die französischen mit den Stuttgarter Jungrebellen allerdings gemeinsam, sie kämpfen nicht hauptsächlich für ihre eigenen Belange, sondern für die Interessen anderer: Die Franzosen für die Älteren, die Stuttgarter gegen das Plündern der Staatskasse für »Bauaufträge«, massivste Umweltschädigung und die haarsträubende Verschandelung des von den meisten Schwaben als schön empfundenen Stadtbildes der Landeshauptstadt.

Beide Kampffronten müssen bei den Neoliberalen in Union und

SPD massivsten Brechreiz verursachen. Schließlich ist der neoliberale Jesus der *homo oeconomicus:* Raffgier ist Top, für andere eintreten ist Flop.[332] Wer also einer halbblinden Seniorin eine Jugendzeitschrift aufschwatzt, handelt rational und vorbildlich, wer ihr dagegen über die Straße hilft, irrational und psychiatriebedürftig.

Besonders der Kampf der französsichen Jugend gegen die Rentenreform müssen deutschen Politikmachern übel aufgestoßen sein. Hier ging es auch gegen die Anhebung des Renteneintrittsalters von sechzig auf zweiundsechzig Jahre – wir haben längst siebenundsechzig. Und es wurde Solidarität mit den Alten bekundet – bei uns ließ die CDU durch ihren Bundesvorstand und JU-Chef Philipp Mißfelder die Streichung der Hüftgelenke für über Fünfundachtzigjährige fordern. Dass man dies vor der Wahl 2005 nicht mehr so offen vertrat, nötigt aufrechten Humanisten nur ein müdes Lächeln ab. Schließlich ist ja ein Herzstück westlichmarktwirtschaftlicher und erst recht neoliberaler Politik das systematische Aufhetzen der Schichten und Generationen gegeneinander. Da salbadert man von »Verantwortung für die künftigen Generationen«, aber das dafür fast allen Bevölkerungsteilen und besonders auch den Senioren abgeknöpfte Geld landet nicht etwa in irgendwelchen »Zukunftsfonds« – vom »Bildungs«-Etat ganz zu schweigen –, sondern auf den Konten der Nutznießer unseres Raubtierkapitalismus. Die Jüngeren und die übrigen Bürger hetzt man gegen die Senioren auf, die sich mit ihren zumeist lebenslang hart erarbeiteten Renten angeblich einen vergoldeten Lenz machen. Für diese Politik der Spaltung ist natürlich die Solidarität zwischen Jung und Alt das reinste, irgendwann sogar systemgefährdende Gift.

Die Stuttgarter zum Beispiel wollen nämlich über alle Schicht- und Altersgrenzen hinweg ihren Erholungspark behalten und sparsamen Umgang mit dem Geld der Steuerzahler, die Regierenden hingegen Milliardenausgaben für Einkaufszentren und Luxuswohnungen für Millionäre. Sie wollen nicht von halbkriminellen Heuschreckenmanagern, Börsenspekulanten und Steuerbetrügern aus ihrer eigenen Stadt vertrieben werden. Gemeinsames Interesse, gemeinsamer Gegner, gemeinsamer Kampf. Kein Wunder, dass das *Jeder gegen Jeden* langsam, aber unverkennbar der Solidarität weicht.

Ermutigendes Fazit: Die Jugend wird insgesamt wieder politischer. Schon seit Menschengedenken betrachtet die (jeweilige) »heutige Jugend« das, was um sie herum geschieht, weitaus kritischer, als manch ein Erwachsener ahnt. Eine gerechte, ökologische, friedliche und solidarische Welt ohne Betrug, Korruption, Repression und Ausbeutung ist eine Idealvorstellung, der die Jugend wieder zu folgen beginnt. Schüler demonstrieren nicht nur für bessere Lernbedingungen, sondern für mehr Beachtung allgemein relevanter Bürgerbelange durch die Politik. Gleichzeitig wächst in der »Generation Akne« die Bereitschaft, sich sozial und gesellschaftlich zu engagieren und nicht tatenlos zu verharren. Bemerkenswert ist, dass sich diese Jugend immer weniger einreden lässt, aktuelle Politik sei alternativlos. Möglicherweise wird diese politischere Jugend in Zukunft für mehr Aufsehen und Veränderungen sorgen, als den Nutznießern der heutigen Verhältnisse lieb sein dürfte.

»Widerstand« mit Amtsstempel

Am liebsten ist es den Herrschenden, den Widerstand des Volkes unter Kontrolle zu haben oder gar selbst lenken zu können. Dies wird versucht durch die »linken« Flügel der Parteien und durch die Gewerkschaften. Ihr Ziel ist es, sich an die Spitze einer Protestbewegung zu setzen, um ihr ebendiese Spitze abzubrechen. So kann man getrost annehmen, dass Agenda 2010, Hartz IV und die Senkung des Spitzensteuersatzes von 53 auf 42 Prozent niemals von Schwarz-Gelb hätten durchgebracht werden können. »Umverteiler«, »Volksfeinde« und »Kapitalistenknechte« hätte man gerufen: und womöglich hätten die Gewerkschaften den Generalstreik ausgerufen. Über dieselben Maßnahmen aber hieß es zu Rot-Grün: Tja, wenn sogar die Linken sagen, dass die Armen immer weniger Geld bekommen und immer ärmer werden müssen, die Reichen aber immer reicher, dann wird's ja wohl seine Richtigkeit haben.

Ist doch ganz klar: Wer den Eltern fünfzig Euro für eine Konzertkarte abschwatzen will, der schickt natürlich nicht das schwarze Schaf, sondern das Lieblingskind. Allerdings stößt dieses Unterfangen auf zusehends mehr Misstrauen und immer weniger Gegenliebe, wie schon allein die Mitgliederflucht beweist. Irgendwann argwöhnt selbst der vertrauensseligste Bürger, dass die jeweilige Opposition stets am lautesten gegen jene Politik ist, die sie als Regierungspartei kurz zuvor erst durchgesetzt hat. Hört man heute die »empörten« rot-grünen Proteste gegen die Pro-Kernkraft-Politik, gegen Teile von Hartz IV und gegen die Niedrigsteuern für Superreiche, könnte man fast meinen, dies alles wäre nicht ihr eigenes, sondern schwarz-gelbes Verdienst gewesen. In Wahrheit aber reißen Nahles, Künast & Co. nicht gegen Merkel und ihre Mehrheitsbeschaffer weit auf, sondern gegen Schröder/Fischer.

Bonsai-Feigenblättchen: die Parteilinken

Bei der Suche nach halbwegs »linken Flügeln« kann man CDU und FDP getrost vergessen; die Zeiten von Norbert Blüm, Heiner Geißler und Gerhard Baum sind längst vorbei. Und auch die Botschaft SPD-»Linker« wie Generalsekretärin Andrea Nahles oder Jusochefin Franziska Drohsel ist ja nicht, das Volk zum eigenen politischen Handeln zu animieren, sondern: »Lasst uns das mal machen.« Ottmar Schreiner schließlich spielt seit Jahr und Tag die Rolle des »linken Feigenblattes«: Linker Verbalradikalismus hui, Konsequenzen pfui. Sein Pendant bei den Grünen ist Hans-Christian Ströbele, der zwar mit linksgestrickten Phrasen als bislang einziger Grüner ein Bundestags-Direktmandat erreichen konnte, es aber dennoch trotz Agenda 2010 und Kriegseinsätzen unverdrossen bei seiner Partei aushält.

Zweifellos haben »Parteilinke« in allen Parteien damit zu kämpfen, dass sie im Zweifelsfall nur als Aushängeschilder benutzt werden, um ein bestimmtes Wählerpotenzial zu binden. Tatsächlich müssen sie auch gewaltige Widerstände in den eigenen Reihen überwinden. Das macht schlapp, strengt wirklich sehr an, weshalb es nicht erstaunt, dass es gerade sie sind, die bis auf wenige Ausnahmen ihren angeblichen Prinzipien selten treu bleiben können. Vorsicht also, wenn Sie einen dieser »Parteilinken« auf ihrer Bürgerdemonstration sehen: Es könnte sein, dass Ihr Widerstand gerade instrumentalisiert und weichgespült wird.

Die Partei Die Linke schließlich tut sich ebenfalls ausgesprochen schwer mit der Animation zum Widerstand. Zwar kann man sie im Osten zweifellos als einzige echte Volkspartei bezeichnen – etwa so wie die CSU in Bayern. Allerdings sinkt ihre Glaubwürdigkeit nicht zuletzt wegen der an Kumpanei grenzenden Kooperation mit der SPD, sprich der »Regierungswirklichkeit«, die sie in den Landesregierungen Berlins und Brandenburgs schnuppern darf und die sie zwingt, Farbe zu bekennen. Das Resultat »graues« Einerlei aber scheint dem Wähler nicht zu gefallen. Hatte sie im Jahr 2001 bei der Berliner Abgeordnetenhauswahl noch 366 292 (22,6 Prozent) Stimmen geholt, so halbierte sich die Zahl im Jahr 2006 auf 185 185 (13,4 Prozent). Die Wähler honorieren die Politik der Linkspartei also nicht als »konstruktive Mitarbeit«, sondern sehen sie im Club der Etablierten angekommen.

Selbstverständlich gibt es in allen Parteien viele aufrechte Demokraten, die die Welt ein wenig menschenwürdiger gestalten wollen und denen eine Politikerkarriere mit all ihren Privilegien nicht das Wichtigste und selbst ein Abweichen von der Parteilinie nicht zu riskant zu sein scheint.

Deren Einfluss schwindet aber zunehmend, und so sehen sie die Ortsgruppen lediglich als eine Art Stammtisch oder werfen entnervt das Handtuch und wechseln zu einem Kegelclub.

»Wir sind eine Christlich-Demokratische Union und keine Atomenergie-Union.«
MdB Uwe Schummer (CDU) am 18. Mai 2010

»Bonzen« kontra Basis: die Gewerkschaften

- Der Chef der Eisenbahnergewerkschaft *Transnet,* DGB-Bundesvorstand und SPD-Mitglied Norbert Hansen, kämpft im Jahr 2007 von Anfang an strikt gegen den Arbeitskampf der Lokführer, dafür seit Jahren für den Börsengang und die Teilprivatisierung der Bahn.[333] Ebenso überraschend wie folgerichtig wechselt er im Mai 2008 als Arbeitsdirektor in den Vorstand der Deutschen Bahn und damit die Fronten und verbessert sein Monatseinkommen dadurch von 7800 auf 33 000 Euro. Mit Zulagen kommt er von Juni bis Dezember 2008 auf 556 000 Euro.[334]
  Aber was bedeutet einem sozialdemokratischen DGB-Führer schon der schnöde Mammon! Er sieht den neuen Job als Chance, »die Interessen der Arbeitnehmer noch stärker einzubringen«. Außerdem hatten ihn DB-Aufsichtsratschef Werner Müller, von 1998 bis 2002 parteiloser rot-grüner Wirtschaftsminister, und SPD-Chef Kurt Beck zum Wechsel überredet.[335] Leider ist der schöne Traum schon im Mai 2009 ausgeträumt: »Aus gesundheitlichen Gründen« scheidet er bei der Bahn aus.[336]
- Hansen ist kein Einzelfall und sogar ein Waisenknabe gegen den ehemaligen VW-Betriebsrat Klaus Volkert, den das Landgericht Braunschweig im Februar 2008 zu zwei Jahren und neun Monaten ohne Bewährung verurteilte, weil der IG-Metall-Kämpfer in der Hartz-Affäre zwei Millionen Euro »Sonderbonus«-Gelder kassiert und mit seiner brasilianischen Geliebten durch Scheinverträge VW-Zahlungen von 400 000 Euro erschwindelt hatte.[337] Im September 2009 be-

stätigte der Bundesgerichtshof[338] die vom Landgericht Braunschweig gegen ihn verhängte Haftstrafe von zwei Jahren und neun Monaten wegen Untreue.[339]

- Im August 2008 stellt ver.di Strafantrag gegen *Aldi Nord* wegen Betriebsratsbestechung, weil der Konzern ebenso wie Siemens die Gewerkschaft AUB finanziert hatte.[340] Im November 2008 wird der AUB-Vorsitzende Wilhelm Schelsky wegen Beihilfe zur Untreue und Steuerhinterziehung zu viereinhalb Jahren Freiheitsstrafe verurteilt. Er hatte insgesamt mehr als 50 Millionen Euro von der Siemens-Konzernspitze als Geldspritzen für die AUB angenommen.
- Im Januar 2009 meldet der *Focus,* über die erst 2008 aufgeflogene Bespitzelung der Bahnmitarbeiter sei der Betriebsrat schon seit 1998 informiert gewesen.[341] »Kauf dir einen Betriebsrat«, lästert der *Freitag* schon im April 2007.[342]
- Der Betriebsrat und der Insolvenzverwalter von Karstadt vereinbaren, mehrere Kaufhäuser zu schließen sowie insgesamt 150 Millionen Euro durch Lohnkürzungen bei den 26 000 Mitarbeitern einzusparen. Die Große Tarifkommission von ver.di stimmt diesem Deal am 9. November 2009 zu.[343]

Dass unter diesen Umständen von einer wirklichen Vertretung der Interessen der Arbeitnehmer nicht die Rede sein kann, liegt auf der Hand. Viele Gewerkschaftsfunktionäre haben den neoliberalen Kampfbegriff »Standort Deutschland« schon fest im Hirn eingebrannt, halten aber den ersten deutschen Gewerkschaftsführer Ferdinand Lassalle für den Rechtsaußen von Real Madrid und das Lied *Brüder, zur Sonne, zur Freiheit* für einen Ballermann-Hit von Jürgen Drews. Zudem kennen viele Spitzenfunktionäre echte Arbeitnehmer nur aus dem Fernsehen. DGB-Chef Michael Sommer zum Beispiel, der jetzt »Arbeiterführer« spielt, war von 1971 bis 1980 Ewigstudent der Politik.[344] Ver.di-Chef Franz Bsirske lümmelte ebenso lange – von 1978 bis 1987 – in Politik-Hörsälen herum[345]: In beiden Fällen ging's ohne den Umweg eines anstrengenden Berufslebens ab in die

Gewerkschaftskarriere, jeweils abgesichert und protegiert von Parteien: Sommer, der sein Jahresgehalt erst Anfang 2008 auf 128 800 Euro bezifferte,[346] SPD-Mitglied, Bsirske bei den Grünen. Nun sind natürlich Funktionäre, die einen Nagel kaum von einer Schraube unterscheiden können, nicht gerade glaubwürdig, wenn sie gestandene Arbeitnehmer zum Lohnverzicht überreden wollen.

Ähnliches, wenn auch im Kleinen und Legalen, spielt sich in vielen Unternehmen ebenfalls bei den Betriebsräten ab. Es sind nicht immer Schmiergelder – auch in Form von individuellen Lohnerhöhungen oder Beförderungen – nötig, damit die Vertreter der Arbeitnehmer nicht deren Interessen vertreten, sondern ihnen den Kurs der Firmenleitung schmackhaft machen. Oft tun es schon als »Argumente« getarnte Drohungen, dem Unternehmen drohe die Totalpleite, und für einige ist sogar die Unkündbarkeit Motiv genug für eine Kandidatur als Betriebsrat.

Besonders fatal ist die enge Verflechtung zwischen SPD und Gewerkschaften bis hin zur Personalunion, vor allem mit einer SPD als Regierungspartei. Nicht zufällig verteidigte die DGB-Führung unter Schröder-Intimus und Parteifreund Michael Sommer trotz wortgewaltiger Vorschläge zur »Reform der Reform«[347] die Agenda 2010.

Folgerichtig boykottierten die Vorstände des DGB und sämtlicher Einzelgewerkschaften im Gegensatz zu vielen ehrlichen Gewerkschaftsmitgliedern die Zentrale-Arbeitslosenkundgebung am 17. Mai 2003 in Berlin. Als dann tatsächlich kaum tausend Leute kamen, was Sommer und Schröder wohl im Geiste mit Champagner gefeiert haben dürften, probierte es tags darauf DGB-Vize Ursula Engelen-Kefer zunächst mit Veralberung der Arbeitslosen: »Wir werden weiter Druck machen, wir werden noch mehr Leute mobilisieren.«[348] Doch schon am 26. September versprach Sommer seinem Kampfkumpan, die Proteste gegen die Agenda 2010 vorerst einzustellen, da ihr »die Giftzähne gezogen« worden und die »gröbsten Klötze« weggeräumt seien. [349]

Zuweilen inszeniert sich der äußerst flexible Gewerkschaftsboss

Sommer sogar als Protestler. »Wesentliche Teile« der Agenda 2010 müssten korrigiert werden, meinte er am 3. April 2004 vor einer zentralen Großdemonstration, an die sich in der Erwartung, »dass sehr viele Menschen ihr Recht auf Demonstrationsfreiheit wahrnehmen werden«, der DGB auch anhängte. Aber was soll man machen, ohne sich von der eigenen kampfbereiten Basis zu isolieren? »Kämpferisch« forderte er, »dass nicht mehr jeder legale Job bis zur Grenze sittenwidriger Verträge angenommen werden muss«, die Hartz-IV-Gesetze nicht zu einer Massenverarmung führen und die Renten nicht auf Sozialhilfe-Niveau sinken. Außerdem wollte er mehr Geld für die Schulen, kurzum: eine »sozial gerechtere Politik. Aber auch hier sprach weniger der Vertreter der Arbeitnehmer, Arbeitslosen, Rentner und Studenten als vielmehr der besorgte Kanzlerkumpan. Bereits jetzt müsse Rot-Grün »bei jeder Landtagswahl für den Kurs der Bundesebene büßen«.[350]

Gewerkschaften und Betriebsräte stimmen Kurzarbeit, Lohnkürzung, Massenentlassungen und Schließung ganzer Werksteile »zur Rettung des Betriebes« zu. Natürlich ist den meisten Arbeitgebern, vor allen den Konzernen und ihren Politikern, eine starke Einheitsgewerkschaft ewig ein Dorn im Auge. Auch wenn sie mit ihr spätestens seit der »kritischen« Zustimmung zu Agenda 2010, Hartz IV, Stellenabbau und Kürzung der Löhne und Gehälter mehr als zufrieden sein können, so bleibt für sie auch ein mitgliedermäßig geschrumpfter DGB ein schlafender Riese, der jederzeit aufwachen kann. Umgekehrt bleibt die Arbeitnehmerschaft auch ein ungenutztes oder gar zweckentfremdetes Werkzeug, aber immer noch ein Werkzeug: Schließlich denken ja auch trotz Raubtierkapitalismus und Rechtsstaatsabbau die wenigsten Deutschen ans Auswandern. Andrerseits erscheinen aus der derzeitigen Führung des DGB und seiner Einzelgewerkschaften nur die wenigsten charakterlich, moralisch und fachlich für eine solche Führungsposition geeignet, man denke nur an ihre jämmerliche Rolle im Lokführerstreik, zu dem wir noch kommen werden. Vor allem aber zeigte dieser Arbeitskampf, dass sogar eine mutige Minigewerkschaft Siege erringen kann und das Gerede, Lohnraub und die gewerkschaftliche Zustimmung dazu seien »alternativlose Sachzwänge«, Lügen strafte. Der richtige Schritt für enttäuschte bis wütende DGB-Mitglieder kann also nicht Austritt und Rückzug bedeuten, sondern Kampf für eine vernünftige Führungsriege – was angesichts der Machtstrukturen und Vetternwirtschaft natürlich hundertmal leichter gesagt als getan ist – und notfalls Übertritt zur kämpferischen Konkurrenz.

»Widerstand« gegen die Demokratie: rechter Sumpf

Dass Widerstand oder Fluchen über »den Staat« nicht automatisch fortschrittlich ist, zeigte sich in Deutschland bei Adolf Hitlers Kapp-Putsch vom März 1920 gegen die Weimarer Republik ebenso wie beim Steuerboykott-Aufruf »Bürger auf die Barrikaden« des Historikers Arnulf Baring, von den nicht ganz unähnlichen Gedanken des unsäglich unerträglichen Thilo Sarrazin einmal ganz abgesehen.[351]

Ultrarechter »Widerstand« ist als solcher genauso wie seine Erscheinungsformen häufig nicht so leicht zu erkennen. Kaum ein Rassist sagt offen: »Ich hasse Bimbos.« Vielmehr beginnt er oft mit den Worten: »Ich habe nichts gegen Dunkelhäutige. Meine besten Freunde sind Afrikaner. Allerdings sollte meine Tochter keinen Dunkelhäutigen heiraten. Die hätten doch nur Probleme, weil die Deutschen leider Rassisten sind, erst recht bei Mischehen: keine Wohnung, keine deutschen Freunde, ständige Pöbeleien auf der Straße – und dann erst die Nazi-Überfälle. Nee, nee, die täten sich beide keinen Gefallen.«

Ebenso wird niemand auf dem Marktplatz ganz direkt die Abschaffung der Demokratie und die Einführung eines Polizeistaats fordern. Stattdessen werden zum Beispiel in – freiwilliger oder gewollter – Zusammenarbeit mit gewissen Medien Einzelfälle durch kampagnenartiges Aufblasen zum Normalfall hochgejubelt und damit Panik oder Hass auf bestimmte, meist gesellschaftlich unterprivilegierte Schichten geschürt. Ob Handtaschenraub, Gewalt in der U-Bahn, Vergewaltigung nachts im Park oder sexueller Missbrauch durch den Grundschullehrer: »So was kann *jederzeit* auch meiner Familie passieren«, lautet die Botschaft. Und die Antwort geben sich einige simpel gestrickte und mit der Demokratie nie so recht warmgewordene Zeitgenossen gleich selbst: strengere Gesetze, kürzere Prozesse, härtere Strafen, mehr Polizeipräsenz und möglichst umfassende Video-Überwachung aller Straßen, Plätze und Bahnhöfe. Schon bald ist »Volkes Meinung« – bei den Nazis »gesundes Volksempfinden« genannt – nicht mehr zu halten. Mit rationalen Argumenten und erst recht Statistiken braucht man diesem ohnehin schon braun angehauchten Mob gar nicht erst zu kommen. Es sind Leute, nach deren Logik die Erde eine Scheibe sein muss, jedenfalls gar keine Kugel sein kann: Sonst würden ja die Australier alle auf dem Kopf stehen oder ins Weltall runterpurzeln. Denen ist auch »klar«, dass alle Hartz-IV-Empfänger vor den Glotze dahinvegetierende Faulpelze, verwahrloste Alkoholiker, Ladendiebe, Schwarzarbeiter, Sozialbetrüger oder Mietnomaden sind – am besten gleich alles zusammen. Ideal für Boulevardmedien und Rechtsparteien ist es, wenn eine Hundertschaft »Reporter« nach monatelanger Fahndung einige dieser – zweifellos wirklich vorhandenen – schwarzen Schafe aufgestöbert hat und die auch noch Asylsuchende oder generell Ausländer sind.

Dreamteam mit der CDU: die Schill-Partei

Die von 2000 bis 2007 existierende Schill-Partei, die bewusst nicht im Abschnitt über Protestparteien vertreten ist, weil eben Widerstand gegen die Verfassung und die humanistisch-demokratischen Grundwerte mit dem hier behandelten Widerstand und Protest weniger zu tun hat als eine Kar- mit einem Pantoffel; diese Partei also kann man im Rückblick durchaus auch als Realsatire werten. Das begann schon bei der Namensfindung. Zunächst nannte sich das von »Richter Gnadenlos« Ronald Schill gegründete Trüppchen – Frechheit siegt – Partei Rechtsstaatlicher Offensive. Auch das parteienübliche Kürzel PRO klang ganz gut, bis es ihr von der Splitterpartei Pro DM auf dem Rechtsweg untersagt wurde. Fortan hieß man nach dem Erfinder Schill-Partei. Und die punktete mit der Forderung nach Streichung des Asylrechts, natürlich der »Inneren Sicherheit« und dem Motto »Opferrecht vor Täterrecht«.

Und dann auch noch der 11. September 2001. Selbst wenn kein liebevoll verdrehtes »Argument« fruchten sollte – mit dem »Kampf gegen den Terror« meinten gewisse politische Kreise buchstäblich alles rechtfertigen zu können. Gleichzeitig aber spielte man den Anwalt der Arbeitslosen und war gegen Hartz IV, ein anderes Mal den Vertreter der Tierfreunde und lehnte Tierversuche ab. Nebenbei: Forderungen vom politischen »Feind« zu übernehmen ist eine uralte Masche rechtsaußengestrickter Parteien: Schon die NSDAP hatte die »sozialistische Arbeiterpartei« sogar in ihrem Namen. Na ja, und »deutsch« und »national«: Was soll's? Was das sollte, wusste die Welt spätestens 1939.

Die Schill-Partei jedenfalls fuhr bei den Hamburger Bürgerschaftswahlen am 23. September 2001, also zwölf Tage nach dem Attentat aus das World Trade Center, für utopisch gehaltene 19,4 Prozent der Stimmen ein und wurde dritte Kraft. Wer aber waren ihre Wähler? Die Parteien des rechten Randes – DVU, Republikaner und Statt-Partei – verloren gegenüber der letzten Hamburger Wahl insgesamt 9,3 und die CDU 4,5 Prozent Wähler, macht insgesamt 13,8 Prozent. Und da die SPD sogar um 3,3 Prozent zulegte und die Grünen trotz ihres Einbruchs um 5,3 Prozent als Schills Stimmenlieferant schon rein inhaltlich nicht in Frage kamen, identifizierte sich die Schill-Partei schon aufgrund dieser Zahlenspielchen als stramme rechte Truppe mit einer kaum weniger rechten Wählerschaft.

Da es aber für Rot-Grün nicht mehr reichte, kannte Hamburgs CDU-Chef Ole von Beust keine Verwandten mehr, koalierte mit FDP und jener Schill-Partei, machte sich selbst zum Ersten, Roland Schill zum Zweiten Bürgermeister und ausgerechnet Innensenator, außerdem zwei weitere aus dessen Partei zu Senatoren: Mario Mettbach für Bauwesen, Peter Rehaag für Umwelt und Gesundheit. Bei der Bundestagswahl am 22. September 2002 erreichte die Schill-Partei allerdings nur dürftige 0,8 Prozent, und von da an ging's bergab. Zunächst war die Partei ängstlich, alles zu vermeiden, was auch nur nach Rechtsextremismus riechen könnte. So mussten Neumitglieder erklären, dass sie bislang noch kein Mitglied einer radikalen Partei waren. NPD-Mitglieder, die die Partei in Lübeck unterwandern wollten, flogen bei ihrer Enttarnung umgehend raus. Kleine Peinlichkeit am Rande: Schleswig-Holsteins Verfassungsschutz räumte ein, eines dieser NPD-Mitglieder sei als »V-Mann« registriert, wies den Verdacht einer gezielten Unterwanderung jedoch zurück.

Als der Düsseldorfer Parteichef Frederick Schulze, vormals für die CDU im Bundestag, bei einer Veranstaltung am 11. Oktober 2002 in Schills Beisein Gegendemonstranten zurief, sie sollten »sich lieber Arbeit suchen, denn Arbeit macht frei«,[352] sorgte Schill für dessen unverzüglichen Ausschluss.

Nach zahlreichen Querelen in den Landesverbänden und im Parteivorstand eskalierten im Sommer 2003 auch die Spannungen in der Hamburger Koalition. Als von Beust Schills Vertrauten und Innen-Staatsrat (andernorts: Staatssekretär für Inneres), Walter Wellinghausen, feuern wollte, weil der nebenbei noch als Anwalt in einem Klinik-Aufsichtsrat zugange war, kam es am 19. August zu einem Männergespräch, das mit Schills Entlassung endete. Er habe von Beust damit gedroht, dessen angebliche Liebesbeziehung mit Justizsenator Roger Kusch (CDU) zum Hamburger und bundesdeutschen Stadtgespräch zu machen. Schill konterte schwach, er habe nur moniert, dass von Beust Bausenator Mettbach gezwungen habe, die Beschäftigung seiner Lebensgefährtin als Referentin rückgängig zu machen.

Am 3. September 2003 konnte die Koalition zunächst dadurch gerettet werden, dass Schill zurücktrat und sein Büroleiter Dirk Nockemann dessen Ämter als Innensenator und von Beusts Vize übernahm. Am 6. September wurde Schill auch innerparteilich kaltgestellt. Aufgrund eines Interviews mit gehässiger Kritik an Nachfolger Nockemann entzog ihm der Bundesvorstand das Amt des Landeschefs und für zwei Jahre das Recht auf Parteiämter. Endgültig am Ende war die Koalition am 9. Dezember, als Schill androhte, in einzelnen Punkten zusammen mit Parlamentariern, die zu ihm hielten, gegen Regierungsbeschlüsse zu stimmen und somit deren Mehrheit zu gefährden. Für Regierungschef Ole von Beust war dies der Tick zu viel, und so setzte er Neuwahlen an.

Mit Schills Ausschluss am 16. Dezember 2003 endet auch der erzählenswerte Teil der Partei Rechtsstaatlicher Offensive. Schill selbst trat in die Partei Pro DM ein, die als Pro DM/Schill aber bei den Neuwahlen nur auf 3,1 Prozent kam, seine Ex-Partei gar nur auf 0,4 Prozent. Seine frühere Partei löste sich dann am 29. Oktober 2009 auf.[353] Zwei Wochen zuvor brachte Ex-Innensenator Nockermann, nunmehr Landeschef der nicht weniger rechtslastigen Splittergruppe Zentrumspartei, die Moderatorin Eva Herman in Verlegenheit, als er sie als Kandidatin für die Bürgerschaftswahl anwerben wollte.[354]

Bleibt die Frage: Was hat diese »Protestpartei« außer einen demagogischen Wahlkampf und pausenlose Querelen in Partei und Koalition eigentlich ihren Wählern geboten, welche Forderungen durchgesetzt? Sogar aus der schwarzbraunen oder intellektuell und moralisch beschränkten Perspektive war diese Partei eine einzige Enttäuschung.

NPD, DVU, Reps:
braune Sauce, verschieden angerührt

All diese Parteien saßen schon oder sitzen in Landtagen: die NPD seit 2004 in Sachsen, die Republikaner von 1992 bis 2001 in Baden-Württemberg, von 1989 bis 1990 in Berlin und von 1989 bis 1994 im Europaparlament, die DVU von 1999 bis 2009 in Brandenburg, in Bremen von 1999 bis 2007 und in Sachsen-Anhalt von 1998 bis 2002.

Peinlicherweise sind Rechtsradikale untereinander eher einig als etwa die zuweilen durch Wahlen entstehende »Mehrheit links von der Mitte« (Willy Brandt), womit aktuell eine Koalition von SPD, Linkspartei und Grünen gemeint ist. Im Bund probierte man es im Jahr 2005 erst gar nicht, in Hessen scheiterte 2008 selbst die Bildung einer rot-grünen Minderheitsregierung mit »Tolerierung« durch die Linke, was aber im Jahr 2010 in NRW gelang. Demgegenüber halten die Rechtsextremen meist zusammen: So bestand zwischen NPD und DVU von 2004 bis 2009 ein »Deutschlandpakt«, wonach bei Landtagswahlen jeweils nur eine der beiden antrat.[355] Den ganzen Schritt jedoch machten beide Parteien 2010, als sie kurz vor der Silvesterknallerei ihren Zusammenschluss verkündeten.[356] Dass alle Parteien zusammengenommen nicht einmal 18 000 Mitglieder haben (Reps 6700, NPD 6800, DVU 4000),[357] sagt aber weder etwas über die unmittelbare Bedrohung für den Rechtsstaat noch über die Verbreitung ihres Gedankenguts in der Bevölkerung aus. Nach einer Studie der Friedrich-Ebert-Stiftung vom Oktober 2010 sind etwa 25 Prozent der Deutschen komplett ausländerfeindlich. Sogar jeweils 30 Prozent befürchten »Überfremdung« und wollen Ausländer, die den Deutschen die Arbeitsplätze wegnähmen, zurückschicken.[358] Dieser Rassistensumpf freilich geniert sich vor dem offenen Bekenntnis zu den Neonazis und versteckt sich mit seiner braunen Psychose hinter ihrem neuen Idol Thilo Sarrazin, auf den wir gleich kommen werden.

Die Doppelagentur: NPD

Im März 2003 blamierte sich die Politik bis auf die Knochen: Ein von der damaligen rot-grünen Regierung, nicht aber von Bundestag und Bundesrat gestellter Verbotsantrag gegen die 1964 gegründete NPD scheiterte vor dem Bundesverfassungsgericht daran, dass er sich weitgehend auf Berichte von V-Leuten des Verfassungsschutzes stützt. Zum Schluss wusste der Betrachter gar nicht mehr, wer hier eigentlich wen unterwandert hatte. Die Karlsruher Richter stellten das Verfahren jedenfalls ein und prüften folglich auch nicht die Frage der Verfassungsfeindlichkeit der NPD.

Nach der Devise »Jeder hat drei Versuche«, will man es nun ein zweites Mal probieren. Dabei ist die NPD »keineswegs nur eine Partei, die Brücken ins nationalsozialistische Spektrum schlägt, sondern selbst eine originär nationalsozialistische Partei«, wie der profilierte Extremismus-Experte Steffen Kailitz schreibt.[359] Mehr noch: »Die von der NPD propagierte Ideologie ist als nationalsozialistische Spielart des völkischen Denkens zu bezeichnen. Sie weist eine ideologische Geschlossenheit auf, die deutlich über die von der NSDAP propagierte Variante des Nationalsozialismus hinausgeht.«[360] Wie recht der angehende Politikprofessor Kailitz hat, zeigt ein Blick auf das neue Parteiprogramm vom Juni 2010. Im Wesentlichen fordert die NPD:

- Austritt aus EU und NATO
- Rückgabe erst der »deutschen Ostgebiete« und dann des damaligen Besitzes der »Heimatvertriebenen«
- Aufrechnung deutscher und alliierter Kriegsverbrechen
- Betrachtung des 8. Mai als Niederlage, nicht als Befreiung Nazi-Deutschlands
- Volksabstimmung über die Todesstrafe und Möglichkeit der Kastration von Pädophilen
- Schluss mit Multikulti. Keine Sozialleistungen für Ausländer, besonders Asylsuchende
- Möglichst schnelles »Ausländer raus«, die letztlich an *allem* schuld sind

- Getrennten Schulunterricht von Deutschen und Ausländern
- Gemeinsamer Kampf von deutschen Polizisten und Bürgern gegen »kriminelle Ausländer«.

Gleichzeitig gibt sie vor, sich für Arme und Arbeitslose einzusetzen, und fordert mehr Geld von den Reichen, ist für Tier- und Umweltschutz, gegen Privatisierung und Spekulation, persönliche Haftung für Politiker, die finanziellen Schaden anrichten, Stärkung staatlicher zu Lasten privater Banken und Konzerne. Für sich genommen klingen manche »Forderungen« vernünftig oder wurden wenigstens auch von demokratischen Parteien erhoben. Aber das ist ja der schon im Schill-Kapitel erwähnte, von der NSDAP abgeschaute Trick.

Warum kriegt die NPD dann aber so wenig Stimmen? Erstens hat sie weder einen brillanten Hetzrhetoriker wie Joseph Goebbels noch einen mit »Ausstrahlung« wie Adolf Hitler. Zweitens kann sie sich in den Augen jedes Demokraten ihre Verfassungsschwüre und Gewaltdistanzierungen sonst wohin schmieren, wenn sie Alexander Bode, der als Haupttäter bei der tödlichen Hetzjagd vom 12. Februar 1999 in Guben auf den algerischen Asylbewerber Omar Ben Noui wegen versuchter Körperverletzung mit Todesfolge zu zwei Jahren Jugendarrest verurteilt wurde, als Kandidaten zur Brandenburger Kommunalwahl 2008 aufstellt – natürlich in Guben.

»NPD tritt mit verurteilten Straftätern an«, titelte der *Tagesspiegel* am 5. September 2008,[361] und Brandenburgs SPD-Generalsekretär Klaus Ness schlug Alarm, immer mehr »Hardcore-Aktivisten« stießen zur NPD. Da die Partei in Brandenburg kaum neue Mitglieder gewinnt, öffnet sie sich seiner Einschätzung nach dem gewaltbereiten Spektrum. Die Partei kennt »keine Schamgrenze mehr«.

So nominierte sie in Cottbus Frank Hübner, den früheren Chef der 1992 verbotenen Deutschen Alternative (DA). Und die Bundespartei stellte im Jahr 2009 den verurteilten Volksverhetzer Frank Rennicke für die Bundespräsidentenwahl 2010 auf.[362] Keinen Deut ungefährlicher sind die außerparlamentarischen Aktivitäten des inoffiziellen »Umfelds«, das zum Beispiel eine wesentliche Rolle bei den von Rechtsterroristen geschaffenen »National befreiten Zonen« spielen soll. Der Begriff selbst wurde erstmals 1991 in einer Publikation des NPD-nahen rechtsextremen Nationaldemokratischen Hochschulbunds[363] als Strategieansatz verwendet.[364]

Die Gralshüter der Verfassung: DVU

Die 1971 gegründete DVU hingegen will Normalbürger, Politiker und Justiz offenbar auf den Arm nehmen. So heißt es im Parteiprogramm: »Die Deutsche Volksunion (DVU) bekennt sich vollinhaltlich und ohne jeden Vorbehalt zur freiheitlich-demokratischen Grundordnung, wie sie im Grundgesetz für die Bundesrepublik Deutschland verfasst ist.«[365] Auch die Forderungen »Beschleunigung der Asylverfahren«, »Ausweisung von kriminellen Ausländern«, Schutz des ungeborenen Lebens, »Verwendung von Lebensmittelüberschüssen der Europäischen Gemeinschaft zur Linderung von Hungersnöten in der Dritten Welt« und »dass wahrhaft politisch Verfolgte geschützt werden«, finden sich ebenso in den Programmen der Bundestagsparteien. Gleiches gilt für die Aussage: »Wir bedauern zutiefst nationalsozialistisches und kommunistisches Unrecht und wollen dafür sorgen, dass derartige Verbrechen sich niemals wiederholen«; auch die Passage »Wer Leistungen und Leiden der Frontgeneration leugnet oder verächtlich macht, versündigt sich am Andenken der Gefallenen, verletzt die Menschenwürde der Überlebenden und nimmt Bundeswehrsoldaten die zur Erfüllung ihrer Aufgaben unabdingbare Motivation« kommt uns bekannt vor. Ebenso die Relativierung des Holocaust durch Verwendung des Begriffs auch für die Bombardierung Dresdens, die Ausrottung der Indianer in Amerika, die stalinistischen Morde oder die Vertreibungen nach dem Zweiten Weltkrieg. Das ist kein exklusives Gedankengut der DVU und NPD, im Internet finden sich Tausende solcher Traktate. Sogar bei der Forderung nach »Rückgabe der Ostgebiete« halten andere Parteien mit. So stimmte Erika Steinbach, die heutige Chefin des

Bundes der Vertriebenen, als CDU-Bundestagsabgeordnete (seit 1990) nach der Wende gegen die Anerkennung der Oder-Neiße-Grenze,[366] was ihr von 2000 bis 2010 einen Sitz im CDU-Bundesvorstand und am 9. Juli 2009 den Bayerischen Verdienstorden einbrachte.

Auch die DVU ist also anhand ihres Programms schwer zu packen, ihr rechtes Gedankengut findet sich auch in normalen Parteien und vor allem in manchen Köpfen der Wähler wieder. 1998 zog sie mit 12,8 Prozent der Stimmen in den Landtag Sachsen-Anhalts. Und auch sonst hält man verbal Distanz zu den Hardcore-Nazis. So fasste man Anfang der neunziger Jahre einen Abgrenzungsbeschluss zu neonazistischen Parteien und Vereinigungen sowie »freien Kameradschaften«: Demnach darf kein DVU-Angehöriger gleichzeitig Mitglied sein bei den Skinheads, »bei Organisationen, die das Grundgesetz bekämpfen … insbesondere Strafbestimmungen, hartnäckig und schuldhaft verletzen« so wie bei Nazivereinigungen wie FAP, Nationale Liste oder Nationalistische Front oder deren Nachfolgeorganisationen.[367]

Ganz im Widerspruch mit dem unterm Strich weichgespülten und auf verfassungstreu getrimmten Wort steht die Praxis, man denke nur an den erwähnten Deutschlandpakt mit der NPD. Und im Juli 2010 sprachen sich 90,95 der Mitglieder für eine Fusion mit der NPD aus.[368]

Stimmen stibitzen bei der Union: Republikaner (Reps)

Die 1983 als Abspaltung von der CSU gegründeten Republikaner versuchten lange Zeit, die 1976 vom damaligen bayerischen Ministerpräsidenten Franz Josef Strauß entwickelte Idee einer bundesweiten Ausdehnung der CSU[369] auf eigene Faust zu verwirklichen, um den braunen Wählersumpf nicht offenen Rechtsextremisten zu überlassen. Als die Reps aber den taktischen Fehler machten, 1986 auch in Bayern zur Landtagswahl anzutreten und dort 3,0 Prozent holten, war für Strauß Schluss mit lustig:

»Rechts von der CSU darf es keine demokratisch legitimierte Partei geben!«[370]

Aber bei der Europawahl am 18. Juni 1989 holten die Reps 7,1 Prozent der Stimmen und übersprangen als erste Partei rechts von der Union bundesweit die Fünf-Prozent-Hürde. Daraufhin wurde in der Union heftig über den Umgang mit den Reps gestritten. So schloss der rheinland-pfälzische Ministerpräsident Carl-Ludwig Wagner künftige Koalitionen nicht aus. Daher sprach das CDU-Bundespräsidium am 4. Juli 1989 ein Machtwort und schloss derartige Bündnisse prinzipiell aus. Möglicherweise ist dieser Beschluss der Hauptgrund, warum die Reps im Spektrum der etablierten Parteien niemals richtig Fuß fassen konnten. Zwar konnte man 1989 in NRW und Baden-Württemberg mit zweistelligen Ergebnissen in einige Kommunalparlamente einziehen; dafür aber wuchs der innerparteiliche Streit. Auf dem Bundesparteitag im Juli 1990 wurde zwar Franz Schönhuber als Vertreter der Abgrenzung nach Rechtsaußen mit großer Mehrheit als Parteichef bestätigt, woraufhin aber ein Drittel der damals rund 20 000 Mitglieder austrat, darunter fünf der sechs EU-Abgeordneten.

Nach diversen Wahlpleiten vereinbarte Schönhuber im August 1994 im Alleingang mit der DVU die Zusammenarbeit bei Wahlen. Daraufhin enthob ihn der Bundesvorstand der Partei wegen parteischädigenden Verhaltens seines Amtes, wogegen Schönhuber aber erfolgreich klagte, kurz darauf zur Wiederwahl aber nicht mehr antrat. Ihren Tiefpunkt erreichte die Partei bei der Bundestagswahl 2009 mit 0,4 Prozent, womit sie auch die 0,5-Prozent-Hürde für die staatliche Parteienfinanzierung verfehlte.

Parteimitglieder der Republikaner entstammen meist dem »rechtsbürgerlichen« Lager, also überwiegend den Reihen ehemaliger Union-Wähler, denen die Politik der C-Parteien nicht mehr »rechts« genug ist. Dementsprechend liegen ihre Hochburgen großenteils in den wohlhabenden süddeutschen Bundesländern. Auch findet man unter den Kandidaten häufig Juristen und Selbständige. In SPD-Hochburgen wie dem Ruhrgebiet dagegen stoßen vor allem frühere SPD-Wähler zu den Reps.

Barings Barrikaden

Dass der CDU-Bundestagsabgeordnete Martin Homann wegen Antisemitismus am 14. November 2003 aus der Fraktion und am 16. Juli 2004 auch aus der Partei ausgeschlossen wurde, war erstaunlich. Aber schon diese Selbstverständlichkeit ist für den Historiker Arnulf Baring »ein Armutszeugnis für die Union wie für das liberale Grundverständnis dieses Landes … Für mich drückt sich darin nur Schwäche aus. Seit langem ist klar, dass die Union ein Drittel ihrer Anhänger verloren hat, die in die rechte Mitte hineingehören.«[371]

Barings Homepage enthält Links zu den Seiten der CDU, der CSU sowie der Konrad-Adenauer-Stiftung, zur FDP und deren Friedrich-Naumann-Stiftung sowie der ideologischen Arbeitgeber-Drücker-Kolonne Initiative Neue Soziale Marktwirtschaft (INSM). Deren Credo lautet: Der Staat muss sparen, und zwar durch Senkung oder Streichung der Sozialausgaben und Privatisierung. Gleichwohl aber sollen die Steuern runter, und zwar für die Ober- und Mittelschichten. Entschieden ist man gegen eine gerechte Erbschafts- und die Wiedereinführung einer Vermögenssteuer.

Vor diesem Hintergrund ahnt man schon die Richtung von INSM-Botschafter Barings Aufruf »Bürger auf die Barrikaden« vom November 2002. Er fordert nämlich, dass der Staat angesichts der vermutlich anhaltenden Finanzkalamitäten seine Ausgaben drastisch drosseln muss, statt die Einnahmen hochzuschrauben. Die Sozialausgaben … müssen angesichts des nahen Staatsbankrotts Punkt für Punkt überprüft und auf echte Probleme und unverschuldete Notlagen beschränkt werden. Wenn Renten und Sozialausgaben runter müssen, dann selbstverständlich auch die Subventionen. Es ist deshalb schlechthin falsch, wenn man jetzt die Erhöhung der Steuern, Abgaben und Schulden mit Finanzlöchern ungeahnten Ausmaßes begründet.«[372]

Nun ist es eine verständliche Tatsache, dass auch Normalbürger Steuersenkungen meist begrüßen. Dabei denkt man meist an die Einkommensteuer und freut sich über 100 Euro jährlich in der

Tasche, auch wenn es bei den Reichen mehrere Millionen sind. Dann aber wundert man sich, dass der Staat zusehends verarmt und kein Geld mehr hat für Straßenerhaltung, Kindergärten, Spielplätze, Schulen, Unis, Personennahverkehr, Schwimmbäder oder Freizeitparks und entweder höhere Gebühren erhebt, sie dichtmacht oder privatisiert. Zudem wird die Mehrwertsteuer von vielen kaum beachtet: Die aber zahlt jeder, der irgendwas kauft, sogar Hartz-IV-Empfänger.

Die »Bürger auf die Barrikaden« bringen will Baring also durch »die Einsicht, dass Deutschland schon lange chronisch krank ist, dass wir seit drei Jahrzehnten über unsere Verhältnisse gelebt haben und daher kräftig sparen und die Ansprüche aller Gruppen und Schichten eine Zeitlang reduzieren müssen«. Und Baring heizt die Stimmung nach Kräften an. »Die Geduld der Deutschen ist, wenn nicht alles täuscht, am Ende. So wie bisher geht es auf keinen Fall weiter. Die Situation ist reif für einen Aufstand gegen das erstarrte Parteiensystem. Ein massenhafter Steuerboykott, passiver und aktiver Widerstand, empörte Revolten liegen in der Luft.« [373] Ginge es nach Baring, so könnte man fast meinen, müsste rechtsradikaler und turbokapitalistischer Pöbel gemeinsam das Kanzleramt stürmen.

Sarrazin: Karnevalswitz ohne Pointe

Am 1. Januar 2010 hielt die Rassistenikone Thilo Sarrazin vor der Mainzer Ranzengarde, einer ebenso ranzigen wie rechtslastigen Zusammenrottung humorfreier Karnevalsgeronten, eine »Büttenrede ohne Witz« *(Süddeutsche Zeitung)*.[374] Hätte der Gentheoretiker dieses geduldstrapazierende Gelaber früher herausgelassen, dem Land wäre diese völlig überflüssige Debatte erspart geblieben. Die meisten Bürger hätten erkannt, dass Sarrazin lediglich einen verklemmten, fremdenfeindlichen Psychopathen karikieren wollte. Aber wie so oft, nahm vor allem die schwarzbraune Kelleretage das Ganze für bare Münze.

Und so wurde es »die große Stunde der kleinen Scheißer«, wie es der Duisburger Sozialwissenschaftler Werner Jurga im Nachrichtenportal *XNxtranews* treffend ausdrückt.[375] Diese kleinen Scheißer haben nämlich tausend gute Gründe, etwas gegen Türken zu haben. Dem ersten hat ein Türke die Freundin ausgespannt, den zweiten eine Türkin abblitzen lassen. Der dritte hatte als Hauptschulabbrecher bei der Bewerbung als Tagesschauredakteur keine Chance gegen einen türkischen Politologen. Dem vierten ist alles Fremde unheimlich, so wie es seinen Vorfahren Ebbe und Flut, das Auto und das Telefon waren. Für den fünften grenzen sich die Türken schon dadurch aus, dass sie nicht jeden dritten Tag zwei Eisbeine mit Bier und Korn herunterspülen, das Ganze patriotisch in den Grünanlagen entsorgen und volltrunken, aber deutsch nach Hause torkeln. Und für den sechsten ist jeder deutsche Einzelhändler, der gepflegte und eifrige türkische Verkäufer schlampigen, lustlosen deutschen vorzieht, ein Grund für Türkenhass.

Aber zurück zu ihrem Propheten: Der größte Werbegag für Thilo Sarrazins Werk *Deutschland schafft sich ab* war die dummdreiste Mär vom Tabubruch. Auch wenn ein Hinterwäldler erst jetzt von der Existenz des Internets erfährt, so gibt es das Netz schon seit Jahren.

Richter: Warum haben Sie einen jüdischen Friedhof geschändet?
Angeklagter: Die Juden haben Christus ermordet.
Richter: Aber das war doch vor mehr als 2000 Jahren.
Angeklagter: Ja, aber ich hab's neulich erst erfahren.

Ebenso wird seit Jahrzehnten heftig über Integration gestritten: über Sprachbarrieren, Kriminalstatistiken, freiwillige Ghettobildung genauso wie anatolische und arabische Patriarchatskulturen, besonders aber über Bildungsdefizite der Einwanderer. Wenn Sarrazin überhaupt etwas Neues bietet, dann den außerhalb der Faschoszene tatsächlich bislang unüblichen Tenor, den der britische *Economist* kurz und treffend zusammenfasst.

»Im Kern lautet Sarrazins Argument, dass die richtige Sorte deutscher Frauen zu wenig Kinder bekomme und die falsche – Muslime und andere Mindergebildete – zu viele. Die Folge ist, dass Deutschlands Bevölkerung nicht nur schrumpft, sondern auch dümmer wird.« Wird sie aber dümmer, »fällt sie auch im wirtschaftlichen Wettbewerb zurück und wird immer ärmer. In weniger als hundert Jahren wird die heutige deutsche Mehrheit zu einer Minderheit im eigenen Land werden, einem dummen und armen Land ohne Freiheit und Gleichheit, einem islamischen Gottesstaat.«[376]

Abgesehen davon, dass man diese Angst vor Multikulti und Überfremdung zum Beispiel keinem US-Bürger vermitteln könnte, sagen die aktuellen Zahlen das Gegenteil: 2009 wanderten 30 000 Türken hier ein, 40 000 siedelten in die Türkei um. »So verlockend ist das deutsche Hartz-IV-System, das Sarrazin als verhängnisvollen Magneten ausmacht, offenbar nicht«, mokiert sich die *Süddeutsche Zeitung.* »Der jüngste Bericht des Bundesamtes für Migration und Flüchtlinge weist für die Migration von und nach Deutschland einen negativen Saldo aus, nicht nur für Türken. Man flieht das Land eher, als dass man es aufsucht.«[377]

Mausser meint: Merkel und Genossen gehören in die Gaskammer. Diese Verbrechen gegenüber dem deutschen Volk. Da war ja Hitler ein Waisenknabe. Es wird Zeit, dass hier ein Bürgerkrieg stattfindet und wir diese ganzen Asylanten vernichten.
AUS EINER INZWISCHEN GELÖSCHTEN 5-STERNE-REZENSION
BEI AMAZON VOM 4. SEPTEMBER 2010

Dabei kamen die Ausfälle des früheren Berliner Finanzsenators (2000 bis 2009) und Bundesbankvorstands keineswegs aus heiterem Himmel. Seit Jahren schon hetzt das in seiner Partei durchaus beliebte SPD-Mitglied gegen alles, was arbeitslos, arm und vor allem nicht deutsch ist.

Sarrazins Vorschläge, »insbesondere für Kürzungen im sozialen Bereich, waren oft von Protesten begleitet«.[378] CDU-Politiker

Heiner Geißler sieht den damaligen Finanzsenator als »Provokateur, der verantwortlich ist, falls Massenarmut in Wut und Aggression umschlägt«[379] Im Jahr 2008 gab Sarrazin Tipps, wie Hartz-IV-Empfänger sich für 3,76 Euro täglich ernähren könnten. Allerdings geht die Rechnung für den selbst für Hunde unzumutbaren Fraß nur beim Kauf von billigen Großpackungen auf. Auf Deutsch: damit nichts schlecht wird, tagelang nichts als Würstchen.[380] Und überhaupt sei »das kleinste Problem von Hartz-IV-Empfängern das Untergewicht«. Zudem riet er ihnen »bei Geldknappheit warme Pullover anzuziehen, statt zu heizen.[381] Und er lästerte daüber, wie Arbeitslose mit Energie umgehen: »Hartz-IV-Empfänger sind erstens mehr zu Hause; zweitens haben sie es gerne warm, und drittens regulieren viele die Temperatur mit dem Fenster.«[382]

Auch den Senioren will Sarrazin ans Leder, und so spielt er Alt gegen Jung aus: »Langfristig müssen die Renten natürlich real fallen«, sagte der ehemalige Berliner Finanzsenator. Gegenwärtig komme auf einen Arbeitnehmer statistisch gesehen ein halber Rentner, in 25 bis 35 Jahren liege das Verhältnis bei eins zu eins. »Wir können die Erwerbstätigen aber nicht ohne Ende belasten«, fügte Sarrazin hinzu. Deshalb müssten die Renten »langfristig auf das Niveau einer Grundsicherung sinken. Die Rentenerhöhung im Juli kritisierte er als »völlig unsinnige Maßnahme«. Dadurch würden die Altersbezüge »übermäßig« erhöht. Besonders forderte er, dass die Menschen verstärkt selbst für das Alter vorsorgen sollten. Dabei soll der Bürger, riet er zynisch, »vor allem auf sichere Anlagen wie Bundesanleihen setzen«. Wieso eigentlich Anleihen? Auch Gemälde, echte Teppiche und Villen am Meer sind doch sehr wertbeständig und deshalb gerade für Kleinstverdiener äußerst attraktiv. Gleichzeitig bejammerte er »das Problem, dass vierzig Prozent aller Geburten in der Unterschicht stattfinden«,[383] und forderte laut *stern*, »dass nur diejenigen Kinder bekommen, die damit fertig werden«.[384] Mit einem Wort: Ärmere sollten am besten gar keine Kinder kriegen, denn: »Deutschland wird völlig unabhängig von der Migration deshalb durchschnittlich dümmer, weil die Geburtenverteilung in unserem Land schief ist. Intelligenz und Schichtzugehörigkeit korrelieren stark positiv.«[385]

Richtig gefressen hat Sarrazin die Ausländer, aber natürlich nicht alle – gegen Schweden, Briten oder Dänen hat er ja nichts, sondern nur gegen die Nichtarier: »Alle Juden teilen ein bestimmtes Gen, Basken haben bestimmte Gene, die sie von anderen unterscheiden«, verrät er *Welt Online*.[386]

»Die Türken erobern Deutschland genauso, wie die Kosovaren das Kosovo erobert haben: durch eine höhere Geburtenrate ... Ich muss niemanden anerkennen, der vom Staat lebt, diesen Staat ablehnt, für die Ausbildung seiner Kinder nicht vernünftig sorgt und ständig neue kleine Kopftuchmädchen produziert. Das gilt für 70 Prozent der türkischen und 90 Prozent der arabischen Bevölkerung in Berlin.«[387]

Wo aber hat Sarrazin diese Zahlen eigentlich her? Aus einer Studie der Bundesregierung einer Untersuchung der OECD oder wenigstens aus der *Bunten?* Aus welcher geheimen Quelle also hat der SPD-Rechtsaußen die »unbequeme Wahrheit«, dass Türken und Araber in großen Teilen weder integrationswillig noch integrationsfähig seien? Seine Antwort erinnert an Otto Waalkes: »Ich könnte euch noch tausend Gründe nennen, wenn ich nur welche wüsste.« Ebenso musste Sarrazin, von kritischen Medien in die Enge getrieben, kleinlaut eingestehen, dass er keinerlei Statistiken dazu hat. Thilo Sarrazin behauptet also etwas, worüber er schlicht und einfach nichts weiß. Wenn man aber keine Zahl hat, muss »man eine schöpfen, die in die richtige Richtung weist, und wenn sie keiner widerlegen kann, dann setze ich mich mit meiner Schätzung durch«.[388]

Ironisch fragt Andreas Zielke in der *Süddeutschen Zeitung:* »Sarrazin fürchtet die Verdummung der Deutschen. Aber tut er etwas dagegen, außer Zahlen zu fälschen?«[389] Dazu passe, dass laut Migrationsbericht der »Ausländeranteil« an den Geburten in Deutschland von 11,9 Prozent im Jahr 1990 auf 5,0 Prozent im Jahr 2008 zurückgegangen sei. »Sarrazin könnte höchst erleichtert sein, nähme er diese Studien und Berichte wahr. Aber er macht das Gegenteil, er türkt Zahlen.« Und: »Welches denkbare Interesse kann er am Aufrechterhalten der These haben, unabhängig von ihrem Wahrheitsgehalt?« Die rechtsextremen Parteien jedenfalls sind vom fälschenden Rechtsaußen begeistert: »NPD buhlt um Sarrazin«, titelte *Focus Online* am 30. August 2010,[390] und die DVU nahm ihn gegen »politisch korrektes Trommelfeuer« in Schutz.[391] Unterstützung erhielt Zahlenfriseur Sarrazin außerdem von Hans-Olaf Henkel,[392] Ralph Giordano[393] und dem Fernsehphilosophen Peter Sloterdijk.[394]

Dabei stellt Sarrazin die Dinge auf den Kopf: Bereits im Jahr 2006 brandmarkte Vernor Muñoz, Sonderberichterstatter der UN-Menschenrechtskommission für Bildung, nach einer Deutschlandreise die mangelnde Integration von Ausländerkindern und betonte den engen Zusammenhang zwischen sozialer Herkunft und Bildungserfolg. Ebenso wenig gefiel ihm die zu frühe Auslese in Haupt- und Realschüler sowie Gymnasiasten zu Lasten von Migranten, Behinderten und sozial Schwachen.[395] Und auch der Sarrazin-Fanclub sollte sich fragen: Wieso gelingt laut einer Studie einem Chefarztsohn auch bei dürftiger Leistung eher der Sprung aufs Gymnasium als der Tochter einer türkischen Putzfrau bei sehr guter Leistung?

Warum haben, wie der Dortmunder Bildungsforschungsprofessor und Leiter der Internationalen Grundschul-Lese-Untersuchung IGLU, Wilfried Bos, herausfand, bei gleichen Fähigkeiten in puncto Wahrnehmung, Lernen, Erinnern und Denken, also der menschlichen Erkenntnis- und Informationsverarbeitung, und gleicher Leseleistung Kinder aus Akademikerfamilien eine mehr als zweieinhalbmal so große Chance, von ihren Lehrern eine Gymnasialempfehlung zu bekommen als Kinder von Facharbeitern?[396] Wieso werden sozial Schwächere bewusst und planmäßig schon allein dadurch aussortiert, dass bereits in der Grundschule Arbeitshefte, Bücher, Klassenfahrten bezahlt werden müssen?[397] Ebenso scharf monierte Muñoz die Föderalismusreform: »Mit der Verlagerung von immer mehr Kompe-

Der Ex-Finanzsenator Thilo Sarrazin wird wegen seiner
provokanten Thesen zur Integration nicht aus der SPD
ausgeschlossen.[398]

tenzen auf die Länderebene verliert der Bund seine Möglichkeit, die Einheit und Gleichheit im Bildungswesen zu gewährleisten.«[399]
Und sogar der eher neoliberale Wirtschaftsprofessor Sinn urteilt vernichtend: »Wenn die höhere Ungleichheit als Preis der höheren durchschnittlichen Schülerqualität angesehen werden könnte, ließe sich das deutsche System vielleicht noch rechtfertigen. Da dieses System jedoch die Ungleichheit vergrößert, ohne den Durchschnitt zu verbessern, gehört es in den Abfalleimer der Geschichte.« Und er fordert: »Weil wir durch unser Schulsystem die Chancengleichheit mit den Füßen treten, brauchen wir einen exzessiven Sozialstaat, um das wünschenswerte Maß an Gleichheit wenigstens im Nachhinein herzustellen.«[400]
Nicht Sarrazins rassenbedingte Intelligenz-Gene sind also für eine etwaige Verdummung des Volkes verantwortlich, sondern die planmäßige Benachteiligung der Kinder von Migranten und sozial Schwachen. Und wenn es überhaupt einen Maßstab für »Volksdummheit« gibt, dann vielleicht an der Zahl der Anhänger Zahlen fälschender mit dem Erbgut argumentierender Migranten- und Unterschichtenfeinde. Und der ganze bräunliche Müll wäre auch keine Zeile wert, hätte er seinerzeit nicht, wenn auch in äußerst verschärfter Form, dem größten Massenmörder aller Zeiten damals zu parlamentarischen Mehrheiten verholfen. Insofern könnte Sarrazin durchaus ein V-Mann des antifaschistischen Widerstands sein: Kaum jemand zuvor hat in so kurzer Zeit so viele braune »Ratten« aus ihren Löchern gelockt.
Als Ostergeschenk an die inzwischen offenbar mehrheitlich deutschnational denkende Parteispitze und Basis der ehemals sozialdemokratischen SPD entschied die Schiedskommission, dass Thilo Sarrazin als eine Art heimliche Ikone weiterhin in der Par-

tei bleiben dürfe. Die *Süddeutsche Zeitung* stellte unmissverständlich klar, dass der von der NPD umworbene ehemalige Berliner Finanzsenator nicht *trotz*, sondern gerade *wegen* seiner »rassistischen Äußerungen«[401] in der SPD auch weiterhin herzlich willkommen sei.

IV Widerstand am Staat vorbei

Mächtige Gegenregierung: die NGO

Nichtregierungsorganisation (NGO[402]), auch »nichtstaatliche Organisation« genannt, bezeichnet einen zivilgesellschaftlichen Interessenverband. Was für den schwarzbraunen Sumpf »Radaubrüder« sind, wurde allerdings selbst von den Vereinten Nationen längst anerkannt. Sie selbst führte den Begriff ein, um diese Vereinigungen, die sich in die politischen Prozesse der UN einmischen, von den staatlichen Vertretern abzugrenzen. Anerkannt werden aber nur NGOs, die nicht kommerziell arbeiten und demokratische Strukturen – etwa freie Wahl der Vorstände – aufweisen. Nach Artikel 71 der Charta der Vereinten Nationen können NGOs Beraterstatus beim Wirtschafts- und Sozialrat der UN erlangen.[403] Zu den bekanntesten und einflussreichten NGOs zählen Attac, Greenpeace, Human Rights Watch, Ärzte ohne Grenzen und Foodwatch.

Mutter aller Globalisierungskritik: Attac

Prominente Gipfelkritiker haben sich in dem 1998 gegründeten Netzwerk Attac (Association pour une Taxation des Transactions financières pour l'Aide aux Citoyens; Vereinigung für eine Besteuerung von Finanztransaktionen zum Wohle der Bürger) organisiert. Die Ursprungsforderung: die sogenannte Tobin-Steuer auf alle internationalen Devisengeschäfte, die zum Beispiel eine Spekulation mit Euro und Dollar unattraktiver machen würde. »Die Gründungsforderungen von Attac sind jetzt tatsächlich in aller Munde«, bilanziert der für die SPD bis 2002 im Bundestag sitzende und 2008 aus der Partei gefeuerte Attac-Steuerexperte Detlev von Larcher. »Es ist schon erstaunlich, dass das Wortungetüm Finanztransaktionssteuer nun in allen Medien und Parteien präsent ist – und dass die Menschen dies als Symbol dafür begreifen, ob man Finanzmärkte regulieren will oder nicht.« Es sei »offensichtlich, dass sich die Politik unter öffentlichem Druck verändert hat. Es gibt ziemlich große Wut; darum hat die Regierung eingesehen, dass man die Kosten der Krise auch den Verursachern aufbürden muss. Ob es dabei bleibt, hängt davon ab, ob sich die Öffentlichkeit wieder einschläfern lässt oder wachsam bleibt.«[404] Inzwischen hat Attac seine Themenpalette vergrößert: Neben dem Weltfinanzsystem stehen auch die Gleichstellung der Geschlechter, der Umweltschutz und Frieden auf der Agenda.

Häufig schwadronieren gewisse Medien pauschal über »die Globalisierungsgegner«. Aus politischer Absicht oder einfach mangelnder politischer Bildung – manch einer weiß nicht einmal, dass der Name Attac (siehe oben) nichts mit *Attacke* und schon gar nichts mit Gewalt zu tun hat – verschweigt man die sehr unterschiedlichen und teilweise sogar entgegengesetzten Strömungen innerhalb der Bewegung. Sogar der CDU-Veteran Heiner Geißler ist eines von 20 000 deutschen und weltweit 90 000 Attac-Mitgliedern.[405] Dies mag etwas mickrig klingen im Vergleich mit den Mitgliederzahlen der Bundestagsparteien (CDU und SPD über 500 000, FDP über 70 000, die Linke über 75 000, Grüne um die 50 000). Aber vor allem bei den großen Parteien dürfte der Anteil der Aktiven etwa so groß sein wie der Anteil der regelmäßigen Sonntagsmessebesucher an den Mitgliedern der katholischen Kirche.

Die größte inhaltliche Differenz bei Attac ist die zwischen Gegnern und kritischen Befürwortern der Marktwirtschaft, die sie zum Beispiel gern sozial gerechter oder umweltfreundlicher hätten.

Der Gießener Politikprofessor Claus Leggewie teilt die Kritiker in fünf Gruppen ein:

• Die meist linke Kritik der Straße, die unter dem Motto »eine neue Welt ist möglich« ein anderes Gesellschaftssystem entwickeln möchte. Hier finden sich neben Umweltschützern,

Frauenrechtlern und Pazifisten am Rand auch gewaltbereite Gruppierungen wieder.

- Insider-Kritiker wie der ehemalige Vizepräsident der Weltbank Joseph Stiglitz, die auf die »Defekte« der Globalisierung aufmerksam machen und soziale Reformen in den Globalisierungsprozess einzubinden versuchen.
- Die akademische Linke, die vor allem gegen die »kulturelle Hegemonie des Neoliberalismus« kämpft.
- Eine religiöse Bewegung, die an die sozialreformerische Tradition der Kirchen anknüpft.
- Eine rechtsextreme und nationalistische Strömung, die vor allem für einen starken Nationalstaat sowie die Wiedereinführung von Grenzen und Zöllen eintritt.[406]

So unterschiedlich wie die Motivation der einzelnen globalisierungskritischen Gruppen, so breit gestreut sind ihre Forderungen: Gewerkschaften wollen Sicherheit für Arbeitsplätze, andere Bewegungen demonstrieren für Umweltschutz oder eine sozialistische Gesellschaft, gegen Armut, Klimakatastrophe und Invasionskriege. Gemeinsam ist ihnen die Forderung nach einer sozial gerechteren Welt.

Hauptangriffsziel der Globalisierungskritiker sind die Gipfeltreffen und vor allem die Legitimation der G8-Regierungen: Wieso beraten wenige Mächtige als exklusiver Club bei Hummercocktail und Champagner über die Belange der Weltwirtschaft und damit Themen, die alle betreffen, fragen sich viele Kritiker. Die G8-Gipfel sind ihres Erachtens auch zu sehr auf die Profitinteressen der Wirtschaft ausgerichtet. Die Ziele multinationaler Konzerne stehen im Vordergrund, wirtschaftlich schwächere Staaten werden vernachlässigt. Viele Forderungen von Attac und anderer G8-Demonstranten – wie etwa der Umweltschutz, Hilfe für Afrika oder die soziale Ausgewogenheit des Globalisierungsprozesses – stünden mittlerweile auf der Agenda der G8-Gipfel, und der Gipfel lade auch regelmäßig Vertreter anderer Länder zu den Treffen ein, betont etwas blauäugig die Bundeszentrale für politische Bildung. Die G8-Staaten hätten Partnerschaften mit afrikanischen Ländern geschlossen und beim Treffen der G8 in Köln im Jahr 1999 einen Schuldenerlass für die ärmsten Länder der Welt auf den Weg gebracht.[407] Einmal mehr wird deutlich, was außerparlamentarischer Druck alles bewirken kann.

Live-Musik und Wasserwerfer: Heiligendamm

Bestimmende Themen des G8-Gipfels im Juni 2007 in Heiligendamm waren der Klimaschutz und die wirtschaftliche und politische Zukunft Afrikas. Im Klimaschutz einigte man sich auf ein gemeinsames Vorgehen unter dem Dach der UN, in Sachen Afrika sollten »in den folgenden Jahren« 60 Milliarden Dollar für den Kampf gegen Aids, Malaria und Tuberkulose bereitgestellt werden.[408] Solche letztlich unverbindlichen Absichtserklärungen sind – neben der Existenz des Exklusivclubs überhaupt – für die Gegner und Kritiker der Globalisierung ein rotes Tuch und Anlass, auf ihre Art »Gesicht zu zeigen«. Mehrere zehntausend Menschen protestierten im Juni 2007 gegen den G8-Gipfel. Rund 18 000 Menschen zelteten in Protestcamps, gut 80 000 besuchten am 7. Juni in Rostock das Konzert »Deine Stimme gegen Armut« mit Stars wie Bono oder Herbert Grönemeyer und den Toten Hosen.

Nachdem es vor dem Gipfel am ersten Juniwochenende in Rostock zu massiven gewaltsamen Ausschreitungen gekommen war, distanzierte sich die überwiegende Mehrheit der Demonstranten von Gewaltanwendung. Als Erfolg werteten die Gipfelgegner, dass der Verkehr auf den Zufahrtsstraßen zum Gipfelgelände durch Blockaden lahmgelegt wurde. Die Polizei wiederum war stolz, dass dank des größten Polizeieinsatzes in der Geschichte der Bundesrepublik die Sicherheit der Politiker zu keinem Zeitpunkt gefährdet gewesen sei. Ziel der Gipfelkritiker und -gegner war mehrfach der zur Sperrzone erklärte Zaun um das Tagungsgelände. Zur Räumung setzte die Polizei auch Wasserwerfer ein. Aktivisten der Umweltschutzorganisation Greenpeace versuchten am 7. Juni von der Seeseite her zum Tagungsgelände vorzudringen.

Die Greenpeace-Schlauchboote wurden von der Polizei in einer Verfolgungsjagd gestoppt. Insgesamt waren nach Polizeiangaben 17 800 Beamte und etwa 1000 Soldaten im Einsatz, 1057 Menschen wurden vorübergehend in Gewahrsam genommen.

Der damalige Bundesinnenminister Schäuble äußerte zwar Verständnis für gewaltfreie Demonstrationen und Globalisierungskritik, räumte der Sicherheit der Gipfelteilnehmer und Anwohner von Heiligendamm aber höchste Priorität ein. Strenge Sicherheitsmaßnahmen sollten verhindern, dass Demonstranten den Gipfel stürmen und der möglichen Gefahr terroristischer Anschläge Rechnung tragen. Zu den Sicherheitsmaßnahmen vor dem G8-Gipfel 2007 gehörten auch polizeiliche Durchsuchungen von Büros, Wohnungen und Einrichtungen von Globalisierungsgegnern in Berlin und Hamburg. Für die umfangreichen Maßnahmen wurde Innenminister Schäuble von verschiedenen Organisationen und Oppositionspolitikern scharf kritisiert. Nach einer am 1. Juni 2007 veröffentlichten Umfrage des ZDF hielten 47 Prozent der Bundesbürger die Sicherheitsvorkehrungen für übertrieben, 40 Prozent waren hingegen von deren Notwendigkeit überzeugt. [409]

Neben friedlichen Protestveranstaltungen kommt es bei Treffen von Staats- und Regierungschefs seit Ende der neunziger Jahre verstärkt zu gewaltsamen Zusammenstößen zwischen Polizei und militanten Demonstranten. Als »Battle of Seattle« gingen etwa die Auseinandersetzungen zwischen Polizei und gewalttätigen Aktivisten 1999 durch die Medien. Anders als häufig angenommen, richteten sich die Proteste in Seattle nicht direkt gegen die G8, sondern gegen ein Treffen der Welthandelsorganisation WTO.

Beim Gipfel 2001 in Genua hatte die italienische Regierung im Vorfeld versucht, gewaltsame Proteste zu verhindern. Unter anderem wurde dafür das Schengener Abkommen außer Kraft gesetzt. Dennoch eskalierte die Situation. Es kam zu heftigen Auseinandersetzungen zwischen Globalisierungsgegnern und der Polizei mit zahlreichen Verletzten, ein Mensch wurde getötet: Ein

Polizist erschoss den italienischen Aktivisten Carlo Giuliani, als dieser mit anderen ein Polizeifahrzeug attackierte. Nach Schätzungen nahmen zwischen 70 000 und 250 000 Globalisierungskritiker an den Protesten teil.

Nach der Eskalation von Genua änderten die Verantwortlichen der G8-Gipfel ihre Strategie. Die Treffen wurden fortan aus den größeren Städten an abgeschiedene Orte verlegt, die von den Demonstranten nicht so leicht zu erreichen sind. Aber auch die G8-Gegner selbst versuchen verstärkt, die Proteste zu entschärfen. Konzerte und Veranstaltungen sollen vor allem ein Programm für ein nicht gewaltbereites Publikum bieten.

Stachel im Fleisch der Öko-Gangster: Greenpeace

»Die Greenpeace-Expedition in das Südpolarmeer ist Teil einer einjährigen Fahrt über die Weltmeere.« Dies klingt wie aus einem Prospekt für Abenteuerreisen, stammt aber von der Homepage der bekanntesten internationalen Umweltorganisation Greenpeace.[410] Tatsächlich sind die Greenpeace-Aktivisten die Snobs der deutschen Protestbewegung. Alle dürfen spenden; aber entscheiden dürfen in Deutschland nur die vierzig Mitglieder, die über eine halbe Million zahlungswilligen »Fördermitglieder« dagegen nicht.[411] Das Fußvolk zieht mit Transparenten durch die Straßen, formiert sich zu Menschenketten und Sitzblockaden oder »schottert« Bahngleise frei; die Elite rückt mit modernstem Protestgerät an, mit Baukränen oder Hightech-Schiffen – die aktuelle Greenpeace-Flotte umfasst vier davon.[412]

Die 1971 im kanadischen Vancouver gegründete internationale Non-Profit-Organisation Greenpeace wurde zunächst vor allem durch Kampagnen gegen Kernwaffentests und Aktionen gegen den Walfang weltweit bekannt. Später nahm die Organisation weitere ökologische Probleme wie Überfischung, Erderwärmung, Zerstörung von Urwäldern und Gentechnik in ihr Programm auf.

Weltweit hat Greenpeace nach eigenen Angaben um die 2,74 Millionen Fördermitglieder und beschäftigt rund 1200 Mitarbeiter: Greenpeace schafft es immer wieder, aus den Regierungen westlicher Industrienationen den bombenden und mordenden Terroristen herauszukitzeln. So wollte 1985 das Greenpeace-Schiff *Rainbow Warrior* in den Gewässern um das Mururoa-Atoll demonstrieren, wo Frankreich gerade Atomtests durchführte. Dessen Geheimdienst versenkte das Schiff mit zwei Bomben; bei diesem Attentat starb der Fotograf, Umweltaktivist und zweifacher Vater Fernando Pereira. Anfangs spielte Frankreichs Regierung die Unschuld von der Provence, musste dann »einräumen«, was eh längst bewiesen war. Aufgrund anhaltender weltweiter Empörung entschuldigte man sich 1987 offiziell bei Neuseeland – nicht aber bei den Hinterbliebenen und zahlte Greenpeace umgerechnet acht Millionen US-Dollar Schadensersatz.[413] Lediglich zwei von sechs Soldaten aus der staatlichen Mörderbande kamen in Neuseeland überhaupt vor Gericht, mussten aber von ihren ohnehin lächerlichen zehn Jahren Haft gerade mal acht Monate absitzen.[414] Dann wurden sie in ihre Heimat abgeschoben, wo sie natürlich als Volkshelden gefeiert und befördert wurden.[415]

Zu seinen größten Erfolgen zählt Greenpeace unter anderem die vorzeitige Einstellung vieler Atombombentests wie der der USA 1972 auf Amchitka (Alaska), das internationale Walfangverbot von 1986 und die Verlängerung des Antarktisvertrages von 1991 bis zum Jahr 2004, der die kommerzielle Nutzung dieser Region verbietet.

Die 1980 gegründete Sektion Greenpeace Deutschland, schon aufgrund ihrer Fördererzahlen eines der wichtigsten Länderbüros der Gesamtorganisation, wurde vor allem bekannt durch die Proteste gegen die seit 1990 verbotene Verklappung der hochgiftigen Dünnsäure in der Nordsee, und Anfang der achtziger gegen die Luftverschmutzung mit Dioxinen durch den Chemiekonzern Boehringer.[416] Der größte und publikumswirksamste Triumph gelang Greenpeace-Aktivisten im Jahr 1995, als sie den *Shell*-Konzern in einem monatelangen Medienkrieg dazu »überreden«

konnten, auf die Versenkung der Ölplattform *Brent Spar* im Atlantik zu verzichten, und außerdem im Jahr 1996 ein internationales Versenkungsverbot für Ölplattformen im Nordatlantik beschlossen wurde. Natürlich war Greenpeace auch bei der Schlacht von Wendland mit von der Partie. So blockierte man am 8. November 2010 die Ausfahrt des Verladekrans für die Castor-Behälter: Die Aktivisten stellten vor die Ausfahrt einen LKW, von dem aus ein Container mit mehreren Greenpeace-Leuten auf die Straße abgesenkt und mit Stahlröhren befestigt wurde.[417]

Kritiker bemängeln zum einen, dass Greenpeace die »unspektakulären« Themen wie Umweltverschmutzung durch den Straßenverkehr oder Hausmüll eher stiefmütterlich behandeln würde. Noch weiter geht Paul Watson, 1972 eines der ersten Mitglieder (Nummer 007!) und bis 1977 deren Vorsitzender; dann kehrte er Greenpeace den Rücken und gründete etwas Eigenes, die Sea Shepherd Conservation Society. In seinen Augen hat sich Greenpeace inzwischen zur größten »Wohlfühlorganisation« der Welt entwickelt. Heute träten Menschen Greenpeace bei, »um sich gut zu fühlen … als Teil der Lösung und nicht als Teil des Problems«. Für Wilson ist Greenpeace ein Geschäft, das den Menschen ein »gutes Gewissen« verkaufe.[418]

So berechtigt diese Kritik auf den ersten Blick erscheint, so geht sie doch »am Thema vorbei«:

• Basisdemokratie bei waghalsigen Aktionen wäre ein Unding. Soll man die »überraschende« Besetzung einer Parteizentrale vorher tagelang in Versammlungen diskutieren?

• Dass Greenpeace sich auf publikumswirksame Aktionen konzentriert, mag manchem namenlosen Demonstranten oder Aktivisten ungerecht erscheinen. Aber hier geht es ja weniger um den »Revoluzzer-Bambi« als vielmehr darum, dass kein Aktivist und keine Organisation alles machen kann, sondern eine gewisse »Arbeitsteilung« beim Protest durchaus sinnvoll und notwendig ist.

• Unbestreitbar wollen sich so manche Schickimicki-Linke und »Salonsozialisten« wie beim christlichen Ablass durch Spenden ein gutes Gewissen erwerben. Allerdings übersehen die Kritiker das Wichtigste, nämlich dass jene Spender überhaupt ein schlechtes Gewissen haben. Und wie gesagt: Sie entscheiden ja in keiner Weise mit und sind daher wie die zahllosen Unbekannten, die zwei Euro in die Sammelbüchse des Roten Kreuzes werfen. Fragt man hier vielleicht nach den Motiven der Spender? Und würden die Kritiker jeden Cent, der nicht aus einer nachweislich politisch korrekten Geldbörse stammt, empört zurückweisen? Greenpeace kann sich das nicht leisten; denn ihre Aktionen kosten Geld, viel Geld sogar. Man kann weder die Antarktis im Ruderboot durchqueren noch mit Klein Ernas Chemiebaukasten Giftmüll im Rhein nachweisen. Verglichen mit jenen Unsummen, die die Bundestagsparteien für die Irreführung des Wählers verprassen, scheinen die schrillen Protestaktionen von Greenpeace jedenfalls ihr Geld wert zu sein.

»Komm runter vom Balkon«: die Bürgerbewegungen

Bürgerbewegungen unterscheiden sich von NGOs dadurch, dass sie gar nicht oder bestenfalls auf örtlicher Ebene organisiert sind, man denke nur an die Bewegungen gegen Atomkraft, Umweltzerstörung oder die Einsätze deutscher Soldaten im Ausland. Durch direkte Volksbeteiligung werden etwa durch kommunale Bürgerentscheide scheinbar unpolitische Dinge wie Umgehungsstraßen um Wohngebiete, Fußgängerzonen oder Tempo-30-Abschnitte, Kindergärten, Jugendzentren und andere soziale Treffpunkte gefordert und nicht selten zum Teil oder sogar ganz durchgesetzt. Umgekehrt wollen und können solche Initiativen manchmal umstrittene Projekte wie Einkaufszentren, Autobahnerweiterungen oder lebensgefährliche Tunnel und mit diesen Vorhaben häufig verbundene Zerstörung von Natur, Umwelt und

Naherholungsgebieten verhindern. Noch mehr als bei überregionalen Konflikten mischen hier auch bisher politisch wenig engagierte Bürger kräftig mit.[419] Die Anti-AKW-Bewegung kann durchaus als typisch gelten: Sie hat keinen organisatorischen Überbau. Grundsatzentscheidungen und gemeinsame Aktionen wie Castor-Blockaden werden beispielsweise auf den regelmäßigen bundesweiten Anti-Atom-Konferenzen diskutiert und beschlossen. Außerdem gibt es regionale Delegiertentreffen, zu denen die Basisgruppen Vertreter schicken. Entscheidungen werden in der Regel im Konsens getroffen.[420]

Von einer wahren Renaissance gerade dieser Bewegung berichtete im April 2010 die *Süddeutsche Zeitung:* Die Szene erinnert an längst vergangene Zeiten: »Mitten auf dem platten Land in Schleswig-Holstein stehen Hunderte Menschen in einer langen Reihe nebeneinander. Sie halten sich an den Händen, tragen Fahnen mit der Aufschrift: *Atomkraft – nein danke!* Es ist die seit Jahrzehnten größte Protestaktion gegen Kernenergie, in die sich am Samstag mehr als 100 000 Menschen eingereiht haben.«[421] Aber auch in anderen Orten wie Biblis, Brokdorf oder Ahaus gingen insgesamt über 20 000 Bürger auf die Straße. Und mitten in besagter, 120 Kilometer lange Menschenkette natürlich die rot-grüne Prominenz. SPD-Boss Sigmar Gabriel und die Grünen-Fraktionschefs Jürgen Trittin und Renate Künast »beschworen eine Wiedergeburt der Anti-AKW-Bewegung«. Gabriel tönte gar: »Das ist der Auftakt des Widerstandes.«[422]

Das Wichtige an Bürgerinitiativen ist nicht einmal, worum es sich im Einzelfall handelt, sondern dass sich die Menschen immer häufiger und engagierter einmischen. Es muss also beileibe nicht immer die »große Politik« sein. Häufig geht es gegen den Ausbau einer Schnellstraße, für den Erhalt eines Parks, gegen die Errichtung eines Einkaufszentrums und für die Sanierung des Schwimmbades, gegen den sommerlichen nächtlichen Lärm aus Gartenlokalen und für mehr Radfahrwege, gegen die Schließung der Stadtbibliothek und für eine Verkehrsampel an einem Unfallschwerpunkt. Über manches kann man sich lustig machen; aber diese Menschen investieren Zeit, Arbeit und Geld in die aktive Vertretung ihrer Anliegen. Und wer will ernsthaft anderen vorschreiben, was wichtig oder unwichtig ist? Zumal die Deutschen in diesem Metier Erfahrung haben: Noch in den Siebzigern bekam manch ein Zeitgenosse einen Herzkasper, wenn er auf der anderen Straßenseite einen »Langhaarigen« in bunter Kleidung sah.

Eine ehrwürdige Dame ruft die Polizei: »Geradeüber läuft ein Kerl nackt in der Wohnung herum.« – »Verzeihung, gnädige Frau, aber ich sehe nichts.« – »Na, dann steigen Sie mal auf den Schrank.«

Schon allein aus diesem Grund ist es richtig und wichtig, wenn Menschen sich für ihre Belange engagieren. Und wer vor dem Gebäude des Bayerischen Rundfunks für so etwas wie Volksmusik demonstriert,[423] sollte sich sowieso bei der Beurteilung von Bürgerinitiativen tunlichst zurückhalten. Erwähnt werden soll aber auch, wie gerade kleinere Initiativen systematisch von der Gegenseite bestochen oder von »Maulwürfen« unterwandert werden, zum Beispiel lokale Umweltgruppen durch potenzielle Betreiber eines Einkaufszentrums. Einige dieser Initiativen – siehe die erwähnte »Gewerkschaft« AUB – werden sogar von den Profitgeiern selbst gegründet.

Doch zurück zur außerparlamentarischen Gegenwehr der Bürger.

Musterländle in Aufruhr: … alles außer demokratisch

Besonders spektakulär war das unter anderem von Zigtausenden Stuttgartern und den Grünen unterstützte *Aktionsbündnis gegen Stuttgart 21*, also den geplanten Umbau des Hauptbahnhofs. Man befürchtete eine massive Zerstörung der Pflanzen- und Tierwelt ebenso wie ein ruinöses Verplempern von Steuergeldern zugunsten der am Projekt beteiligten Konzerne. Schon frühzeitig wurden die Kosten auf mindestens 4,5 Milliarden Euro geschätzt,[424] zahlbar vom Land Baden-Württemberg, dem Bund und der – immer noch staatlichen (!) – Deutschen Bahn. Allein bis Mai 2010 reichen über 5000 Menschen eine Petition gegen den nach Größenwahn (Werbung: *Das neue Herz Europas*) und Korruption riechenden Umbau ein. Bestechungsvorwürfe abwegig? Immerhin musste Baden-Württembergs Lothar Späth als erster und bislang einziger Ministerpräsident am 13. Januar 1991 wegen des »Traumschiffaffäre« genannten Korruptionsskandals – er hatte sich von einem Wirtschaftsboss eine Fernreise finanzieren lassen – als Regierungschef zurücktreten und am 31. Juli desselben Jahres auch sein Mandat als Landtagsabgeordneter niederlegen.[425] Dies erscheint »verdammt lang her« (BAP), aber »Cleverle« Späth hat in der Disziplin »Politik mit Geschmäckle« anscheinend würdige Nachfolger gefunden: »Baden-Württemberg vergab fragwürdigen Millionenauftrag«, enthüllte *Spiegel Online* am 14. August 2010. Das Land habe im Jahr 2001 »der Deutschen Bahn einen fragwürdigen Auftrag über mehrere hundert Millionen Euro zugeschanzt, um das umstrittene Verkehrsprojekt Stuttgart 21 zu retten. Beteiligt war auch Ministerpräsident Stefan Mappus, damals politischer Staatssekretär im Verkehrsministerium und zuständig für den Regionalverkehr.« Der Skandal im Skandal: Gezahlt werde »für Zugverkehr, der noch gar nicht gebraucht wird«.[426]

Doch zurück zum Ablauf:

Im Dezember 2009 waren endlich alle für das Projekt notwendigen Verträge und Zustimmungen der Träger unter Dach und Fach, am 2. Februar 2010 war offizieller Baubeginn. Und das, obwohl die mit einer Studie beauftragte Firma SMA schon einenhalb Jahre zuvor das Projekt als »unterdimensioniert und störanfällig« beurteilt hatte und am 5. Juni 2008 zu dem vielsagenden Schluss gekommen war: »Aufgrund der Brisanz der vorliegenden Resultate ist absolutes Stillschweigen erforderlich.« Aber der *Stern* vom 8. Juli 2010 zitierte Auszüge aus dem Bericht und versetzte viele Bürger in Alarmbereitschaft.[427]

Am 26. August 2010 mussten die Bauarbeiten für mehrere Stunden unterbrochen werden, weil Demonstranten den Nordflügel des Bahnhofs sowie das Dach besetzten.[428] Nur einen Tag später demonstrierten trotz strömenden Regens etwa 40 000 Menschen, um zunächst einen Baustopp und eine Bürgerbefragung zu erreichen. Anschließend bewegte sich der Protestzug in Richtung des nicht weit entfernten Landtags, wo man eine Menschenkette bildete. Hunderte Polizisten aus dem ganzen Land waren im Einsatz.[429]

Am 11. September beteiligten sich 70 000 Demonstranten an einer Menschenkette.[430] Derweil mobilisierte eine bunte Bürgerbewegung in der Neckarstadt immer erfolgreicher gegen Abriss und Neubau, was ein lebhaftes Presseecho hervorrief. Tom Strohschneider sah im *Freitag* bereits eine »Auferstehung von Wyhl, Gorleben und Startbahn West« voraus, nur eben »in einer bürgerlicheren Variante«.[431]

Am 30. September eskalierte die Sache erstmals richtig. »Bürgerkrieg im Schlossgarten« titelte *Spiegel Online* angesichts der vielen verletzten Demonstranten.[432] »Eine Art Stellungskrieg« nannte es die *Süddeutsche Zeitung*. Sogar der ganz und gar nicht als »Revolverblatt« verschriene *Tagesspiegel* wagte nach einer Demonstration vom 30. September mit erneut mehreren tausend Menschen die Schlagzeile: »Proteste in Stuttgart: ›Menschen werden mit Wasserwerfern von den Bäumen geschossen‹«.[433] Das Blatt zitierte den Schriftsteller Wolfgang Schorlau wie einen Kriegsberichterstatter: »Ich habe hier Dinge gesehen, die ich in Stuttgart nicht für möglich gehalten habe. Unglaubliche Bilder, Gewalt gegen Kinder.« Zahlreiche Schüler hätten sich am Donnerstag unter die Demonstranten gemischt. Gegen Vierzehnjährige würde mit Schlagstöcken und Tränengas vorgegangen. Ein Beamter hätte einer etwa Fünzehnjährigen »mit voller Wucht ins Gesicht geschlagen«. Und Menschen, die sich in die Bäume geflüchtet hätten, wären mit Wasserwerfern abgeschossen worden. »Ich sehe überall Hände, die das Friedenszeichen in die Luft recken.«[434] Ein Polizeisprecher war auf die Gewaltorgie gegen

Kinder offenbar auch noch stolz: Wenn die Demonstranten sich nicht rechtlich einwandfrei verhielten, »dann kann die Polizei auch mal hinlangen«. Manchmal scheint etwas dran an der bösartigen Unterstellung, einige gingen vor allem deshalb zur Polizei, weil sie dort all das tun dürften, wofür sie als Normalbürger hinter Gittern landen würden.

Mag aber auch sein, den Ordnungshütern wurde von ihren Vorgesetzten schlicht vorenthalten, dass es sich bei den Schülern um Teilnehmer einer angemeldeten eigenständigen Kundgebung einer ebenso unabhängigen Schülerinitiative *Bildung statt Prestigebahnhof* im Rahmen eines Schüler- und Jugendstreiks handelte und dass die mutigen Jungaktivisten bereits über 3500 Sympathisanten »zwischen dreizehn und dreißig« gewinnen konnten.[435] Und dann gab auch noch CDU-Oberbürgermeister Wolfgang Schuster den Diplomzyniker mit seinem heißen Tipp, die Sache nicht weiter eskalieren zu lassen. Hätte nur noch gefehlt: »Lascht uns das kleine Missverständnis bei einem Viertele Trollinger kläre.« Zu diesem Zeitpunkt meldeten die Rettungsdienste dreihundert Verletzte, von denen die Polizei wenigstens hundert zugab. Was sollte man auch machen bei so vielen Kameras und Video-Handys?[436]

Einen größeren Gefallen als diesen staatlichen Vandalismus konnten die Verantwortlichen dem Aktionsbündnis sowie den humanistisch gesinnten und von der herrschenden Politik Enttäuschten gar nicht tun – und zwar bundesweit und global. Millionen sahen die Filmberichte noch am selben Abend in *Tagesschau*, *heute* oder bei den Privaten, und nicht nur CNN informierte die Bürger von Hammerfest bis Buenos Aires.

Tränengas gegen Kinder, das kommt beim Normalbürger nicht gut an, nicht einmal bei notorischen CDU-Wählern. Und manch einer mochte beschlossen haben: »Wer so etwas befiehlt oder gutheißt, dem nehme ich den guten Willen auch bei der Sozial-, Atomkraftwerk- und Gesundheitspolitik nicht mehr ab.« Und selbst als kurz darauf die Polizei als Ergebnis ihres Kinderverprügelns nun hundertdreißig Verletzte eingestand, von denen sechzehn ins Krankenhaus mussten, war Rainer Wendt, Bundesvorsitzender der Deutschen Polizeigewerkschaft, stolz auf seine Jungs: »Polizeiliche Einsatzmittel müssen Waffen sein, die weh tun, nur dann wirken sie.« Nach dem Exzess von Stuttgart und dessen Bejubeln durch die Polizeigewerkschaft dürfte jedenfalls jegliche Bemühung um ein Image der Polizei als »Freunde und Helfer« um Lichtjahre zurückgeworfen worden sein – und zwar bundesweit. Auch bislang wohlgesinnte Bürger dürften künftig beim Wort »Polizei« automatisch »Kinder verprügeln« assoziieren. Am Tag danach demonstrierten jedenfalls gut 100.000 meist Stuttgarter Bürger friedlich gegen das Projekt und den Polizeieinsatz.[437]

Fest steht: »Der Riss in Baden-Württemberg zwischen den immer unversöhnlicheren Lagern geht mitten durch die Gesellschaft. Brave Bürger gegen brave Bürger. Nur dass die eine Seite die Staatsmacht auf ihrer Seite hatte.«[438] Die 65-jährige frühere ver.di-Landesvorsitzende Sybille Stamm kam mit blauen Flecken aus einem Pulk, nachdem sie von Polizisten die Böschung hinuntergeworfen und getreten worden war. Sie war eine der Verletzten, die in einem Sanitätszelt behandelt wurden – sie hatten Blessuren aufgrund von Tränengas, Wasserwerfern, Tritten. »Das ist hier Bürgerkrieg«, sagte sie. Und was trieb Ministerpräsident Stefan Mappus zur selben Zeit? »Er amüsierte sich auf dem Bauerntag in Stuttgart und trank entspannt mit den Landwirten Bier.«[439]

Konnte er auch: Für ihn lief alles nach Plan. Das von den Grünen herbeigesehnte Schwarz-Grün wollte er nie. Deshalb setzte er auf Eskalation, um als starkes *Law-and-Order*-Männchen beim von ihm offenbar vermuteten schwarzbraunen Pack die entscheidenden Stimmen für die Landtagswahl im März zu holen,[440] von Leuten also, die sich auch noch innerlich totlachen, wenn einem Senioren vom Wasserstrahl sein rechtes Auge herausgerissen wird. Entsprechende Filmdokumente unter anderem in der Dokumentation »Stuttgart 21« in *Spiegel-TV* vom 3. Oktober widerlegen ohne Worte das teilweise psychopatisch-polizeistaatlich anmutende Lügenmärchen von »linken Provokateuren«.[441]

»Die Erklärungsnot der Behörden ist so groß, dass aus Kastanien und Plastikflaschen Steine werden mussten«, kommentierte Manfred Bleskin am 5. Oktober in *n-tv*. Was denn, unsere Sicherheitseliten können nicht unterscheiden, ob sie von einer traurig dreinblickenden Kastanie oder einem Pflastersteinhagel getroffen wurden? Und so was will unser deutsches Vaterland gegen Islamismus, Terrorismus und Kommunismus verteidigen? »Das Fass läuft vollends über«, so Bleskin, »wenn ein Staatsbeamter wie Bahnchef Rüdiger Grube den Demonstranten das verfassungsrechtlich verankerte Recht auf Widerstand abspricht«. Auf jeden Fall seien »Aufnahmen, die die Polizei beim Einsatz von Wasserwerfern, Schlagstöcken und Pfefferspray gegen friedliche Schüler und Pensionäre zeigen, wahrlich kein Ausweis für die deutsche Demokratie«.[442] Sarkastisch fragt der bekannte Elternblog *Kinderalarm:* »Der gefürchtete ›schwarze Block‹ in Polizei-Uniform?«[443]

Aufschlussreich übrigens, dass die »Drecksarbeit« offenbar auswärtigen Prügeleinheiten vorbehalten war. So waren allein aus NRW etwa hundert Beamte eigens für die Demo nach Stuttgart gereist. Prompt forderte die Düsseldorfer Landtagsfraktion der Linkspartei, in Zukunft solle es »keine Amtshilfe aus NRW zu rechtswidrigen Knüppeleinsätzen« mehr geben. Unwillkürlich erinnert man sich an die DDR-Praxis, an den Grenzen und zur »inneren Sicherheit« nahezu ausschließlich Einheiten aus ganz anderen Gegenden einzusetzen. Zweck der Übung, heute wie damals: Ordnungshüter sollen auf keinen Fall bei Einsätzen auf Nachbarn, Freunde oder gar Verwandte treffen. Wäre auch zu peinlich, wenn ein Ordnungshüter der 15-jährigen Tochter eines Kegelbruders Tränengas ins Gesicht sprühen oder sie krankenhausreif schlagen würde und daraufhin aus Angst vor der wütenden Nachbarschaft noch im Morgengrauen seine Sachen packen und samt seiner Familie die Stadt oder besser gleich das Bundesland oder den Staat wechseln müsste.[444]

Für neutrale und kompetente Experten wie den Bochumer Polizeiwissenschaftsprofessor Thomas Feltes »spricht vieles dafür, dass bei diesem Einsatz von Anfang an keine Deeskalation geplant war, sondern eine harte Linie. Dass die Polizei gleich mit Wasserwerfern angerückt ist, war darauf angelegt, Stärke zu zeigen … Man hat das Gefühl, die Politik wollte diesen Konflikt.«[445] Mappus selbst äußerte in einem *Zeit*-Interview im Januar 2011 gegenüber dem bei seinem Einsatz erblindeten Rentner »keinerlei Schuldgefühle«.[446]

Am 4. Oktober gingen erneut 50 000 Menschen auf die Straße. Gleichzeitig wurde bekannt, dass die umstrittenen Baumfällarbeiten in Stuttgart möglicherweise rechtswidrig waren, da man dem zuständigen Verwaltungsgericht Stuttgart wichtige Informationen wie ein Schreiben des Eisenbahnbundesamtes mit naturschutzrechtlichen Zweifeln vorenthalten hatte. Anlass war der vom Aussterben bedrohte Juchtenkäfer: Die seltenen Tiere leben auf dem »Stuttgart 21«-Gelände.[447] Inzwischen suchten die Parteien außer der CDU nach einem Schlichter. Die FDP schlug den rot-grünen Bundespräsidentschaftskandidaten Hans Joachim Gauck vor, die Grünen das CDU-Mitglied Heiner Geißler[448]

Am 5. Oktober bekam Mappus gerade noch die Kurve: Um gut Wetter beim Volk zu machen, versuchte er es mit symbolischer Politik (»so tun als ob«) und stoppte vorerst den Abriss des Südflügels.[449] Tags darauf schlug er sogar seinerseits – frei nach Carl Zuckmayers *Als wär's ein Stück von mir* – Heiner Geißler. als Schlichter vor. Politik verkehrt? Grüne und Aktionsbündnis stimmten natürlich zu, machten allerdings einen sofortigen Baustopp zur Bedingung.

Aber Mappus hatte ja noch andere Kampfmittel gegen unerschrockene Bürger oder solche, die es sein könnten. Und da man ja von den Hitler-Nostalgikern der Sechziger oft genug vor »den Studenten« als potenziellen Systemkritikern (Diktion: »Terroristen«) gewarnt wurde, lag es nahe, ebendiese Studenten nach Stasi-Art zu bespitzeln. So berichtete *Spiegel Online* am 21. Dezember von der blamablen Enttarnung eines mutmaßlichen

Staatsschutzschnüfflers an der Uni Heidelberg, der sich in eine kritische Gruppe nach der anderen hineingeschleimt haben soll, um wahllos alles an Informationen zu sammeln, die in so ein Spitzelhirn hineingehen. Und wer weiß: Wäre er nicht aufgeflogen, hätte man in diesen Gruppen vielleicht Heroin, Sprengstoff und »islamistische Bekennerbriefe« gefunden.[450]

Am 9. Oktober 2010 demonstrierten sogar knapp 150 000 gegen das Projekt und ihre Betreiber. Schon zu dem Zeitpunkt hätte auch dem letzten parlamentarischen Law-and-Order-Rambo klarwerden müssen, dass man es hier nicht mit unterwürfigen Untertanen zu tun hatte, sondern mit einer kampfentschlossenen, fast alle Schichten, Altersgruppen und politische Richtungen umfassenden Abwehrfront.

Am 16. Oktober 2010 befasste sich die oberste Bahn-Leitung erstmals öffentlich mit dem – aus ihrer Sicht – schlimmsten Fall, nämlich dem Bauabbruch: 1,4 Milliarden werde ein endgültiger Ausstieg das ewige Steuergroschengrab *Bahn* kosten.[451] Will sagen: Der Rechtsstaat hat dort seine Grenzen, wo die Umverteilung von unten nach oben ins Stocken gerät. Juristischen Flankenschutz gab ausgerechnet Bundesverfassungsgerichtspräsident Andreas Voßkuhle: »Ein nachträglicher Volksentscheid stellt ein ernsthaftes Problem für die Verwirklichung von Infrastrukturprojekten dar«, gab er in der *Süddeutschen Zeitung* zum Besten. »Irgendwann muss hier ein Schlusspunkt gesetzt werden, spätestens dann, wenn die höchsten Gerichte über das Projekt entschieden haben. Ansonsten verlieren wir unsere Zukunftsfähigkeit. Es mag Ausnahmen von diesem Grundsatz geben, diese sollten aber nicht Schule machen.«[452] Dass diese markigen Worte zugunsten der nimmersatten Wirtschaft zu Befangenheitsanträgen in seinen künftigen Verhandlungen geradezu einladen, war dem Karlsruher Hobbylobbyisten hoffentlich schon vorher klar.

Am 22. Oktober eröffnete »König Salomon« Geißler die erste von sechs Schlichtungsrunden, und die Erwartungen waren hoch wie vor Urzeiten die biblische Sagengestalt. Die Befürworter erhofften sich vor allem eine Ablenkung der Bürger vom Widerstand, die Gegner ein moralisches Gütesiegel für ihr striktes Nein zum Projekt. Demokratische Beobachter wie Heribert Prantl sahen in der Schlichtung ein »demokratisches Großprojekt« und den Versuch, »Defizite der repräsentativen Demokratie zu heilen«.[453]

Am 4. November forderte die »Allgemeinheit« vehement das Durchpeitschen von S 21 – und gab sich in Form einer Delegation erstmals zu erkennen: Es waren die Chefs von Daimler, BASF, Bosch und EnBW.[454] Und einmal mehr wurde klar, was denn eigentlich gemeint ist mit dem Marktwirtschaftsgelöbnis »Nur wenn es der Wirtschaft gutgeht, geht's auch dem Volke gut«.

Das einzig Richtige an diesem Satz allerdings ist, dass alles Wesentliche im Turbokapitalismus fast ausschließlich zum Wohl der Reichen und ihrer Konzerne geschieht. In Stuttgart geht's schlicht und ergreifend um die Milliardenaufträge. Denn ebenso wenig wie die Bahn mit ihrem Güterfernverkehr profitieren die Menschen im Großraum Stuttgart vom geplanten in doppelter Hinsicht unterirdischen Durchgangsbahnhof, wie die Initiative *K 21* für die Beibehaltung des Kopfbahnhofs überzeugend nachweist:

»Heute gehört der Stuttgarter Hauptbahnhof zu den pünktlichsten Großbahnhöfen Deutschlands – zukünftig soll (dies) nicht mehr möglich sein. Stuttgart 21 bedeutet: längere Reisezeiten, teurere Tickets, umständliches Umsteigen, fehlende Verbindungen. Vor allem Berufspendler und die Reisenden im Nahverkehr werden mit einem verminderten Zugangebot und/oder mit höheren Fahrpreisen für das Prestigeprojekt bezahlen.«[455]

Am 13. November waren schon wieder 30 000 Bürger auf der Straße. Längst ging es nicht mehr nur gegen S 21, sondern auch gegen Rente ab siebenundsechzig, die Gesundheitsreform und die als kostensparend gewollte Unterversorgung mit Kindergarten- und Ausbildungsplätzen. »Es gibt nur eine Sprache, die die Politiker verstehen«, sagte ein Funktionär der IG Metall in der *Tagesschau*, »wenn die Menschen auf die Straße gehen.«

Umgekehrt haben die Schwaben, vor allem die jungen und jünge-

ren, in den Stuttgarter Tagen eine jener »Lektionen fürs Leben«
gelernt, die einem auch der beste Schulunterricht, das spannends-
te Uniseminar nicht vermitteln können: die Marktwirtschaft live
und authentisch, so wie sie wirklich ist. Wobei tragikomischer-
weise gerade die Argumente der Befürworter des Projekts S 21
den Bürgern am unmissverständlichsten und nachhaltigsten die
Augen geöffnet haben dürften.

Merkel & Co. sagen nämlich nicht weniger, als dass gewisse, eigentlich selbstverständliche Bedürfnisse und Wünsche des Volkes, von dem doch »alle Gewalt« ausgehen soll, mit den »alternativlosen Sachzwängen« unvereinbar sind. Dass es »objektiv notwendig« sei, Landschaften, Grünanlagen und liebgewonnene
Wahrheiten zu zerstören, um nicht etwa ein modernes Krankenhaus, Sanatorium oder Altenheim zu bauen, sondern eine bestimmte Strecke quer durch Euroland zum »Wohle der Allgemeinheit«.

Aber welcher »Allgemeinheit« nutzt das umwelt- und staats-
haushaltsschädliche Projekt wirklich? Offenbar nicht einmal der
Bahn. Die jedenfalls gab im November 2010 erstmals zu, dass die
Verbindung zwischen Paris sowie Bratislava und Budapest für das
Fahrgastaufkommen und die Wirtschaftlichkeit unbedeutend sei.
Aber ein reines Phantom ist die profitierende Allgemeinheit nun
auch wieder nicht: Der Staat verpulvert Steuergelder fast nie
sinnlos, denn sie landen meistens in den Taschen der Reichen und
ihrer Konzerne.

Am 30. November verkündete Heiner Geißler als »Notarzt, der
Tote wieder zu Leben erweckt« *(Spiegel)* seinen Schlichterspruch:
Weiterbau ja, aber die Bahn muss in einem »Stresstest« nachweisen, dass der neue Bahnhof 30 Prozent leistungsfähiger würde als
der jetzige, und notfalls nachbessern. Dies wurde teilweise als
großer Erfolg für Mappus, Daimler & Co. gewertet.[456] In Wahrheit aber spiegelt der Spruch exakt den neuen alten Traum vom
Rheinischen Kapitalismus, also der sozialen Marktwirtschaft der
alten Bundesrepublik, wider. Demnach müsse man Politik und
Gesetze so gestalten, dass die (großen und kleinen) Kapitaleigen-

tümer nur dann am meisten Profit machen können, wenn ihr Treiben auch das Beste für die Allgemeinheit bewirkt.

Über Geißlers Anforderungen an das Projekt 21 schreibt Prantl: »Wenn es gutgeht, sorgen diese Bedingungen für einen wackeligen Frieden in Stuttgart. Wenn es wirklich gutgeht, dann wird es vor dem Bahnhof nicht wieder Bilder von gewalttätigen Polizeieinsätzen geben. Wenn es noch besser geht, wird aus dem umstrittenen Projekt Stuttgart 21 ein halbwegs akzeptiertes Projekt ›Geißler 21‹.«[457]

Gleichzeitig aber offenbart das Projekt den grundsätzlichen Webfehler der westlichen Systeme, nämlich die Unvereinbarkeit von profitorientierter Marktwirtschaft und sozialstaatlich orientierter Demokratie. Ja klar: All diese endlosen Anhörungen, Genehmigungsverfahren, Klagen und Prozesse, Volksbegehren und erst recht Volksentscheide verplempern aus der Sicht der profitgierigen Dagobert Ducks nur wertvolle Zeit, in der sie sich die Taschen noch voller stopfen könnten.

Michael Bauchmüller von der *Süddeutschen Zeitung* sieht die wahlkampfbedingte Propandistin der direkten Demokratie, nämlich die Partei der Grünen, »am Prellbock ... Sie könnte die Fürsprecherin der Bürgerrechte sein ... Oder sie bleibt jene glaubwürdige, konstruktiv-verlässliche Partei, wie sie in den letzten Monaten zunehmend auch Anhänger im bürgerlichen Lager fand.«[458]

Anwältin der Bürger oder Zuspruch im bürgerlichen Lager: Diese mehr als seltsam anmutende Alternative illustriert recht anschaulich das Urdilemma unserer derzeitigen Gesellschaftsordnung. Aber die ist ja nicht vom Allmächtigen persönlich auf den Tafeln des Moses festgeschrieben. Sie verändert sich ständig und wird ständig verändert. Der zivile Widerstand gegen Stuttgart 21 verband Aktivisten über alle Schichten und politischen Lager hinweg. Bürger völlig verschiedener Interessenslagen, jung und alt, klug und schlauer, anständig und anständiger, gingen in einer ursprünglich konservativen Metropole gemeinsam auf die Straße. Eine von den Interessen der Privatwirtschaft dominierte Politik verliert zunehmend an Glaubwürdigkeit, weil sie die Demokratie aufs Spiel setzt. Dagegen vor allem haben sich die Menschen in Stuttgart gewehrt und letztlich bei der erwähnten Landtagswahl nicht nur den Atomfreunden, sondern auch den S-21-Befürwortern eine empfindliche Abfuhr erteilt. So sah sich die Deutsche Bahn gezwungen, keine 48 Stunden nach der Wahl einen Baustopp zu verkünden.[459] Und reines Taktieren war dies nicht: Am 5. März 2011 wurde ein internes Gutachten der Bahn bekannt, wonach 48 von 121 untersuchten Risiken zusätzliche Kosten von bis zu 1,264 Milliarden Euro bescheren könnten.[460]

Schon wieder so ein »alternativloser Sachzwang« geplatzt?

Das Aufbegehren der Bürger richtet sich ja gerade gegen vermeintlich alternativlose Automatismen in der Politik, die sich zu weit von der Bevölkerung entfernt hat, die sie eigentlich zu repräsentieren und deren Wohl sie zu dienen hat. Der Protest in Stuttgart hat ein Stück Demokratie zurückerobert und gleichzeitig gezeigt, dass demokratische Teilhabe in einem vernünftigen Diskurs möglich ist, doch dass dieser Dialog hart erstritten werden muss. Zivilgesellschaftlicher Widerstand lohnt sich.

Bis zum letzten Meiler: die Anti-AKW-Bewegung

Abgesehen von Megakatastrophen wie in Harrisburg (1979) oder Tschernobyl (1986), gehören Meldungen über kleingeredete »Störfälle« in Atomkraftwerken seit Jahrzehnten zu den Nachrichtensendungen wie der Börsenbericht und die Wettervorhersage. Daher ist es nur logisch, dass der Kampf gegen die letztlich unkontrollierbar riskanten und existenzbedrohenden Atomkraftwerke zu den ganz großen politischen Widerstandsbewegungen der Nachkriegszeit gehören. Hier hatten nicht zuletzt die Grünen eine ihrer Wurzeln, hier mutierten sie auch am deutlichsten von der Protestpartei zur neoliberalen Hilfstruppe.

Die Anti-AKW-Bewegung aber überlebte auch dies und die gehirnwäscheähnliche Dauerpropaganda für die Atomkraft nach dem Motto: Die Hunde bellen, die Karawane zieht weiter.

Wasserwerfer als Argument: die Schlacht um Brokdorf

Alles begann mit einem Coup der AKW-Betreiberfirma. Die Nord-westdeutsche Kernkraftwerks AG (NWK) hatte im Oktober 1976 ein Areal am Rande des schleswig-holsteinischen Dorfes Brokdorf in der Wilster Marsch in einer Nacht- und-Nebel-Aktion gekapert. Werkschützer sicherten das Gelände mit Reizsprüh-Geräten und gefährlichem Nato-Draht. »Diese borstigen und silbernen Drähte, in denen sich Menschen leicht verheddern, verursachen scheußliche, schwere Wunden.« Mit Brokdorf sollte ein weiteres der an der Elbe rund 40 geplanten AKWs für die Hamburgischen Electricitäts-Werke (HEW) entstehen. Dabei baute die HEW damals bereits parallel die Atommeiler Atomkraftwerke Stade (Inbetriebnahme: 1972), Brunsbüttel (Inbetriebnahme: 1977) und Krümmel (Inbetriebnahme 1984). Spätestens jetzt, dachten sich die aktivsten Kernkraftgegner, da sich auch die betroffenen Bauern bei den gesetzlichen Anhörungen von den Behörden schikaniert fühlten, stand praktischer Widerstand auf der Tagesordnung.

Auch wenn die 8000 Demonstranten an jenem 30. Oktober 1976 frühzeitig vor dem Bauplatz in der Nachbargemeinde Wewelsfleth gestoppt wurden, marschierten sie »in Friesennerz und Gummistiefeln über die Straßen, Schleichwege und Wiesen ... nach Brokdorf, um nach kilometerlangen Märschen an ihr Ziel zu kommen«. Ein pazifistischer Song, der später in der Anti-AKW-Bewegung Kult wurde, begleitete sie: »Wehrt euch, leistet Widerstand, gegen die Atomkraft im Land.« Es roch förmlich nach einer gewaltigen Konfrontation. Mit Drahtscheren schnitten die Aktivisten die Zäune auf, Bauern und Anwohner warfen als Transparente getarnte Teppiche auf die Nato-Draht-Barrieren, damit man sie unverletzt überwinden konnte. Einige hievten die Leitplanken der sogenannten NWK-Stichstraße aus dem regennassen Boden und nutzten sie zerkleinert als Brücken über die natürlichen Wassergräben. Werkschützer und Polizisten hielten mit neuen Reizgassprüh-Geräten dagegen. Aber die Demonstranten waren zu viele. Bei Einbruch der Dunkelheit war ein großer Teil des Bauplatzes besetzt. Lediglich eine eiligst quer über das Gelände errichtete Nato-Draht-Barriere zu den NWK-Unterkünften und dem Polizeistützpunkt verhinderte die Besetzung des gesamten Platzes. Emsige Aktivisten besorgten Matratzen und Proviant.

Aber der Freudentaumel dauerte nicht lange. Obwohl die Polizei unter Vermittlung eines Pastors versprach, den »Status quo der Besetzung« zu akzeptieren, verkündete die *Tagesschau* bereits um 20 Uhr die Räumung des Platzes. Eineinhalb Stunden später begann in Zusammenarbeit von Poilzei und Werkschutz das Übliche: Tobsüchtiger Einsatz von Knüppeln und Reizgas durch die NWK-Werkschützer. Wasserwerfer räumten die befestigten Straßen und schossen auf dem Platz mit Reizgas-Wasser über die Nato-Draht-Barrieren in die Menge. Weil die Menschen ein derart brutales Vorgehen nicht erwartet hatten, musste auf dem Grundstück des Bauern Ali Reimers von Sanitätern und Ärzten unter den Aktivisten ein provisorisches Lazarett eingerichtet werden, um die vielen Reiz- und Tränengas-Verletzten zu behandeln.

Am Tag danach versammelten sich 4000 Menschen vor dem Bauplatz des geplanten AKW Brokdorf, diesmal gegen die Polizeiwillkür. Der Bürgermeister der Nachbargemeinde Wewelsfleth, Eckhard Sachse, forderte zum Widerstand auf. Dagegen hatte sich sein Brokdorfer Kollege Eckhard Block »für eine NWK-Spende für ein Dorf-Schwimmbad seinen Widerstand abkaufen lassen«.[461]

Allein in Hamburg entstanden nach dem Gemetzel vom 30. Oktober binnen weniger Tage mehr als dreißig Bürgerinitiativen. Neben entsetzten Unpolitischen beteiligten sich auch die maoistischen »K-Gruppen«,[462] die allein im Norden über 10 000 Leute mobilisieren konnten. Die örtliche Bürgerinitiative Unterelbe (BUU) wurde in der Elbregion zum Dachverband.

Schon am 13. November 1976 suchten die Atomkraftgegner die Anti-Atom-Bewegung die nächste Machtprobe. 45 000 Menschen kamen unter dem Slogan »Der Bauplatz muss wieder zur Wiese werden« zum Gelände. Der Versuch der erneuten Besetzung mündete in eine stundenlange brutale Schlacht. Steine und Wurfgeschosse flogen auf die Polizisten, die ihrerseits ebenfalls Steine warfen. Die ätzenden Flüssigkeiten aus den Wasserwerfern sowie die Tränengas-Granaten schreckten die Menge auf den Deichen offenbar nicht ab. Oft gelang es sogar, »die Tränengas-Granaten einfach ins tiefer liegende Gelände wieder zurückzuwerfen, wo sie vor den Füßen der Polizeieinheiten explodierten. Einige Wasserwerfer wurden auf den befestigten Straßen mit Manpower und Seilen geentert und wären – manövrierunfähig – beinahe in einem Wassergraben gelandet. Die Polizei-Hubschrauber hinderte man mit Aluminium-Drachen an Tiefflug oder Landung und legte dadurch außerdem den Polizeifunkverkehr weitgehend lahm. Dennoch scheiterte eine erneute Besetzung.

Zeitzeugen erinnern sich: »Motorradhelme und Gasmasken sind in diesen Tagen auf dem Schwarzmarkt der Renner. Und der ›Atomkraft – nein danke!‹-Button gehört seitdem zur Standardausstattung vieler ökologisch aufgeschlossener Menschen – entweder am Revers der Kleidung oder als Autoaufkleber am Heck des PKW.«

Es folgte eine weitere Protestwelle der Anti-Atom-Bewegung. Am 19. Februar 1977 kamen jeweils etwa 40000 Menschen zu den beiden Kundgebungen nach Wilster und in die Kreisstadt Itzehoe. Im Vorfeld wurde heftig über die Frage der Gewalt gestritten, was die Anti-AKW-Bewegung beinahe gespalten hätte. Aber der Massenprotest verbuchte auch einen Erfolg: Die Verwaltungsgerichte verhängten einen vierjährigen Baustopp für das AKW Brokdorf.

Den Höhepunkt, aber auch die Grenzen der Militanz verdeutlichte die Schlacht um das AKW Grohnde bei Hannover am 19. März 1977. Viele der 20000 Demonstranten waren mit »passendem Handwerkszeug« ausgerüstet: Drahtscheren, Bolzenschneider, Flex-Maschinen, Schweißbrenner. Helme, Gasmasken und Schutzschilde gehörten ohnehin zur Standardausrüstung.

Eine Zeitlang schien es, man könne den Bauplatz Grohnde erobern, zumal die Wasserzuleitung zum Terrain gekappt werden konnte und damit die Wasserwerfer ohne Nachschub gewesen wären. Aber es zeigte sich bald, dass es auch im Kampf gegen die staatliche

Macht Grenzen gibt, will man keine Menschenleben gefährden. Kaum war der robuste Bauzaun an einer Stelle geknackt, schlug die Polizei zurück: Dutzende Reiterstaffeln wurden ohne Rücksicht auf Verluste eingesetzt. Es gab viele Schwerverletzte.

Und der Staat kämpfte auch mit juristischem Geschütz. So wurde der Paragraph 129a (Bildung terroristischer Vereinigungen), eigentlich speziell für die RAF gedacht, zunehmend auch gegen die Anti-Atomkraft-Bewegung angewendet. Als Teilnehmer des Hamburger Konvois zur Demo gegen den Schnellen Brüter in Kalkar am 24. September 1977 in eine Polizeisperre in Sittensen (Niedersachsen) gerieten, hatten die Polizisten nicht nur Knüppel und Wasserwerfer, sondern auch Maschinenpistolen dabei. Hunderte wurden festgenommen, in abgelegene Hallen transportiert und erkennungsdienstlich nach den Normen der RAF-Fahndung behandelt. »Der legendäre Deutsche Herbst hat begonnen. An diesem Tag erscheint übrigens in Kalkar eine Nullnummer einer neuen Tageszeitung – der *taz*.«[463]

Nach einem vierjährigen Baustopp wurde Ende 1980 bekannt, dass es wahrscheinlich zu einer Fortsetzung des Baus kommen würde, da wollten es die AKW-Gegner noch einmal wissen. So nahmen am 28. Februar 1981 in der Wilstermarsch rund 100 000 Menschen an der bis dahin größten Demonstration gegen Kernkraft in der Bundesrepublik teil. Sie marschierten »bei minus 10 Grad und eisigem Wind und allen massiven Polizeisperren zum Trotz am 28. Februar 1981 in Richtung Bauplatz«. Rund 10 000 Polizisten gelang es nicht, einen vom Landrat verbotenen Teil der Demonstration zu verhindern. 128 Polizisten und gut ebenso viele Aktivisten wurden verletzt, die Polizei beschlagnahmte einige Waffen.

Mit dieser Demonstration befasste sich am 14. Mai 1985 sogar das Bundesverfassungsgericht (»Brokdorf-Beschluss«[464]). Das Gericht beurteilte das Verbot der Demonstration als verfassungswidrig. Jedenfalls wurde ab Frühjahr 1981 munter weitergebaut. Am 25. Mai 1981 trat Hamburgs Erster Bürgermeister Hans-Ulrich Klose (SPD) auch deshalb zurück, weil er den Ausstieg aus dem Kraftwerksprojekt Brokdorf gegen Teile der Hamburger SPD-Führung nicht durchsetzen konnte. Am 8. Oktober 1986 ging Brokdorf als weltweit erstes AKW nach der Katastrophe von Tschernobyl ans Netz. Dennoch war der Kampf um Brokdorf für die Atomkraftgegner keineswegs umsonst. Viele Menschen – auch in den Gewerkschaften, die jahrzehntelang der Arbeitsplätze wegen die Atomkraft als Zukunftstechnologie priesen – begannen umzudenken und wurden selbst Atomkraftgegner.

Und ewig grüßt das Endlager: Dauerbrenner Gorleben

Der Massenprotest gegen das Atommüllendlager Gorleben gehört zu den bemerkenswertesten Protestbewegungen in der Geschichte der Bundesrepublik: Sie dauert von 1977 bis heute an und hat einen geradezu unerschöpflichen Atem. Viele Enkel von Alt-Aktivisten sind inzwischen im protestfähigen Alter und begleiten ihre Großeltern zu den Demos. Einzelne Gruppen wie Intellektuelle, Gewerkschafter oder »Berufsdemonstranten« blieben diesmal nicht unter sich, vielmehr umfasste der Widerstand von Anfang an nahezu alle Bevölkerungsschichten. Besonders der Zusammenschluss einheimischer Bauern mit Studenten war besonders eng und herzlich. Konkret ging es um den Transport von Atommüll der französischen Wiederaufbereitungsanlage La Hague auf dem Schienenweg in Castor-Behältern nach Gorleben – und damit auch um ein Atommüllendlager im Umkreis der Wendengemeinde.

> »Wir haben Geschichte gemacht, als wir der Atommafia und ihren bewaffneten Dienern zeigten: So geht es nicht!«
> ROBERT JUNGK 1987[465]

Die Courage der Atomkraftgegner zeigte sich auch daran, dass 5000 von ihnen am 3. Mai 1980 das Gelände der Tiefbohrstelle 1004 besetzten, darauf kurzerhand ein Hüttendorf mit etwa 1000 Einwohnern bauten und die Republik Freies Wendland ausriefen.

Es gab sogar einen Grenzübergang Schlagbaum, eine Flagge und für zehn Mark einen »Wendenpass« mit Einreisestempel. Die Erklärung im Pass allerdings hatte es in sich:

»Der/die Inhaber/in dieses Passes ist Bürger/in der Republik Freies Wendland und gibt somit zu verstehen, daß ein Staat, der die Unversehrtheit seiner Menschen an Körper, Geist und Seele nicht gewährleistet, der die natürlichen Ausgewogenheiten zwischen Menschen, Pflanzen, Tieren und Mineralien nicht erhalten kann, der die Ausbeutung Aller zugunsten von letztendlich Niemand betreibt, der an dem tödlichen Mißverständnis festhält, daß innere und äußere Sicherheit durch Waffen und Uniformen hergestellt werden kann, daß ein solcher Staat nicht länger der Seine/Ihre ist!«

Das war wohl etwas zu wenig Naivität und zu viel grundsätzliche Kapitalismuskritik. Jedenfalls ließ die von Helmut Schmidt geführte rot-gelbe Bundesregierung am 4. Juni 1980 das Gelände durch mehrere tausend Polizisten und Bundesgrenzschützer gewaltsam räumen. Anwesende Journalisten sprachen vom brutalsten Polizeieinsatz, den sie je erlebt hätten, und fühlten sich eher an eine Kriegsschlacht als die Räumung eines Platzes von erkennbar friedlichen Menschen erinnert. Bis dahin lebten etwa 300 Menschen ständig und einige tausend während der Wochenenden in diesem Dorf. Regionale Landwirte unterstützten die Dorfbewohner regelmäßig mit Proviant.

Für die noch immer nicht abgeschlossene Suche nach einem möglichen atomaren Endlager und die entsprechenden Forschungsarbeiten in Gorleben wurden laut Bundesregierung von 1977 bis Ende 2007 etwa 1,51 Milliarden Euro ausgegeben.[466] Näheres über diese aufregenden Tage und Nächte von Gorleben ist im Anhang 3 zu finden. Wer allerdings russisches Roulette à la Tschernobyl für den ultimativen Kick hält, der wird auch den Kampf von Gorleben für Revoluzzerromantik von Angsthasen halten.

»Es geht wieder los« – Gorleben 2010

Es ist ein Déjà-vu, wie der Zeitsprung in einer verfilmten Familienchronik der Buddenbrooks von Thomas Mann oder der US-sizilianischen Corleones.

Gorleben 2010, 33 Jahre nach den ersten Aktionen: Die gleichen Fronten, die gleichen Gesichter, das gleiche Gelände, die gleichen Kämpfe um das gleiche Thema Castor.

Aus Kindern wurden Eltern und aus Eltern Großeltern: Viele der damaligen Aktivisten treten als Familienunternehmen auf.

Seit dem Frühjahr 2010 haben über 1000 Anti-Atom-Aktive am Training der Initiative X-tausendmal-quer teilgenommen. In diesem Jahr gibt es zum ersten Mal ein emotionales Nachsorgeteam mit Ruhezelt, außerdem, so wie schon in den Vorjahren, juristische Beratung und vegetarisch-vegane Verpflegung direkt an der Blockade. Es werden Decken gebracht, und im Camp gibt es Kinderbetreuung.[467]

Diese Palette an Aktionsunterstützung soll die Hemmschwelle gerade für Unerfahrene senken.

Am 5. November beginnt das *Castor-Wochenende,* mit seinen vielen Kulturveranstaltungen für *taz*-Reporter Peter Unfried längst auch ein Ritual.

»Trotz 18 000 Polizisten hat es sehr schöne Momente und ist an der Oberfläche einer Kirmes nicht unähnlich – nur dass die Bierzelte fehlen und die Marketender auf der zentralen Protestveranstaltung Ökostrom, die grüne Partei und Bio-Apfelsaft verkaufen wollen. Veganes Schmalzbrot gibt's umsonst. Schmeckt gut.«[468]

An diesem Wochenende werden auch die einlaufenden Castor-Transporter im gesamten Wendland von etwa 35 000 Demonstranten begrüßt. Bei vielen ist die rot-grüne Zeit unvergessen, als auch der Castor rollte. »Manche Protestierende gruselt die Vorstellung, der frühere grüne Umweltminister Jürgen Trittin könne sich neben sie in eine Sitzblockade einreihen«, erfährt Unfried.

Und so verlief laut *dpa* die »Kraftprobe auf den letzten Kilometern« (*Zeit*):

Am 6. November um 22.19 Uhr zwingen zehn Demonstranten durch eine Sitzblockade auf den Schienen zum Halt. Die Polizei trägt sie vom Gleis.

Am 7. November 4.19 Uhr seilen sich bei Morschen südlich von Kassel zwei Aktivisten von einer Brücke ab und hängen über den Gleisen. Erneuter Zwangsstopp.

Um 7.31 Uhr erreicht der Zug mit rund acht Stunden Verspätung Niedersachsen. In Lehrte bei Hannover werden zwei Stunden Lokomotive und Zugpersonal gewechselt.

Ab 10 Uhr versuchen rund 4000 Atomkraftgegner bei Hitzacker, die Schienen durch »Schottern« zu unterhöhlen. Die Polizei arbeitet wie kurz zuvor bei den staatlichen Stuttgarter Gewaltorgien mit Schlagstöcken, Pfefferspray und Wasserwerfern. Augen werden diesmal nicht ausgeschossen. Angebliche Demonstranten provozieren die Beamten durch Anzünden eines Räumfahrzeugs. Um 13 Uhr stoppen Aktivisten den Castor-Transport ein drittes Mal, indem die sich an die Gleise ketten.

Am 8. November abends blockieren Greenpeace-Mitglieder in einem Container die Ausfahrt des Verladekrans für die Castorbehälter (siehe oben). Sie parkten direkt davor einen LKW mit der Aufschrift »Erfrischend anders«, getarnt als Getränketransporter. »Vier Umweltschützer verbanden sich mittels Beton und Stahl mit dem Vehikel und der Straße. Es dauerte bis in die Morgenstunden, den Weg wieder frei zu bekommen. Selbst die Polizei gab zu: Die Tarnung sei gut gelungen«, schwärmt Carsten Lißmann in *Zeit Online,* und der Rest klingt fast wehmütig:

Als es richtig hell ist, sind alle Blockierer weggetragen, der Weg ins Zwischenlager ist frei. Die Pyramide in Gorleben ist auf einen Wagen verladen und zur Seite gerollt. Der Bierlaster von Greenpeace ist von der Fahrbahn. Dafür haben sich in Bäumen an der Zufahrtsstraße Kletterer der Umweltschutzorganisation Robin Wood festgebunden. Doch bald werden die Trucks mit den Castor-Behältern den Verladebahnhof Richtung Gorleben verlassen.«[469]

Alle Beteiligten, die Ordnungshüter eingeschlossen, sind sich sicher, dass man sich hier nicht zum letzten Mal gesehen hat.

Nach dem Castor ist vor dem Castor.
Parole der Atomkraftgegner[470]

Resümee von Michael Bauchmüller in der *Süddeutschen Zeitung:*
»Kanzlerin Merkel und ihr Umweltminister Röttgen steuern in
eine Sackgasse: Gorleben kann man nicht dauerhaft durch den
Einsatz Tausender Polizisten verteidigen. Ein Endlager dort wird
am Protest oder den Gerichten scheitern.«[471]

... bis es knallt – Protest gegen die Endloslaufzeit

Wer gehofft hatte, der Widerstand gegen die Atommeiler würde
langsam einschlafen, hatte sich zu früh gefreut. Am 5. September
2009 fand in Berlin mit 50000 Teilnehmern die größte Anti-
Atomkraft-Demonstration seit Jahren statt. Die Demonstration
stand unter dem Motto »Mal richtig abschalten – Atomkraft?
Nein danke!« und sollte im Vorfeld der Bundestagswahl 2009 für
den geplanten Atomausstieg werben.[472] »Es geht wieder los«, ap-
plaudierte die *taz* in einer Schlagzeile. Die Koalitionsverhandlungen zwischen Union und FDP nach der Bundestagswahl 2009
wurden von Protesten der deutschen Anti-Atomkraft-Bewegung
begleitet. Der Auftakt dazu stand unter dem Motto »Warmlaufen
für den Widerstand« und richtete sich gegen die mögliche Abkehr
einer neuen Regierung vom Ausstieg aus der Kernenergie. Es
folgte eine von der Organisation *ausgestrahlt* organisierte »Belagerung« der Koalitionsverhandlungen.[473]
Am 24. April 2010 bildeten etwa 120000 Menschen eine Kette
zwischen den Atomkraftwerken Krümmel und Brunsbüttel.[474]
Zeitgleich fand am Atomkraftwerk Biblis eine weitere Demonstration mit 20000 Teilnehmern statt, bei der eine symbolische
Umzingelung des Kraftwerks durchgeführt wurde.[475] Die Teilnehmer demonstrierten auf diese Weise gegen die Pläne der Bundesregierung, die AKW-Laufzeiten um bis zu 14 Jahre zu verlängern und damit den endgültigen Ausstieg aus der Atomenergie
auf den Sanktnimmerleinstag zu verschieben.

»Atomkraftgegner ziehen vor dem Kanzleramt auf«, sorgte sich *Das Handelsblatt*, als am 4. Juni 2010 zu Beginn der »Beratungen« über längere AKW-Laufzeiten einige Dutzend Demonstranten mit Fahnen (»Atomkraft? Nein danke«), Plakaten (»Stoppt die atomradikale Bundesregierung«) und Sprechchören (»Abschalten, abschalten, abschalten«) vor dem Kanzleramt aufkreuzten.[476]

Am 2. September 2010 wurde eine Umfrage von *Infratest dimap* bekannt, wonach 59 Prozent der Bürger gegen eine Laufzeitverlängerung sind.[477] Am 9. Oktober demonstrierten 50 000 Menschen aus allen Altersgruppen und Bevölkerungsschichten in München mit einer zehn Kilometer langen Menschenkette zwischen den Zentralen der Atomlobby (CSU-Zentrale, E.ON und Bayerisches Umweltministerium) für den Atomausstieg. Am 28. Oktober bildeten 2000 AKW-Gegner am Reichstag eine ein Kilometer lange Menschenkette, Greenpeace besetzte die CDU-Zentrale. Es ging gegen die schwarz-gelben Pläne, die Betriebszeit der siebzehn maroden deutschen Kernkraftwerke um bis zu vierzehn Jahre zu verlängern.

Offenbar im Vertrauen auf kollektiven Alzheimer der Bürger in Bezug auf Rot-Grün unter Schröder warf ausgerechnet der damalige Ex-AKW-Minister Jürgen Trittin der Merkel-Regierung falsche Behauptungen sowie »Lobby- und Klientelpolitik« vor. Die Reaktoren seien keineswegs die sichersten der Welt, sondern viel zu alt, und die Verlängerung der Laufzeiten nutze nur den vier Kraftwerksbetreibern, gefährde aber die Investitionen von Betreibern von Ökostromanlagen und Stadtwerken in umweltfreundliche Kraftwerke.[478] Das ist ja richtig, könnte aber auch glatt als verspätete Selbstkritik durchgehen. Wie hatte doch *Spiegel Online* am 14. Oktober 2002 über Trittins damaligen AKW-»Kompromiss« geurteilt: »Tricksen, täuschen, dealen – Obrigheim-Kompromiss verstrahlt Rot-Grün.«[479] Und dann war da noch das »unmoralische Angebot« der *Feuchtgebiete*-Expertin Charlotte Roche an den Bundespräsidenten Christian Wulff, mit ihm in die Kiste zu steigen, wenn er dem Gesetz zur Laufzeitverlängerung die Unterschrift verweigere.[480] Aber der konnte sich gerade noch beherrschen und segnete dieses Profitgarantiegesetz am 8. Dezember 2010 ab.

Die Ablehnung der Deutschen ist jedenfalls überwältigend. Laut ARD-Deutschland-Trend vom 12. November 2010 wollen selbst unter sichersten geologischen Bedingungen 65 Prozent kein Atommüll-Endlager in der Nachbarschaft, nur 32 Prozent wären mit der Errichtung in ihrer Region einverstanden. Als Gewinner sehen 74 Prozent die großen Energieerzeuger, 20 Prozent die Konzerne und Konsumenten gemeinsam und nur vier Prozent die Bürger.[481]

Der wahrhafte Supergau von Erdbeben und Tsunami in Japan entlarvte mit einem Schlag alle naiven oder gekauften Beteuerungen über die Beherrschbarkeit von Atomenergie und die Sicherheit von AKWs als hohle Propaganda. Was aber viele Spitzenpolitiker, so der frühere ZDF-Moderator Wolf von Lojewski am 20. März sinngemäß bei Anne Will, bei dieser unvorstellbaren Katastrophe am meisten umtrieb, war nicht etwa das Leid der Menschen, sondern die Folgen für die kommenden Landtagswahlen.

Nur folgerichtig hielten nach einer Umfrage des Meinungsforschungsinstituts *YouGov* vom März 2011 rund 81 Prozent der Deutschen den schwarz-gelben Atomschwenk für »unglaubwürdig«.[482] Am 15. März vereinbarte Kanzlerin Merkel mit den Ländern mit Atomstandorten, die sieben ältesten Meiler und den Pannenreaktor Krümmel vom Netz zu nehmen, und verkündete ein dreimonatiges »Moratorium« über die Restlaufzeiten. Nun wusste auch der letzte interessierte Bürger, dass diese Denkpause in Wahrheit nur bis 18 Uhr des 27. März 2011 gelten sollte: Denn da würden die Wahllokale in Baden-Württemberg und Rheinland-Pfalz schließen.

Und auch ein weiterer plumper Trick der Regierung flog auf: Für das Abschalten braucht man ein Gesetz – sonst nämlich können die Betreiber völlig legal Schadensersatz in möglicherweise dreistelliger Milliardenhöhe verlangen.[483] Dass genau dies beabsichtigt ist, klingt wie eine finstere Verschwörungstheorie: Aber wurden die zahllosen Parteispenden- und Schmiergeldskandale, die beinahe täglichen Meldungen über die Geschäfte »mit Geschmäckle« von neurotischen Fantasy-Autoren erfunden, oder vom Leben selbst? »Wer einmal lügt, dem glaubt man nicht«, sagt der Volksmund. Und wenn jemand tausendundeinmal lügt?

Kleine Pointe am Rande: Verantwortlich für den Sicherheits-Check ist der Abteilungsleiter für Reaktorsicherheit, Gerald Hennenhöfer, der zuvor beim AKW-Betreiber E.ON beschäftigt war.[484] Alle Taktik der AKW-Fraktion aber wurde jäh torpediert, als Wirtschaftsminister Rainer Brüderle am 14. März 2011 vor den Spitzen der deutschen Industrie laut Protokoll offen bekannte, »dass angesichts der bevorstehenden Landtagswahlen Druck auf der Koalition laste und die Entscheidungen daher nicht immer rational« seien.[485]. Auf Deutsch: Das Gerede der Kanzlerin vom Umdenken war reine Wahlkampftaktik und wurde dank Brüderles Geschwätzigkeit zu »Merkels Glaubwürdigkeits-Gau«.[486]

Auch wenn das Protokoll später als falsch bezeichnet wurde und der BDI-Hauptgeschäftsführer Werner Schnappauf deshalb zurücktrat,[487] folgte doch die Quittung auf dem Fuß: Einen Tag vor den beiden Wahlen demonstrierten bundesweit über 250 000 Menschen für den sofortigen Ausstieg aus der Atomkraft. Bei den Wahlen selbst kam es für die »Atomparteien« Schwarz-Gelb knüppeldick: In Rheinland-Pfalz flog die FDP mit 4,2 Prozent (2006: 8,0 Prozent) nach vierundzwanzig Jahren aus dem Landtag, wohingegen die Grünen ihr Ergebnis mit 15,4 Prozent (2006: 4,6 Prozent) mehr als verdreifachten und mit der SPD eine rot-grüne Regierung bilden.

In Baden-Württemberg, wo noch der »Bahnhofsfaktor« dazukam, stellt die CDU nach 58 Jahren nicht mehr den Ministerpräsidenten. Nachfolger des Atom- und Stuttgart-21-Hardliners Stefan Mappus und damit erster grüner Landesvater überhaupt und Chef einer ebenfalls rot-grünen Koalition wurde Winfried Kretschmann, dessen Partei ihren Stimmenanteil von 11,7 auf 24,2 Prozent mehr als verdoppelte.

Witzig übrigens, wie enthusiastisch teilweise der Anstieg der

Wahlbeteiligung (in Baden-Württemberg von 53,4 auf 66,2, Prozent und in Rheinland-Pfalz von 58,2 auf 61,1 Prozent) gefeiert wurde. Stärkste »Fraktion« waren nämlich auch hier die Nichtwähler. Die jeweils stärksten Parteien – in Baden-Württemberg die CDU mit 39 Prozent, in Rheinland-Pfalz die SPD mit 35 Prozent – wurden nur von 25,8 bzw. 21,8 Prozent aller Wahlberechtigten angekreuzt, gegenüber 33,8 bzw. 38,9 Prozent Nichtwählern.

Da mussten selbst CDU und CSU reagieren. Das taten sie auch – und wie! »AKW-Dinos ziehen ins letzte Gefecht«, beschrieb *Spiegel Online* am 13. April 2011 die radikale Kehrtwende der bisherigen AKW-Parteien: »Grün, grüner, Union? Kanzlerin Merkel, Umweltminister Röttgen und CSU-Chef Seehofer basteln an einer radikalen Energiewende. Rücksicht auf die letzten Atom-Freunde in den eigenen Reihen wollen sie nicht mehr nehmen.«[488] Wie lange diese Einsicht allerdings halten wird, hängt entscheidend vom Bürger, also von uns allen, ab.

»Wir haben nur eine Erde«: die Umweltbewegung

Erst wenn der letzte Fluss vergiftet, der letzte Fisch gefangen,
der letzte Baum gerodet ist, werdet ihr feststellen,
dass man Geld nicht essen kann.
ÜBERLIEFERTE WEISHEIT DES KANADISCHEN STAMMES
DER CREW-INDIANER

Die Umweltbewegung war schon immer mit der AKW-Bewegung wesensverwandt – spätestens aber ab dem Moment, als erkannt wurde, dass die Menschheit sich nicht nur direkt und mit Waffengewalt, sondern auch durch permanente Schädigung der Natur selbst zerstören kann. Insofern wurde die Endlagerung des radioaktiven Mülls ein Thema für AKW-Gegner ebenso wie für Naturschützer.

Umweltschutz hat in Deutschland eine uralte Tradition, die fast immer gegen vom Staat geschaffene oder geduldete Umweltzerstörung gerichtet ist und die bis heute anhält. Im 1899 gegründeten NABU (Naturschutzbund Deutschland) engagieren sich über 460 000 Mitglieder und Förderer (Stand: Februar 2010) als aktive Umweltschützer oder Förderer. Sie sind in ganz Deutschland in etwa 2000 lokalen Gruppen organisiert, die über 5000 Schutzgebiete betreuen.[489]

Nicht selten werden die Umweltschützer verflucht, wenn etwa wegen eines Biotops, eines Naturschutzgebiets oder zum Schutz bedrohter Tierarten lukrative staatliche oder private Bauvorhaben wie zum Beispiel die Errichtung von Golfplätzen oderEinkaufszentren vorerst abgeblasen werden müssen. Auch mancher Autofahrer ist stinksauer, wenn er wegen einer Tierwanderung einen Umweg fahren muss. »Die Straße durch das Kalte Tal bei Bad Harzburg wird für Salamander gesperrt«, schrieb etwa das *Hamburger Abendblatt* im April 2010 in ironischem Unterton. »Umweltschützer warnen zudem vor Krötenwanderung.«[490] Dabei stehen die »Schikanen« der Aktivisten voll im Einklang mit dem 1994 ins Grundgesetz eingefügten Artikel 20 a, der den Staat zum Schutz der natürlichen Lebensgrundlagen verpflichtet. Dies ist aber natürlich kein Grundrecht, sondern ein »Staatsziel«, so dass bestimmte Gesetze oder Verbote nicht einklagbar sind. Konkrete Gesetze über die Umweltverträglichkeitsprüfung, das Baugesetzbuch und das Raumordnungsgesetz sind da schon ernster zu nehmen.[491] Kein Wunder also, dass die Wirtschaftsverbände belanglose »Selbstverpflichtungserklärungen« verbindlichen Gesetzen vorziehen.[492]

Pfiffige Unternehmer gründeten »ethisch-ökologische« Banken. »Die Chancen stehen gut«, meint *Spiegel Online*. »Ethische Banken boomen. Die Zahl der Menschen, die ihr Geld nachhaltig investieren, nimmt zu. Triodos verdoppelte ihre Bilanzsumme in den letzten vier Jahren, die GLS Bank, Deutschlands älteste ethische Bank, wuchs im letzten Jahr um 33 Prozent.[493]

Das Ganze erinnert an den uralten Traum christlicher oder »linker« Zeitgenossen, mit guten Taten steinreich zu werden, also quasi den lieben Gott oder die Solidaritätsgrundsätze »auszu-tricksen«: Man sieht sie förmlich vor sich, die moralisch korrek-ten vermögenden Öko-Aktionäre: Zwar verdienen sie sich noch immer ohne einen Handschlag eine goldene Nase, eignen sich also die Früchte der Arbeit anderer Leute an. Aber erstens kennen sie diese beraubten Leute ja gar nicht, und zweitens sind Öko-Wertpapiere besser als Giftgas-Fonds.

»Links wählen und rechts leben« scheint vor allem die Lebensma-xime grüner PolitikerInnen und ihrer WählerInnen zu sein.[494] Und sind »ethisch-ökologische« Aktien für eine Million Euro nicht auch eine Art Widerstand gegen Afghanistankrieg, Hartz-IV-Verschärfung und Rentenkürzung, also ein entscheidender Beitrag zum Kampf gegen Krieg und Armut in der Welt?

Natur contra Profitgier: Kampf um die Startbahn West[495]

Die Proteste gegen den Bau der Startbahn West des Flughafens Frankfurt am Main von 1980 bis 1987 zählen zu den spektakulärs-ten und folgenreichsten Widerstandsbewegungen der bundesdeut-schen Nachkriegsgeschichte. Als Wahrzeichen des »Wachstums-wahns« von Politik und Wirtschaft spaltete das Bauprojekt die bun-desdeutsche Gesellschaft in zwei unversöhnlich feindliche Lager. Andrerseits förderte es die Einigkeit innerhalb der Projektgegner und gab anfangs der noch jungen alternativen Bürgerrechtsbewe-gung einen gewaltigen Schub. So sehen die Grünen hier ihre Wur-zeln, und nicht von ungefähr hatten sie ihre ersten großen Erfolge mit dem Einzug in die Kommunalparlamente Hessens.

Der konkrete Widerstand begann, als die Bürgerinitiative der Startbahngegner am 3. Mai 1980 mitten auf der geplanten Piste in einer Nacht-und-Nebel-Aktion ein sogenanntes Widerstands-haus errichtete. Darum herum entstand bald ein Hüttendorf aus rund sechzig Gebäuden, sogar eine Hüttenkirche der Walldorfer Kirchengemeinde und eine Subkultur, die die Anhänger der Öko-Bewegung in ganz Deutschland wie magisch anzog. Mehrfach kam es zu Auseinandersetzungen zwischen Polizei und Demonstranten, so zum Beispiel, als ein sieben Hektar großes Gelände direkt am Flughafengelände gerodet wurde und am 2. November 1980 am Waldrand von Walldorf 15 000 Menschen – vor allem Umweltschützer und Studenten, aber auch sehr viele ältere Einheimische – dagegen demonstrierten.

Von Oktober 1981 an räumten Hundertschaften der Polizei erste Teile des zu rodenden Waldes. In grauenhafter Erinnerung ist den Startbahngegnern vor allem der noch heute »Blut-Sonntag« genannte 11. Oktober 1981. 15 000 Menschen nahmen an diesem Tag an einer Demonstration mit anschließendem Gottesdienst teil, der von der Polizei gestört wurde, offenbar nachdem einige Demonstranten versucht hatten, das Fundament einer Absperrmauer zu untergraben. Mit Wasserwerfern hatte die Polizei »geholfen, die Bibel umzublättern«, hieß es später. Mehrere Demonstranten, aber auch Polizisten, wurden an diesem Tag bei Kämpfen zum Teil schwer verletzt. »An dem Tag ist das Vertrauen, das viele Bürger noch in den Rechtsstaat hatten, für lange Jahre kaputtgehauen worden. Es gab keinen Grund, so massiv gegen Besucher eines Gottesdienstes vorzugehen«, sagte Zeitzeuge Dirk Treber, von 1982 bis 1985 für die Grünen im Landtag. Auch dass am Flughafen bereits mit Rodungen begonnen worden war, bevor letzte Gerichtsentscheidungen gefällt worden waren, hätte zur Eskalation beigetragen.

Zum rabenschwarzen Tag für die Startbahngegner wurde die Räumung des Hüttendorfs am 2. November 1981. »Die Menschen wurden aus den Hütten gezerrt und geprügelt«, erinnert sich Treber. Anschließend seien die Hütten »plattgemacht« worden, einzig die Hüttenkirche sei fachgemäß abgebaut und zunächst eingelagert worden. 1983 und 1985 wurde sie dann auf den Kirchentagen in Hannover und Düsseldorf aufgebaut. »Die war jedes Mal ein echter Zuschauermagnet.« Seit 1986 steht die Hüttenkirche nun zwischen Walldorf und Mörfelden und erinnert damit noch heute an den Protest von einst. [496]

Eine eigentlich geplante Wiederbesetzung des Hüttendorfgeländes am 7. November 1981 aus einer Kundgebung von mehreren zehntausend Menschen heraus, wurde nach Konflikten innerhalb der Bewegung über die Gewaltfrage abgeblasen. Statt der geplanten Massenüberschreitung der Polizeiabsperrungen nahm man das Angebot der Landesregierung an, fünfzig ausgewählte Demonstranten mit freiem Oberkörper auf das Gelände zu schicken. Vier Sprecher der Bürgerinitiative verhandelten daraufhin mit FDP-Innenminister Ekkehard Gries ergebnislos über einen möglichen Stopp der Rodungsarbeiten bis zur Entscheidung des Staatsgerichtshofes.

Am 14. November 1981 versammelten sich mehr als 150 000 Menschen in Wiesbaden, um der Landesregierung über 220 000 Unterschriften für ein Volksbegehren gegen die Flughafenerweiterung zu übergeben. Es folgten unzählige Demonstrationen vor den kilometerlangen NATO-Draht-Sperren. Zugleich wurden die »Sonntags-Spaziergänge« am Baugelände zum Ausdruck des Protests, der oftmals auch gewalttätig endete.

Der Protest gegen die Startbahn West prägte das Flughafen-Umland über Jahre. In den umliegenden Ortschaften schossen grüne Parteien wie Anti-Atompilze aus dem Boden und kamen auf Anhieb in die Kommunalparlamente. 1982 zogen die Grünen in Hessen erstmals in einen Landtag ein, und auch bundesweit stärkten die Frankfurter Proteste die Ökobewegung.

Am 12. April 1984 wurde die Startbahn West eröffnet, aber die Proteste gingen weiter. Zu gewalttätigen Zusammenstößen kam es kurz nach dem Start der ersten Flugzeuge über die neue Bahn. In einem Fall musste sogar der Flugbetrieb kurzzeitig unterbrochen werden, weil Gegner eine Wiese in unmittelbarer Nähe der Startbahn angezündet hatten.

Dann schien der Widerstand einzuschlafen, aber am 2. November 1987, dem sechsten Jahrestag der Räumung des Hüttendorfes, ließ eine »Protestaktion« die Republik erbeben. Demonstranten lockten eine Gruppe von Polizisten in einen Hinterhalt. Als die sich irritiert zurückziehen wollten, wurde plötzlich viermal geschossen. Vier Beamte wurden verletzt, davon die Polizisten Klaus Eichhöfer (43) und Thorsten Schwalm (23) tödlich. Im März 1991 erhielt deshalb der Startbahngegner Andreas Eichler (36) wegen Totschlags fünfzehn Jahre Haft. Einem Mitangeklagten konnte man eine Tatbeteiligung nicht nachweisen.[497]

Das tödliche Verbrechen bedeutete faktisch das Ende der Widerstandsbewegung, da selbst die militanten Startbahngegner zwar keiner »Rangelei« mit der Polizei aus dem Weg gingen, aber die bewusste Verletzung oder gar Tötung staatlicher Sicherheitskräfte ebenso wie anderer Menschen strikt ablehnten.

»Es war der Aufstand der Langhaarigen und der Grauhaarigen«, beschrieb der damalige Frankfurter Student und heutige Psychotherapeut Michael Wilk das bunte Spektrum der Startbahn-Gegner. Damit hätten die Politiker ein Problem gehabt, »denn die alten Feindbilder aus Apo-Zeiten stimmten nicht mehr«. Hier demonstrierten nicht nur die »Chaoten«, nun waren es plötzlich auch brave Bürger, über deren Reihenhäuschen im Kreis Groß-Gerau ein Jumbo-Jet hinwegdröhnen sollte.[498]

Selbst Achim Weidmann, der sich vom Startbahnkämpfer zum Vize-Chef der CDU-Fraktion im Kreistag Odenwaldkreis hochgearbeitet hat, bekennt: »Ich bereue nichts. Obwohl ich heute für den Flughafenausbau bin. Aber der Kampf gegen die Startbahn West ist einfach ein wichtiger Teil meines Lebens. Ich war immer vorne mit dabei: als das Hüttendorf geräumt wurde, auf der großen Demo in Wiesbaden, bei der Flughafenblockade, dem legendären Nackten-Samstag und später auf etlichen Sonntagsspaziergängen.«[499]

»Haben Sie überhaupt gedient?« – die Friedensbewegung

Eng damit verbunden ist die Friedensbewegung, oft als Truppe von »Weicheiern«[500] gerade von denen verspottet, die zwar »cool« Tausende Soldaten wie Schachfiguren rund um die Welt schicken (»Deutschland wird am Hindukusch verteidigt«, Peter Struck), selbst aber nie so blöd wären, sich oder ihre Verwandtschaft solchen Gefahren auszusetzen. So manche Entscheidung über Kriegseinsätze wäre wohl anders ausgefallen, müssten die Politiker ihre Söhne und Töchter an die Front entsenden oder gar höchstpersönlich vor Ort ihr Leben riskieren. (Damit sind allerdings nicht die Imagekampagnen eitler Ministerdarsteller gemeint, die mit ihren hollywoodesk aufgebrezelten Gattinnen und devoten Unterschichts-Talkern Truppenbesuch-Shows in Afghanistan veranstalten).

Ein Vater klagt dem Verteidigungsminister: »Mein Sohn ist in Afghanistan gefallen.«
Der Minister tröstend: »Wirklich tragisch. Aber es hätte schlimmer kommen können. Wenn es nämlich meinen Sohn getroffen hätte.«

Eine zentrale Bedeutung hatte die Ostermarschbewegung. In Deutschland fand der von den Briten übernommene Marsch erstmals 1960 von Hamburg nach Bergen statt. Anfangs gehörten der Bewegung vor allem Anhänger eines ethisch-religiösen Pazifismus an. Sehr schnell aber wurde sie zu einer außerparlamentarischen Sammlungsbewegung, die jedoch 1970 wegen der Befürwortung der Intervention der Truppen des Warschauer Pakts in der Tschechoslowakei durch die Deutsche Kommunistische Partei DKP zerfiel.

Ab 1977 löste die Entwicklung der Neutronenbombe in den USA einen weltweiten Aufschwung der Friedensbewegung aus. Viele Menschen empfanden deren angebliche Fähigkeit, Leben zu vernichten, aber Bauten und Material zu schonen, als »Perversion menschlichen Denkens« (Egon Bahr).

Als typische Protestform gegen diese Bombe entwickelte sich in den USA und in Australien das *Die-in*, bei dem sich die Demonstranten auf ein Signal plötzlich wie tot auf die Erde legen. Der NATO-Doppelbeschluss am 12. Dezember 1979 und der Einmarsch der Sowjetunion in Afghanistan am 25. Dezember 1979 befeuerten eine neuartige Friedensbewegung in Westeuropa und

Nordamerika, die sich breiter und vielschichtiger präsentierte und sogar bis in den Ostblock hinüberschwappte.

Anfang bis Mitte der achtziger Jahre protestierten Millionen gegen den NATO-Doppelbeschluss, der die Stationierung der atomar bestückten US-amerikanischen Mittelstreckenraketen Pershing II und Marschflugkörper AGM-86 Cruise Missile in Europa als Antwort auf die Stationierung der neuen sowjetischen SS-20-Raketen vorsah.

Besonders prangerte die Friedensbewegung an, dass die US-Atomwaffen sogar Moskau ohne Vorwarnzeit treffen könnten. Über vier Millionen Menschen unterzeichneten von 1980 bis 1983 den Krefelder Appell gegen die Stationierung amerikanischer Mittelstrecken-Atomwaffen in Europa.

Eine der ersten großen Friedensdemonstrationen mit Hunderttausenden Teilnehmern fand beim Deutschen Evangelischen Kirchentag im Juni 1981 in Hamburg statt. Am 10. Oktober 1981 demonstrierten im Bonner Hofgarten mehr als 300 000 Menschen friedlich gegen Atomwaffen. Beim Evangelischen Kirchentag 1983 in Hannover demonstrierten wieder Hunderttausende, und am 22. Oktober 1983 gingen unter anderem in Bonn, Berlin, Hamburg sowie zwischen Stuttgart und Ulm insgesamt 1,3 Millionen Menschen auf die Straße. Zwischen Stuttgart und Ulm entstand eine durchgehende Menschenkette.

Prozess gegen einen Friedensdemonstranten.
Richter: Sie sind also gegen militärische Abschreckung, soso. Nehme ich Ihnen nicht ab. Oder haben Sie noch nie Eier abgeschreckt?

Auch die Ostermarsch-Bewegung erfuhr durch den Nachrüstungsprotest eine Renaissance und mobilisierte von 1981 bis 1984 regelmäßig Hunderttausende in zahlreichen bundesdeutschen Städten und Regionen. Mit dem Ende des Kalten Krieges und dem Zerfall des Ostblocks hat aber das Interesse an den Ostermärschen inzwischen wieder erheblich nachgelassen. Waren zu Spitzenzeiten der Ostermärsche noch Hunderttausende auf den Beinen, so beteiligten sich 1993 in Deutschland gerade noch 70 000 Menschen an den Veranstaltungen, die vor allem den AWACS-Einsatz der Bundeswehr zur Durchsetzung des Flugverbotes über Bosnien-Herzegowina zum Thema hatten.

Einen bis dahin einmaligen Höhepunkt erreichte die Friedenbewegung mit ihren Aktionen gegen die Nato-Kriege gegen Jugoslawien, Afghanistan und den Irak. So demonstrierten am 15. Februar in Berlin zwei Tage vor einem Brüsseler Sondergipfel der EU über 500 000 Menschen gegen den Irakkrieg. Zeitgleich gab es auch in anderen europäischen Metropolen zahlreiche Kundgebungen, die größten in London und Rom mit zwei Millionen sowie in Barcelona mit 500 000 Menschen.

Insgesamt gingen in fünfundsiebzig Ländern Menschen auf die Straße. Die heterogene Friedensbewegung organisierten antikapitalistische Netzwerke wie Attac, aber auch Gewerkschaften, friedenspolitische Gruppen, arabische und palästinensische Zirkel, Kirchengemeinschaften und Parteien wie die Grünen, Liberalen, Kommunisten und Sozialdemokraten.[501] Und immer mehr Menschen fragten sich, warum gerade die Nuklearmächte USA, Großbritannien, Frankreich, Russland und China so verbissen gegen den Besitz von Massenvernichtungswaffen eintreten.

Es ist nur verständlich, dass die Wölfe die Abrüstung der Schafe verlangen, denn deren Wolle setzt dem Biss einen gewissen Widerstand entgegen.
GILBERT KEITH CHESTERTON

Die Antwort liegt auf der Hand: Der Irak wurde erst überfallen, als man sich der Ungefährlichkeit der Aktion sicher war; und an Nordkorea traut sich die NATO bis jetzt gar nicht erst heran.

Am 2. Juli 2005 veranstaltete die Musikprotest-Ikone Bob Geldof gegen den G8-Gipfel und die Verantwortung dieser Staaten für Hunger und Armut das größte Konzert aller Zeiten, das »Live 8«, und zwar in Berlin, London, Paris, Moskau, Rom, Philadelphia, Ottawa und Tokio. Rund zwei Millionen Besucher und drei Milliarden Fernsehzuschauer weltweit waren dabei. Mit den Konzerten sollten die Regierungschefs der G8-Staaten insbesondere dazu bewogen werden, einen Schuldenerlass für die armen Länder der Welt und eine Erhöhung der Mittel für Entwicklungshilfe zu beschließen.

2004 und 2005 kämpfte die westeuropäische Friedensbewegung hauptsächlich gegen den Entwurf für eine EU-Verfassung, vor allem wegen der Verpflichtung zu möglichen weltweiten EU-Kampfeinsätzen, der Ausdehnung des Einsatzspektrums einer europäischen Armee und der Aufrüstungsverpflichtung für die einzelnen Staaten (Artikel I-41 der EU-Verfassung). Weil es bei uns anders als etwa in Frankreich und den Niederlanden keine Volksabstimmung gab, fand hierzulande eine entsprechende Aufklärungskampagne kaum statt. Dort lehnte das Volk die Verfassung übrigens ab: die Franzosen im Mai 2005, die Niederländer im Monat darauf.

Teile der Friedensbewegung konzentrieren sich auf Themen wie die Abschaffung bestimmter Waffengattungen, etwa die Ärzte zur Verhütung des Atomkriegs oder die Internationale Kampagne für das Verbot von Landminen. Diese 1992 gegründete Bürgerinitiative brachte immerhin in fünf Jahren die Ottawa-Konvention zum Verbot von Landminen zustande, das bislang von etwa vierzig meist kleineren und von den Folgen solcher Waffen betroffenen Staaten unterzeichnet wurde: Hierfür wurde der Initiative 1997 zu Recht der Friedensnobelpreis verliehen.

Kampagnen gegen Streumunition verstärken infolge erheblicher Zustimmung in der Weltöffentlichkeit auch den Druck auf andere Staaten – besonders die Hauptrüstungsexporteure USA, Russland und China –, solchen Verbotsverträgen zuzustimmen.[502] Sie begleiten auch die Kritik an Kriegen, in denen diese Waffenarten eingesetzt wurden und werden: so von der NATO im Kosovokrieg (1999), von den USA im Irak (2003), von Israel im Libanonkrieg 2006 und von Russland im Kaukasus-Konflikt.[503]

Zu einer Demo gegen die geplante Truppenverstärkung in Afghanistan rief die deutsche Friedensbewegung am 20. Februar 2010 nach Berlin. Unter dem Motto »Deutsche Soldatinnen und Soldaten sind keine Entwicklungshelfer in Uniform« forderte man zudem den Abzug deutscher Bundeswehrsoldaten aus dem Krieg am Hindukusch.[504] Aber es kamen nur maximal 3000 Kriegsgegner. »Friedlicher Protest gegen Afghanistan-Einsatz«, lobte sogar *Focus Online*.[505]

Geht also den Kriegsgegnern die Puste aus? Hat ein großer Teil der Friedensbewegung Frieden geschlossen mit der Kriegsnation Deutschland? Nun wäre die Politik schlecht beraten, Demonstrationen als Gradmesser für Widerstand zu nehmen und geringe Teilnehmerzahlen als Zustimmung zu ihrer Kriegspolitik zu werten. »Rückhalt in der Bevölkerung für den Afghanistan-Einsatz schwindet«, meldete die *Tagesschau* am 15. April 2010. Laut einer ARD-Umfrage sind 70 Prozent der Deutschen für einen sofortigen Abzug.[506]

Der Grund für den Sinneswandel liegt auf der Hand. Während des Kalten Krieges ließ sich so mancher Bundesbürger einreden, dem Warschauer Pakt könne man nicht bewaffnet genug entgegentreten. Der blindwütige volksdeutsche Hass auf »den Iwan« war eben noch erste Bürgerpflicht; jetzt hieß er eben »Politik der Abschreckung«. Mit dem Zerfall des Ostblocks war allerdings plötzlich der Gegner weg. Die Militaristen in Politik und Bundeswehr fürchteten um ihre Existenzberechtigung, die Rüstungskonzerne um ihre Milliardenaufträge; und so schickte man deutsche Soldaten – zunächst als UN-Blauhelme verkleidet – rund um die große weite Welt. Dann kamen – endlich – der Kosovokrieg und die Afghanistan-Invasion, und schon bald wurde die Rüstungsbranche wieder zum unverzichtbaren Bestandteil unserer Marktwirtschaft.

Im Jahr 2010 war der Wehretat der Bundesregierung mit 31 Milliarden Euro der drittgrößte Einzeletat[507]: Kriege und »notwendige Modernisierungen« sind für Waffenproduzenten das, was Todesfälle für Bestattungsunternehmen sind: eine notwendige Geldquelle. Hinzu kommen noch ganz andere »Sachzwänge«: Als der damalige Bundespräsident treuherzig die streng geheime Selbstverständlichkeit ausplauderte, dass »im Notfall auch militärischer Einsatz notwendig ist, um unsere Interessen zu wahren, zum Beispiel freie Handelswege, zum Beispiel ganze regionale Instabilitäten zu verhindern, die mit Sicherheit dann auch auf unsere Chancen zurückschlagen – negativ – bei uns durch Handel Arbeitsplätze und Einkommen zu sichern«,[508] da kostete ihn das letztlich seinen Job.

Kurzum: Bis auf weiteres dürften der Friedensbewegung und der Bevölkerung die einschlägigen Themen nicht ausgehen. Schon jetzt zeichnet sich ab, dass sich eine wie auch immer geführte Bundesregierung weitere Kriegsabenteuer wie im Kosovo oder in Afghanistan so ohne weiteres nicht mehr leisten kann: Das Risiko wäre einfach zu groß, dass sich das Umfrage-Nein zu Kriegseinsätzen in der deutschen Bevölkerung sehr schnell in handfesten ordentlichen Protest wandelt, und zwar nicht nur auf der Straße.

Klassen- oder Geschlechterkampf? – die Frauenbewegung

Eigentlich sollte es sich von selbst verstehen, dass der Sinn der Frauenbewegung darin besteht, für die umfassende politische, gesellschaftliche und ökonomische Gleichberechtigung aller Frauen zu kämpfen. Aber kann man überhaupt von »den Frauen« sprechen? Hat eine Neuköllner Putzfrau mehr mit einer Starnberger Chefarztgemahlin gemein als mit dem Müllmann von nebenan? Verbindet eine Hartz-IV-Empfängerin mit der in die Glamour Society gewechselten Ex-Frauenrechtlerin Alice Schwarzer mehr als mit dem arbeitslosen Nachbarn? Die Frauenbewegung krankt wie viele Protestbewegungen daran, dass – vereinfacht gesagt – die Führung oft ganz andere Ziele verfolgt als die Basis.

Die »Rechte« der Frauen bis in die späten sechziger Jahre trugen aus heutiger Sicht makaber-groteske Züge. Erst seit 1958 dürfen die Frauen über ihr eigenes Vermögen selbst bestimmen und ohne Einverständnis des Gatten berufstätig sein;[509] erst seit 1977 sind sie nicht mehr in erster Linie zur Haushaltsführung verpflichtet,[510] und erst seit 1997 ist Vergewaltigung in der Ehe strafbar. Anfang der siebziger Jahre brachte sich die damals in Paris lebende freie Journalistin Alice Schwarzer erstmals ins Spiel, als sie die Selbstanklage-Kampagne »Ich habe abgetrieben« von den Französinnen übernahm[511] und dem *Stern* andrehte. Der erschien am 6. Juni 1971 mit dem Aufmacher *Wir haben abgetrieben* und dem »Outing« von 374 Frauen, was wiederum zur Bewegung gegen den § 218 StGB (Verbot des Schwangerschaftsabbruchs) führte. Am Ende wurde zwar nicht die Streichung des § 218 erkämpft, aber immerhin die Indikationslösung, die am 21. Juni 1976 in Kraft trat. In der Folgezeit allerdings befassten sich die Ikonen der Frauenbewegung vor allem mit zwei Themen: militanter Sex und die eigene Karriere.

Schwarzer geht's nicht:
der kleine sexuelle Unterschied

In ihrem Buch *Der kleine Unterschied und seine großen Folgen* bezeichnet Schwarzer die Sexualität als »Angelpunkt der Machtverhältnisse zwischen den Geschlechtern und der Unterdrückung der Frauen«.[512] Was sie damit meint, erklärt sie für Begriffsstutzige im Jahr 1994 in ihrer Zeitschrift *Emma* am Beispiel einer US-Amerikanerin, die ihrem Gemahl den Penis abgeschnitten hatte.

Dabei geht es bei diesem so anschaulich illustrierten Männerhass nicht einmal hauptsächlich um die Frage der Gewalt, sondern um den bewussten Aufbau falscher Fronten: Frau/Mann ersetzt arm/reich. Und insofern gleicht dieser Flügel der Frauenbewegung frappierend den Nationalisten, Fußballfanatikern oder militanten (Nicht-)Rauchern: Jeder Reiche unter hundert Armen wird alles in seiner Macht Stehende tun, um diese offenkundige und real existierende Front durch andere Fronten zu ersetzen. Unabhängig vom finanziellen und sozialen Status sollen Deutsche gegen Ausländer, Schalke-Fans gegen Bayern-Anhänger

> »Sie hat ihren Mann entwaffnet. (...) Eine hat es getan. Jetzt
> könnte es jede tun. Der Damm ist gebrochen, Gewalt ist für
> Frauen kein Tabu mehr. Es kann zurückgeschlagen werden. Oder
> gestochen. Amerikanische Hausfrauen denken beim Anblick eines
> Küchenmessers nicht mehr nur ans Petersilie-Hacken. (...) Es
> bleibt den Opfern gar nichts anderes übrig, als selbst zu handeln.
> Und da muss ja Frauenfreude aufkommen, wenn eine zurück-
> schlägt. Endlich!«[513]

oder Raucher gegen Nichtraucher und natürlich Frauen gegen
Männer zusammenhalten.

Besonders deutlich wurde Schwarzers Sex-zentrierte Haltung an
ihrer wütenden Reaktion auf eine Aussage der Familienministerin Schröder. Ausgerechnet im *Spiegel*-Interview hatte das politische Leichtgewicht die Position kritisiert, »dass der heterosexuel-
le Geschlechtsverkehr kaum möglich sei ohne die Unterwerfung
der Frau. Da kann ich nur sagen: ›Sorry, das ist falsch.‹« Schwarzer las und explodierte in Form eines offenen Briefes. Schröder sei
ein »hoffnungsloser Fall«, zudem seien »die Stammtische längst
weiter, viel weiter als Sie«. Jobempfehlung der *Bild*-Gerichts-
reporterin Schwarzer: »Pressesprecherin der neuen, alten, so medienwirksam agierenden, rechtskonservativen Männerbünde und
ihrer Sympathisanten«.[514]

Lieber reich und emanzipiert: der kleine soziale Unterschied

Hat frau erst einmal durch das (vorgebliche) Feindbild Mann die
Unterschiede zwischen den gesellschaftlichen Schichten ins be-
deutungslose zweite Glied verwiesen, so kennt der Gewaltmarsch
bis möglichst ganz nach oben kein Halten mehr. Schon 2008 re-
gistrierte Barbara Gärtner in der *Süddeutschen Zeitung,* »wie die
Frauenbewegung zum Karrierecoaching verkommt«. Auch die
sogenannten *Alphamädchen* »deuten den Feminismus« nach
Gärtners Überzeugung »nur zu einer zweckorientierten Le-

benspraxis um, sie verraten die Frauenbewegung an die Work-Wife-Balance«, und sogar Schwarzer beschimpfte das Ganze als »Wellness-Feminismus«.[515]

Dabei hat die Feminismuspäpstin es gerade nötig. Spätestens seit sie schwesterlich Seite an Seite mit der erbmilliardenschweren *Bild*-Besitzerin Friede Springer im Jahr 2005 Wahlkampf für Angela Merkel machte, wurde auch der blauäugigsten Frauenrechtlerin klar: Für manche »Emanzen« bedeutet Emanzipation lediglich, dass eine Frau an der Spitze mitmischt, egal wobei, wofür, als was und mit welchen Konsequenzen.

Als Idole gelten ihnen alle Geschlechtsgenossinnen, die es bis ganz nach oben geschafft haben: George W. Bushs kriegsbesessene Spießgesellin Condoleezza Rice ebenso wie »Lady Asozial« Maggie Thatcher. Und Anführerin Schwarzer schreckt nicht einmal vor Hitlers Propagandafilmerin Leni Riefenstahl zurück. »Wie alle Legenden ist auch die Riefenstahl aus der Nähe nur ein Mensch«, schwärmte sie noch 1999, »in dem Fall noch ein weiblicher dazu, also bescheiden und verbindlich im Auftritt.«[516] Fast könnte man daraus auf die Aussage schließen: Wäre Hitler eine Frau gewesen, hätte man dem KZ-Gas ein Frühlingsparfüm beigemischt.

Entsprechend feiern diese Kreise die Kanzlerschaft der *Frau* Merkel als großen Sieg der Emanzipation und als noch größeren Triumph, dass eine Frau an der Spitze der Regierung selbst in Deutschland nichts Besonderes mehr sei. »Die Normalität ist für uns Frauen von außerordentlich großer Bedeutung«, betonte Maria Böhmer, die Chefin der CDU-Frauenunion.[517] Christiane Hoffmann vom Arbeitgeberblatt *Frankfurter Allgemeine* dagegen ist restlos begeistert von der Beziehung zwischen Kanzlerin Merkel und Medienmogulin Springer als »Freundschaft zweier Frauen, die mehr verbindet als die norddeutsche Herkunft: die Einsamkeit, die verletzende Berichterstattung, sich durchgekämpft zu haben in einer Männerwelt«.[518]

Genauso gut hätte man zu rot-grünen Zeiten behaupten können, ein Kriegsminister Joschka Fischer sei ein Erfolg der Friedensbewegung, ein Umweltminister Jürgen Trittin ein Sieg der Anti-Atomkraft-Gegner und eine Ernährungsministerin Renate Künast ein Triumph der Ökoszene.

In Wahrheit ist die Führungsschicht der selbsternannten Frauenpartei Die Grünen längst auf dem Karrieretrip in eigener Sache. Bereits im Jahr 2006 forderte Katrin Göring-Eckardt, die sich als Abbrecherin eines Theologiestudiums bis ins Amt einer Bundestagsvizepräsidentin durchboxte, die Frauen zu »mehr Machtwillen« auf. Wie aber sieht mehr »Machtwillen« bei weiblichen Textilarbeitern, Friseuren, Briefträgern, Schreibkräften und Hartz-IV-Empfängern aus? Keine Ahnung, aber die Normalfrauen sind ja auch längst nicht mehr »Zielgruppe« der Grünen, sondern alles Weibliche und Karriereversessene von Studentin aufwärts.[519]

Um Missverständnisse zu vermeiden: Natürlich zeugt es nicht gerade von verwirklichter Gleichberechtigung, wenn Spitzenjobs nach wie vor fast ausschließlich Männersache sind. Wenn Frauen nur 15 Prozent der Hochschullehrer, weniger als zehn Prozent der Chefredakteure von Print und Funk stellen. Und geradezu ein Armutszeugnis stellen sich die Großkonzerne aus. »Der Frauenanteil in den 30 DAX-Unternehmen hat sich in den vergangenen zwölf Monaten vervierfacht«, lästerte die *taz*. »In absoluten Zahlen klingt dies jedoch eher bescheiden: Nach einer Frau zuvor sind es nun vier Frauen oder ganze zwei Prozent.«[520]

Und die vier in den Chefsesseln ebenso wie ihre Erfolgskolleginnen aus der Kaste Illner, Roth, Merkel, Maischberger und nicht zuletzt Schwarzer fungieren und fühlen sich vermutlich sogar als Stellvertreterinnen aller Frauen und Vorkämpferinnen der Emanzipation, die den fulminanten Aufstieg der Karrierefraktion womöglich noch als ihren eigenen bejubeln sollen. Stellvertretend für die Normalbürgerinnen machen sie Karriere, sonnen sich im Blitzlichtgewitter und ernten jede Menge Ruhm und Anerkennung – inklusive des entsprechenden Kleingelds, versteht sich. Vor allem Medienprofi Schwarzer ist beim Gedrängel um die Studioplätze kaum zu schlagen. Gestern bei *Was bin ich*, heute bei *Wer wird Millionär*, morgen bei *g*, übermorgen bei *Zimmer frei* – oder war

es doch das *Dschungelcamp?* »Im Rampenlicht um jeden Preis« titelte *Tagesspiegel Online* im September 2010. »Alice Schwarzer beobachtet für die *Bild*-Zeitung den Kachelmann-Prozess. Ihrer Glaubwürdigkeit dient das nicht, ihrer Sache schadet es.«[521]
Bleibt die Frage, ob wenigstens die Karrierefrauen gemeinsam an einem Strick ziehen können. Zwar wimmelt es nur so von aufstiegsorientierten örtlichen, regionalen und nationalen Frauennetzwerken – man denke nur an die mittlerweile fünf Ableger des weltweit größten Netzwerks *Soroptimists*;[522] ob dies allerdings auf ein verstärktes Zusammenhalten der Frauen hindeutet, bleibt zweifelhaft. So findet Barbara Gärtner grundsätzlich, »eine Gruppe, die so heterogen ist wie die der Frauen, kann kaum solidarisch handeln«.[523] Zu einem ähnlichen Ergebnis kommt die heute aktuelle Studie »Ich gebe, damit Du gibst« des Kölner Instituts zur Erforschung sozialer Chancen. Wegen der Orientierung am Eigennutz dieser Netzwerke komme Solidarität nur ausnahmsweise vor. Entsprechend sahen die Forscherinnen die Annahme widerlegt, »moderne Solidarität« in Frauennetzwerken überbrücke soziale Grenzen.
Ihnen zufolge gilt vielmehr in vielen Karrierenetzwerken »Gleich zu Gleich gesellt sich gern sowie der *Matthäus-Effekt:* ›Wer hat, dem wird gegeben.‹«[524]

Denn wer da hat, dem wird gegeben werden, dass er Fülle habe;
wer aber nicht hat, von dem wird auch genommen, was er hat.
Matthäus 25,29

Und was sagen die Eliten der »Frauenbewegung« zu den Sorgen und Nöten ihrer Geschlechtsgenossinnen, zum Beispiel dazu, dass nach EU-Studien der Durchschnittslohn in Deutschland für Frauen trotz gleicher Leistung um nahezu ein Viertel unter dem der Männer liegt? Dass sie eher entlassen oder zu schlechter bezahlten und mies abgesicherten Leiharbeiterinnen gemacht würden? Damit gehöre Deutschland zu den Staaten mit der größten

Ungleichheit bei der Bezahlung, kritisierte EU-Sozialkommissar Vladimir Spidla bereits im Juni 2008. Ebenso skandalös oder noch skandalöser sei es nur in Estland, Zypern und der Slowakei.[525]
Nun mag es ja sein, dass die eine oder andere Spitzen-»Emanze« im kleinen Kreis oder fernab der Medien zur noch immer allgegenwärtigen Unterdrückung der Frau oder den alltäglichen Skandalen wie bei Schlecker (siehe oben) flammende Reden gehalten oder gar Protestaktion angekündigt hat. An die Öffentlichkeit drang jedenfalls nichts dergleichen, und man wird den Verdacht nicht los, als interessiere diese Damen alles, was nichts mir der eigenen Karriere zu tun hat, so brennend wie der 13. Spieltag der Zweiten Männerbundesliga.
Dafür lästert Fernsehstar Schwarzer gegen den Weltfrauentag am 8. März, der in Wahrheit auf einen Streik New Yorker Textilarbeiterinnen zurückgeht, als eine »sozialistische Erfindung«. Die Frauenbewegung sei aber Anfang der siebziger Jahre im Westen nicht zuletzt aus Protest gegen die Linke entstanden: »Eine Linke, die zwar noch die letzten bolivianischen Bauern befreien wollte, die eigenen Frauen und Freundinnen aber weiter Kaffee kochen, Flugblätter tippen und Kinder versorgen ließ.«[526] Auch hier wieder wie gehabt: Was sind schon die Existenznöte der »letzten« (!) bolivianischen LandarbeiterInnen und der deutschen Billiglöhner/-innen gegen die Unterdrückung aufstiegswilliger Studentinnen durch ihre männlichen Pendants?

Nix Pisa forever: die Bildungsfront

Der Kampf gegen die Bildungsmisere scheint auf den ersten Blick endlich einmal ein Anliegen zu sein, das Arm und Reich, Jung und Alt miteinander vereint. Und tatsächlich: Die Bundesregierung will laut ihrer Homepage vom Herbst 2008 »Deutschland zur Bildungsrepublik machen. Bildung ist in unserem rohstoffarmen Land der Schlüssel für den persönlichen Aufstieg, für soziale Gerechtigkeit und ein Leben in Wohlstand. Bildung geht deshalb alle an. Bund und die Länder haben gemeinsam die »Qualifizierungs-initiative für Deutschland – Aufstieg durch Bildung« auf den Weg gebracht.[527] Die Maßnahmen reichen von der frühkindlichen Erziehung bis hin zur Weiterbildung ... Allein bis 2013 wird die Bundesregierung zusätzlich 12 Milliarden Euro in Bildung und Forschung investieren.[528]

Sogar Guido Westerwelle, damaliger Chef der Partei der Unternehmer und Besserverdiener, tönte am 31. August 2010 in einer Rede zum 20-jährigen Jubiläum der gesamtdeutschen FDP: »Die Bundesregierung gibt Bildung und Forschung Vorrang ... Der Zugang zu guter Bildung entscheidet über die Gesellschaft, in der wir leben ... Wer Bildung Vorrang gibt, unterstützt die innere Einheit und den Zusammenhalt unserer Gesellschaft ... Wer gerade den Jungen faire Chancen eröffnen will, muss Bildung als Bürgerrecht ernst nehmen.«[529]

Normalerweise müssten daraufhin die Schüler und Studenten in Jubelsprechchöre ausbrechen (»Unsere schwarz-gelbe Regierung, sie lebe hoch!«), nach Angela Merkel Unis, Gymnasien und Hauptstraßen und nach Annette Schavan Hörsäle, Schulhöfe und Marktplätze benennen. Aber Undank ist der Welten Lohn: Seit geraumer Zeit jagt eine Streikaktion, Demo oder Kundgebung die nächste. Hauptakteure sind Schüler und Studenten gemeinsam, aber auch die Gesichter von Eltern, Lehrern und Erziehern oder Unidozenten und Professoren werden immer häufiger gesehen, so auch am 17. Juni 2009 – die Veranstalter sprachen von einer Viertelmillion Teilnehmern. »Bildungsstreik: Mehr als 100 000 Schüler und Studenten auf den Straßen«, titelte *Spiegel Online.* »Deutschlands Bildungsbetriebe werden bestreikt: Statt zur Schule oder zur Uni gehen viele junge Deutsche zu Demos. In Mainz stürmten sie in das Abgeordnetenhaus, in Berlin in die Humboldt-Uni. Bundesbildungsministerin Schavan wetterte über ›gestrige‹ Proteste.«[530] Schon schmerzlich, feststellen zu müssen, dass jahrzehntelange christlich-profitorientierte Anstrengungen, die Jugend zu verblödeten und zu unpolitischen karrieristischen Kriechern zu erziehen, so ganz umsonst waren.

Besonders vielsprechend entwickelt sich der Widerstandsnachwuchs. Am 12. November 2009 waren bei den Protestmärschen im Rahmen eines bundesweiten Schülerstreiks gut 100 000 Menschen aus über 40 Städten auf den Beinen, darunter rund 10 000

Auch nach Abebben der Studentenbewegung Ende der achtziger Jahre ist der Widerstand des akademischen Nachwuchses nie ganz eingeschlafen, im Gegenteil. Einer der Höhepunkte ist der »heiße Winter« 2003/2004.

Spätestens seit Anfang November 2003 treibt wie vielerorts in Europa der Widerstand gegen den Sozialkahlschlag die Menschen auf die Straße. Zeitgleich wird an fast allen deutschen Unis gegen die geplanten Studiengebühren und die Zerschlagung des Bildungssystems gestreikt.

Der gemeinsame Protest von Studenten und anderen betroffenen Schichten erreicht einen neuen Höhepunkt. So demonstrieren am 13. Dezember bundesweit rund 60 000 Menschen gegen den Sozial- und Bildungsabbau. Die Agenda 2010 heizt die Stimmung noch weiter auf.

Am 3. Dezember entgeht Hessens Wissenschaftsminister Udo Corts am Rande der Documenta in Kassel nur knapp einer Torte, acht Tage später bei einer Preisverleihung in Marburg erwischt ihn ein rohes Ei.

Am aktivsten ist man standesgemäß in der Hauptstadt, schließlich hat man seinen Achtundsechziger Ruf zu verteidigen. Am 27. November im Rahmen eines Aktionstages wird neben zahlreichen Uni-Gebäuden auch die Zentrale der Regierungspartei PDS besetzt; nach einer Demonstration mit 20 000 Teilnehmern werden Kreuzungen in der Innenstadt blockiert; am 7. Januar 2004 besetzen sechzig Leute das Willy-Brandt-Haus, und am 17. Januar demonstrieren zahlreiche Menschen, darunter Bauern und Unimitarbeiter, gegen die drohende Schließung der Landwirtschaftlich-Gärtnerischen Fakultät. Dabei legt man mit 150 Traktoren und 2000 Menschen den Verkehr lahm und stürmt am 5. Februar mit 200 Aktivisten die Berlinale-Feier am Potsdamer Platz:

»Wir sind hier, wir sind laut, weil man uns sozialabbaut.«
Aber auch Hamburg hat in jenen Tagen jede Menge »Action« zu
bieten. So besetzt am 29. Januar 2004 eine AG Sozialer Ungehorsam aus Protest gegen den Einfluss des Bertelsmann-Konzerns
auf die »Ökonomisierung der Hochschulen« eine Filiale. Am
5. Februar erhält Wissenschaftssenator Jörg Dräger, der übrigens
vier Jahre später Chef der Bertelsmann-Stiftung wurde, auf einer
Univeranstaltung zu den Studiengebühren eine Torte ins Gesicht.
Am 10. Februar stürmen fünfzehn Leute die Wahlkampftalkshow
»Schalthoff – live« im Lokalfernsehen, und am 27. Februar besetzen junge Frauen und Männer die örtliche CDU-Zentrale. Man
tauft sie in »Villa Kunterbunt« um und will hier soziale Projekte,
Einrichtungen und Gruppen einquartieren, denen der Senat Geld
und Räume gestrichen hatte.[531]

in Berlin. Hier forderte man zunächst friedlich – was sonst? – vor
allem die Rücknahme des Turbo-Abiturs in zwölf Jahren, mehr
Lehrer, kleinere Klassen und kostenlose Bildung für alle.[532] Dann
aber tauchten wie Phönix aus der Asche die Profiprovokateure des
Schwarzen Blocks mit mehreren Hundertschaften auf, demolier-
ten Räume der Humboldt-Uni und verhalfen dem Springerblatt
Berliner Morgenpost zum gewünschten Aufmacher: »Berliner
Schülerprotest endet mit Verwüstungen«[533]. Und das, obwohl im
selben Artikel zu lesen ist: »Laut Beobachtungen von Mitarbeitern der Universität handelte es sich bei den Randalierern nicht
nur um Schüler, es mischten sich auch immer wieder schwarz
Vermummte unter die Protestler. Immer wieder wurden Parolen
gerufen: ›Laufdemos allein bringen nichts!‹«
Tatsächlich ebbt der Widerstand von Anfang 2010 an langsam,
aber sicher ab. »Nur« knapp 80 000 waren noch beim bundesweiten Aktionstag am 9. Juni 2010 dabei. »Die Mobilisierung fällt
den Studenten inzwischen schwer«, stellte *Zeit Online* nüchtern
fest.[534] Einige »Widerstandsexperten« wie der Berliner Politikprofessor Peter Grottian halten daraufhin diese Form des Protests

für »vorerst erschöpft ... Es riecht nach einem vorzeitigen Ende der Bildungsstreikbewegung. Es hilft nur, zu seinem sehr erfolgreichen Scheitern zu stehen, die Fehler zu analysieren und nach einer wirklichen Denkpause erneut besser anzutreten. Das Bildungssystem ist zu wichtig, um es bürokratischen Vollstreckern zu überlassen.«[535]

Nun ist die Forderung »bessere Bildung« ein äußerst dehnbarer Begriff. Lernen fürs Leben oder für die Verwendung als Humankapital. Jedenfalls musste sogar der unter Hitler aktive SS-Scherge[536] und spätere bundesdeutsche Soziologieprofessor Helmut Schelsky zugeben: »Schule ist eine Institution, die Lebenschancen verteilt.«[537]

Und weil immer mehr Schüler das merken, sind neue und immer stärkere Protestwellen vorprogrammiert. Eine starke Welle aber besteht aus vielen kleinen Tropfen, sagt der Volksmund. Und sie kann – wie jeder Nordseeurlauber bestätigen wird – auch den stärksten Mann umreißen oder gar wegspülen.

Bildungsetat? Geht alles von unserer Rendite ab

Jede noch so kleine Reform oder Verbesserung des Bildungswesens will finanziert sein. Zwar fragt sich selbst der gutgläubige Bürger nach wie vor, warum für das 480-Milliarden-Paket zur Sanierung halbkrimineller Zockerbanken auf Zuruf Geld da war und in diesem System immer da sein wird, nicht aber die vergleichsweise lächerlichen paar Millionen für die Renovierung verkommener Klassenzimmer: Glaubt man einem Ferrari-Besitzer, dass er kein Geld für den Ölwechsel hat? Ebenso erinnert das verlogene Kompetenzgerangel zwischen Bund, Ländern und Gemeinden – also zwischen drei Ebenen innerhalb ein und desselben Staatsapparats (!) – fatal an die Mitglieder einer Diebesbande, die sich vor Gericht gegenseitig beschuldigen: »Der da war's.«

Derzeit erklärt buchstäblich jede Bundestagspartei die Bildung zu einer Hauptaufgabe. Das Ergebnis: CDU-Bildungsministerin Annette Schavan kann 2011 insgesamt 11,6 Milliarden Euro (2010 waren es 10,9, 2009 knapp 9,2 Milliarden) ausgeben. Hört sich nach viel an, ist aber erbärmlich wenig. Sogar der OECD-Bildungsbericht 2010 stellt dem »Land von Goethe und Heine« ein erbärmliches Zeugnis aus: Deutschland steckt demnach im Vergleich zu den anderen Mitgliedsländern viel zu wenig Geld in die Bildung: Während zum Beispiel die USA, Korea und Dänemark mehr als sieben Prozent ihres Bruttoinlandsprodukts in Bildung investierten, waren es in Deutschland nicht einmal 5 Prozent.[538]

Spätestens seit dem vorübergehenden Sieg des Neoliberalismus über den Humanismus um die Jahrtausendwende herum kam, in einer Mischung aus kompletter Inkompetenz und Korruption, auch das Verschleudern staatlicher Bildungseinrichtungen an skrupellose Raffkes in Mode. Schon 2003 sickerten Pläne des Hamburger Senats unter dem unzertrennlichen schwarzbraunen Duo Ole von Beust und Ronald Schill durch, zwecks Erhöhung des Bildungsetats (!) Schulen wie Supermarktschnäppchen zu verscheuern.[539]

Auch in der Bildung dient ein uralter Bauerntrick der Erzeugung eines »alternativlosen Sachzwangs«:

Stufe 1: Aufgrund sachlicher Argumente wie etwa Parteispenden oder Jobversprechen für Spitzenpolitiker sind sich Regierung und Opposition einig: »Wir wollen und müssen möglichst schnell das gesamte Bildungswesen privatisieren. Das bleibt aber vorläufig unter uns.«

Stufe 2: Die Regierung legt einen paradiesisch schönen Haushaltsentwurf mit immensen Bildungsausgaben vor, der dem Bürger Tränen der Rührung und Dankbarkeit in die Augen treibt.

Stufe 3: Die Opposition ist natürlich »im Prinzip« auch für mehr Bildungsausgaben, hat aber noch einige klitzekleine Änderungsvorschläge etwa bei den Ausgaben für bunte Kreide – und blockiert in stillem Einvernehmen mit der Regierung das gesamte Projekt.

Stufe 4: Für die Zeit der Blockade erhalten die Länder und Gemeinden keinen müden Cent. Und die Streithähne lassen sich Zeit und Zeit und Zeit und … irgendwann geht den Betroffenen –

angeblich oder tatsächlich – finanziell die Puste aus. Und so binden sie mittels pseudomathematischer Taschenspielertricks Marke »Was kostet uns ein 163-jähriger ABC-Schütze mit 879 Kindern?« dem Bürger den Bären vom »alternativlosen Sachzwang« zum Verscherbeln staatlicher Schulen an private Profitmaximierungsmaschinen auf.

Dringlichste materielle Forderungen der Bildungsprotestbewegung sind neben der erwähnten überfälligen Rundumrenovierung der Schulgebäude die Einstellung neuer Lehrer, um den Unterrichtsausfall in Grenzen halten und kleinere Klassen bilden zu können, sowie die Finanzierung von kostenlosem Unterrichtsmaterial und einer halbwegs menschenwürdigen Verpflegung vor allem in Ganztagsschulen. Aber das alles gibt's natürlich nicht umsonst. So würde allein in NRW die Verkleinerung der Grundschulklassen von 26 auf 24 Schüler rund 700 Millionen Euro kosten. Dabei liegt der Bundesdurchschnitt bei 22, von den 14,6 Schülern pro Klasse in Finnland mit seiner »kommunistischen« Gesamtschule gar nicht erst zu reden.[540]

Wie gut, dass es da den besagten IGLU-Boss Bos gibt. Kleinere Klassen allein brächten gar nichts. Stattdessen solle man wie in Skandinavien und den Niederlanden pro Klasse einen »Co-Teacher« für die schwächeren Schüler einstellen.[541] Aber klar doch: Der Polo ist zu teuer, also kaufen wir uns ein Privatflugzeug. Schon für die heutigen überfüllten Klassen fehlen gut 20 000 Lehrer, davon 15 000 in den »Mint«-Fächern (Mathematik, Informatik, Naturwissenschaft und Technik), wie der Deutsche Philologenverband bereits im Jahr 2008 warnte. Über 1,2 Millionen Unterrichtsstunden fallen jährlich aus, Tendenz steigend. [542]

Ein ähnliches Bild bieten die deutschen Hochschulen. Der Würzburger Uni-Präsident Alfred Forchel beklagt einen großen »Rückstau« dringend nötiger Bauarbeiten. Gebäude wie Teile der Kliniken oder die zentrale Mensa müssten grundsaniert werden. Mit den drohenden Kürzungen »schleppt man die Probleme in die Zukunft«, nicht zuletzt die Sicherheitsprobleme durch völlig veraltete Labors.

Im Wintersemester 2010/11 zählte die Ludwig-Maximilians-Universität in München über 46 000 Studenten. Lehrpersonal zahlte der Staat dagegen nur für rund 34 500 Studenten.[543] Zu den allerorts ewig überfüllten Hörsälen dagegen haben sich die Bildungsgeizkragen etwas ebenso Platz- wie Geldsparendes ausgedacht: *E-Lecture,* die virtuelle Vorlesung, die heute von den meisten Unis sogar für ganze Studiengänge angewandt wird.[544] Dabei wird der echte Vortrag ähnlich wie die Silvesteransprache der Kanzlerin im kleinen Kreis durch die Professoren vom Blatt abgelesen; und die Studenten können ihn sich gemütlich zu Hause zwischen zwei Filmen auf dem Notebook reinziehen. Bleibt zu hoffen, dass die so ausgebildeten Chirurgen auch virtuelle Herzoperationen an echten Patienten vornehmen können.

Das wirksamste Mittel gewisser politischer Kreise zur Zementierung des Ständestaates besteht bekanntlich darin, dem Nachwuchs der unteren und vermehrt auch der mittleren Schichten ein Studium schon allein finanziell unmöglich zu machen. Außer den Studiengebühren geht es vor allem um das Bundesausbildungsförderungsgesetz (BAföG). Im September 1971 führte es die rot-gelbe Regierung Willy Brandt/Walter Scheel ein, um allen Studenten ein Studium ohne Nebenjobs zu ermöglichen und so etwas Ähnliches wie Chancengleichheit herzustellen. Seit 1982 wurde das BAföG unter den mehr oder minder marktradikalen Regimes von Helmut Kohl, Gerhard Schröder und Angela Merkel ins Gegenteil verkehrt. Nach der Sozialerhebung des Deutschen Studentenwerks von 2009 studieren 71 Prozent der Akademikerkinder und nur 24 Prozent der übrigen. Ein massiver Grund neben dem schon erwähnten faktischen »Gymnasiumverbot« für große Teile des Normalbürgernachwuchses sind die Finanzen: Mehr als zwei Drittel der Studenten haben einen Nebenjob. Im Klartext: Während sich das Millionärssöhnchen mit seinen ersten Hetären im Whirlpool rekelt und Papi mit dem Herrn Professor über das Honorar für Sohnemanns Examenszeugnis verhandelt, müssen sich die weitaus meisten Studenten »so ganz nebenbei« ihren Lebensunterhalt als Aushilfsbriefträger oder Teilzeitverkäufer verdienen.

Mit dem Bleifuß auf der Schmalspur: G8-Abi und Bachelor

Derzeit wird vielen Schülern durch die Einführung der Gesamt-schulzeit von zwölf Jahren für das Abi eine Bildung, die auch nur ansatzweise diesen Namen verdient, unmöglich gemacht. Dies liegt aber keineswegs am Zeitraum selbst. Bildungsspitzenreiter Finnland hat auch keine längeren Schulzeiten, allerdings gibt's eine neunjährige Gesamtschulzeit und drei Jahre Oberstufe für Abiturienten. Daher ist aus Finnland auch nicht bekannt, dass in der Oberstufe grenzdebile Oberschichtkinder herumlungern oder umgekehrt Hochbegabte aus »einfachen Verhältnissen« in die Berufsschule gemobbt werden.

Vortrefflich eignet sich dagegen das neue »G8«-Abitur zur Strei-chung oder Kürzung unliebsamer Lehrinhalte, und darunter fällt eigentlich alles, was halbwegs mit Demokratie, Politik oder kriti-schem Denken zu tun hat. Nicht zufällig strich Bayern im Som-mer 2008 unter dem Vorwand der Überlastung der Schüler durch G8 die Aufklärung über das Dritte Reich fast völlig aus den Lehr-plänen. In den beiden Jahren bis zum Abitur sind nur noch je 315 Minuten für die Weimarer Republik und den Nationalsozia-lismus vorgesehen.[545] Und die paar Stunden NS kriegt man ja be-quem herum mit Heinz Rühmann, Heinrich George, Leni Riefen-stahl oder Sepp Herberger, vielleicht noch mit Olympia 1936, Volkswagen, Autobahnbau und Volksempfänger.

Ein ermutigendes Zeichen in Sachen »Mal muss Schluss sein!« kommt ausgerechnet aus den politischen Chefetagen der Repu-blik. Laut *Spiegel Online* denkt kein einziges Ministerium auch nur im Traum daran, im Zuge der allgemeinen Suche nach NS-Leichen im eignen Keller auch die Namen derjenigen zu ermit-teln oder gar zu veröffentlichen, die vor 1945 engagierte Nazis waren und nach dem »Zusammenbruch« ohne jede Probleme in den neuen Ministerien unterkamen, oft sogar als Minister oder Staatssekretäre.[546] Warum aber diese verbissene Geheimniskrä-merei, wo doch die möglichen Betroffenen heute über 90 Jahre und damit bald an den Fingern einer Hand abzuzählen sind. Es werden doch nicht etwa eigennützige Motive sein? Man sieht förmlich den Politkarrieristen sich die Haare raufen: »Wenn rauskommt, dass Opa Gott-hab-ihn-selig beim Holocaust dabei war, muss ich als Minister zurücktreten.«

Sollten die Schüler aber alle Hürden geschafft haben, dann warten auf sie Studiengänge und Hochschulabschlüsse, die sie sich großenteils in die Haare schmieren können. Sie beruhen auf dem »Bologna-Prozess« der EU zur Förderung von »Mobilität«, »internationaler Wettbewerbsfähigkeit« und »Beschäftigungsfähigkeit« durch identische Studiengänge, und die Abschlüsse tragen klangvolle Namen, nämlich Bachelor und Master, aber dass sich hinter wohlklingendem Denglisch-Begriff oft Banales verbirgt, wissen wir ja, seit das Chaos-Unternehmen Deutsche Bahn den Schalter in Counter, die Informationsstelle in Service Point, die Bahnhofstoilette in McClean und die Kurzparkzone in Kiss&Ride umtaufte. So ist der Bachelor nichts anderes als das bisherige Vordiplom und folglich für den Bildungsforscher und Philosophieprofessor Konrad Paul Liessmann »der Studienabschluss für Studienabbrecher«,[547] aber auch der Master ist kaum noch etwas wert. »Von vorne bis hinten Murks« fand auch der Mainzer Theologieprofessor Marius Reiser die verschulten Studiengänge zum Bachelor und Master. Zum April 2009 schmiss er seinen Job und verzichtete damit sogar auf seine Beamtenpension.[548] Ähnlich vernichtend hatte sich schon im Jahr 1992 der Bremer BWL-Professor Karlheinz Schwuchow geäußert: »Mit dem MBA ist es wie mit dem Kaufmann. Das kann einer sein, der ohne jede Lehre eine Würstchenbude betreibt, oder ein promovierter Vollakademiker.«[549]

Selbst die Unternehmen können das eigens für ihre Profitgelüste zurechtgebogene »Humankapital« nicht gebrauchen. So können sie derzeit mangels fachlicher Qualifikation der Bewerber über ein Drittel der offenen Stellen nicht besetzen oder müssen noch während der Probezeit die Reißleine ziehen. Weitere Gründe waren laut einer Umfrage von 2008 »Selbstüberschätzung« (20 Prozent) und »Sozialverhalten« (19 Prozent).[550] Überhaupt wünschen sich die Betriebe Mitarbeiter, die »all jene Tugenden mitbringen, für die im starren Korsett der neuen Studiengänge wenig Raum zu sein scheint: Kritikbereitschaft, die Fähigkeit zum selbständigen Handeln, den Willen, über die Grenzen des eigenen Fachs hinauszublicken«.[551]

Umgekehrt haben die Studenten vom profitorientierten Bologna-Drill die Nase voll. So stand die massive Kritik am Studium zum Bachelor und Master auch im Mittelpunkt des erwähnten bundesweiten Bildungsstreiks vom 17. Juni 2009. Laut einer Langzeitstudie erwartet nur noch jeder Dritte, dass deutsche Unis durch Bologna attraktiver für ausländische Studenten würden. Ebenso wenig glauben an die Verbesserung der Berufschancen. Insgesamt fühlen sich die Studenten in ihrer Studiengestaltung eingeengt. Jeder Zweite erkenne Bachelor-Studiengängen die wissenschaftliche Qualität ab. Viele befürchten, als Bachelor »Akademiker zweiter Klasse« zu sein.[552]

Klarheit und Wahrheit oder neoliberaler Gedankenmüll?

Der Erlanger Pädagogikprofessor Henning Kößler definiert Bildung als »Erwerb eines Systems moralisch erwünschter Einstellungen durch die Vermittlung und Aneignung von Wissen derart, dass Menschen im Bezugssystem ihrer geschichtlich-gesellschaftlichen Welt wählend, wertend und stellungnehmend ihren Standort definieren, Persönlichkeitsprofil bekommen und Lebens- und Handlungsorientierung gewinnen. Man kann stattdessen auch sagen, Bildung bewirke Identität.«[553]

Für den Leipziger Philosophen Tobias Prüwer stellen Skepsis und Kritik wesentliche Merkmale der Bildung dar: »Differenzieren und Unterscheiden legen die Grundlage für selbständiges Ermessen und eine souveräne Urteilskraft, schärfen und relativieren das individuelle Weltbild. Bildung zielt auch auf das Offene und Mögliche, das innerhalb der Sachzwanglogik aus den Augen gerät. In der im Bildungsbegriff verankerten Anerkennung der verschiedenen und gleichrangigen Lebensformen liegt zudem ein radikal-demokratisches Element.«[554]

Daraus ergeben sich humanistische Ziele, die genau genommen

schon aus Artikel 20, Absatz 1 des Grundgesetzes – *Die Bundesrepublik Deutschland ist ein demokratischer und sozialer Bundesstaat* – folgen, vor allem selbstbestimmtes Handeln, Urteils- und Kritikfähigkeit, Leistungsbereitschaft, politische Kompetenz, Kompromiss- und Friedensfähigkeit, Verantwortungsbewusstsein für Natur und Umwelt, Hilfsbereitschaft, Gerechtigkeitssinn, Fähigkeit zu solidarischem Handeln, Toleranz gegenüber Andersdenkenden, Gesundheitsbewusstsein sowie Fähigkeiten zur Bewältigung der Anforderungen, die der Alltag und – soweit überhaupt vorhersehbar – der spätere Beruf stellen.[555]

Dass diese Bildungsziele meist das direkte Gegenteil dessen sind, was die meisten Konzerne und Mittelständler von den Bildungseinrichtungen erwarten, liegt auf der Hand – Stichwörter »Eigennutz«, »Karriere« und »Ellbogengesellschaft«. So verspricht die Initiative Neue Soziale Marktwirtschaft (INSM) in einem Aufsatz von 2009 die »Ermöglichung des sozialen Aufstiegs durch Bildung«.[556] Dies erscheint auf den ersten Blick vernünftig, erweist sich aber bei näherer Betrachtung als verlogener Unfug: Gesetzt den Fall, eine phantastische neoliberale Bildungspolitik würde fast alle Schüler und Studenten zu fachlichen und intellektuellen Höchstleistungen motivieren, dann hätten wir in wenigen Jahren nur noch brillante Akademiker und Führungskräfte. Die Folge wären Tausende Konzernvorstände ohne Belegschaft, Reeder ohne Schiffsbesatzung und Immobilienhaie ohne Bauarbeiter; oder aber es gebe auf dem Wege der »zumutbaren« Zwangsarbeit promovierte Müllmänner, Briefzusteller mit Professorentitel und Putzkolonnen mit Harvard-Diplom.

Einen derartigen Humbug strebt natürlich nicht einmal die INSM an; wie ihr überhaupt die Aufstiegschancen der Jungen herzlich egal sein dürfte; sie stellen lediglich einen Köder dar, sich entsprechend den Anforderungen der Wirtschaft zum pflegeleichten und leistungsintensiven Humankapital drillen zu lassen. »Während vor zwei Jahren 21 Prozent der deutschen Unternehmen Schwierigkeiten hatten, IT-Kräfte zu finden«, jammerte die INSM im selben Aufsatz, »sind es heute bereits 25 Prozent.«[557]

Der liberale schottische Pädagoge Alexander S. Neill sprach schon vor über fünfzig Jahren sarkastisch aus, was die meisten Arbeitgeber wirklich denken: »Was hat es für einen Sinn, einem Jungen, der später Autos repariert oder Strümpfe verkauft, quadratische Gleichungen beizubringen?«[558] Und der Bonner Satiriker und Rechtsanwalt Goedart Palm wird gar ein wenig nostalgisch: »Bildung wurde nach klassischen Idealen an die Persönlichkeit gekoppelt, ja mehr: an das wahre Menschsein. Bildung, wie sie jetzt wieder zum ultimativen Politikprogramm hochgejazzt wird, verfolgt heute ungleich prosaischere Zwecke. Es geht um die Verwertbarkeit menschlicher Fähigkeiten im Wirtschaftsleben ... Der Begriff der Bildung bleibt ideologieverdächtig oder rhetorisch unverbindlich, wenn er nicht auf seine bedingte Eignung für den persönlichen Erfolg oder gar Lebensfreude in einem konkurrenzorientierten Wirtschaftssystem kritisch hinterfragt wird.«[559]

Die Wettbewerbsfähigkeit eines Landes beginnt nicht in der Fabrikhalle oder im Forschungslabor. Sie beginnt im Klassenzimmer.
HENRY FORD (1863–1947)[560]

Worum aber geht es der Bildungsprotestbewegung konkret? Die Reichen und Mächtigen klinken sich aus der sozialen Verantwortung und dem gesellschaftlichen Zusammenleben zusehends aus, machen nach unten dicht, »sind wieder elitär, rekrutieren sich in einem lange nicht mehr gekannten Umfang aus sich selbst, nach den – höchst leistungswidrigen – Indikatoren von vertrauter Zugehörigkeit, kulturellen Codes und distinktem Gruppenhabitus«.[561] Integration, soziale Kompromisse und christlich motivierte Solidarität sind ihnen ebenso fremd und zuwider wie die »altmodische« Fürsorgepflicht des Sozialstaats.

Aber auch die an Hass grenzende Ablehnung des Sozialstaats durch die Vermögenseliten hat seine Ausnahmen – der Paragraph 35a des Sozialbuchs VIII[562] macht's möglich: Demnach müssen Jugend- und Sozialämter auch für Internatsaufenthalte von Millionärskindern aufkommen, wenn ihnen »das Drohen seelischer Behinderungen« ärztlich bescheinigt wird. Die gesamten Kosten für die Förderungen belaufen sich laut *Bild am Sonntag* auf 400 Millionen Euro pro Jahr.

Natürlich fordern die Millionäre die Leistungen durch Anwälte und Ärzte ein, und die werden schon allein beim sogenannten Zappelphilipp-Syndrom und bei Rechenschwäche auf Attest gewährt. Kein Geld für Schulmilch, aber bis zu 2000 Euro monatlich für den geistig zurückgebliebenen, neurotischen oder verhaltensgestörten Millionärsnachwuchs werden locker bezahlt.[563]

»Mit 66 Jahren, da fängt das Leben an«: die Seniorenrevolte

Eigentlich könnten von allen Bevölkerungsgruppen am ehesten die Senioren ihre Anliegen auf bravem und vorbildlichem parlamentarischem Wege durchbekommen. Bereits heute sind 30 Millionen Menschen über fünfzig Jahre alt.[564] Das ist fast die Hälfte der 62,2 Millionen Wahlberechtigten,[565] und bei einer hohen Wahlbeteiligung der Senioren sogar die Mehrheit. Kein Zweifel also: Den Alten gehört die Zukunft!

Eine Seniorenpartei könnte dann zum Beispiel die Renten erhöhen, das Lebensumfeld für ein menschenwürdiges Altwerden und Altsein schaffen und sich das Geld dafür dort holen, wo es – meist ohne einen Handschlag erworben – im Überfluss vorhanden ist: bei den Reichen und ihren Konzernen.

Solche Versuche gab es tatsächlich schon einmal. 1989 gründete die damals vierundsechzigjährige parteilose grüne Bundestagsabgeordnete Trude Unruh, eine rührige Betriebsnudel mit Erfah-

»Es ist schlimm, wenn man alt wird«, das Alter spricht,
»aber schlimmer ist es, man wird es nicht!«
HEINZ ERHARDT

243

rungen als Mitglied in SPD, FDP, Grüner Aktion Zukunft (NRW), Grüner Alternativer Liste (Berlin) und in der rechtskonservativen Bürgerpartei, die bundesweit umtriebige Partei Die Grauen – Graue Panther. Die verstand sich zwar vor allem als Interessenvertretung von Senioren, hatte aber zu ihrem Leitsatz den Slogan »Jung und Alt gemeinsam« erkoren. Konkret traten die kampflustigen Senioren ein für eine Mindestrente ab fünfundsechzig, die nicht mehr allein von den abhängig Beschäftigten, sondern von allen steuerpflichtigen Personen und Gesellschaften finanziert und aus einem vom Staat unabhängigen Fonds gezahlt werden sollte. Außerdem forderten sie die Förderung alternativer Energien, den Erhalt landwirtschaftlicher Kleinbetriebe, mehr Umweltschutz sowie Volksbegehren und Volksentscheid zu allen wichtigen Fragen.

Ich hatte schon immer den Verdacht, dass das Ausblasen der Kerzen auf der Geburtstagstorte ein getarnter Gesundheitstest für die Versicherung ist.
KATHARINE HEPBURN

Unruh & Co. riefen im Jahr 1998 sogar eine eigene Jugendorganisation namens Jung und Grau (JunG) für Nachwuchssenioren von zwölf bis fünfunddreißig Jahren ins Leben. Der Rest ist schnell erzählt: Am 17. September 2006 erreichten Die Grauen bei der Berliner Abgeordnetenhauswahl mit 3,8 Prozent das beste Landtagswahlergebnis ihrer Geschichte. Im März 2007 trat Unruh zurück. Im März 2008 lösten sich Die Grauen, die zu ihrer besten Zeit über 8000 Mitglieder zählten, als Folge einer Spendenaffäre[566] sang- und klanglos auf. Nachfolgeparteien wie Die Grauen – Generationspartei[567] blieben ohne Bedeutung.

Die Hoffnung allerdings, nun würden die Alten auf die plumpe Erpresser-Demagogie des Konsortiums Reichen und Mächtigen sowie ihrer neoliberalen Pseudowissenschaftler und Politstümper hereinfallen, ausgerechnet die Senioren zerstörten mit ihren Miniaturrenten und der Inanspruchnahme von Kassenärzten und Pflegeversicherung die Zukunft ihrer eigenen Nachkommen bis in die tausendunderste Generation, zerbarst schon wenige Monate später auf den Barrikaden von Stuttgart und Gorleben. Die Eliten der Absahner und Sozialräuber hatten offenbar schlicht vergessen, dass »die Alten« großenteils die Achtundsechziger von gestern sind, also nicht annähernd so pflegeleicht wie die senilen Duckmäuser aus Hitlers und Adenauers Zeiten. »Der Hippie von gestern ist der Opa von heute«, warnt Anna Reimann vom *Spiegel*. »Während Senioren Protest gegen die Obrigkeit früher noch für eine Art Landesverrat hielten, ist die Großeltern-Generation von heute unverkrampft rebellisch.«[568]

Der Protest gegen Stuttgart 21 werde »auch von Rentnern getragen, bei Atomkraftdemos tummeln sich viele Grau- und Weißhaarige«, staunt Reimann und scheint hin- und hergerissen zwischen stiller Angst vor und klammheimlicher Hoffnung auf soziale Unruhen: »Bringt der demographische Wandel eine neue Protestkultur, einen Aufstand der Alten? ... Sind Deutschlands Senioren künftig nicht nur die Hauptzielgruppe der Werber, die Adressaten der Parteien im Wahlkampf, sondern auch die einzigen Rebellen der Republik?« Reimann schwant Übles, denn: »Der Rentner, der durch den Polizeieinsatz von Wasserwerfern auf einem Auge dauerhaft erblindet ist, wurde zum Sinnbild der Protestbewegung.«[569]

Will sagen: Wer diese Bilder polizeilicher Normalität zu Zeiten einer »christlichen« Regierung verinnerlicht, der vergisst sie auch nicht durch vom Teleprompter heruntergeleierte regierungsamtliche Neujahrsansprachen, im Gegenteil: So manchen bringen die wohltemperierten Predigten vom »alternativlosen Sachzwang« zur Umverteilung von unten nach oben, sprich von den um ihre Existenz kämpfenden feste Arbeitenden zu den durch Kapitalbesitz von der Arbeit befreiten Feste Feiernden, nur noch mehr auf die Palme. »Mitleid bekommt man geschenkt«, sagt eine alte Volksweisheit. Neid muss man sich erarbeiten. Hass offenbar auch.

Kommen wir an dieser Stelle noch einmal zurück auf den Begriff »Wutbürger« aus einem als »Essay« getarnten Schüleraufsatz des *Spiegel*-Hasspredigers Dirk Kurbjuweit zu Ehren der mutigen Senioren.[570]

»Der Wutbürger buht, schreit, hasst. Er ist konservativ, wohlhabend und nicht mehr jung … Er zeigt sich bei Veranstaltungen mit Thilo Sarrazin und bei Demonstrationen gegen das Bahnhofsprojekt Stuttgart 21 … Beide Proteste sind Ausdruck einer skeptischen Mitte, die bewahren will, was sie hat und kennt, zu Lasten einer guten Zukunft des Landes.« Moment mal: Sind die Kämpfer gegen profitorientierte gewissenlose Umweltzerstörung, Korruption bei Bauaufträgen und Steuergeldverschwendung die wahren Egoisten oder die Neoliberalen, die die skrupellose, über Leichen gehende Habgier zum wahren Lebensmotto und solidarische, selbstlose, umweltbewusste und integere Menschen zu »armen Irren« erklären?

Der Wutbürger fühlt sich »ausgebeutet, ausgenutzt, bedroht. Ihn ärgert das andere, das Neue«, sarraziniert die Edelpfauenfeder Kurbjuweit weiter vor sich hin. Dies liegt seines Erachtens auch daran, »dass die Deutschen älter werden … und wer alt ist, denkt wenig an die Zukunft … Wer alt ist, hat auch mehr Angst, Angst vor Neuem, Fremdem. Das Bestehende soll bleiben, weil es vertraut ist, weil es ohne Lernen bewältigt werden kann.«[571]

Nun ist selten eine Ideologie so gründlich und offensichtlich an ihrer praktischen Anwendung weltweit gescheitert wie der Neoliberalismus, Stichwörter: Arm-Reich-Schere, Klimakatastrophe, Finanzkrise. Selbst sein Frontmann und Halbgott Francis Fukuyama, der 1992 allen Ernstes *Das Ende der Geschichte*[572] verkündet hatte wie die Zeugen Jehovas den Jüngsten Tag, sagte sich bereits im Jahr 2006 von ihm los.[573] Doch immer wenn du denkst, es geht nicht mehr, kommt irgendwo ein Kurbjuweit her: »Natürlich ist der neue Stuttgarter Bahnhof teuer … Aber es geht nicht nur um Zahlen. Es geht auch darum, was für eine Stadt Stuttgart sein will … Im Bahnhof werden Gäste empfangen, hier zeigen sich Wohlstand, Vernetzung und Internationalität. Berlin, Leipzig und Dresden haben in den vergangenen Jahren viel in ihre Bahnhöfe investiert, und das hat diesen Städten gutgetan ... Wie empfängt Stuttgart einen Reisenden? Mit Miefigkeit, mit einem kleinen Willkommen, nicht mit einem großen.«

In Wahrheit geht es, wie der FDP-Verkehrsexperte Patrick Döring zugibt, um die »Investitionsfähigkeit« des Staates,[574] also seine Rolle als Garant für windige Milliardenaufträge und schwindelerregende Maximalprofite, von den üblichen Schmiergeldern oder »Dankeschönspenden« ganz zu schweigen. Und das alles soll man sich von altersstarrsinnigen Querulanten kaputtmachen lassen?

Allerdings erweist sich auf den Barrikaden Stuttgarts und Wendlands das fortgeschrittene Lebensalter durchaus als Vorteil, da vielen das Leben als gelebt und der Tod fast spürbar nahe erscheint. Die lassen sich auch von der Horrorvision eines der zeit nur vom Bundesverfassungsgericht verhinderten Bundeswehreinsatzes im Innern, also dem flächendeckenden »Feuer frei auf die Bürger«, nicht abschrecken.

Immerhin üben die von neoliberalen Nachwuchswürstchen als »Generation Kukident« verspotteten »Tattergreise« bereits, wie man sich bei friedlichen Sitzblockaden möglichst schmerzfrei und unverletzt von völlig besonnenen und vorbildlich demokratisch gesinnten und das Grundgesetz achtenden Polizisten wegtragen lässt.[575]

> *Die heutige Jugend ist grässlich. Sie hat nicht den geringsten*
> *Respekt vor gefärbten Haaren.*
> Oscar Wilde

Für seriöse Wissenschaftler wie den Berliner Soziologieprofessor und Protestforscher Dieter Rucht dagegen ist der Anstieg des Seniorenprotests nichts Besonderes. »Menschen sind heute länger fit, gesünder, vitaler und gehen vielleicht auch eher in den Ruhestand. Sie haben Zeit, und sie fühlen sich von gesellschaftlichen Veränderungen stärker betroffen als früher.« Sie wollen nicht nur

»im Altenheim sitzen, basteln und Walzer tanzen«. Selbst wer früher politisch eher passiv gewesen sei, erfahre wie die Bevölkerung insgesamt Proteste zunehmend als Teil politischer Normalität und habe »vermutlich auch weniger Hemmungen, sich daran zu beteiligen«.[576]

Ruchts Professorenkollege vom Bremer Jacobs-Zentrum für lebenslanges Lernen betont ausdrücklich, der Protest der Senioren sei keineswegs egoistisch, sondern das Gegenteil: »Mit dem Älterwerden entwickelt sich oft eine längerfristige Perspektive – die Rentner wollen etwas Bleibendes schaffen und an nachfolgende Generationen weitergeben.«[577]

»Hey, Boss, ich brauch mehr Geld«[578] – Arbeitskämpfe

Nach einer Studie der Sozialforscher von *Statista* sind die inflationsbereinigten Reallöhne in der Bundesrepublik seit 1990 um bis zu 50 Prozent gesunken.[579] Verbessern konnten sich nur wenige, kapitalismustypische Berufsgruppen wie etwa Makler und Marketingleute um über 62 Prozent sowie Bankenexperten und Anlageberater um 29 Prozent. Ganz vorne weg natürlich die DAX-Vorstände. Selbst im Krisenjahr 2009 rafften die Profiabräumer 35 Prozent mehr zusammen als im Börsenblasenjahr 1999.[580] Aufschlussreich ist auch, wie sich das Verhältnis der Einkommen der Arbeitnehmer zu denen der Unternehmen und Kapitalbesitzer entwickelt hat. Laut einer Studie der Wirtschaftsdenkfabrik ideen-Park[581] betrug es zum Ende

- der rot-gelben Koalition unter Helmut Schmidt 1982 etwa 76:24
- der schwarz-gelben Ära Helmut Kohl 1998 ungefähr 70:30
- der rot-grünen Herrschaft unter Gerhard Schröder 2005 rund 67:32
- der schwarz-roten Regentschaft unter Angela Merkel 65:35.

Zunächst sollten wir stets im Hinterkopf behalten, dass viele Reiche und Mächtige zur Durchsetzung materieller (und anderer) Interessen gar keiner Kampfmaßnahmen bedürfen.[582] Ihre Waffen sind zum Beispiel Jobangebote für die Zeit nach der Politik – bekanntlich landete zum Beispiel Gerhard Schröder bei Gazprom, Ex-Wirtschaftsminister Wolfgang Clement bei einem Zeitarbeitskonzern und Otto Schily, als Innenminister Durchpeitscher des biometrischen Passes, bei einer Firma, die mit diesem Pass ihr Geld macht. Noch wichtiger aber sind Parteispenden, man denke nur an die 1,1 Millionen aus dem Hotelgewerbe für die FDP und die fast zeitgleiche Senkung der Mehrwertsteuer für diese Branche von neunzehn auf sieben Prozent.[583]

Gewöhnliche Sterbliche wie Arbeitnehmer und Kleinunternehmer wie frei praktizierende Ärzte aber sind auf Kampfmittel angewiesen, als letzten Schritt und häufigstes Mittel auf den Streik. Und der scheint auf den ersten Blick durch Artikel 9, Absatz 3 des Grundgesetzes zur Koalitionsfreiheit,[584] der die Bildung von »Vereinigungen zur Wahrung und Förderung von Arbeits- und Wirtschaftsbedingungen« ausdrücklich gestattet und schützt, bestens abgesichert. Die Praxis aber sieht anders aus: Zum Streik aufrufen dürfen allein die Gewerkschaften. Sogar Betriebsräten sind nach Paragraph 74, Absatz 2 des Betriebsverfassungsgesetzes jegliche Arbeitskampfmaßnahmen ausdrücklich verboten, von einzelnen Initiativen oder gar Einzelkämpfern ganz zu schweigen. Auch ohne Häme oder linksradikalen Verfolgungswahn kann man schon ahnen, was dabei herauskommt, wenn – wie damals Gerhard Schröder und Michael Sommer – die Bosse der Regierung und des mächtigen DGB Intimfreunde und Doppelmitgliedschaften in Partei- und Gewerkschaftsspitze keineswegs die Ausnahme sind. So hätte man sich eigentlich schon vorher denken können, dass der DGB gegen die Agenda 2010 von Sommers Duzfreund Schröder niemals auf die Straße gehen würde.

Unter den Hunderten von Arbeitskämpfen in der Bundesrepublik sind einige besonders hervorzuheben.

Bedeutende Streiks in Deutschland:[585]

- Vom 24. Oktober 1956 bis 9. Februar 1957 erstreikten über 34 000 Metaller die Lohnfortzahlung bei Krankheit auch für Arbeiter. Der entsprechende Tarifvertrag war später Grundlage einer gesetzlichen Regelung.
- 1974 erreichte der öffentliche Dienst mit drei Tagen Streik elf Prozent mehr Lohn.

Spätestens seit der schwarz-gelben Machtübernahme im Jahr 1982 waren Arbeitskämpfe reine Abwehrschlachten gegen den beginnenden, von der Union »geistig-moralische Wende« genannten neoliberalen Frontalangriff auf die Einkommen und Arbeitsbedingungen der Arbeitnehmer. Der Politikprofessor Colin Crouch von der University of Warwick (England) fasst dies so zusammen: »Solange der Wohlfahrtsstaat überlebt, sind gewisse Bereiche dem potenziellen Profitstreben der Kapitalisten entzogen. Der postindustrielle Kapitalismus versucht daher, die Abmachungen zu widerrufen, die im Industriezeitalter getroffen wurden.«[586]

Unter diesen erschwerten Bedingungen streikten

- 1984 IG Metall und IG Druck und Papier zeitgleich für die 35-Stunden-Woche; beide erkämpften wenigstens 38,5 Stunden; erst in den späteren Jahren erreichten sie schrittweise die 35-Stunden-Woche;
- 2003 die IG Metall erfolglos für die 35-Stunden-Woche in der Elektro- und Metallindustrie der neuen Länder; allein in der Stahlindustrie wurde sie stufenweise eingeführt;
- vom 9. Januar 2004 bis 8. Februar 2005, also genau ein Jahr lang, 50 Leverkusener Busfahrer gegen Niedriglöhne; dieser Arbeitskampf dauerte 395 Tage und ist damit einer der längsten in der Geschichte Deutschlands;
- 2006 die Beschäftigten der AEG Nürnberg nach angedrohter Werkschließung vier Wochen lang für einen Sozialtarifvertrag mit großzügigen Abfindungen;
- 2007 die Lokführer in einem der spektakulärsten und in vieler

Hinsicht wichtigsten Arbeitskämpfe der vergangenen Jahre erfolgreich für bessere Bezahlung;

- 2010 rund 500 Fahrer von Bussen sowie U- und Straßenbahn der Berliner BVG erfolgreich für mehr Geld. Den Streik führte die dbb Tarifunion ganz allein. Da der SPD-Vetter DGB selbst gegen die asozialste sozialdemokratische Politik niemals streikt, fiel ver.di Berlin der Landespartei Klaus Wowereits und Thilo Sarrazins zuliebe den Streikenden in den Rücken – wie schon die DGB-Gewerkschaft Transnet im Lokführerstreik.

Alle Räder stehen still ... – der Lokführerstreik

Kaum ein Arbeitskampf der letzten Jahre erhitzte die deutschen Gemüter dermaßen wie der Lokführerstreik im Sommer und Herbst 2007. Bis zu 30 Stunden legten die 15 550 in der Gewerkschaft Deutscher Lokomotivführer (GDL) organisierten Mitarbeiter der Deutschen Bahn – also 79 Prozent der Bahn-Lokführer – mehrfach die Arbeit nieder. Während dieser Zeit erwirkte die Deutsche Bahn mehrere einstweilige Verfügungen vor Arbeitsgerichten, die Streiks verboten oder einschränkten. Am 2. November 2007 allerdings hob das Landesarbeitsgericht Sachsen in einer Eilentscheidung ein Arbeitsgerichtsurteil auf, das Streiks im Güter- und Fernverkehr der Bahn untersagt hatte. Insbesondere verwarfen die Chemnitzer Richter das in manchen Urteilen entwickelte Prinzip, es dürfe nur einen Tarifvertrag pro Betrieb geben.[587] Die Gewerkschaft Deutscher Lokomotivführer (GDL) erkämpfte schließlich im Jahr 2008 einen eigenen Lokführertarifvertrag. Danach erhielten angestellte »Triebfahrzeugführer« ab Februar 2009 statt vorher 1970 Euro nun 2016 Euro Einstiegsgehalt und statt davor 2142,48 Euro nunmehr 3199 Euro Maximalgehalt. Zum 1. Januar 2010 wurde das Anfangsgehalt auf 2056 Euro und das Höchstgehalt auf 3263 Euro angehoben. Alles brutto, versteht sich.[588]

Was diesen Streik so bemerkenswert macht, ist auch die Anzahl der »feindlichen Fronten«. Neben der bis dahin gültigen Rechtsprechung waren dies vor allem:

- Die DGB-Führung, die um das lukrative Monopol auf Arbeitnehmervertretung ebenso fürchtete wie um das »Stören ihrer Kreise« ihrer Interessengemeinschaft mit der SPD. Nicht nur der erwähnte Transnet-Chef und spätere Bahnvorstand Norbert Hansen, auch DGB-Chef Michael Sommer erfüllte das Schmähwort »Gewerkschaftsbonze« mit neuem Leben: Der Streik habe »mit Solidarität wenig zu tun … Es freut mich immer, wenn Gewerkschaften Erfolg haben – aber nicht, wenn dies zu Lasten von anderen Beschäftigtengruppen geht. Die Lokführer sollten in den Tarifverbund der übrigen Gewerkschaften bei der Bahn zurückkehren … Einheitsgewerkschaften versuchen, verschiedene Interessen auszugleichen. Die Lokführer tun das Gegenteil. Wenn sich die GDL durchsetzt, wird das soziale Klima bei der Bahn belastet.«[589] Was Sommer mit seinem nebulösen Statement meint: Die Transnet-Basis ist stinksauer auf ihre Führung, weil die GDL für die Lokführer bis zu 15 Prozent mehr herausgeholt hat. Und auch bundesweit dürfte den DGB-Mitgliedern dämmern, was alles möglich ist, wenn man ehrlich kämpft und nicht mit Arbeitgeber und Regierung unter einer Decke steckt.

- Die schwarz-rote Regierung, die ebenso wie der damalige Bahn-Chef Hartmut Mehdorn das Unternehmen ohne Rücksicht auf Verluste lieber gestern als heute an der Börse gesehen hätte. Und je geringer die Löhne und je zahmer die Belegschaft, desto attraktiver wäre die Bahn für »Investoren«, also für raffgierige und sozial gestörte Heuschrecken und superreiche Schnäppchenjäger. So drängte Verkehrsminister Wolfgang Tiefensee (SPD) permanent und »nachdrücklich« auf eine »Einigung«. Die Tarifpartner sollten sich »der hohen Verantwortung für die Volkswirtschaft bewusst« sein. Und an die Adresse der GDL: Das Ergebnis der Vermittlung von Ende August sei nach wie vor eine »solide Grundlage« für eine Einigung.[590] Tiefensees Gesinnungsgenosse Dieter Ameling, Präsident des Branchenverbandes Wirtschaftsvereinigung Stahl, hetzt noch mehr gegen die Lokführer: Der Bahnstreik habe nicht nur »gravierende« Folgen für einige Stahlkocher. »Insbesondere die erfolgsgewohnten Export-Weltmeister Automobilindustrie und Maschinenbau können natürlich besonders betroffen sein. Die Lokführer seien sich ihrer Verantwortung dafür bisher nicht bewusst.«[591]

- Ein Tarif»partner«, der mit hochkriminellen Methoden arbeitete. Im Rahmen der Aufklärung der Bahn-Spitzelaffäre kam im März 2009 ans Tageslicht: Um den Streik zu sabotieren, hat die Deutsche Bahn E-Mails der GDL an die Lokomotivführer nicht nur gelesen, sondern offenbar auch gelöscht, damit Streik-Infos auf keinen Fall an die Belegschaft gelangten.[592] Hätte nur noch gefehlt, dass ein streikender Lokführer oder ein Angehöriger vor einen Zug gefallen wäre. Die GDL-Führer mussten wohl die sprichwörtlichen Nerven wie Drahtseile haben, sich mit dieser verkommenen Bagage überhaupt noch an einen Tisch zu setzen.

- Schmierblätter und Gossensender, die meist von Werbung, also von »der Wirtschaft«, abhängig sind; und denen im Dienste der Bestreikten beim Aufhetzen der Bevölkerung (fast) jedes Mittel recht ist.

Grundsätzlich sind von fast jedem Streik zumindest einige Bürger betroffen, dies gilt für Arbeitskämpfe von Bäckern, Briefzustellern und Busfahrern wie für die von Müllentsorgern und Zahnärzten. Und fast immer wird versucht, extrem ausrastende Betroffene in Wort und Bild als »die Deutschen« zu präsentieren und die eigentlich nur mäßig interessierte Mehrheit mit dieser Hysterie anzustecken. Schließlich gibt es ja Amüsanteres, als im Müll zu waten, tagelang auf wichtige Post zu warten oder im Stau, im Bahnhof oder im Flughafen festzusitzen.
Und bei der allgemeinen lustigen Lokführerjagd durfte natürlich auch *Spiegel Online* nicht fehlen: »1400 Lokführer legen Deutsch-

land lahm – Passagiere sauer«, hieß es am 18. November 2007. »Leere Bahnhöfe, Autokolonnen, wütende Pendler – die GDL hat heute wieder einen Streik hinter sich gebracht. Am Nachmittag will sie über weitere Aktionen entscheiden. Einer Umfrage zufolge schwindet das Verständnis der Bahnfahrer für die Lokführer-Forderungen.«[593]

Wer sich in solchen Zeiten ausschließlich in gewissen Medien informiert, der liest, hört und sieht irgendwas von schreienden Kindern, weinenden Müttern, tobenden Vätern, zerstrittenen Pärchen und verzweifelten Senioren. Er erlebt durch die Mikrophon-Paparazzi eine Familie im stressigen Stau, die ihren Flieger nach Florida verpassen wird; junge Heiratswillige, die wegen des Zugausfalls ihre eigene Hochzeit versäumen werden und sich darüber in die Haare geraten; eine einsame Alte, die nun doch nicht und wohl zum letzten Mal ihre krebskranke Tochter besuchen kann. Und schuld an all diesen menschlichen Tragödien, an Not und Elend sind allein die Lokführer, und man beginnt angesichts des scheinbar kollektiven Volkszorns um Leib und Leben der rebellischen Eisenbahner zu fürchten. Zumal das Ganze am 10. Oktober von einer Forsa-Umfrage scheinbar hochwissenschaftlich untermauert wurde. Demnach hatte »erstmals« eine Mehrheit den Lokführerstreik abgelehnt. 55 Prozent hätten ihr Unverständnis über den Arbeitskampf geäußert und nur 43 Prozent sich einsichtig gezeigt.

Einmal davon abgesehen, dass allein durch das Wörtchen »erstmals« sogar hier zugegeben wird, dass aller Hetze und Demagogie zum Trotz bislang eine Mehrheit hinter den Lokführern stand: War die Stimmung wirklich gekippt? Und was heißt hier Forsa? Die *Frankfurter Rundschau* zum Beispiel sprach wahrheitsgetreu von einer »Forsa-Umfrage im Auftrag des Bahn-freundlichen Instituts Berlinpolis«.[594] Das Ganze war also das Werk einer bahnfreundlichen, dem Normalbürger bislang völlig unbekannten Klitsche. Der Volkswirt Albrecht Müller informierte dazu in seinen NachDenkSeiten: »berlinpolis arbeitet mit der Initiative Neue Soziale Marktwirtschaft und anderen einschlägigen Einrichtungen zusammen. Irgendjemand muss berlinpolis den Auftrag für diese Umfrage gegeben haben.« Zudem berichtete er aus seiner langjährigen Erfahrung als Leiter der Planungsabteilung im Bundeskanzleramt unter Willy Brandt und Helmut Schmidt (1973 bis 1982), dass einige Institute die Ergebnisse der Umfragen durchaus nach den Wünschen der Auftraggeber fabrizieren.[595]

Nur einen Tag später jedenfalls, am 11. Oktober, brachte uns eine Umfrage von infratest dimap im Auftrag des ARD-*Morgenmagazins* für den *DeutschlandTrend* ins Grübeln. Demnach war nämlich die Zustimmung von ohnehin schon 57 Prozent Anfang Oktober nunmehr auf 64 Prozent gestiegen.[596]

Dieses Ergebnis veröffentlichte dankenswerterweise auch *Focus Online* – allerdings unter der verdrehenden Überschrift *Mit der Geduld am Ende*. Den Titel rechtfertigte man mit der »nicht repräsentativen« Meinung von wutschnaubenden Lesern – was wohl eher ein Schlaglicht auf die *Focus*-Kundschaft wirft. Fest steht: Hätten Bahn und Bund nicht die ganze Zeit gewusst, dass zwei Drittel der Mehrheit gegen sie sind, hätten sie nie den Forderungen der Lokführer großenteils nachgegeben. Immerhin: Minister Tiefensee, SPD-Chef Beck und Bahn-Boss Mehdorn sind Geschichte, während die GDL offenbar blüht und gedeiht.

Nach Angaben der Transnet wechselten im Rahmen der Tarifauseinandersetzung bis Mitte August 2007 nahezu 1000 Gewerkschaftsmitglieder zur GDL.[597] Ferner traten allein in Berlin rund 700 Mitglieder, zumeist Bus- und Straßenbahnfahrer von ver.di zur GDL über, nachdem ihre bisherige Gewerkschaft nur einen mickrigen, offenbar an den Börsengelüsten der Bahnbosse orientierten Tarifvertrag »ausgehandelt« hatte. Ähnliche Effekte wurden auch in Nürnberg und München beobachtet.[598] Inzwischen organisiert die GDL nach dem erfolgreichen Streik bei der Deutschen Bahn auch zunehmend U-Bahn-, Straßenbahn- und Busfahrer; in Berlin, München, Nürnberg und Saarbrücken gibt es jetzt Ortsgruppen.

Im September 2010 war es dann so weit: Die GDL bestreikte während des Oktoberfestes die U-Bahn der trinkfreudigen Isar-

Metropole. Spätestens jetzt mischte sich auch *Bild* als Anwalt des kleinen Mannes ein: »Schon wieder Streik – München hat die Schnauze voll.«[599] Immerhin ließ man im Internetforum auch einen der Beschimpften, zufälligerweise einen kleinen Mann, zu Wort kommen: »Auf der Wiesn feiern eh nur noch Promis oder Bonzen. Wir vom öffentlichen Nahverkehr können uns das eh nicht mehr leisten, da der Lohn bei uns immer mehr gekürzt wird.«

Ohne die Notwendigkeit einer starken Einheitsgewerkschaft zu bezweifeln, kommt man dennoch nicht umhin festzuhalten, dass im Gegensatz zu den DGB-Unterabteilungen die GDL tatsächlich einiges für die Beschäftigten herausholt. Ratsam wäre es allerdings, auch Forderungen zur Sicherheit der Züge in den nächsten Streikforderungskatalog aufzunehmen: Zum einen würde dies auch die Interessen der bei Bahnstreiks genervten Fahrgäste treffen. Und wer, wenn nicht die Lokführer, sind von kaum gewarteten Schienen, vergammelnden Zügen und daher lebensgefährlichen Fahrten am meisten betroffen?

Immerhin mahnte GDL-Chef Claus Weselsky im Juli 2010 eine bessere Wartung der Züge an, die nicht erst bei notwendigen Reparaturen beginnen dürfe. Die Probleme mit den Achsen und fehlende Züge nannte er als Beispiele, die zu Veränderungen in den Wartungszyklen geführt hätten. Er erwarte vom Bahn-Vorstand, die Wartungszyklen zu verkürzen, die Technik auf absolut positivem Stand zu halten und mehr Material zu beschaffen. Und er warnte vor dem Irrglauben, dass es mit dem bisherigen Sparkurs so weitergehen könne.[600]

Haste nix, biste nix –
Hartz IV und die Menschenwürde

Dass die besten Satiren nicht von phantasiebegabten Starautoren geschrieben werden, sondern vom wirklichen Leben selbst, bewies einmal mehr der Kurzname für das *Vierte Gesetz für Mo-*

derne Dienstleistungen am Arbeitsmarkt. Auf die Frage wissbegieriger Jugendlicher oder ausländischer Besucher: »Nach wem wurde eigentlich Hartz IV benannt?«, antworten wir peinlich berührt oder offen hämisch, jedenfalls wahrheitsgemäß: »Nach einem deutschen Top-Konzernmanager und Wirtschaftskriminellen, der wegen Untreue zwei Jahre Haft auf Bewährung und eine Geldstrafe von 576 000 Euro bekam.«[601]

Andere Völker geben ihren Gesetzen Namen von Wissenschaftlern, Ingenieuren oder Siegern bei einer Verfassungsklage. Die rot-grüne Regierung aber benannte eines der umstrittensten Gesetze seit Bestehen der Bundesrepublik nach dem Bösewicht in einer »Affäre aus Sexpartys, Bestechung und Bereicherung«.[602]

Kaum hatte Peter Hartz den Bericht seiner Kommission »Moderne Dienstleistungen am Arbeitsmarkt« am 16. August 2002 im Berliner Französischen Dom dem Kanzler überreicht, regte sich erster Protest, und zwar in Form einer spontanen Kundgebung mit einem Häuflein von etwa hundert Leuten vor dem Arbeitsministerium. Bereits am 7. September gingen über 1500 aufgebrachte Oldenburger gegen die offenbar von der SPD/FDP-Stadtratsmehrheit schon geplante Hartz-Umsetzung auf die Straße.

Eine Woche später in Köln waren es schon 40 000, die genau eine Woche vor der Bundestagswahl für *soziale Gerechtigkeit, Solidarität, Frieden* und *Demokratie* auf die Straße gingen. Aufgerufen hatten Attac und die Jugendverbände einiger Gewerkschaften.

Am 5. Dezember 2002 demonstrierten 5000 aufgebrachte Hamburger gegen Hartz, die Kürzungspolitik des CDU/Schill-Partei-Senats und die von Innensenator Ronald Schill veranlasste Räumung des Bauwagenplatzes Bambule in St. Pauli. Aufgerufen hatten ver.di und autonome Gruppen.

Nach der Räumung wurde fast täglich demonstriert, auch per Fahrrad oder mit Laternen. Nachts trieb die Polizei Kundgebungen auseinander – leider meist ohne Kamerabegleitung à la Stuttgart.

Und so gingen die Arbeitskämpfe weiter:

2003

29.4.: 4000 Mitarbeiter Schweinfurter Metallbetriebe gingen unter dem Motto »Sofortiger Streik gegen Regierung und Kapital!« gegen die geplante Streichung des Krankengeldes, die Reduzierung des Kündigungsschutzes und die Kürzung des Arbeitslosengeldes durch die Schröder-Regierung auf die Straße.

17.5.: Zu der bereits erwähnten, von der Führung des DGB und der Einzelgesellschaften boykottierten zentralen Arbeitslosenkundgebung in Berlin kamen kaum tausend Leute.

24.5.: Die Bochumer DGB-Kundgebung, zynischerweise »gegen den Sozialabbau«, brachte immerhin 10 000 Figuren auf die Beine.

1. 6.: Etwa 1000 Menschen demonstrierten in Berlin gegen die Agenda 2010, die die SPD am selben Tag auf ihrem Sonderparteitag der SPD beschloss.

20.10.: In über 30 Städten wurde vor oder in den dortigen SPD-Zentralen gegen das am 17. Oktober im Bundestag verabschiedete Hartz-IV-Gesetz protestiert.

1. 11.: Zu einer (wie im Mai von den DGB-Gewerkschaftsführern boykottierten) Großdemonstration kamen diesmal statt tausend kaum für möglich gehaltene 100 000 Menschen nach Berlin. »Abrüstung statt Sozialabbau« oder »Bewaffnet bis an die Zähne – aber kein Geld für Zahnersatz« waren noch die harmlosesten Transparentparolen. Tags zuvor beschimpfte die grüne Bundestagfraktions-Chefin, Agenda-Queen Katrin Göring-Eckardt, die demonstrierenden Arbeitslosen als »Besitzstandswahrer«.[603]

16.11.: Rund 6000 Bürger demonstrierten vor Ort gegen den Bochumer SPD-Bundesparteitag.

18.11.: 20 000 demonstrierten in Hessens Landeshauptstadt Wiesbaden gegen das 2 Milliarden schwere Kürzungspaket von Ministerpräsident Koch. Betroffen waren zahlreiche soziale Einrichtungen, Schulen und Universitäten.

2004

15.1.: 3000 Menschen blockierten aus Protest gegen die Umsetzung der Agenda 2010 und die Sozialkürzungen das Berliner Abgeordnetenhaus. Die Polizei setzte Pfefferspray ein.

31.1.: Rund 4000 Teilenehmer zählte die Düsseldorfer Demonstration gegen »die große Koalition der Sozialräuber«.

27.2.: Etwa 10 000 protestierten in Hannover auf einer Kundgebung des Sozialverbandes Deutschland gegen die »Reformen« der rot-grünen Bundesregierung.

17.3.: 1000 Menschen demonstrierten in Berlin gegen die Umsetzung der Agenda 2010 durch Rot-Rot, also Kürzungen der Ausgaben vor allem für Bildung, Soziales und Kultur.

15.5.: Rund 20 000 überwiegend ältere Menschen machten auf einer Demonstration in Berlin ihrem Unmut über Rentenkürzung, Nullrunde und Gesundheitsreform Luft.

18.5.: Mit einer Ohrfeige für Kanzler Schröder protestierte der 52-jährige arbeitslose Lehrer Jens Ammoser aus Freiburg gegen die Regierungspolitik: »Meine Tat ist unanständig, basta, aber nicht ungerecht.« Im August erhielt er dafür vier Monate auf Bewährung.[604]

18.6.: 25 000 Siemens-Mitarbeiter demonstrierten bundesweit gegen eine geglückte Erpressung. Mit der Drohung, 74 000 Arbeitsplätze zu streichen oder ins Ausland zu verlagern, hatte der Konzern die IG Metall gezwungen, zur »Standortsicherung« der Rückkehr zur 40-Stunden-Woche ohne Lohnausgleich und der Kürzung des Weihnachtsgeldes zuzustimmen. Andrerseits: Hatte nicht auch Transnet-Chef Norbert Hansen dem »Sachzwang« zur Bahnprivatisierung eine jämmerliche Lohnerhöhung »erkämpft«, bevor er dann die Seiten wechselte. Ob einer der damaligen IG-Metall-Funktionäre irgendwann einmal als Siemens-Arbeitsdirektor auftaucht?

15.7.: Mehr als 60 000 DaimlerChrysler-Beschäftigte protestierten mit kurzen Warnstreiks gegen Sparpläne der Unternehmensleitung. Allein im Stammwerk in Sindelfingen ließen rund 20 000 Beschäftigte am Morgen zeitweise die Arbeit ruhen. Nach Angaben des Betriebsrats wurden dort etwa 800 Fahrzeuge nicht montiert. Ähnliche Proteste wurden auch aus zehn weiteren Filialen gemeldet.

2.8.: In mehreren Städten der ehemaligen DDR begannen die Montagsdemonstrationen. In Magdeburg etwa gingen zu Beginn 600 Menschen auf die Straße. Als daraufhin auch die Wessis Geschmack an den Montagsdemos fanden und vor allem im Ruhrgebiet in zahllosen Städten und Gemeinden zu Hunderten auf die Straße gingen, sprach die Bundesregierung durch ihren Vize-Sprecher Hans Langguth von »einem hohen Grad an Hysterie«,[605] aber vergeblich.

Dass Hartz-IV-Empfänger überhaupt gemeinsam für ihre Interessen eintraten, verblüffte auch Protestforscher wie den Soziologieprofessor Dieter Rucht vom Wissenschaftszentrum Berlin für Sozialforschung. Zuvor hätten Arbeitslose versucht, sich als Einzelkämpfer »am eigenen Schopfe aus dem Sumpf« zu ziehen. Doch durch Hartz IV wäre spätestens seit Sommer 2004 alles anders gewesen: »Alle Langzeitarbeitslosen bekommen gleichzeitig ein Antragsformular, und alle wissen, dass sie zum 1. Januar einen Teil ihrer Leistung verlieren.« Alle hätten »exakt dasselbe Problem« und könnten sich deswegen leichter als »eine Gruppe von Betroffenen organisieren«[606]. Dumme Sachen, leiten doch die Sozialisten seit jeher den Begriff »Arbeiterklasse« gerade aus der gemeinsamen »Stellung im Produktionsprozess« ab, weshalb die neoliberalen Vordenker und ihre Fangemeinden in den Chefetagen geradezu verzweifelt die Vereinzelung und Isolation der Arbeitnehmer und der Arbeitslosen betreiben.

Verbale Rückendeckung von der Politik gab's – außer von der PDS, für die Hartz IV schon immer »Armut per Gesetz« war – sogar aus den Reihen der Union, die das Gesetz ja mit verabschiedet hatte. So verlangten die Ministerpräsidenten Georg Milbradt (Sachsen), Wolfgang Böhmer (Sachsen-Anhalt) und Dieter Althaus (Thüringen) eine Verschiebung. Hermann-Josef Arentz, Chef des Arbeitnehmerflügels, sprach gar von einem »Verproletarisierungsprogramm für ein bis zwei Millionen Menschen, die ein

Leben lang gearbeitet haben und im fortgeschrittenen Alter das Pech hatten, arbeitslos zu werden«.

Ruchts Prognose im August 2004: »Wenn der Protest laut, frech und groß genug ist, dann gibt die Regierung nach.«[607] Rot-Grün aber dachte nicht daran, wie wir heute wissen.

Als am 23. August die Gesamtzahl der Demonstranten mit über 200 000 ihr »Allzeithoch« erreichte und tags darauf in Wittenberge der Kanzler aus einer Gruppe von etwa 400 wütenden Demonstranten heraus mit Eiern beworfen wurde, warf auch die Abteilung Agitation und Propaganda des Politbüros eines Hamburger Nachrichtenmagazins ihre Hetzmaschinerie an. Man nahm sich zunächst als vermeintlich schwächstes Glied in der Kette des wachsenden Widerstandes die ostdeutschen Anti-Hartz-Kämpfer vor.

»Menschen mit düsteren Gesichtern, viele alkoholisiert, grölende Skinheads und schmächtige Rentner, die erregt mit Anti-Hartz-Plakaten der PDS fuchteln. Längst geht es bei den Protesten im Osten nicht mehr um Hartz IV, um Freibeträge oder Zumutbarkeitsregeln – längst ist der Protest umgeschlagen in eine Mischung aus Ressentiments und blankem Hass gegen Wessis, Demokratie und ›die da oben‹.«[608] An welche Zeit und welche Presseorgane hatte diese Beschreibung des »Feindes« die Generation Helmut Schmidt und alle an der deutschen Vergangenheit Interessierten wohl erinnert?

18.9.: 5000 Menschen demonstrierten in Frankfurt gegen Roland Kochs »Kahlschlag«. Da Hessens Ministerpräsident zwar nur Schröders Agenda umsetzte, man ihm aber den Sozialabbau in die Schuhe schob, waren natürlich die Gewerkschaften auch dabei – die alle Demos gegen ihre rot-grünen Geschäftspartner strikt boykottierten.

24.9.: Der Bundestag verabschiedete die Drucksache 15/3674, der rot-grüne Gesetzesentwurf zu Harz IV.

2.10.: 50 000 Menschen demonstrierten in Berlin im Rahmen des Europäischen Protesttages gegen Hartz IV und andere Agenda-»Reformen«, aber auch gegen Krieg und Rassismus.[609] Viele sa-

hen den Umzug als »Montagsabschiedsdemo«: Die gesamte
Agenda 2010 war jetzt endgültig durch, zudem wurden die Mon-
tagsumzüge deutlich kleiner.

Nun war es aber ein Irrtum, das Verfehlen eines Ziels an einer
konkreten Front für eine Niederlage bei der Verteidigung des So-
zial- und Rechtsstaats insgesamt zu halten.

- Erstens macht ein »harter Kern« bis heute weiter. Man will
  mit den Montagsdemos und anderen Aktivitäten erst aufhören, wenn die Agenda 2010 samt Hartz IV vollständig zurück-
  genommen worden ist.

- Zweitens bestätigt der Kampf gegen das asoziale Gesetzes-
  monstrum einmal mehr die Entwicklung in den Jahren danach
  bis in die Gegenwart die Volksweisheit *Wo Unterdrückung ist,
  da ist auch Widerstand.* Und man kann Wetten darauf abschließen, dass die herrschende Politik nie damit aufhören
  wird, den Bürgern zugunsten der Reichen und Mächtigen ans
  Portemonnaie und an die Lebensqualität zu wollen – und dass
  sich ebenso oft neuer Widerstand regen und eine neue Abwehrfront entstehen wird.

- Drittens gerät leicht in Vergessenheit, was der Widerstand
  dennoch erreicht hat: Letztlich auf Druck der Straße erhöhte
  man das Schonvermögen von 10 400 auf 13 000 Euro, verlän-
  gerte die Bezugsdauer des Arbeitslosengelds I für arbeitslose
  Arbeiter über 58 wieder auf 24 Monate und dehnte die Möglichkeiten für Hartz-IV-Empfänger aus, sich ein paar Cent da-
  zuzuverdienen. In diesem Zusammenhang sei daran erinnert,
  dass nahezu alle Verbesserungen für die Bevölkerung weder
  etwas mit Spendierhosen, ehrlicher Einsicht oder gar schlech-
  tem Gewissen zu tun hatten. Vielmehr mussten sie – vom
  Achtstundentag, der Kranken- und Rentenversicherung und
  den Lohnerhöhungen bis hin zu den minimalen Zugeständ-
  nissen im Umwelt- und Naturschutz sowie der Lebensmittel-
  hygiene (Stichwort: »Gammelfeisch«) – vom Volk erkämpft
  und müssen ständig verteidigt werden. Man denke nur an die
  Pendlerpauschale und die AKW-Laufzeiten.

- Viertens schauen immer mehr Betroffene und andere Bürger über den ökonomischen Tellerrand. Sie bemerken Gemeinsamkeiten mit dem Widerstand gegen Umweltzerstörung, atomare Bedrohung und Kriegsbeteiligung in Afghanistan; und sie erkennen, dass an allen Fronten der Gegner stets derselbe ist und dessen Motiv ebenfalls: ganz banales Streben nach Maximalprofit. Und unabhängig vom Ausgang der jeweiligen Kämpfe wird bei vielen diese Erkenntnis bleiben.

2005

1.1.: Mit dem neuen Jahr trat Hartz IV in Kraft – und begann der Ärger an der juristischen Front.

22.11.: Der Europäische Gerichtshof (EuGH) erklärte in der sogenannten Mangold-Entscheidung die dem ersten Hartz-Gesetz eingeführte Einschränkung des Kündigungsschutzes für über Zweiundfünfzigjährige mit dem EU-Recht (Altersdiskriminierungsverbot) als unvereinbar.

20. 12. 2007: Das Bundesverfassungsgericht (BVerfG) erklärte die mit »Hartz IV« eingeführten Argen für verfassungswidrig.

27. 1. 2009: Das Bundessozialgericht (BSG) hielt die Regelleistung für Kinder unter vierzehn Jahren für verfassungswidrig und legte die Vorschrift dem Bundesverfassungsgericht zur Prüfung vor.

9. 2. 2010: Das Bundesverfassungsgericht (BVerfG) erklärte die Berechnung der Regelleistung generell für verfassungswidrig. Das heißt, sechs Jahre lang, in denen trotz Wirtschaftskrise die leistungslosen Einkommen der Steinreichen und die Konzernprofite weiter gen Himmel schossen, wurden die Arbeitslosen mittels illegaler Gesetze noch weiter verarmt und des letzten Restes an Menschenwürde beraubt. Dennoch blieben die Vorschriften bis zu deren Neuregelung, die Karlsruhe auf spätestens Ende 2010 festgelegt hatte, weiter anwendbar.[610]

Dass es bei der Agenda und den Protesten dagegen nicht ums Geld ging, sondern um das, was man sich dafür kaufen kann, ist nur scheinbar ein zynischer Kalauer: Wer zum Beispiel Geld »investiert«, will mehr Geld daraus machen. Der normale Sterbliche nutzt das Geld großenteils zum Kauf von Konsumgütern, von der Streichholzschachtel bis zum eigenen Häuschen.

Die Spekulantenhorde ebenso wie die Superreichen interessiert dagegen das Geld als »Wert an sich«, nicht die dafür käuflichen Waren. Wenn sie Geld ausgeben, dann »investieren« sie – wie natürlich (fast) jeder Unternehmer auch –, um daraus mehr Geld zu machen. Zwischenzeitlich werden auch Normalbürger zum Börsenzocken verführt, aber kann man ein Gläschen Wein am Tag mit drei Flaschen Scotch pro Tag vergleichen?

Wer aber nun so wenig Geld hat, dass es nicht einmal für ein Glas Bier im Gartenlokal, eine Cola in der Disco oder den Mitgliedsbeitrag im Kegelclub, also die Pflege »sozialer Kontakte«, reicht, für den wird chronische Armut schnell zu einer Existenzfrage: Vor allem drohen Isolation und Verlust der Menschenwürde. Das fängt schon an bei jenen Mitbürgern, die keine Krankheit ernst nehmen, die sie nicht selbst haben oder hatten, keine Gefühle von Frust oder Freude, Trauer oder Glück, die sie nicht selbst schon empfunden haben. Diese Spezies kann oder will sich nicht in Arme und Arbeitslose hineinversetzen; stattdessen stören sie – ähnlich wie Behinderte – das Zerrbild der »heilen Welt«. Also grenzt man sie möglichst höflich und dezent aus. »It's not an underclass anymore, it's an outer class«, hatte Bill Clinton im Jahr 1993 kurz nach seinem ersten Amtsantritt als US-Präsident die Ausgrenzung der Armen gekennzeichnet.[611] »Das ist schon keine Unterschicht mehr, sondern eine Schicht außerhalb der Gesellschaft.«

Schon deshalb ist es völlig irrwitzig, zu hoffen oder zu befürchten, die Unterschicht könne eine grundlegende Umwälzung der Gesellschaft in Richtung soziale Gerechtigkeit und Menschenwürde initiieren oder gar anführen. In bislang keiner Revolution, schon gar nicht einer angeblich »sozialistischen«, spielte die Unterschicht eine andere Rolle als die einer »Volk« oder »Proletariat« genannten idealisierten Ikone. Es erinnert an die Zeiten, wo Frauen ohne Erlaubnis des Mannes weder Auto fahren oder studieren noch einen Beruf ausüben oder eine Schrankwand kaufen durften, sie aber verbal als »Madonna« oder »Hausherrin« verklärt wurden. Noch heute sagen ja besonders tyrannische Männer: »Meine Frau hat bei uns die Hosen an.«

Als Hartz IV eingeführt wurde, beobachtete der Politologe Wolfgang Kraushaar, »dass es für die Betroffenen enorm schwierig war, Proteste zu organisieren ... wir haben es heute mit einer Art Klassenspaltung im Protestverhalten zu tun. Während die Exponenten der Mittelschichten ihre Anliegen immer effektiver einbringen, misslingt das den Unterschichten. Die Wurzel davon ist Resignation. Armut führt zu Vereinzelung und Resignation.«[612]

Deshalb ist das Problem Hartz IV noch lange nicht ausgestanden, besser: mit Zynismus ausgesessen. So sollte am 1. Januar 2011 die vom Bundesverfassungsgericht geforderte Neuregelung der Regelsätze in Kraft treten – sie scheiterte Ende 2010 im Bundesrat –, die Heribert Prantl als »fast eine Attrappe« bezeichnet: »Viel Schleifen, viel Papier – aber wenig Inhalt.« Die Regierung habe die fünf Euro, die die Hartz-IV-Empfänger jetzt mehr erhalten sollten, »weiter in der Hand gedreht« und »über den Tisch gerollt«.

Es sei ein »bitterer Witz«, ein verfassungswidriges Gesetz durch ein ebenso verfassungswidriges zu ersetzen. »Das Gesetz ist unzureichend und es ist miserabel formuliert ... Die überlasteten Sozialgerichte können sich auf noch mehr Lasten einstellen.«[613]

Am 25. Februar 2011 beschloss der Bundesrat endlich die an Dummdreistigkeit kaum zu überbietenden Neuregelungen: Rückwirkend zum 1. Januar wurde der Regelsatz für die etwa 4,7 Millionen Hartz-IV-Empfänger um fünf auf 364 Euro erhöht – weniger als vermutlich manch Volksvertreter pro Luxusabendessen der Klofrau an Trinkgeld gibt. Anfang 2012 soll die Summe um weitere drei Euro steigen. Zudem erhalten die rund 2,5 Millionen armen Kinder Leistungen aus einem »Bildungspaket« von 1,6 Milliarden Euro – zur Begleichung der Zockerschulden der Banken (»Rettungsschirm«) ließ der Staat fast tausendmal so viel springen.

Für 1,2 Millionen Beschäftigte in drei Branchen soll es in Zukunft

Mindestlöhne geben. Während Ursula von der Leyen das Stümperwerk als »Allianz der Vernünftigen« lobte und die SPD-Verhandlungsführerin, Ypsilanti-Verschnitt Manuela Schwesig, entsprechend der Karnevalszeit den »guten Kompromiss vor allem im Sinne der bedürftigen Kinder« quasi mit einem »dreifach Helau« bedachte, kündigten Linke und Grüne bereits den Gang zum Bundesverfassungsgericht an. Und selbst Ex-SPD-Boss Kurt Beck äußerte Zweifel, ob die Karlsruher diese schwarz-rote Mixtur aus Aprilscherz und Unverschämtheit durchwinken werden.[614]

Vom Bummelstreik zur inneren Kündigung

Als Mittel des Arbeitskampfes ist der »Dienst nach Vorschrift« besonders beliebt zum Unterlaufen des Streikverbots im öffentlichen Dienst. Zwar erklärte der Bundesgerichtshof im Januar 1978 den legendären Bummelstreik der Fluglotsen von 1973 für rechtswidrig,[615] dennoch kann einem Staatsdiener, der sich ohne viel Aufhebens stur an Recht, Gesetz und Arbeitsvertrag hält, kaum etwas passieren: Wie lange dauert eine gewissenhafte Prüfung einer Steuererklärung, die Erteilung einer Baugenehmigung, das Feststellen von Pfändbarem durch den Gerichtsvollzieher? Wie gründlich muss ein Zollbeamter Autos nach Schmuggelgut durchsuchen?[616]

Ähnliches gilt in der Privatwirtschaft. Ein Unternehmer käme mit der Behauptung, »Herr Lehmann arbeitet langsamer, als er könnte«, vor keinem deutschen Arbeitsgericht durch. Andrerseits hat der Arbeitgeber eine ganze Klaviatur schwer nachweisbarer Schikanemöglichkeiten zur Verfügung, vor allem in Zeiten befristeter Arbeitsverträge und großzügiger Auslegung des Begriffs »zumutbar«. Entscheidend aber ist, dass ein solcher verdeckter Arbeitskampf wohl nicht gerade die Motivation der Mitarbeiter fördern und über kurz oder lang zu einem tief sitzenden Frust führen würde, zur »inneren Kündigung«.[617]

Nach einer Studie des Gallup-Instituts vom Januar 2009 fühlen sich kaum noch 67 Prozent der Arbeitnehmer in Deutschland an ihr Unternehmen gebunden und machen Dienst nach Vorschrift, 20 Prozent haben innerlich bereits gekündigt. Lediglich 13 Prozent der Beschäftigten verspüren eine echte Verpflichtung gegenüber ihrem Unternehmen und arbeiten hoch engagiert.[618] Die Schäden dieses »nicht erklärten Krieges« für die Unternehmen lassen sich zwar naturgemäß nicht exakt in Zahlen ausdrücken, dürften aber zu hoch und zu ernst sein, um sie als Lappalie abzutun.

Gleiches gilt auch für das Gemeinwesen, nur in viel größeren Dimensionen. Zwar wandern derzeit nur etwas über 150 000 Deutsche jährlich aus[619] – insgesamt sind es über 600 000.[620] Weitaus schwerwiegender aber ist die innere Emigration, also die mit Politikerverdrossenheit nicht zu verwechselnde Staatsverdrossenheit. Diese Mitbürger hören auf, die Politik zu kritisieren, ja sich überhaupt für sie zu interessieren. Formal und oberflächlich betrachtet, sind sie die Traumbürger der Politiker: Sie befolgen die Gesetze, zahlen anstandslos ihre Steuern und kommen der Politik nicht durch Einmischung in die Quere. Mit einem Wort: Sie »denken sich ihren Teil« und/oder verschwinden in den bereits beschriebenen Parallelwelten.

Allerdings ist diese ständig steigende Gruppe der inneren Emigranten nur scheinbar pflegeleicht. Eher gleicht sie schlafenden Hunden, die leicht geweckt werden können: durch den Verlust von Job, Wohnung oder Partner zum Beispiel. Und was dann geschieht, kann niemand voraussehen: Von braunem Sumpf bis zu »linkem« Terrorismus erscheint nichts unmöglich.

V Lichter am Ende des Tunnels

Menschen miteinander gibt es nicht.
Es gibt nur Menschen, die herrschen,
und solche, die beherrscht werden.
KURT TUCHOLSKY

Achtung, hier spricht das Volk:
direkte Demokratie

Unsere parlamentarische Demokratie gleicht einer Kantine, in der die Mitarbeiter zwischen fünf verschiedenen Gerichten wählen, nicht aber über den Speiseplan selbst bestimmen können. Immer populärer werden dagegen Volksbegehren und Volksentscheid. Angesichts der Tatsache, dass viele wichtigen Entscheidungen wie Euro, Hartz IV, Auslandseinsätze der Bundeswehr, Rente ab siebenundsechzig oder gar Lauschangriff gegen ausdrücklichen Willen der Bevölkerungsmehrheit getroffen wurden, wird die Aversion der Politik gegen »Einmischung« des Volkes verständlich. Parteien und Verbände haben das Land unter sich aufgeteilt und wollen keine Störenfriede. Beliebter Vorwand für den erbitterten Kampf gegen direkte Demokratie: »Das Volk« würde meist schwachsinnig und kurzsichtig entscheiden, also etwa für die Vernachlässigung der Landesverteidigung oder den Staatsbankrott zugunsten von zynisch sogenannten »Wohltaten« stimmen. Richtig daran ist: Über Reichensteuern und Existenzminimum, Bildungsetat und Zocker-Rettungsschirme, Rechtsstaatsabbau wegen frei erfundener »Terrorgefahr« und Strafen für korrupte Politiker würde das Volk mit Sicherheit anders entscheiden als die »Volksvertreter«. Dass die Bürger immer aktiver und direkter Einfluss auf politische Entscheidung nehmen wollen, zeigt sich auch an der steigenden Zahl der Volksbegehren auf Länderebene. Zwischen 1946 und 1989 gab es 28 Verfahren, 1990 bis 2009 schon 210.[621]

Der Volksentscheid im Würgegriff der Parteien

Wenn über »wahre« oder »direkte« Demokratie gestritten wird, fällt früher oder später das Wort Volksentscheid. Von unten initiierte Volksentscheide auf Bundesebene sind nicht vorgesehen. Zwar erhielt eine entsprechende Forderung bereits am 7. Juni 2002 im Bundestag dank der Stimmen von SPD, Grünen, PDS und Teilen der FDP eine deutliche Mehrheit, aber die Union verhinderte erwartungsgemäß die erforderliche Zweidrittelmehrheit. Man möchte nicht wissen, wie viele aktuelle MdB eher für eine Monarchie oder Diktatur stimmen würden – in geheimer Abstimmung, versteht sich. Vorgeschrieben sind Volksentscheide von oben (Referenden) nur bei einer neuen Verfassung und einer Neugliederung des Bundesgebiets, etwa der Zusammenlegung von Sachsen, Bayern und Berlin.

Theoretisch möglich sind Volksentscheide dagegen in allen Bundesländern.[622]

Bevor wir zur Bedeutung der Volksentscheide für den Einfluss des Volkes auf seine eigene Herrschaft kommen – Demokratie bedeutet nun einmal Volksherrschaft –, werfen wir einen Blick auf drei der wichtigsten Plebiszite der letzten Zeit, denen eines gemeinsam ist: Die CDU missbrauchte den Plebiszit zur Mobilisierung des meist gut betuchten Pöbels, um mit Hilfe der Gossenmedien Regierungspolitik zu kippen. Erinnert sei hier an folgende Volksentscheide:

- Am 27. April 2008 gegen die Schließung des Flughafens Berlin-Tempelhof (gescheitert). Gegenüber den Nostalgikern erinnerte die Union an die Zeit der US-Luftbrücke und des Kalten Krieges gegen den Iwan als eine Art unausgesprochene Revanche für Stalingrad. Aber das wahre Motiv für den Erhalt war der schnöde Mammon. So wollte der Kosmetikhersteller Ronald S. Lauder gemeinsamen mit US-Heuschrecken am Flughafen angeblich »eines der modernsten ambulanten Gesundheitszentren der Welt«[623] errichten, zugänglich auch für alle Kassenpatienten. Nicht ganz so unverfroren war das Übernahme-Angebot des damaligen Bahn-Chefs Hartmut Mehdorn: Tempelhof lasse sich gut als Geschäftsflughafen für private Flugzeuge betreiben, allerdings ohne das riesige denkmalgeschützte Gebäude.[624]

- Am 26. April 2009 in Berlin für die Gleichstellung des Ethikmit dem Religionsunterricht (gescheitert). Die drei Anführer des Initiatorenvereins Pro Reli – Vereinsboss Christoph Lehmann, Geschäftsführer Martin Schröder und Medieneinpeitscher Matthias Wambach – sind ausnahmslos Mitglieder der CDU, die offenbar wahllos ein Thema nach dem anderen durchprobieren. Aber so konnte die in der Wählergunst hoffnungslos abgestürzte Berliner CDU natürlich weder gegen Rot-Rot noch gegen die Grünen Boden gutmachen.

- Am 18. Juli 2010 in Hamburg gegen die von Schwarz-Grün beschlossene Einführung der sechsjährigen Primarstufe (erfolgreich). Hauptmotiv der zumeist in »gut- und großbürgerlichen Stadtteilen wie Nienstedten, Harvestehude oder Klein-Flottbek«[625] lebenden Reformfeinde, zu denen auch der Großteil der hanseatisch versnobten CDU-Basis zählte[626]: »Unsere lieben Kleinen zwei Jahre länger in einer Klasse mit den womöglich fremdrassigen Schmuddelkindern aus der Unterschicht? Niemals!« Wieso steckt diese feine Gesellschaft ihre Bälger nicht einfach in ein Schweizer Internat wie viele andere großspurige Millionärserben auch? Im Ergebnis kam die CDU-Führung aus dem ungeliebten und von der Basis sowieso abgelehnten schwarz-grünen Bündnis heraus.

61 Prozent der Bürger fordern laut *stern*-Umfrage den Volksentscheid auch auf Bundesebene. Nur 34 Prozent halten die meisten Entscheidungen – die ja allesamt zumindest auf dem Papier »im

Namen« und vor allem »zum Wohle« des Volkes getroffen werden – für »zu kompliziert«, um sie dem Volk selbst zu überlassen.

Interessant, aber nicht unerwartet das Votum der Anhänger der einzelnen Parteien zum Volksentscheid: Wähler der Linkspartei sind zu 85 Prozent dafür, der SPD zu 64, der Grünen zu 63 Prozent, während es bei der FDP lediglich 55 und bei der Union gar nur 47 Prozent gegenüber 46 Prozent Gegnern sind.[627] Dies entspricht der allerdings etwas pauschalen Logik: Je unsozialer (»neoliberaler«), deutlicher an den Interessen der Reichen und Mächtigen orientierter und undemokratischer die Politik einer Partei *erscheint*, desto weniger ihrer Wähler wollen die »Einmischung des Volkes« durch eine direktere Demokratie. Und tatsächlich hätte ein Volksentscheid für die Senkung der Hotelsteuer, die uferlose Erhöhung der Krankenkassenbeiträge oder Gesetze zur Bürgerüberwachung und Einschränkung demokratischer Grundrechte vermutlich keine Mehrheit gebracht.

Allerdings ist (siehe oben) eindringlich davor zu warnen, den Volksentscheid zu blauäugig zu sehen. Stutzig macht bereits, dass ihn auch die NPD in ihrem Parteiprogramm fordert (Anlage 4 b). Und tatsächlich bedeuten Volksentscheide keineswegs automatisch direkte Demokratie: Die von einem Volksentscheid direkt Betroffenen gehen oftmals gar nicht erst zur Abstimmung, wodurch wie in Hamburg eine verbissene Minderheit ihre gegen eine lethargische Mehrheit gerichteten Pläne durchsetzen kann. Und das sogar in gewisser Weise zu Recht. Wer sich nicht einmal minimal für seine eigenen Interessen einsetzt, braucht sich hinterher nicht zu wundern. »Dieses (Nicht-)Abstimmungsverhalten macht den Volksentscheid zwar nicht zur ungerechten Sache, Mehrheit ist schließlich Mehrheit«, schreibt Björn Erichsen im *stern*, »es zeigt aber, dass die Möglichkeit zur direkten Abstimmung allein noch lange nicht dazu führt, dass die Interessen der Bürger besser vertreten werden.«[628]

- Die rege Beteiligung bei weitestgehender Inkompetenz ist aber auch nicht viel besser. Da könnte man das Ergebnis gleich auswürfeln, was schneller ginge und billiger wäre. So kostete der gescheiterte Berliner Volksentscheid Pro Reli rund 3,2 Millionen Euro.[629]

• Eine Abstimmung bei mangelnder Sachkenntnis der Stimmberechtigten aber ruft zwangsläufig die Demagogen auf den Plan: Die Plebiszite werden dominiert von denjenigen, die die meisten Mittel haben, um sich Fernseh-, Radiospots und Plakate leisten zu können. Und da Otto Normalwähler nur selten Zeit hat, sich in komplexe Sachfragen einzuarbeiten, würde am Schluss mit großer Wahrscheinlichkeit das griffigste Wahlversprechen gewinnen, wie Erichsen zu Recht befürchtet.

Nur nennt er mit der Ablehnung des Verkaufs städtischer Hamburger Kliniken an Privat im Jahr 2004 das denkbar schlechteste Beispiel: »… gegen den Slogan ›Gesundheit ist keine Ware‹ war die Vernunft im Volksentscheid … chancenlos.«[630] Was Erichsen nicht erwähnt: Der Senat ließ die »Vernunft« walten und verkaufte noch im selben Jahr trotzdem an den Asklepios-Konzern. Resultat: Schon im Juni 2007 hatten 1000 privatisierte Ärzte, Schwestern und andere Mitarbeiter die Nase voll und pochten auf ihr damals schriftlich garantiertes Recht auf Rückkehr in eine staatliche Klinik.[631]

• Auch hier erwiesen sich also die Politiker als um keinen Deut kompetenter als die »breite Masse«. Und dann erscheint es besser, die Bevölkerung selbst entscheiden zu lassen; so können sie die Schuld auch keinem anderen geben. Dafür spricht auch die längst nachgewiesene »kollektive Intelligenz«.[632] Sogar bei Ratespielen erleben wir das Phänomen, dass zum Beispiel beim Schätzen der Anzahl von Reiskörnern in einem Riesensack fast immer der Publikumsdurchschnitt näher dran ist als die Kandidaten.

• Demagogie ist keine Besonderheit von Volksentscheiden. Die Wahlkämpfe und die Tagespolitik bestehen fast ausschließlich daraus: Da wird jedes Geschenk an die Reichen und Mächtigen, jeder Sozialabbau beim Normalbürger zum »alternativlosen Sachzwang«, der Raubtierkapitalismus zur »Neuen Sozialen Marktwirtschaft«, jede asoziale Maßnahme zur »Reform« und so weiter undsoweiter.

- Mit der Begründung, Volksentscheide hielten nur den Betrieb unnötig auf, müsste man eigentlich unser heutiges System mit Bundestag, Bundesrat, Vermittlungsausschuss und Expertenanhörung ebenfalls als zu zeitraubend ablehnen und eine Diktatur vorziehen, in der dieser ganze »demokratische Firlefanz« wegfällt.

Fest steht: Volksentscheide werden erst dann zum wirklichen Bestandteil direkter Demokratie, wenn die Bürger bereit zur aktiven Mitwirkung, entsprechend politisch gebildet und kritisch sind. Gerade bei Letzterem aber können staatliche oder private Schulen, Unis und Medien nur eine begrenzte Hilfe sein. Dass zum Beispiel zunehmend auch staatliche Unis von Konzernen finanziert werden, erhärtet den Verdacht, dass als Gegenleistung die Produktion »arbeitsmarkttauglicher Fachkräfte«, also kritikloser, unpolitischer Fachidioten, erwartet wird – und dass die Hochschulen dieser Erwartung auch zusehends gerecht werden. So bleibt dem Bürger oder den Initiativen nur, ihre Bildung selbst zu organisieren – und gleichzeitig die offiziellen Anforderungen zu erfüllen: Studienabbruch oder Jobkündigung sind nicht fortschrittlich.

Alle Macht dem Volk?

Bis also der Volksentscheid der mündigen Bürger zum wichtigen Mittel direkter Demokratie wird, bleibt als eine Art Zwischenschritt die Direktwahl, auf die seitens der Politik besonders allergisch reagiert wird: Kein Wunder, denn der Artikel 20, Absatz 2 des Grundgesetzes verpflichtet zur Gewaltenteilung

»Alle Staatsgewalt geht vom Volke aus. Sie wird vom Volk in Wahlen und Abstimmungen und durch besondere Organe der

Gesetzgebung, der vollziehenden Gewalt und der Rechtsprechung ausgeübt.« Auf Deutsch: Das Parlament als Gesetzgeber, die Regierung als Gesetzanwender und die Justiz als Wächter der Gesetzesbefolgung dürfen nicht miteinander verwoben oder gar voneinander abhängig sein.

Aber Papier ist geduldig, findet der Dresdner Verwaltungsrichter Udo Hochschild:

> »Wer in Deutschland nach der Verfassungswirklichkeit gefragt wird, pflegt oftmals nur das Grundgesetz aufzuschlagen, um dann zu behaupten, dass das Wirklichkeit ist, was nach dem Wortlaut des Grundgesetzes Wirklichkeit sein soll, allein weil es dort so geschrieben steht.«[633]
> UDO HOCHSCHILD, RICHTER AM VERWALTUNGSGERICHT

In Wahrheit existiert bei uns die Gewaltenteilung nicht einmal in Ansätzen. So gut wie alles wird von der Legislative bestimmt, im Grunde also von den Parteien, die den Abgeordneten ja vorher zum Kandidaten machen mussten. Dem Wähler dürfte kaum immer klar sein, welche Macht er durch sein Kreuzchen verleiht.

Die Parteien bestimmen die Regierung, die Verfassungsrichter, ja sogar – gemeinsam mit Regierungsvertretern – Verwaltungsräte und Intendanten der Öffentlich-Rechtlichen und damit deren politische Grundtendenz. Folglich ist unter »Ausgewogenheit« meist die Berichterstattung über Union und SPD beziehungsweise Schwarz-Gelb und Rot-Grün zu verstehen. Die wenigen kritischen Beiträge und Sendungen kann man getrost als Alibi werten, so wie damals die dunkelhäutigen Colin Powell und Condoleezza Rice in der Regierung von Bush junior.

Man stelle sich nun einmal vor, sämtliche Abgeordnete, Kanzler, Bundespräsident und zumindest die Mitglieder des Bundesverfassungsgerichts sowie der Oberlandes- und Landgerichte würden direkt gewählt und damit der Gordische Knoten aus Filz und Seilschaftsmentalität (»Hast du das richtige Parteibuch«) endlich zerschlagen. Natürlich könnten die Parteien weiterbestehen, aber nicht mehr als Kuhhandels-Vereine: Der Wähler würde keinen Blankoscheck mehr ausstellen, sondern jede Rechnung prüfen und einzeln bezahlen.

Eine Direktwahl der Verwaltungsräte sowie des Intendanten von ARD und ZDF würde parteipolitisch motivierte »Tendenzprogramme« zumindest erschweren. Und würden auch noch – wie es der Verwaltungsprofessor Hans Herbert von Arnim fordert[634] – die Rechnungshöfe nicht mehr nach Parteienproporz, sondern direkt gewählt, dann käme nicht mehr so leicht der Verdacht auf, die Finanzprüfer würden Skandale aus parteipolitischen Gründen herunterspielen.

Dies bedeutet keineswegs, dass einige der auf Parteiticket Reisenden nicht immer wieder Mut, Integrität und Unabhängigkeit beweisen – so kassierten die Karlsruher Richter im März 2010 das schwarz-gelbe Vorratsdatenspeicherungsgesetz als verfassungswidrig; und einzelne Abgeordnete stimmen zuweilen gegen ihre eigene Fraktion. Aber dieses Verhalten könnte bei Direktwahl die Regel, nicht die rühmliche Ausnahme sein.

Jedenfalls wären wir bei einer in anderen Ländern üblichen Direktwahl aller Abgeordneten die lästigen, vom Wähler nicht änderbaren Listen endlich los – über die ja derzeit die Hälfte der Abgeordneten in den Bundestag und die meisten Landesparlamente[635] kommen, darunter viele, die keinen Wahlkreis der Welt jemals gewinnen könnten. Ein wahrer Horror für die Direktwahlgegner, dass ausgerechnet im großen Vorbild USA sämtliche Volksvertreter, die meisten Richter und so sogar die regionalen Bildungsverantwortlichen direkt gewählt werden.[636]

Ein letztes gewichtiges Gegenargument ist der Einfluss der kleineren Parteien und der entsprechenden Meinungen im Volk. Die Grünen zum Beispiel hätten bis 2002 gar nicht und danach bis heute nur durch den dreimal in Folge direkt gewählten Hans-Christian Ströbele im Bundestag gesessen. Aber hätte das der Demokratie geschadet? Ihre Anhänger haben eine Partei für Frieden, schnellstmögliche AKW-Schließung und soziale Gerechtigkeit gewählt und den Bosnienkrieg, faule AKW-Kompromisse, Hartz IV und Steuergeschenke für die Konzerne und Bestverdiener erhalten – und das Dosenpfand natürlich. Will sagen: Was nützt dem Wähler eine Partei im Bundestag, die dann doch das Gegenteil ihrer Wahlversprechen praktiziert. Jeder Volksentscheid dagegen ist direkter Einfluss des Bürgers; abgesehen davon, wird sich das Problem des Einflusses kleinerer Parteien auch bei Direktwahl irgendwie lösen lassen, und sei es durch reservierte Mandate. Vom Blickwinkel direkter Demokratie aus gehört diese Frage allerdings nicht zu den wichtigsten. Fest steht, die wenigsten Bürger wollen notgedrungen über Liste Dick und Doof ins Parlament wählen. Sie wollen schlicht und einfach mitbestimmen: Demokratie heißt schließlich nicht Parteiendiktatur, sondern Volksherrschaft.

Realer Widerstand und virtuelle Welt

Der Kulturhistoriker Harald Jähner greift in der *Berliner Zeitung* Heiner Geißlers Resümee der Schlichtungsverhandlungen auf, angesichts von Facebook und Twitter sei die Zeit der Basta-Politik vorbei, und betont die immense und wachsende Bedeutung des Internets für den Widerstand. »Ohne Facebook, Twitter, E-Mail und Co. wäre tatsächlich der Druck niemals aufzubauen gewesen, der die Schlichtung überhaupt erst erzwungen hat. Sie lassen es dank ihres Komforts zu, dass sich auch sogenannte normale Bürger binnen kürzester Zeit zu politischen Initiativen versammeln – Leute also, die nicht in klassischer Weise durch politische Gesinnung verschweißt sind, sondern kurzfristig auf der Basis ihrer Empörung zusammenfinden und dann ins Räderwerk greifen.« Andrerseits weckt die allmächtige Cyberwelt das Verlangen nach einer ihr entsprechenden Wirklichkeit. Man will quasi einen realen Film, der auf einem Comic beruht, der auf einem realen Film beruht. Es wächst also »die Sehnsucht nach dem Echten. Oder man schottert: Wie ein Befreiungsschlag machte das Wort die

Runde durch Talkshows und Kneipen. Die gute alte Eisenbahn. Der Widerstand des Analogen ...«

Im Ergebnis schaukeln sich laut Jähner »virtuelle Kommunikation und das Bedürfnis nach einem Maximum echter Gesellschaft ... gegenseitig hoch.« So habe »der politische Bürgerwiderstand in Stuttgart oder im Wendland Formen der Selbstzelebrierung angenommen.« Und richtig erkennt er die große Gefahr: »Da wird Demokratie von unten gefeiert, aber für die beständige Teilhabe an der Politik ist damit wenig gewonnen. Es bringt auf Dauer nichts, wenn der Bürger nur dann sich beteiligt, wenn er das Kollektivgefühl genießen kann wie beim Public Viewing während der Weltmeisterschaften.«

Womit eigentlich alles beim Alten bliebe: Auf der Strecke bleibt das langwierige, langatmige, undramatische Feld des Politischen, das der genervte Bürger lieber den Fachleuten überlässt – mit dem Resultat, dass er die Ergebnisse erst zur Kenntnis nimmt, wenn die Entscheidungen in den Gremien gefallen sind.[637]

Weltkrieg der Systeme: globaler Angriff – globaler Widerstand

Obwohl alle Protestbewegungen dieser Erde letztlich denselben Gegner haben – den nach Weltherrschaft drängenden, hemmungslos profitgierigen Vertreter des Marktradikalismus –, wollen diese unzähligen Bewegungen erst einmal »koordiniert« sein. Sie müssen den größten gemeinsamen Nenner finden, da sie sich sonst gegenseitig in die Quere kommen können und es häufig auch tun. Anders nämlich als manche naive Reißbrettsozialisten und andere Weltverbesserer wohl auch selbst glauben, bestehen auch unterdrückte und ausgebeutete Völker, Klassen oder Schichten keinesfalls durchweg aus solidarischen Gutmenschen. Dass viele sich selbst die Nächsten sind, zeigt sich besonders, wenn es um Arbeitsplatz und Einkommen geht. Da kämpfen Beschäftigte schon mal gemeinsam mit dem eigenen Arbeitgeber um Rettungsschirm-Millionen – man denke nur an die peinliche Solidaritätskundgebung für die abgewrackte Conti-Besitzerin, Börsenzockerin und Milliardärin Maria-Elisabeth Schaeffler[638] –, oder sie lassen sich vom damals amtierenden NRW-Regierungschef Jürgen »Kinder statt Inder« Rüttgers gegen rumänische Arbeitnehmer aufhetzen.

> »Im Unterschied zu den Arbeitnehmern hier im Ruhrgebiet kommen die in Rumänien eben nicht morgens um sieben zur ersten Schicht und bleiben bis zum Schluss da. Sondern sie kommen und gehen, wann sie wollen, und wissen nicht, was sie tun.«[639]
> Jürgen Rüttgers am 26. August 2009 in Duisburg im Kommunalwahlkampf

Viel gefährlicher allerdings ist das hirnvergiftende »Standort-Denken«, und das geht so ähnlich wie auf dem Viehmarkt: Ein Konzern versteigert seine Investitionen (also Jobs, Steuern und Abgaben, Bauaufträge, Nachfrage nach Dienstleistungen und vieles mehr) meistbietend, und nun wetteifern Gemeinden, Städte, ja sogar Staaten um die Gunst des Investoren, der seelenruhig abwartet, bis eine Offerte sich von einem Geschenk kaum noch unterscheidet. Und die wählt er aus.

Die simple Frage lautet: Wieso läuft das nicht umgekehrt? Wieso wetteifern nicht die Investoren um die Gunst einer Gemeinde? Das liegt daran, dass das Kapital auf andere Standorte ausweichen kann, was aber jederzeit zu ändern wäre, im Rahmen eines Sozialstaats allemal. Gäbe es nämlich gewisse Bestimmungen und Verbote nicht, dann fänden die Unternehmen gerade in Phasen hoher Arbeitslosigkeit Menschen, die für Kost und Logis arbeiten, und Eltern, die für eine Lehrstelle ihrer Kinder sogar Geld bezahlen würden – alles »freiwillig«, versteht sich.

Hier aber kommt die Globalisierung ins Spiel: Der beste Sozialstaat nutzt nichts, solange er nicht welt- oder wenigstens europaweit durchgesetzt ist. Gäbe es zum Beispiel überall ähnlich hohe

Löhne und Sozialabgaben, dann hätten die Unternehmen keine Ausweichmöglichkeit mehr. Und dann würden sie tun, was sie eigentlich immer tun: Sie nehmen, so viel sie kriegen. Und wenn das weniger wird, dann nehmen sie notgedrungen wenigstens das. Was sollten sie auch machen? Es kommt also drauf an, den Widerstand möglichst global zu organisieren, und zwar so, dass Staaten, Regionen, Städte und Menschen nicht gegeneinander ausgespielt werden.

Was heißt das konkret?

Die Heuschrecken zum Beispiel waren bis 2004 bei uns verboten. Man könnte sie jederzeit wieder verbieten. Zum anderen könnte ein Wirtschaftsriese wie Deutschland andere Staaten, besonders EU-Länder, wirksam unter Druck setzen – zum Beispiel keine Konzerne bei sich zu beherbergen, die anderswo Arbeitsplätze abgebaut haben, und auf dieser Grundlage menschenwürdige Mindestlöhne beschließen und vieles andere mehr.

Dies scheitert aber eben nicht an »Sachzwängen«, sondern daran, dass Regierungen zwar formal durch Multiple Choice »gewählt« werden, aber vom Großkapital durch Parteispenden, »Dankeschön-Jobs« und zahllose zwielichtige persönliche Verbindungen auf allen Ebenen unheilbar abhängig sind.

Deshalb ist es auch ganz natürlich und folgt nur dem Grundsatz »Wes Brot ich ess' …«, dass die Regierung und teilweise die Opposition gewissenhaft und verbissen Konzerninteressen vertreten und dies als »gemeinwohlorientiert« verkaufen. Spätestens hier wird deutlich, dass viele der Probleme globaler Art sind, daher auch nur global bekämpft werden können, und dass die Völker, die sich dabei auf ihre Regierungen verlassen, meistens verlassen sind.

Aber nun bleiben globale Ausbeutung und Unterdrückung selten friedlich. Die Rohstoffkriege gegen Afghanistan und den Irak sind ja alles andere als Ausrutscher oder spontane Aktionen: Obwohl das Kapital »Planwirtschaft« angeblich ablehnt, plant niemand so akribisch die eigene Profitmaximierung und die Liquidierung sämtlicher toter und lebender Hindernisse auf diesem Weg. Die Globalisierung des Widerstands ergibt sich also und besonders aus der Tatsache, dass künftig mehr noch als heute die frömmsten Völker nicht in Frieden leben können, wenn dies den über Leichen gehenden Konzernen und Superreichen nicht gefällt. Und genau das geschieht, wenn diese Völker »unsere« Rohstoffe besitzen oder ihre bloße Existenz den nimmersatten Profitinteressen der großen Industrienationen entgegensteht. Was diesen Völkern, ihrer Bevölkerung einschließlich der Frauen, Kinder und Alten, blüht, deutete der ehemalige Verteidigungsminister Karl Theodor zu Guttenberg in seinem unnachahmlichen höfischen Salbaderbajuwarisch im November 2010 bereits an. »Der Bedarf der aufstrebenden Mächte an Rohstoffen steigt ständig und tritt damit mit unseren Bedürfnissen in Konkurrenz«, verkündete der marktwirtschaftsbewusste Friedensengel. Diese könne zu neuen Krisen führen. Die Verknappung der Rohstoffe beeinflusse das wirtschaftliche Wohlergehen Deutschlands. »Da stellen sich Fragen auch für unsere Sicherheit, die für uns von strategischer Bedeutung sind.« SPD-Fraktionsgeschäftsführer Thomas Oppermann verstand natürlich genau und warnte Guttenberg zu Recht davor, »den Verteidigungsauftrag der Bundeswehr in einen offensiven Interventionsauftrag zur Durchsetzung deutscher Wirtschaftsinteressen umzuinterpretieren«. Das Grundgesetz erlaube keine Wirtschaftskriege.[640]

In diesem Zusammenhang ist der Volksaufstand in Tunesien, Ägypten, Libyen und anderen Nahost-Staaten auch für uns von immenser Bedeutung. Zwischen deren Diktatoren und die westlichen, insbesondere die deutschen Regierungen von Kohl über Schröder und Merkel nämlich passte kein Körnchen Wüstensand – bis zum bitteren Ende und sogar noch danach. Als zum Beispiel Hosni Mubarak im Februar längst die politische Leichenstarre ereilt hatte, warnte unsere Kanzlerin vor einem zu schnellen Übergang zur echten Demokratie. Dabei bemühte ausgerechnet die damalige FDJ-Funktionärin Vergleiche zur DDR-Revolution von 1989. Die Frau, die laut *Bild* den schicksalshaften 9. November in der Sauna vertrödelte und nach Erinnerungen der Saunawärterin Renate Knopprich »gar nicht in Erscheinung getreten« und ihr »gar nicht aufgefallen«[641] war, gibt heute die große Revolutionsführerin und belehrt die Völker der Welt und die Creme der westlichen Regierungschefs in Sachen Revolution und Demokratie.

»Wir haben 1989 keinen Tag warten wollen, wir wollten die D-Mark. Aber als wir nach dem 3. Oktober 1990 dann sahen, wie schwer der ganze Prozess tatsächlich war – da war es gut, dass wir uns Zeit gelassen haben.« »Merkels Revolutionserfahrung ist gefragt«, lästerte sogar *Welt Online*.[642]

Nebenbei gesagt: Natürlich braucht man Zeit, um eine neue Marionette zu finden, die zugleich auch das ägyptische Volk täuschen kann. Derweil bilden sich zusehends auch organisatorische Formen der weltweiten Rebellion heraus. Für eine globale Koordinierung des Widerstandes kämpfen zum Beispiel mit wachsendem Erfolg die radikaldemokratischen Aktivisten der serbischen Gruppe *Otpor*. Diese »Umsturz-GmbH« *(Süddeutsche Zeitung)* trug bereits maßgeblich zum Sturz des Diktators Slobodan Milošević bei und trainiert derzeit unter anderem die Regimegegner in Ägypten, Tunesien und im Iran in Sachen friedliche Revolution: Die nämlich »fällt nicht vom Himmel«, wie auch *SZ*-Balkankorrespondent Enver Robelli recht kämpferisch feststellt, sondern muss »vorbereitet werden, klare Ziele haben und von starkem Beharrungswillen geprägt sein«. Auf den Demonstationen in Kairo sah man übrigens jede Menge schwarze Fahnen mit erhobener weißer Faust – dem Otpor-Enblem.[643] Alles zusammengenommen, zeigt sich, wie dringend erforderlich eine weltweite Koordination des Widerstands ist.

Schluss: Widerstand zwecklos?

Keine der hier behandelten Protestbewegungen kämpft für die Abschaffung von Demokratie, Rechtsstaat und Gesellschaftsordnung, ebenso wenig für eine »andere Republik«, geschweige denn für ein System à la Iran oder China. Vielmehr geht es ihnen häufig gerade um die Verteidigung des »Geistes des Grundgesetzes«, also der durch die »Ewigkeitsklausel« (Artikel 79, Absatz 2) geschützten Artikel 1 (Menschenwürde) und 20 (Republik, Demokratie, Bundes-, Rechts- und Sozialstaat). Ansonsten ist das Grundgesetz keine in Stein gemeißelte heilige Kuh – schließlich erfuhr es bereits über sechzig Änderungen. Folglich kann das Eintreten für Veränderungen des Grundgesetzes nicht grundgesetzwidrig sein.

Stürmische Zeiten:
Die neue Protestwelle wächst

Dass der Verfassungsschutz also besonders eifrig hinter den Verteidigern der Grundrechte her ist, hängt mit der Frage zusammen, *was* hier eigentlich tatsächlich geschützt werden soll: Sind es wirklich Menschenwürde, Sozial- und Rechtsstaat? Wieso musste das Bundesverfassungsgericht einen ganzen Misthaufen vom Bundestag verabschiedeter Gesetze als verfassungswidrig kippen? Basteln vielleicht umgekehrt gewisse politische Strömungen im Auftrag ihrer Financiers und Förderer an einer *anderen* Gesellschaft? Die Neoliberalen nennen ihre profitorientierte, von jeglichem »Sozialklimbim« freie Marktwirtschaft Neue Soziale Marktwirtschaft – entwickelt sich auch unsere Demokratie mit Turbotempo zu einer *Neuen Demokratie* Orwellscher Prägung? Das grundsätzliche Problem hat der Soziologe und Nationalökonom Max Weber bereits im Jahr 1904 anschaulich beschrieben: »Die heutige kapitalistische Wirtschaftsordnung ist ein ungeheurer Kosmos, in den der Einzelne hineingeboren wird und der für ihn, wenigstens als Einzelnen, als faktisch unabänderliches Gehäuse, in dem er zu leben hat, gegeben ist. Er zwingt den Einzelnen, soweit er in den Zusammenhang des Marktes verflochten ist, die Normen seines wirtschaftlichen Handelns auf. Der Fabrikant, welcher diesen Normen dauernd entgegenhandelt, wird ökonomisch ebenso unfehlbar eliminiert, wie der Arbeiter, der sich ihnen nicht anpassen kann oder will, als Arbeitsloser auf die Straße gesetzt wird.«[644]

Die Eine-Million-Euro-Frage aber lautet: Ist es auf Grundlage unserer profitorientierten Wirtschaftsordnung überhaupt möglich, dass es den Menschen (nicht nur finanziell) immer besser geht, oder hat das System eine Grenze erreicht, von der an Hildegard Knef in Kraft tritt: »Von nun an geht's bergab«? Ist ständig mehr Wohlstand für alle möglich?

Die sozialen Marktwirtschaftler sagen: Ja, hat doch beim Wirtschaftswunder der sechziger Jahre schon mal geklappt. Die Keynesianer, deren Politik die siebziger Jahre beherrschte, sagen: Ja, wenn's mit dem Wachstum hinhaut und der Staat für die fehlende private Nachfrage einspringt. Die Neoliberalen sagen: Sieht nicht so aus, aber ist uns doch wurscht. Die Sozialisten sagen: Niemals, deswegen wollen wir ja ein anderes Wirtschaftssystem.

Erst kommt das Fressen, dann die Moral.
BERT BRECHT

Zur Beantwortung dieser Frage nutzt den Regierungen kein Fifty-fifty- und kein Telefonjoker. Sie sollten aber unbedingt das Publikum befragen. Immerhin könnte von den Spielräumen und Grenzen für humanistische, demokratische, wirtschaftliche Reformen innerhalb unserer Gesellschaftsordnung die Zielrichtung des Widerstandes abhängen.

In diesem Zusammenhang ist es ein weitverbreiteter Irrtum, man könne dem Widerstand und damit dem grundsätzlichen Infragestellen unseres Gesellschaftssystems und seiner Machtverteilung endgültig das Wasser abgraben, zum Beispiel durch einen möglichst ewigen Aufschwung und die damit theoretisch verbundene Möglichkeit zur allgemeinen Verbesserung der Einkommen sowie der Lebens- und Arbeitsbedingungen, also durch eine allgemeine Mehrung des Wohlstands.

»Richtig ist eher das Gegenteil«, sagt Politologe Franz Walter: »In ökonomischen Krisen sind die davon hauptsächlich betroffenen Menschen meist ermattet, ohne Hoffnung, dadurch passiv, resigniert. In Zeiten wirtschaftlicher Dürre und Entbehrung hissen die Menschen nicht die Fahnen des Umsturzes ... Erst müssen sich die strangulierenden Fesseln der ökonomischen Pressionen zu lösen beginnen. Erst muss sich das soziale Elend in *bewusste* Unzufriedenheit übersetzen können. Erst dann ist langfristig angelegte Auflehnung und Gegenwehr ernsthaft zu erwarten.«[645] Aber prinzipielles »Revolutionspotenzial« steckt nicht nur in den unteren und mittleren Gesellschaftsschichten, sondern auch ganz weit oben, nämlich im frustrierten Führungsnachwuchs. »Ob sich aus dem Abfall der gebildet-blockierten Nachwuchselite allein eine literarische Revolte oder ein kleinbürgerlicher Verdrossenheitspopulismus ergibt; oder ob das zur Ausgangslage weitreichender Veränderungen wird«, hängt für Walter »davon ab, inwiefern es zur großen, indes stets schwierigen *Begegnung* der geistigen Opponenten mit der Sozialopposition von unten kommt. Eine solche, bekanntlich eher rare Verbindung – die Symbiose von Laptop und Putzmopp – schwächt jedenfalls die Legitimationsgrundlagen eines politischen Systems beträchtlich.«[646] Sollten dann auch noch die Mächtigen ihre Geringschätzung des Staates und seiner Einrichtungen demonstrieren, so »schreitet die Erosion von etablierter Macht und die Courage zur Widerständigkeit der oppositionellen Kräfte ... massiv voran. Das reduziert den Respekt vor den Ordnungsstrukturen und administrativen Pfeilern des Systems, senkt die Schwelle der Frucht der Herrschaftsgegner, mit ihren Attacken auf die öffentlichen Einrichtungen Chaos und Anarchie zu stiften. Massive Deregulierungen von oben fördern und rechtfertigen den fundamentalistischen Angriff auf den Staatsapparat von unten.«[647] Das Volk steht auf: Revolutionen, Bürgerkriege und Volksaufstände sind zweifellos die extremste Form des Widerstands. Und speziell in Deutschland scheint ein derartiges Ereignis unwahrscheinlicher als der Zusammenprall von Mars und Merkur im

Weltall. Andrerseits gab es doch die ebenfalls für unmöglich gehaltene friedliche Revolution in der DDR. Oder? Zum Ersten wären – selbst wenn man den Mut der Hunderttausende von Demonstranten bewundert – Maueröffnung, D-Mark-Einführung und Vereinigung nie möglich geworden ohne Michail Gorbatschows Perestroika und den Kuhhandel der vier Alliierten. Zum Zweiten war – bezogen auf die Gesamtbevölkerung – nur eine Minderheit an den Protesten aktiv beteiligt: »Republikflucht« ist nun mal etwas anderes als Teilnahme am Kampf. Zum Dritten ging es den meisten DDR-Bürgern offenbar vor allem um die D-Mark und die Reisefreiheit – beide Ziele wurde ja nicht *gegen*, sondern *durch* die SED erreicht.

Revolutionen werden im Nachhinein stets glorifiziert, man denke nur an den Spartakusaufstand, die russische Oktoberrevolution oder den chinesischen Bürgerkrieg, nicht zu vergessen der Kieler Matrosenaufstand von 1918, der schließlich zur deutschen Novemberrevolution von 1918/19 und zum Ende des Kaiserreiches führte.[648] Bei allen Volksaufständen aber bleibt stets die Frage: Ist es wirklich *das Volk*, das sich erhebt? Handelt es sich am Ende um eine radikale Variante unserer parlamentarischen Demokratie, in der eine kleine Clique von »Volksvertretern« vorgibt, die Interessen der Bürger zu vertreten, obwohl die nicht selten ganz anderer Meinung sind? Wenn dem aber so ist, dann erscheint die »Revolution« als Spiel mit dem Feuer, das letztlich nur eine neue herrschende Kaste an die Macht spült. Nicht zufällig mündeten die russische und die chinesische »Volksrevolution« in Diktaturen.

Andrerseits fürchten laut emnid 54 Prozent der Deutschen »soziale Unruhen«. 32 Prozent sagten, sie würden sich angesichts der Krise persönlich an Demonstrationen oder Protesten beteiligen. 79 Prozent äußerten Verständnis für solche Proteste.[649]

Als im Jahr 2009 die damalige Bundespräsidentenkandidatin Gesine Schwan ebenfalls vor der Explosion des Volkszorns warnte, da warnte Kanzlerin Merkel ihrerseits vor »Panikmache«, und CSU-Generalsekretär Alexander Dobrindt rastete aus: »Schwan wird zu einer Gefahr für den gesellschaftlichen Frieden in Deutschland. Mit ihrem saudummen Dahergerede von sozialen Unruhen provoziert sie die Spaltung unserer Gesellschaft«.[650]

Wenn sie sehen, wie viele sie sind, dann gibt es einen Aufstand gegen uns.
RÖMISCHER SENATOR ZUM VORSCHLAG, ALLE SKLAVEN MIT EINEM WEISSEN ARMBAND ZU VERSEHEN, UM SIE BESSER ERKENNEN ZU KÖNNEN

Wie aber würden »soziale Unruhen« aussehen? Betriebs- und Bankenbesetzungen? Straßenschlachten? Terroranschläge? Eine düstere Vision lieferte der frühere SPD-Generalsekretär Peter Glotz schon im Jahr 2005 kurz vor seinem Tod: »Die deutsche Disziplin und Ruhe könnten trügerisch sein. Eine neue RAF ... ist nicht in Sicht. Aber wenn irgendwo 200 empörte Arbeiter, die entlassen werden sollen, obwohl der Konzern insgesamt schwarze Zahlen schreibt, alles kurz und klein schlagen, kann ein einziger Gewaltausbruch dieser Art einen Flächenbrand auslösen, wie einst der unpolitische Mordversuch an Rudi Dutschke zu Ostern 1968. Das ist die ›kirgisische Lektion‹; der kirgisische Widerstand ist die Reaktion auf den ukrainischen Widerstand, der in Osteuropa noch manchen Umsturz auslösen dürfte. Deutschland ist nicht Kirgisien, Deutschland ist ein Rechtsstaat und hat eine funktionierende Staatsmaschine und eine gute Polizei. Aber wird das reichen?«[651]

»Stasi 2.0«[652]

Dies fragen sich die Machteliten und ihre Politiker allerdings schon immer und unentwegt, allen voran die in den ehemaligen Volksparteien nicht gerade schwach vertretene Polizeistaatsfraktion. Und ihre Allzweckwaffe ist – egal ob zur Ablenkung von »unpopulären Entscheidungen« und Umfragetiefs der Regierung oder zur Begründung für den Anbau des Rechtsstaats und die Hochrüstung der Sicherheitsorgane – die Warnung vor Terroranschlägen einschließlich entsprechender Vorschläge zum Antiterrorkampf. Natürlich lässt sich im Einzelfall kaum nachweisen, ob ein »in letzter Sekunde vereitelter Terroranschlag« nicht eine freie Erfindung interessierter Kreise war. Auffällig aber ist die Häufung der Berichte über »Beinahe-Katastrophen« gerade in unangenehmen Zeiten für die Herrschenden. Wer jedenfalls bei Google die Begriffe »Terroranschlag« und »falscher Alarm« zusammen eingibt, erhält über 13 000 Ergebnisse.

Auch im Herbst 2010 lief das »Dauergeraune über die wechselnden Aggregatzustände des islamistischen Terrorismus«, wie Heribert Prantl in der *Süddeutschen Zeitung* die staatliche Panikmache nennt, wieder auf Hochtouren – und wieder mittels Falschmeldungen. So war angeblich vor dem Flug eines Airbusses von Windhuk nach München im Gepäck ein Koffer mit einer werweiß-wie gefährlichen Bombe entdeckt worden. In Wahrheit stellte sich das Gepäckstück schon bei der Entdeckung als Testkoffer zur Überprüfung der Sicherheitskontrollen in Windhuk heraus. [653]

»Nicht in Ordnung wäre es, Angst zu schüren«, kritisiert Prantl, »eine Angst, die danach ruft, dass ganz schnell etwas Fulminantes getan wird, und zwar nicht nur irgendetwas, sondern alles – Repression, Prävention, alles miteinander, alles durcheinander und so viel wie möglich. Angst macht süchtig nach Polizei- und Strafrecht.«[654] Allen voran beim Schüren dieser irrationalen Angst ist unsere Kanzlerin, die die hinterlistige Panikmache offenbar zur Chefsache erklärt hat. »Konkrete Anschlagsplanungen – Merkel bestätigt reale Terrorgefahr« lautete der Aufmacher von *Spiegel Online*, am 20. November 2010.[655]

Dies ist die Stunde der Spezialdemokraten wie Berlins Innensenator Ehrhart Körting, langjähriger Kabinettskollege, SPD-Parteifreund und Gesinnungsgenosse Thilo Sarrazins. »Wenn nicht jetzt, wann dann«, mag er sich bei seiner neuerlichen Hetzjagd auf alles Orientalische gedacht haben: Wer bemerke, dass in der

Unsere politischen Gegner schlagen als Wunderwaffe im Anti-
terrorkampf die Lockerung des Kündigungsschutzes, die Verdop-
pelung der Mehrwertsteuer und die völlige Privatisierung des
Verkehrs- und Gesundheitswesens vor. All dies nutzt aber nichts
ohne die Halbierung der Hartz-IV- und der Spitzensteuersätze,
die Straffreiheit für Korruption zwischen Politik und Wirtschaft
sowie die Abschaffung des Umweltschutzes, der Menschenwürde
und des Rechtsweges. Nur so können wir im Kampf gegen den
Weltterroristen erfolgreich sein.
Aus einer anonymem Bundestagsrede vom 3. Mai 2011

Nachbarschaft »plötzlich drei etwas seltsam aussehende Menschen« – bei Hitler hießen sie »Nichtarier« – eingezogen seien,
die »nur Arabisch oder eine Fremdsprache sprechen, die wir nicht
verstehen«, dann solle man unverzüglich die Behörden unter-
richten. Selbst der frühere Innenminister Thomas de Maizière
wirkt gegen die schäumenden Polizeistaatsfanatiker wie ein Vor-
zeigedemokrat. Für Sebastian Fischer von *Spiegel Online* ist er
»alles andere als ein Scharfmacher. Die Vorgänger Wolfgang
Schäuble (CDU) und Otto Schily (SPD) hatten da ein etwas anderes Amtsverständnis. Sie dachten öffentlich über eine Grauzone
bei der Folter nach, über Internierungslager für Flüchtlinge, Anschläge mit einer schmutzigen Bombe oder den Abschuss ent-
führter Passagierflugzeuge. Am Ende wurde Schäuble von Teilen
der Internet-Community gar als ›Stasi 2.0‹ verspottet.«[656]
In diesem Zusammenhang sind auch die Pläne nach Umwandlung
der Bundeswehr in eine Berufsarmee und ihrem Einsatz im Innern zu sehen. Die Wehrpflichttruppe hat in den Augen der
Scharfmacher gegenüber einer Berufsarmee wie etwa der französischen Fremdenlegion den Nachteil, dass es sich bei ihr gerade
nicht um gemeingefährlichen moralischen Abschaum handelt, da
die Wehrpflichtigen meist aus Durchschnittsfamilien kommen,
also Eltern, Großeltern und Geschwister haben, auf die sie wohl
kaum bedenkenlos das Feuer eröffnen würden. Anders dagegen

könnte es bei einer Berufsarmee sein, wenn die Verantwortlichen ihre Soldaten gerade und vorwiegend unter mordlüsternen Spießgesellen rekrutieren.

Letzteres Problem wird schon heute nach DDR-Vorbild durch den Einsatz von Ordnungshütern aus anderen Bundesländern umgangen. Die Polizisten wiederum, die besonders in Stuttgart vom »Freund und Helfer« zu »Freundchen-ich-werd-dir-helfen«-Monstern mutierten, werden gern aufgehetzt durch gezielte Fehlinformationen über Demonstrantengewalt. Die Bahnhofsschlacht hatte sogar Innenminister Rech persönlich durch die Behauptung angeheizt, die S-21-Gegner hätten Pflastersteine geworfen, dies später aber als Falschinformation zurückgezogen. »Berichten zufolge warfen die Demonstranten weder Stühle noch Steine, sondern Kastanien und vereinzelt Plastikflaschen.«[657]

Nun weist Peter Glotz völlig zu Recht darauf hin, dass entgegen den polizeistaatlichen Fieberphantasien einiger Politiker, die Bundeswehr im Innern[658] gegen Andersdenkende (Diktion: »Terroristen«) einzusetzen, es im Ernstfall nichts nützen würde, aufgebrachte Arbeiter wie Hasen abzuknallen, und zwar aus zweierlei Gründen:

Zum einen kann eine Bevölkerung zwar kurzfristig eingeschüchtert und ihrer demokratischen Rechte beraubt werden. Langfristig ist dies aber kaum möglich. Schließlich kann kein Staat der Welt – und Deutschland schon gar nicht – hinter jeden Bürger

Wo Unterdrückung ist, da ist auch Widerstand.
VOLKSMUND

zwei Soldaten und einen Spitzel stellen.

Zum anderen geht es gerade den internationalen Großkonzernen ja letztlich nur um das eine: um den Maximalprofit. Und der lässt sich bedeutend besser in einer Gesellschaft erzielen, in der die Bürger im Großen und Ganzen hinter ihrem Staat und seiner Wirtschaft stehen.

Finger weg vom Grundgesetz

Längst hat sich in vielen Chefetagen herumgesprochen, dass Motivation die Leistung der Mitarbeiter bedeutend mehr erhöht als Entlassungsdrohungen.

»Eine der größten Herausforderungen für Unternehmen ist es, gute Leute bei Laune zu halten«, fasst *Focus Money Online* die neuen alten Erkenntnisse zusammen. [659] Dazu ein kleines Beispiel, vom Autor als jobbender Oberschüler Anfang der siebziger Jahre selbst erlebt: In einem Zulieferbetrieb mit etwa hundert Mitarbeitern ging jeden Freitag kurz vor Wochenendbeginn der Chef mit Pralinenschachteln durch die Abteilungen und hatte für jeden ein freundliches Wort (»Wie war denn Ihr Atlantik-Urlaub?« – »Hat Ihre Tochter die fünfte Klasse gepackt?« – »Geben Ihre nervigen Nachbarn noch immer keine Ruhe?«). Das Ergebnis: Waren einmal Überstunden fällig, waren alle mit dabei, und auch sonst hatten die Angestellten das Gefühl, eine gute, saubere Arbeit dem netten Chef schuldig zu sein. Genau diese, von Neoliberalen als »Nostalgie« verspottete Art des gegenseitigen respektvollen Umgangs erlebt aber gerade jetzt eine Renaissance.

Politikprofessor Colin Crouch bringt diese skurrile »Schicksalsgemeinschaft« auf den Punkt: »Wenn es nicht zu einer massiven Eskalation des Protests und des Widerstands kommt, was könnte den globalen Unternehmen dann eine solche Angst um ihre Gewinne einjagen, dass ihre Vertreter an den Verhandlungstisch zurückkehren?«[660]

Dieses Erkaufen oder Ergaunern der Zustimmung der Arbeitnehmer und des ganzen Volkes zur permanenten Verschlechterung ihrer Lebens- und Arbeitsbedingungen durch die vergleichsweise preiswerte Herstellung eines Betriebsklimas ist für die Gegenseite eine Existenzfrage. In einem nämlich haben die Neoliberalen recht und sind ihre Kritiker Tagträumer oder Heuchler: Unter *heutigen* Bedingungen und in *konkreten* Situationen sind für manches Unternehmen Lohnkürzungen, Entlassungen und Betriebsschließungen eben nicht der »Gier« geschuldet, sondern tatsächlich »alternativlose Sachzwänge«, will es nicht den Preiskampf mit der Konkurrenz verlieren und vom Markt verschwinden. »Alternativlos« ist schließlich auch für den Fernfahrer das Tanken zum überhöhten Monopolpreis – soll er etwa aufs Fahrrad umsteigen? »Alternativlos« ist auch für viele Kranke die Zahlung völlig überteuerter Medikamente und für gehbehinderte Dorfbewohner der Einkauf bei einem bestimmten Discounter, weil der nächste Laden zwanzig Kilometer entfernt ist.

Insofern interessierten auch einen Karl Marx die Ackermänner dieser Welt »als Personen nur, soweit sie die Personifikation ökonomischer Kategorien sind, Träger von bestimmten Klassenverhältnissen und Interessen«. Folglich könne man keinesfalls »den Einzelnen verantwortlich machen für Verhältnisse, deren Geschöpf er sozial bleibt«.[661] Genau diese Personifizierung betreiben zum Beispiel SPD und Gewerkschaften, man denke nur an Franz Münteferings legendären Heuschreckenvergleich von 2005, mit dem der damalige SPD-Chef die US-Private-Equity-Gesellschaften treffen wollte. Hatte sich der Sozialdemokrat schon den Vorwurf des Anti-Amerikanismus und der NS-ähnlichen Argumentation eingefangen,[662] so setzte die IG Metall mit der Titelseite der Mai-Ausgabe ihres Mitgliedermagazins *metall* »US-Firmen in Deutschland – Die Aussauger« noch einen drauf.

Zweck dieser Schimpftiraden ist aber nicht etwa »übertriebene Kapitalismuskritik«, sondern deren Gegenteil. Wenn nämlich die zunehmenden Probleme der zusehends globalisierten westlichen Marktwirtschaft vor allem auf »Gier«, »Rücksichtslosigkeit« und andere Charakterschwächen zurückzuführen sind, dann genügt es ja folglich, dass die Verantwortlichen sich ändern und schärfer kontrolliert oder gar ausgetauscht werden.

Die Menschen indes machen die praktische Erfahrung und kommen mehr und mehr zu der Erkenntnis, dass kein Haufen von Bösewichten den allumfassenden Schlamassel verursacht, sondern das auf Profitmaximierung beruhende Gesellschaftssystem selbst. Neben den bereits erwähnten Umfragen zeigt dies eine Studie der GfK-Marktforscher vom Juli 2009. Demnach finden

75 Prozent, dass es in Deutschland »im Großen und Ganzen« ungerecht zugeht.[663]

Nun stehen wird also vor dem Problem, dass immer mehr Menschen quer durch alle Schichten erkennen, dass es so nicht mehr weitergehen kann und unser System immer häufiger, krachender und deutlicher an seine Grenzen stößt, es aber naturgemäß keine konkreten, über Allgemeinplätze hinausgehenden Vorstellungen von einer »besseren Welt« gibt.

Dies allerdings ist auch gar nicht erforderlich. Ein »Masterplan« für eine Gesellschaft, in dem sich das Kleinere aus dem Größeren ergibt, war bislang eher das Kennzeichen totalitärer Systeme und wurde bislang auch hier wohl noch nie 1:1 umgesetzt. Denn auch wenn es für den einzelnen Betrieb oder einzelne Regierungen und Verwaltungen »alternativlose Sachzwänge« geben mag, so sind die nicht vom Himmel gefallen, sondern wurden von Menschen durch Drehen an wichtigen Stellschrauben der Gesellschaft geschaffen.

Deshalb gibt es auch innerhalb eines Systems, auch innerhalb des unseren, gewisse Spielräume, sogar erstaunlich große. So zauberte Reichskanzler Otto von Bismarck in den 1880er Jahren eine noch heute wegweisende Sozialgesetzgebung mit Kranken-, Unfall- und Rentenversicherung aus dem Hut; und dies nicht aus Mildtätigkeit, sondern aus Angst, die Sozialistische Arbeiterpartei Deutschlands (SAD), wie die SPD bis 1890 hieß, könne eine Revolution anzetteln. Und insofern ist für das Volk die Frage, ob sie einen begrenzten Kampf wie in Stuttgart gewinnt oder verliert, langfristig gar nicht einmal so wichtig. Was zählt, ist das immer bessere gegenseitige Verständnis der einzelnen Schichten untereinander und füreinander, damit aus den oft unterschiedlichen und einander widersprechenden Interessen und Forderungen der einzelnen Bevölkerungsteile ein möglichst einheitliches »Widerstandspaket« geschnürt werden kann.

Ein wenn auch kleines Beispiel dafür, dass der Kampf der Untertanen gegen die Herrschenden durchaus erfolgreich sein kann, bietet etwa der Fall des tiefen Falls Ihrer Durchlaucht Dr. ade zu

Guttenberg. Die dummfreche »Verteidigung« seines Summa-cum-lauda-Plagiats à la »aus Versehen paar Fußnoten vergessen«, »an paar Stellen schlampig gearbeitet« oder »ein Doktor-Betrüger kann ein guter Minister sein« machte die klar denkenden Menschen zornig und fassungslos.

»Die Fassungslosen, das waren die Wissenschaft, Teile der Medien und viele Bürger aus allen Schichten, Berufen, Altersgruppen … blieben nicht sprachlos, zogen sich nicht angewidert zurück«, resümierte Barbara John im *Tagesspiegel,* »verfielen nicht in Zynismus und Gleichgültigkeit. Sie hielten das Thema am Kochen, redeten sich die Köpfe heiß und wichen mit ihrer fordernden Präsenz nicht von der Stelle, bis die Politik den Rückzug antrat, nicht aus Einsicht, mehr aus Ausweglosigkeit.«[664] Eine wichtige Rolle spielte auch hier der Humor. So begann der *Freitag*-Verleger Jakob Augstein seinen Guttenberg-Verriss mit einem Witz, der inzwischen Kultstatus besitzt: »Fragt der Praktikant im Verteidigungsministerium: Wo ist denn der Kopierer? Antwort: Auf Truppenbesuch in Afghanistan.« Diese Häme, so schlussfolgert er, werde zu Guttenberg »nie mehr los. Der Mann, der eine Zeitlang Hoffnungsträger der Politik war, hat sich als Hochstapler entpuppt und als Witzfigur. Ein Felix Krull des Kabinetts. Oder, vielleicht passender, ein Dieter Bohlen der Politik.«[665]

Lächerlich machte sich auch die anonyme Horde derer, die »Sehnsucht nach dem Gesalbten«[666] äußerten. 500 000 Gutti-Groupies in der Internetgemeinde *Facebook,* aber zu den »machtvollen Demonstrationen« kamen nur in Guttenberg 1500, in Hamburg 300, in den anderen Großstädten weniger als 100. Und die erlebten Ähnliches wie ihre Leidensgenossen in Berlin: »Rund 80 junge Menschen feierten zu Techno-Musik und machten sich über die Guttenberg-Getreuen mit Transparenten wie ›Guttenberg muss Kaiser werden‹ lustig«, berichtete *Spiegel Online.* »In Sprechchören forderten sie ›Jetzt oder nie: Monarchie‹ und versicherten dem CSU-Mann: ›Wir sind Dein Volk.‹ Kamerateams und Fotografen drängten sich um die Ironie-Protestler, während die rund

50 meist älteren Guttenberg-Anhänger am Rand des Geschehens zurückblieben.«[667]

Das bedeutet *nicht*, wie Neoliberale gern behaupten, eine »Querulantenrepublik«, deren Bürger schon aus Prinzip gegen alles Mögliche prozessieren, demonstrieren, sitzblockieren und Bürgerinitiativen à la »Nieder mit dem Packeis – Freiheit für Grönland« gründen. Vielmehr geht es um die ständige Einmischung der Bürger in ihre eigenen lebenswichtigen Interessen, das im Grundgesetz garantierte »Streben nach Glück« inklusive. Dies aber ist das direkte Gegenteil des neoliberalen Credos: »Liberalismus ist unvereinbar mit unbeschränkter Demokratie«, wie der Neoliberalismus-Miterfinder Friedrich August von Hayek stets betonte.[668] Dieses Verständnis von Freiheit hat natürlich mit dem eines geistig gesunden Normalbürgers nicht das mindeste zu tun, wie Hayeks Spießgeselle Milton Friedman auch dem naivsten Marktradikalen-Anbeter klarmachen dürfte. Die Hauptaufgabe des Staates sei es, »unsere Freiheit sowohl gegen den äußeren Feind als auch gegen unsere Mitbürger zu schützen, also mit ›Law and Order‹ private Verträge und konkurrierende Märkte zu garantieren«.[669] Von daher ist das ständige Lechzen nach Einsatz der Bundeswehr im Innern, Wegsperren ohne Gerichtsbeschluss, Schaffung des »gläsernen Menschen durchaus verständlich«, und deshalb sollte jeder Kampf gegen AKW-Gefahr, Umweltzerstörung, Sozialabbau oder Auslandseinsätze der Bundeswehr auch gleichzeitig ein Kampf zur Verteidigung des Rechtsstaats sein. Anders als in einer Diktatur nämlich werden Pläne und Gesetze in Richtung Polizei- und Überwachungsstaat oder andere verfassungswidrige Beschlüsse zumeist von den höchsten Gerichten, vom Engagement kritischer Medien und vor allem vom Bürgerprotest kurz vor zwölf gestoppt.

Die Verteidigung des Rechtsstaats sollte schon deshalb selbstverständlich sein, weil nahezu alle Forderungen und Visionen der neuen Protestbewegung auf dem Boden des Grundgesetzes durchsetzbar sind.

Anhang

1 Chronik der Studentenbewegung[670]

1965

27. 1.: Die Gruppe »Subversive Aktion« tritt in Westberlin dem 1947 gegründeten SDS (Sozialistischer Deutscher Studentenbund) bei. Damit hat die antiautoritäre Richtung im SDS Fuß gefasst.

28. 2.: Rudi Dutschke wird in den politischen Beirat des Westberliner SDS gewählt.

7. 5.: Studentenproteste gegen die Aufrechterhaltung des 1958 verhängten Hausverbots für den Journalisten Erich Kuby, der an einer Podiumsdiskussion teilnehmen wollte. Er hatte damals in einem Referat erklärt, dass der Name »Freie Universität« ein äußerstes Maß von Unfreiheit ausdrücke. Durch die Worte »Freie Universität« werde eine innere antithetische Bindung an die andere unfreie Universität jenseits des Brandenburger Tores fixiert.[671]

18. 5.: Die Studenten des Otto-Suhr-Instituts der FU organisieren einen der ersten Streiks.

30. 5.: Der SDS und andere Gruppen organisieren in Bonn den Kongress »Demokratie vor dem Notstand« als Protest gegen die geplanten Notstandsgesetze.

1. 7.: 10 000 Studenten protestieren in Westberlin gegen den Bildungsnotstand.

Oktober: Auf der SDS-Delegiertenkonferenz in Frankfurt wird Rudi Dutschke in den Bundesvorstand gewählt.

November: Aufruf zum Ostermarsch 1966: »Die Menschheit muß dem Krieg ein Ende setzen, sonst setzt der Krieg der Menschheit ein Ende.«[672]

13.–17. 12.: Der Westberliner SDS sammelt bei einer Vietnamaus-stellung Geld für das Rote Kreuz Nordvietnams und den Viet-cong.

Dezember: Der Springer-Konzern startet eine pro-amerikanische Vietnam-Kampagne: Die Berliner sollen Geld spenden, um den Hinterbliebenen der gefallenen GIs – kein Witz! – eine Nachbil-dung der Freiheitsglocke aus Porzellan schicken zu können. Dies zieht der Berliner Kabarettist Wolfgang Neuss genüsslich durch den Kakao.

1966

Januar: Der Akademische Senat,[673] der eine weitere Politisierung der Studenten verhindern will, verbietet gegen die Universitäts-ordnung alle politischen Veranstaltungen. Der AStA tritt darauf-hin zurück und legt Rechtsaufsichtsbeschwerde ein.

4. 2.: Der antiautoritäre Flügel des SDS klebt illegal die ersten Vietnam-Plakate. Einige Studenten werden verhaftet. Tote gibt's diesmal nicht.

5. 2.: 2500 Studenten demonstrieren in Westberlin gegen den Vietnamkrieg – eine der ersten Demonstrationen gegen den Viet-namkrieg, die vom SHB (Sozialdemokratischer Hochschulbund) und LSD (Liberaler Studentenbund Deutschlands) organisiert werden. Sie legen zeitweise den Verkehr in der Innenstadt lahm. Anschließend zieht ein Teil von ihnen vor das Amerikahaus in der Hardenbergstraße und bewirft es mit Tomaten und Eiern.

7. 2.: Der Rektor der FU entschuldigt sich in einem Brief an den amerikanischen Stadtkommandanten in Berlin.

8. 2.: Auf einer Berliner »Sympathiekundgebung« gegen die »antiamerikanischen Ausschreitungen einiger linksorientierter Studenten« bejubeln die CDU, ihr Studentenverband RCDS, die Junge Union und rechtsradikale Schlagende Verbindungen mit Fackeln de facto den »Völkermord« (Peter Weiss)[674] der USA in Vietnam.

Der heutige renommierte Rüstungsexperte Rolf Uesseler erin-nert sich: »Mehrere Jugendliche mit langen Haaren … wurden von den Kundgebungsteilnehmern unter Gewaltanwendung und mit der Parole ›Gammler raus‹ in den S-Bahnhof Zoo gedrängt und gezwungen, eine Fahrkarte nach Friedrichstraße (damaliges DDR-Gebiet) zu lösen. Anschließend wurden die Jugendlichen auf.den Bahnsteig geschleift.« Selbst die schweigende schwarzbraune Mehrheit »zeigte sich damals davon überrascht, welches ›faschistische Potenzial‹ in Westberlin noch existiert und wie kurzfristig dieses mobilisierbar war«.[675]

13. 2.: Rudi Dutschke begründet bei einer Diskussion die Plakataktion vom 4.2. mit Che Guevaras *Focus-Theorie*. Demnach braucht man nicht auf eine »revolutionäre Situation« zu warten, sondern kann selbst mithelfen, sie zu schaffen.

22. 5.: SDS-Kongress *Vietnam – Analyse eines Exempels* in Frankfurt am Main.

25. 5.: Mao Tse-tung ruft in der VR-China die Kulturrevolution aus, ein Vorbild für die späteren »maoistischen« Gruppen.

22./23. 6.: Mehr als 3000 Studenten protestieren gegen das Raumverbot für politische Veranstaltungen an der FU mit einem Sit-in. Auf einem Teach-in wird die Demokratisierung der Hochschule und der Gesellschaft gefordert.

Sommer: »Spaziergangsdemonstrationen« auf dem Berliner Ku'damm gegen den Vietnamkrieg.

8. 7.: Vietnam-Demonstration von 2000 Westberliner Studenten.

2. 8.: Verhinderung der Aufführung des rassistischen Films »Africa adio« von Jacopetti durch Studenten der FU und des SDS im *Astor* am Ku'damm/Berlin.

1. 10.: Herbert Marcuses Kultbuch *Repressive Toleranz* erscheint auf Deutsch.

30. 10.: 3000 Menschen unterschiedlichster sozialer Schichten protestieren auf dem Kongress *Notstand der Demokratie* in Frankfurt am Main gegen die Notstandsgesetze.

26. 11.: Erste Flugblatt-Aktion außerhalb der offiziellen Studentenvertretung an der FU Berlin. Das »Fachidioten«-Flugblatt wendet sich gegen die geplante Einführung der Zwangsexmatrikulation.

1.12.: In Westberlin und der Bundesrepublik protestieren nicht nur Studenten gegen die Bildung der Großen Koalition unter Ex-NSDAP-Mitglied Kurt-Georg Kiesinger als Bundeskanzler und Willy Brandt als Außenminister.

6.12.: Der SDS funktioniert eine RCDS-Veranstaltung mit dem Botschafter Südvietnams zu einer Art Tribunal um, worauf der Diplomat das Weite sucht.

10.12.: Zum Abschluss der Vietnam-Wochen fordert Rudi Dutschke dazu auf, eine außerparlamentarische Opposition zu bilden. Dieter Kunzelmann und andere verbrennen Pappköpfe von SED-Chef Ulbricht und US-Präsident Lyndon B. Johnson auf dem Ku'damm und singen dazu Weihnachtslieder.

1967

Januar: Gründung der K I (Kommune I).

26.3.: Am Rand einer Demonstration für Demokratie und Abrüstung wird das Amerikahaus mit roten Farbbeuteln beworfen.

5.4.: In Westberlin verhaftet die Polizei Kommunarden, die ein »Puddingattentat« auf den US-amerikanischen Vizepräsidenten Humphrey geplant hatten. 2000 Studenten demonstrieren gegen seinen Besuch in der Stadt.

19.4.: In einem nächtlichen Sit-in im Henry-Ford-Bau der FU protestieren 2000 Studenten gegen Sanktionen des Akademischen Senats, wie etwa das »Rasenbetretungsverbot«. Der Schriftsteller Peter Schneider hält seine legendäre *Rasenrede* gegen die schwarzbraunen Spießerhorden: Selbst die unvorstellbaren Greuel des US-Völkermordes in Vietnam lassen Hitlers Erben kalt, wohingegen »wir nur einen Rasen betreten zu brauchen, dessen Betreten verboten ist, um ehrliches, allgemeines und nachhaltiges Grauen zu erregen«. Tags darauf laufen auch bis dato unpolitische Studenten demonstrativ über den Rasen des FU-Campus.

30.4.: Eröffnung des Republikanischen Club (RC) in Berlin, der sich schnell zu einem zentralen Treffpunkt der APO entwickelt.

1.5.: Demonstration des Berliner AStA gegen die Militärdiktatur in Griechenland.

3. 5.: Ausschluss von Teilen der »Subversiven Aktion« und der K I aus dem SDS, nachdem sie ein Flugblatt – unterzeichnet mit SDS – verteilt hatten. SDS und »Antiautoritäre« passen offenbar nicht mehr zusammen.

9. 5.: Auf einer Urabstimmung findet sich eine knappe Mehrheit für Studentenschaftsvertreter, die sich am 19. 4. am Sit-in beteiligt hatten. Daraufhin werden die angedrohten Sanktionen gegen sie nicht durchgeführt.

24. 5.: Als bei einem Kaufhausbrand in Brüssel 400 Menschen zu Tode kommen, verteilt die K I ein Flugblatt an der FU: »Wann brennen die Berliner Kaufhäuser?« Ob Fälschung oder nicht, wurde nie geklärt.

28. 5.: Demonstration gegen den Schah von Persien, veranstaltet vom AStA, anderen politischen Studentengruppen mit persischen Studenten.

2. 6.: Am Rande der Anti-Schah-Demonstration in Berlin wird der Student Benno Ohnesorg von Kriminalobermeister Karl-Heinz Kurras von hinten erschossen. Der Todesschütze wird nie verurteilt werden. Man feiert ihn als Volkshelden. Als er 42 Jahre später als Stasi-Agent enttarnt wird, ist er plötzlich ein feiger Mörder.

3. 6.: In ersten Protestkommentaren geben die Studenten der »Springer-Presse« die Schuld an Ohnesorgs Tod.[676]

4. 6.: In Berlin demonstrieren 8000 Menschen gegen die brutalen Polizeieinsätze und die Erschießung Benno Ohnesorgs.

8. 6.: Teach-in zu den Ereignissen in Berlin vom 2. Juni, Vorführung des Films von der Demonstration gegen den Schah.

12.–14. 6.: Mehrere Teach-ins mit Vorträgen, Diskussionen und Resolutionen gegen die Notstandsgesetze.

22. 6.: Etwa hundert Studenten treten im Wohnheim der Evangelischen Studentengemeinde in einen Hungerstreik, um die Freilassung des Kommunarden Fritz Teufel aus der Haft zu erzwingen.

10. 8.: Fritz Teufel wird tatsächlich auf freien Fuß gesetzt.

9. 10.: Che Guevara wird in Bolivien gefangen genommen und ermordet.

14. 10.: Studenten demonstrieren auf der Frankfurter Buchmesse gegen den Axel-Springer-Konzern.

21. 10.: Internationaler Demonstrationstag gegen den Vietnamkrieg. Obwohl in Westberlin 7000 Menschen protestieren, kann die Polizei aufgrund ihres starken Aufgebots nicht wie erhofft provoziert werden. Rudi Dutschke kritisiert hinterher »die taktische ›Niederlage‹, unsere Unfähigkeit, das System als ›Diktatur der Gewalt‹ zu entlarven«.

1. 11: Im Audimax der FU wird die »Kritische Universität« gegründet.

9. 11.: Bei der feierlichen Rektoratsübergabe an der Uni Hamburg kommt es zum Protest gegen die Ordinarienuniversität (»Unter den Talaren Muff von 1000 Jahren«).

24. 12.: Rudi Dutschke will während des Weihnachtsgottesdienstes in der Berliner Gedächtniskirche eine Rede gegen den Vietnamkrieg halten. Er wird von Gemeindemitgliedern gewaltsam daran gehindert.

1968

Januar: Gründung des Aktionsrates zur Befreiung der Frau.

31. 1.: In Vietnam beginnt die Tet-Offensive der vietnamesischen Befreiungsfront Vietcong gegen die US-Truppen.

17. 2.: Internationaler Vietnam-Kongress in Berlin. »In Vietnam werden auch wir täglich zerschlagen«, sagt Rudi Dutschke. Zur Abschlussdemonstration kommen 15 000 Kriegsgegner.

21. 2.: Nachdem die Berliner Presse tagelang Pogromstimmung gegen Studenten geschürt hat, ruft der Berliner Senat seine Stammwählerschaft zu einer Gegenkundgebung auf. Von den 60 000 vorbildlichen Frontstadt-Demokraten begeistert begrüßt und vom SPD-Oberbürgermeister Klaus Schütz geduldet, sieht man seinerzeit durchaus typisch sozialdemokratische Plakate wie: »Politische Feinde ins KZ«, »Bei Adolf wäre das nicht passiert«, »Bauarbeiter, seid lieb und nett, jagt Dutschke und Konsorten weg!«, »Dutschke, Volksfeind Nummer eins«.

Wie sich gewisse Sozialdemokraten traditionell hinterher beneh-

men, berichten Augenzeugen: »Mehr als 100 Polizisten mit gezogenen Schlagstöcken mußten die Massen davor zurückhalten, das Geschäft zu stürmen«, in dem man Dutschke vermutete. »An einer anderen Stelle musste die Polizei einen jungen Mann, der Dutschke ähnelte, vor einer Menge retten, die auf ihn einschlugen und schrien: ›Schlagt ihn tot, hängt ihn auf.‹ [677]
Wie durch ein Wunder gab's schließlich »nur« sechsundzwanzig Verletzte.

16. 3.: Vietnam: Massaker durch US-Soldaten in dem vietnamesischen Dorf My Lai.

2. 4.: »Aus Protest gegen den Krieg in Vietnam« legen Andreas Baader und Gudrun Ensslin Brandsätze in zwei Kaufhäusern in Frankfurt am Main, was ihnen eine Haftstrafe von drei Jahren einbringt.

4. 4.: Der Bürgerrechtler Martin Luther King wird in Memphis ermordet. In mehr als 100 Städten brechen daraufhin Rassenunruhen aus.

11. 4.: Attentat auf Rudi Dutschke in Berlin. Er überlebt schwer verletzt, stirbt aber am 24. Dezember 1979 an den Spätfolgen der Verletzungen. Bei einem epileptischen Anfall ertrinkt er in der Badewanne.

Als Reaktion auf den Mordversuch kommt es in allen großen Städten der Bundesrepublik zu Massenaktionen gegen den Springer-Konzern, der für die Pogromstimmung verantwortlich gemacht wird. Die Aktionen unter dem Motto »Enteignet Springer« dauern über die Ostertage an.

Dass Attentäter Bachmann *kein* durchgeknallter Einzeltäter ist, schließt man trotz vieler Hinweise von vornherein verbissen aus. Erst nach der Wende findet man in Unterlagen Beweise für seine Kontakte zu Neonazis.[678] 1969 erhält er sieben Jahre Haft für den Mordversuch und erstickt am 24. Februar 1970 an einer über den Kopf gezogenen Plastiktüte.

12. 4.: Forderungen der APO an Senat und Abgeordnetenhaus von Berlin nach Attentat auf Rudi Dutschke.

8.–30. 5: Die drei Wochen stehen im Zeichen der Kampagne gegen die Notstandsgesetze, die aber der Bundestag dennoch am 30. Mai verabschiedet.

10. 5.: In Frankreich beginnt der Pariser Mai: Eine Studentenrevolte an der Sorbonne in Paris weitet sich zu einem landesweiten Generalstreik aus.

12. 5.: 70 000 Gegner der Notstandsgesetze treffen sich zu einem Sternmarsch in Bonn.

3. 5.: Trotz massiver Proteste der APO verabschiedet der Bundestag die Notstandsverfassung in erster Lesung.

5. 6.: USA: Robert F. Kennedy fällt einem Attentat zum Opfer. Mexiko: Große Studentenunruhen vor der Olympiade.

24. 6.: Die Notstandsgesetze werden endgültig verabschiedet.

21. 8.: Der Einmarsch sowjetischer Truppen in die CSSR beendet gewaltsam den Prager Frühling.

22. 8.: Der SDS sowie linke Studentenvertretungen und Organisationen protestieren mit einem Flugblatt »An die Zentralkomitees der Parteien der intervenierenden Staaten« gegen die Invasion. Schließlich habe kein Rechtsputsch gedroht, »der allein ein militärisches Vorgehen gerechtfertigt hätte«.(!)
Das Flugblatt mit der Schlussparole »Es lebe die Sozialistische Weltrevolution!« unterzeichnete auch der Sozialdemokratische Hochschulbund, der damalige Studentenverband der SPD (!).[679]

13. 9.: Auf der SDS-Delegiertenkonferenz in Frankfurt am Main wirft Heike Sander vom Aktionsrat zur Befreiung der Frauen im Anschluss an ihre Rede auf den SDS-Theoretiker Hans-Jürgen Krahl eine Tomate und weist so darauf hin, dass die Unterdrückung der Frau auch vor dem Lager der »linken Studenten« nicht haltmacht.

27. 10.: Die von der DDR finanzierte DKP wird als angeblicher Ersatz für die verbotene KPD gegründet.

November: 24. Delegiertenkonferenz des SDS in Hannover, auf der das Flugblatt »Rechenschaftsbericht des Weiberrats« zu Kontroversen führte, was bei dem angeschlagenen Ton auch kein Wunder war [680]

7. 11.: Beate Klarsfeld ohrfeigt im Parlament Bundeskanzler Kiesinger wegen seiner nationalsozialistischen Vergangenheit. Sie wird dafür vor Gericht gestellt und zu einem Jahr Haft auf Bewährung verurteilt.

Dezember: Die »maoistische« KPD/ML wird als neue Partei ins Leben gerufen. Diese Gründung ist eines der ersten Anzeichen für die nahende Auflösung der APO.

1969

Januar: Studenten besetzen das Institut für Gesellschaftswissenschaften an der Uni Frankfurt.

7. 1.: Teach-in an der Uni Frankfurt, bei dem Hessens Kultusminister Ernst Schütte mit Wasser übergossen, mit Senf beworfen und am Verlassen des Hauses gehindert wird.

10. 1.: In Heidelberg werden fünf des Land- und Hausfriedensbruchs beschuldigte Studenten in der Räumen des AStA verhaftet, was weitere Proteste an fast allen Hochschulen zur Folge hat.

15. 1.: Schließung der juristischen Fakultät an der FU Berlin. Grund ist die neue Hausordnung, die zu mehreren Verfahren gegen Studenten führt, die diese wiederum mit Störungen des Lehr- und Forschungsbetriebs beantworten.

1. 5.: Erste Frauenaktionen zum 1. Mai, die dann im Juni zum Kita-Streik führen.

Juni: Erster Kita-Streik in Berlin-Kreuzberg zur Verbesserung der Arbeitsbedingungen in den Kindergärten und -läden.

12. 6.–19. 6.: Beginn der »Rote-Punkt-Aktionen«[681], ausgelöst durch die Preiserhöhungen der ÜSTRA-Verkehrsbetriebe in Hannover.

1970

15. 2.: Auflösung des SDS. Das ist zumindest offiziell das Ende der APO, die sich in nahezu alle politischen Himmelsrichtungen verflüchtigt: Jusos, DDR-Anhänger, Marxisten, Leninisten, Stalinisten, Maoisten, Trotzkisten, Rote Zellen, Anarchisten, Spontis und und und; aber dies wäre ein anderes Thema. Jedenfalls zieht sich die Ära der Splittergruppen noch eine Weile hin.

Wie heiß es doch in der Kleinen Chronik der Freien Universität Berlin: »Ende der siebziger Jahre verlässt die Protestgeneration die Universität, der ›akademische Bürgerkrieg‹ ist beendet.«

2 Chronik der RAF[682]

14.5.1970: Andreas Baader wird von Ulrike Meinhof in Westberlin bei einem bewachten Bibliotheksbesuch aus dem Gefängnis Tegel befreit, wo er wegen Kaufhaus-Brandstiftungen ohne Verletzte drei Jahre absitzen sollte. Bei der Aktion wird ein Wachmann angeschossen. Baader, Meinhof und andere gehen in den Untergrund und gründen die »Rote Armee Fraktion« (RAF).

5.6.1970: Das RAF-Gründungsdokument »Die Rote Armee aufbauen« von Andreas Baader erscheint im Berliner Anarchistenblatt 883.

»Die Baader-Befreiungs-Aktion haben wir nicht den intellektuellen ... zu erklären, sondern den potentiell revolutionären Teilen des Volkes. ... die die Tat sofort begreifen können, weil sie selbst Gefangene sind. Die auf das Geschwätz der ›Linken‹ nichts geben können, weil es ohne Folgen und Taten geblieben ist ... die für die Ausbeutung, die sie erleiden, keine Entschädigung bekommen durch Lebensstandard, Konsum, Bausparvertrag, Kleinkredite, Mittelklassewagen. Die sich den ganzen Kram nicht leisten können, die da nicht dran hängen.

Denen ... habt ihr zu sagen, daß jetzt Schluß ist, daß es jetzt los geht, daß die Befreiung Baaders nur der Anfang ist ... daß wir die Rote Armee aufbauen, das ist ihre Armee ... daß es jetzt losgeht, ... daß das sozialdemokratischer Dreck ist, zu behaupten, der ganze Schweinkram ließe sich unterwandern, nasführen, überrumpeln, einschüchtern, kampflos abschaffen. ... daß die Revolution kein Osterspaziergang sein wird ...

Ohne gleichzeitig die Rote Armee aufzubauen, verkommt jeder Konflikt, jede politische Arbeit im Betrieb und im Wedding und im Märkischen Viertel und in der Plötze und im Gerichtssaal zu Reformismus … können die Schweine alles machen: Einsperren, Entlassen, Pfänden, Kinder stehlen, Einschüchtern, Schießen, Herrschen.

Denen habt ihrs klar zu machen, die von der Ausbeutung der Dritten Welt … nichts abkriegen, die keinen Grund haben, sich mit den Ausbeutern zu identifizieren … Das Proletariat organisieren. Mit dem bewaffneten Widerstand beginnen! DIE ROTE ARMEE AUFBAUEN!«[683]

1.6.1972: Nach Anschlägen und einer bundesweiten Fahndung wird Baader gemeinsam mit Jan-Carl Raspe und Holger Meins in Frankfurt am Main festgenommen.

7.6.1972: Gudrun Ensslin wird in einer Hamburger Modeboutique festgenommen.

9.9.1974: Holger Meins stirbt in Stammheim an den Folgen eines Hungerstreiks.

15.9.1972: Ulrike Meinhof wird in einer Wohnung bei Hannover festgenommen.

24.4.1975: Sechs RAF-Mitglieder überfallen die deutsche Botschaft in Stockholm und nehmen siebenundzwanzig Geiseln, um die Stammheimer RAF-Häftlinge freizupressen. Während der Aktion werden die Botschaftsattachés Andreas von Mirbach und Heinz Hillegaart erschossen.

9.5.1976: Nach Streits unter den Gefangenen begeht Ulrike Meinhof in ihrer Zelle in Stuttgart-Stammheim Selbstmord.

19.6.1976: Der Bundestag beschließt die ersten Anti-Terror-Gesetze, unter anderem die Aufnahme des § 129 a über die Bildung terroristischer Vereinigungen ins Strafgesetzbuch. Damit werden deren Mitglieder härter verfolgt und bestraft als die einer »ehrbaren« Raubmörderbande. Nachdem mehrere völlig Unschuldige eingesperrt und abgeurteilt wurden, stoppte der BGH im Mai 1990 die »uferlose Ausweitung der Strafvorschriften gegen Terroristen«[684]. Kritiker sehen die eigentliche Funktion des § 129 a ohnehin im Ausspionieren Andersdenkender. [685]

1977: Der »Deutsche Herbst«

7. 4. 1977: Generalbundesanwalt Siegfried Buback, sein Fahrer Wolfgang Göbel und Fahrbereitschaftsleiter Georg Wurster werden in Karlsruhe im Auto erschossen.

30. 7. 1977: Dresdner-Bank-Chef Jürgen Ponto wird in seinem Haus in Frankfurt am Main erschossen.

28. 4. 1977: Baader, Raspe und Ensslin werden in Stuttgart zu lebenslanger Haft verurteilt.

5. 9. 1977: Arbeitgeberpräsident Hanns-Martin Schleyer wird in Köln während der Heimfahrt entführt, sein Fahrer und zwei Polizisten erschossen. Die RAF will mit dem Kidnapping die Stammheimer »politischen Gefangenen« freipressen.

29. 9. 1977: Während der Entführung verabschiedet der Bundestag im Eiltempo das Kontaktsperregesetz, das den inhaftierten RAF-Häftlingen für bis zu 30 Tage jeden Kontakt untereinander und mit ihren Anwälten verbietet.

13. 10. 1977: Ein palästinensisches Kommando entführt aus Solidarität eine Lufthansa-Maschine mit Touristen nach Mogadischu.

18. 10. 1977: Nach der Geiselbefreiung in Mogadischu und der Weigerung der sozialliberalen Bundesregierung, Schleyer gegen elf RAF-Gefangene auszutauschen, wird Schleyer ermordet. Baader, Ensslin und Raspe begehen Selbstmord in Stammheim.

11. 5. 1978: Brigitte Mohnhaupt wird auf dem Flughafen Zagreb festgenommen.

16. 11. 1982: Führungskader Christian Klar wird bei Hamburg festgenommen.

8. 8. 1985: Der 20-jährige US-Soldat Edward Pimental wird von der RAF in einem Waldstück bei Wiesbaden mit Genickschuss ermordet. Mit seinem Ausweis kann die RAF auf dem Militärgelände des Rhein- Main-Flughafens eine Autobombe verstecken: Zwei Menschen sterben.

9. 7. 1986: Siemens-Manager Karl Heinz Beckurts und sein Chauffeur Eckhard Groppler werden in Straßlach bei München durch eine Bombe getötet.

10. 10. 1986: Gerold von Braunmühl, Chef des Auswärtigen Amtes, wird in Bonn vor seinem Haus erschossen.

30. 11. 1989: Der Vorstandssprecher der Deutschen Bank, Siegfried Herrhausen, wird in Bad Homburg vor der Höhe (bei Frankfurt am Main) durch eine Bombe getötet.

1. 4. 1991: Treuhandchef Detlev Karsten Rohwedder wird in seinem Haus in Düsseldorf erschossen.[686]

10. 4. 1992: Die RAF erklärt in einem Brief den Verzicht auf »Angriffe auf führende Repräsentanten aus Wirtschaft und Staat«, um den »jetzt notwendigen Prozess« zu unterstützen. Weiterhin erklärt sie, bei weiteren Anschlägen keine Menschen mehr umbringen zu wollen.

27. 6. 1993: Wolfgang Grams und Birgit Hogefeld werden in Bad Kleinen am Schweriner See von der Polizei gestellt. Sie wird festgenommen, er und der Polizist Michael Newrzella sterben beim Schusswechsel.

20. 4. 1998: Die RAF erklärt in einem achtseitigen Schreiben an *Reuters* ihre Selbstauflösung.

3 Chronik des Kampfs gegen Gorleben[687]

1977

22. 2.: Niedersachsens Ministerpräsident Ernst Albrecht verkündet Gorleben als vorläufigen Standort eines Atommüll-Endlagers.

12. 3.: Großkundgebung in Gorleben mit 20 000 Teilnehmern.

1978

März – April: Um vollendete Tatsachen zu schaffen, versucht die Deutsche Gesellschaft für Wiederaufarbeitung von Kernbrennstoffen (DWK) – allerdings großenteils vergeblich – den Bauern ihr Land abzukaufen. Dass die DWK zwecks Bespitzelung und Einschüchterung der widerspenstigen Bauern ein Wachkommando der Wako Nord GmbH anheuert, nennt sogar CDU-Landes-

chef Wilfried Hasselmann »spätkapitalistisch«. Laut Wirtschafts-
ministerium sind »durch das Vorgehen der DWK in der Bevölkerung möglicherweise falsche Vorstellungen über die Befugnisse
privater Unternehmen bei der Bewachung von Kernkraftwerken
und Wiederaufbereitungsanlagen entstanden«.

10. – 17.7.: Binnen sieben Tagen sammelt die Bürgerinitiative
800 000 Mark, um der DWK bei einem Grundstückskauf zuvor-
zukommen, aber der Eigentümer verkauft schließlich doch an die
DWK.

1979

Januar: Mobile Waldwache der Aktivisten im Vorfeld erster Baugrunduntersuchungen (Flachbohrungen).
14. 3.: Beginn der Bohrungen und der Blockadeaktionen.
19. 3.: Bauern blockieren die Depots der Bohrfahrzeuge.
25. – 31. 3.: Treck nach Hannover; zeitgleich findet dort das »internationale Gorleben-Symposium« statt.
16. 5.: Ministerpräsident Albrecht lehnt den Bau einer Wieder-
aufarbeitungsanlage (WAA) ab, hält aber am Endlager fest.
September: Massiver Polizeischutz bei der Errichtung der ersten
Tiefbohrstelle (1003) für die »Erkundung« des Salzstocks Gor-
leben-Rambow.

1980

5. 1.: Beginn der ersten Tiefbohrung.
Ende Januar: Errichtung des zweiten Tiefbohrplatzes (1002).
Ostern: Internationales Frauentreffen in Gorleben mit 5000 Teilnehmern.
3. 5.: Besetzung der Bohrstelle 1004 und Errichtung des legendären Hüttendorfes Freie Republik Wendland.
4. 6.: Gewaltsame Räumung von 1004. Die Fernsehbilder des Polizeieinsatzes führen zu bundesweiten Protesten.
Herbst: Gerüchte über Pläne für ein Zwischenlager in Gorleben
verdichten sich.

1981

28. 1.: Anhörung der Physikalisch-Technischen Bundesanstalt (PTB) zu den Zwischenlagern (Fasslager und Brennelement-Zwischenlager) in Gorleben.

April: Bundeskanzler Helmut Schmidt und Oppositionsführer Helmut Kohl besuchen das Wendland und geben den Kommunalpolitikern Rückendeckung.

26./27. 5.: Der Rat der Samtgemeinde Gartow stimmt den DWK-Zwischenlagerplänen zu, lehnt aber die WAA ab.

1982

27. 1.: Grenzbesetzung auf DDR-Gebiet als Protest gegen den Baubeginn des Zwischenlagers.

April: Frauenblockade der Baustelle.

4. 9.: Großkundgebung am Zwischenlager mit 10 000 TeilnehmerInnen, militante Auseinandersetzungen mit der Ordnungsmacht.

1. 11.: Die Bürgerinitiative enthüllt Pläne zum Bau einer WAA im benachbarten Dragahn.

1983

29. 1.: Fußmarsch einer Abordnung verschiedener Widerstandsgruppen nach Hannover mit abschließender Demonstration von 1000 Wendländern. Der Kreistag entscheidet sich mehrheitlich für den Bau.

20. 2.: 2500 Lüchow-Dannenberger demonstrieren mit 300 Traktoren in Dragahn.

Mai: Besetzung des Bahnwärterhäuschens bei Dragahn, Störungen und Behinderungen der Baugrunduntersuchungen.

6. 8.: Am Hiroshima-Tag demonstrieren rund 2000 Menschen in Dragahn gegen die zivile und militärische Nutzung der Atomenergie.

1984

März: Erörterungstermin zur Errichtung der WAA in Dragahn.

24. 3.: 12 000 Atomkraftgegner bilden eine Menschenkette von Hitzacker bis Clenze.

30.04.: Wendlandblockade, für zwölf Stunden werden alle wichtigen Zufahrtsstraßen nach Gorleben gesperrt.

8. 10.: »Tag X«: Erster Atommülltransport, danach andauernde Proteste und Barrikaden auf den Straßen; unter den Fässern sind auch falsch deklarierte und illegal verschobene Fässer.

Dezember: Gewerbeaufsichtsamt verfügt Einlagerungsstopp wegen Baumängeln.

1985

4. 2.: Die DWK entscheidet, dass die WAA nicht in Dragahn, sondern in Wackersdorf gebaut werden soll.

16. 2.: Sonderbusse aus Lüchow-Dannenberg fahren zur Großdemonstration nach Wackersdorf.

23. 2.: Aktionstag im Wendland mit Enthüllung eines Mahnsteines.

August: Das Brennelement-Zwischenlager bleibt gerichtlich blockiert.

Oktober: Nach einjährigem Einlagerungsstopp neue Atomtransporte zum Fasslager in Gorleben; Behinderungsaktionen.

1986

17. 2.: Rund 500 Lüchow-Dannenberger protestieren gegen Rodungen für die Errichtung einer Abraum- und Salzhalde, die im Zusammenhang mit dem Endlagerausbau aufgeschüttet werden soll.

Ende April: Die DWK stellt den Antrag zur Errichtung einer Konditionierungsanlage (PKA), einer Atommüllfabrik als Bindeglied zwischen den oberirdischen Lagerstätten und einem zukünftigen Endlager in Gorleben.

8./9. 5.: Endlagerspektakel in Gorleben mit 5000 Teilnehmern; Eltern und Kinder fordern die Stilllegung aller Atomanlagen in Ost und West.

15. 7.: Biobauern besetzen das Kreishaus aus Protest gegen die Einstellung der unentgeltlichen staatlichen Messprogramme.

18. 9.: Fest des »ersten Kübels« in Gorleben: Das Abteufen[688] des ersten Schachtes zur Errichtung des Endlagers beginnt unter Protest.

Mitte November: Die Staatsanwaltschaft Lüneburg erhebt Anklage gegen drei AKW-Gegner aus dem Wendland, unter anderem wegen der Bildung einer kriminellen Vereinigung.

1987

29. 3.: Etwa 40 Trecker und 1000 Demonstranten protestieren in Gorleben gegen den geplanten Bau der PKA.

12. 5.: Schwerer Unfall im Schacht 1 in Gorleben: Ein Stahlring bricht und stürzt auf sechs Arbeiter, von denen einer stirbt.

23. 6.: 20 Atomkraftgegner besetzen das Bergamt Celle, anschließend fehlen wichtige Unterlagen, die belegen, dass der Unfall im Schacht fahrlässig zustande kam. Durch die Strafanzeige der Bürgerinitiative und der darauf folgenden staatsanwaltschaftlichen Ermittlungen kommt es zum Baustopp für eineinhalb Jahre.

22. 7.: Die Initiative 60 demonstriert im Umweltministerium in Hannover für einen Stopp in Gorleben.

Oktober: Das Widerstandscamp in Gedelitz hat in Gorleben einen Beobachtungsturm gebaut. Man rechnet mit dem ersten Castor-Transport.

1988

Januar – März: Einwendungsfrist gegen die PKA, der Sicherheitsbericht liegt öffentlich aus.

21./22. 1.: Siebzig Bauern blockieren mit ihren Treckern für zwei Tage das Zwischenlager. Man will die »Blähfässer« abtransportieren und das Lager schließen.

5. 3.: Etwa 8000 Menschen demonstrieren in Gorleben gegen die Atomanlagen und für den Ausstieg aus der Atomenergie.

27. 3.: Der Kreuzweg für die Schöpfung von Wackersdorf zu Fuß nach Gorleben beginnt mit gut 600 Menschen.

25. 5.: Erörterungstermin für die PKA in Gartow wird nach Tumulten vertagt.

28. 5.: Nach 63 Tagen erreicht der »Kreuzweg für die Schöpfung« von Wackersdorf seinen Zielort Gorleben.

2. 7.: Nach sieben Verhandlungstagen wird der PKA-Erörterungstermin beendet.

6. 9.: Die Physikalisch-Technische Bundesanstalt ordnet den Sofortvollzug für die Castor-Einlagerung in das Gorlebener Zwischenlager an.

7. 9.: Die schwarz-gelbe Landtagsmehrheit in Hannover stimmt dem Bau der PKA in Gorleben zu.

14. 10.: Der erste leere Castor wird fast unbemerkt nach Gorleben transportiert.

25. 10.: Das Oberverwaltungsgericht Lüneburg verfügt gemäß einer Klage des regionalen Großgrundbesitzers und Verkaufsverweigerers Andreas Graf von Bernstorff den Baustopp für das Endlagerbergwerk.

1989

2. 1.: Beginn der Gespräche über die Wiederaufnahme der Arbeiten an den Endlager-Schächten.

23. 1.: Nach 20 Monaten Baustopp wird weiter abgeteuft.

22. 2.: Drei Stunden Streik am Lüchower Gymnasium, weil die Bezirksregierung einen Informationstag zur Atomenergie verboten hat.

26. 2.: Mit einem Anti-Castor-Sonderzug kommen 200 Demonstrant/-innen aus Hamburg nach Dannenberg und fahren weiter nach Gorleben.

28. 2.: Das Verwaltungsgericht in Lüneburg stoppt wenige Stunden vor dem geplanten Castor-Transport aus dem AKW Stade die geplante Einlagerung in Gorleben; auch die Beschwerde der DWK wird vom Oberverwaltungsgericht zurückgewiesen.

15. 3.: Der Projekttag »Kernenergie« findet im Lüchower Gymnasium statt.

13. 4.: Die VEBA AG läutet das Ende von Wackersdorf ein; Verhandlungen mit der COGEMA über eine Beteiligung an der WAA in Frankreich.

30. 5.: Baustopp in Wackersdorf; endgültiges »Aus« für die WAA.

1./2. 7.: Aktionswochenende: »Tag und Nacht gegen die PKA«.

23. 8.: Fünf leere Castor-Behälter werden zu Übungszwecken fast unbemerkt nach Gorleben gebracht.

7./8. 10.: Widerstandswochenende gegen die Europäisierung der Atomwirtschaft in Gorleben; Errichtung einer Schutzhütte auf dem Boden des Grafen von Bernstorff.

18. 12.: Der Gorlebener Gemeinderat stimmt mit 5:3 für den Bau der PKA.

1990

10. 1.: Im Schacht I wird in 256 m Tiefe der Salzstock erreicht.

31. 1.: Die atomrechtliche Teilbaugenehmigung für die PKA wird von Hannover erteilt; der Landkreis folgt mit der Baugenehmigung; die Anwälte der Bürgerinitiative beantragen beim OVG Lüneburg den sofortigen Baustopp.

1. 2.: Früh um 5 Uhr besetzen etwa hundert AKW-Gegner den PKA-Wald und beginnen mit dem Hüttenbau.

3. 2.: Etwa 5000 Menschen aus Ost und West demonstrieren erstmals gemeinsam in Gorleben gegen den Bau der PKA und gegen die Atomenergie in beiden Staaten.

6. 2.: Räumung des Hüttendorfes und Baubeginn.

19. 2.: Ab 5.30 Uhr blockieren gut 200 Atomkraftgegner die Zufahrten zum Zwischenlager und der PKA-Baustelle. Am Nachmittag werden sie wie üblich recht rabiat von der Polizei entfernt.

8. 3.: Das Bundesverwaltungsgericht weist die Revision von drei Klägern gegen das Endlagerbergwerk zurück, weshalb es keinen Baustopp gibt.

10. 3.: Bei einem Waldspaziergang mit 250 Teilnehmern um die PKA wird der Bauzaun lädiert.

28. 3.: Aus Protest gegen die Entscheidung des OVG-Lüneburg zum PKA-Weiterbau ketten sich 15 Leute an die Tore des Zwischenlagers.

6. 5.: Mit Hilfe von Leitern und Treppen klettern 50 Aktivisten über die Sicherungsanlagen der PKA-Baustelle.

7. 5.: Ab sofort finden jeden Montag Blockaden vor den Atomanlagen unter wechselnden Losungen statt.

13. 5.: Die Landtagswahlen gewinnt Rot-Grün; den Wahlbereich Lüchow-Dannenberg der CDU-Kandidat Kurt-Dieter Grill, der sich Büromaterial, Sekretärin und Autotelefon im Gesamtwert von 100 Mark von einem Baulöwen bezahlen lässt.[689]

12. 6.: Die Vorstellungen der neuen rot-grünen Landesregierung stoßen bei der Bürgerinitiative auf Skepsis. Den Ruf, nach der Wahl das direkte Gegenteil ihrer Versprechungen zu tun, erarbeitete sich Rot-Grün erst durch die Schröder/Fischer-Koalition im Bund.

21./22. 6.: Aus Anlass des Regierungswechsels besetzen 14 Leute die beiden Endlagerschächte in Gorleben. Die Bergbauarbeiten werden tatsächlich eingestellt, aber Schröder löst in Hannover sein Versprechen zum dauerhaften Gorleben-Stopp nicht ein.

23. 6.: Unter dem Motto »Irgendwann fällt jede Mauer« reißen etwa 70 Atomkraftgegner in Gorleben mit Hammer und Meißel die Endlagermauer ein. Nach einer halben Stunde kommt die Polizei, doch da ist schon alles vorbei.

6. 8.: Das staatliche Gewerbeaufsichtsamt hebt die Beschlagnahme der 1290 in Gorleben lagernden Atommüllfässer auf; sie können jetzt zur Untersuchung nach Karlsruhe gebracht werden.

29. 8.: Die Sonderkommission aus 40 Kripobeamten stellt ihre Arbeit in Lüchow-Dannenberg ergebnislos ein. Monatelang wurden auf Kosten des Steuerzahlers über 2000 Atomkraftgegner observiert und abgehört, um ihnen mit allen Mitteln das Delikt Bildung einer kriminellen Vereinigung anzuhängen, was aber zur Blamage der Politik und ihrer Behörden in keinem einzigen Fall gelang.

3.–5. 9.: Mit einer dreitägigen »Abschlussblockade« enden die seit Mai regelmäßig veranstalteten Montagsblockaden. Beim Versuch der Räumung werden die Beamten einmal mehr Gegenstand von Spott und Gelächter, als 600 Schafe die Blockade für einige

Stunden verstärken. Ob hinterher auch gegen die Herde in Sachen krimineller Vereinigung ermittelt wurde, ist nicht bekannt.

7. 10.: Die Abteufarbeiten in den Endlagerschächten müssen eigentlich eingestellt werden, da fünf Bürger mit ihrem Widerspruch erfolgreich waren und folglich keine gültige Genehmigung mehr vorliegt. Da aber die atomfreundliche Schröder-Regierung nicht im Traum an die Anordnung des Sofortvollzugs denkt, wird fröhlich, unbehelligt und illegal weitergearbeitet.

15. 10.: Erst als eine Blockade des Endlagers dem Baustopp nachhilft, da dort ohne Rechtsgrundlage weitergearbeitet wird, bequemen sich Ministerpräsident Schröder und die damals noch parteilose Monika Griefahn[690] zur Verkündigung ihrer Ausstiegspläne für Gorleben.

11. 11.: Gemeinsamen mit 300 Ärzten der Organisation Internationale Ärzte für die Verhütung des Atomkrieges (IPPNW) demonstrieren in Gorleben immerhin mehr als 800 Menschen gegen die Nutzung der Atomenergie.

6. 12.: Verkleidete Nikoläuse und andere Aktivisten blockieren die Zufahrten zum Atomgelände.

1991

6. 2.: Zum Jahrestag der Hüttendorfräumung besetzen 22 Atomkraftgegner die PKA-Baustelle.

20. 2.: Das Verwaltungsgericht Lüneburg hebt den Baustopp für das Endlagererkundungsbergwerk auf.

6. 3.: Das niedersächsische Umweltministerium erteilt den neuen Hauptbetriebsplan für das Erkundungsbergwerk und ordnet die Einstellung der Arbeiten wegen fehlender Salzlagerstätte an.

19. 3.: Bei einem Unfall im Schacht werden zwei Arbeiter verletzt.

25. 4.: Bas Umweltministerium ordnet über das Bergamt Celle den sofortigen Stopp der Arbeiten am Endlagerbergwerk an; das Bundesamt für Strahlenschutz (BfS) zieht dagegen vor Gericht.

14. 6.: Drei Container, die auf dem Weg von Mol (Belgien) nach Gorleben sind, werden vom Land Niedersachsen gestoppt und in der Lüchower Polizeikaserne untergestellt. Gleichzeitig blockieren über 200 Demonstranten mit Treckern die Zufahrten in Gorleben.

16. 6.: Mit einer Weisung zwingt Bundesumweltminister Klaus Töpfer das niedersächsische Umweltministerium, den Weitertransport der Container zu erlauben.

18. 6.: Die Polizei räumt die Gorleben-Blockaden ab, so dass die Container im Zwischenlager verschwinden können.

16. 7.: Obwohl das Verwaltungsgericht Lüneburg die Klagen gegen die Gorlebener Rahmenbetriebspläne abweist, wird die Zustimmung zur Weiterarbeit von der Landesregierung verweigert.

6. 10. Bei der Kommunalwahl büßt die CDU ihre absolute Mehrheit im Kreistag ein.

15. 11.: Das Verwaltungsgericht Stade bestätigt die Dringlichkeit der Salzstockuntersuchung in seiner schriftlichen Urteilsbegründung vom 16.7.

1992

2. 1.: Laugenzuflüsse in Schacht I stellen erneut die Eignung des Salzstockes in Frage.

5. 2.: Die neue Kreistagsmehrheit beschließt eine Resolution zu Gorleben, wonach PKA, Endlager und Zwischenlager gestoppt und abgebrochen werden sollen.

12. 5.: Die staatsanwaltschaftlichen Ermittlungen wegen der illegalen Einlagerung von Atommüll aus der Nuklearanlage in Mol 1987 sind eingestellt worden.

11. 6.: Die Brennelementlager Gorleben GmbH will das Castor-Lager mit mehr Aktivität und mehr Behältern füllen und beantragt dafür eine erweiterte Genehmigung.

23. 6.: Der letzte der Prozesse gegen die Besetzer von Fördertürmen endete wie die anderen mit einer Verfahrenseinstellung gegen Zahlung einer Geldbuße.

8. 7.: Die Auslagerung von 1290 Fässern beginnt; sie sollen zur Untersuchung zur Wiederaufbereitungsanlage Duisburg geschafft werden.

28. 8.: Niedersachsens Umweltministerium behauptet, die Standsicherheit der Schächte in Gorleben werde durch die mysteriösen Laugenzuflüsse nicht beeinträchtigt werde.

8. 9.: Das Umweltministerium Niedersachsen fordert eine Umweltverträglichkeitsprüfung für das Erkundungsbergwerk, vorher dürfe nicht weitergeteuft werden; die Deutsche Gesellschaft zum Bau und Betrieb von Endlagern für Abfallstoffe mbH (DBE) droht erneut mit Klage

19. 10.: Das Zwischenlager Gorleben soll erweitert werden; der Gorlebener Gemeinderat stimmt dem mit 4:3 Stimmen zu.

23. 10.: Ministerin Griefahn lehnt weitere Zwischenlager in Gorleben ab.

20. 11.: In Gartow eröffnet Ministerin Griefahn medienwirksam die Informationsstelle Gorleben.

14. 12.: Zur wirklichen Eröffnung wird ihr ein kleiner Castor-Behälter überreicht; außerdem wird der Verladekran bei Dannenberg besetzt.

16. 12.: Wegen der Blockade des Zwischenlagers werden sechs auf dem Weg von Karlsruhe nach Gorleben befindliche »Mosaikbehälter« gestoppt und im AKW Esenshamm versteckt.

18. 12.: Mit etwa 300 Traktoren blockieren und protestieren die Bauern anlässlich der Eröffnung der Dömitzer Brücke gegen Atommüll und internationale Atomabkommen.

1993

1. 1.: Etwa 300 Demonstranten übersteigen bei einem Neujahrsempfang am Endlager die Mauer; das Bergwerksgelände wird für die nachatomare Nutzung neu verplant.

10. 1.: In Schacht I beginnt in 345 m Tiefe der feste Schachtausbau.

19. 1.: Mit riesigem Polizeiaufgebot werden die beiden seit Dezember versteckten Atommüllcontainer nach Gorleben gebracht; etwa 800 Polizisten beseitigen die Barrikaden und tragen die 500 Sitzblockierer weg.

30. 3.: Aus Protest gegen die Pläne zur Erweiterung des Zwischenlagers mauern 40 DemonstrantInnen das Tor des Zwischenlagers zu.

31. 3.: Der Gartower Samtgemeinderat erhebt Einwendung gegen die geplante Zwischenlagererweiterung.

7. 4.: Die Auslagerung des Skandal-Mülls aus Gorleben stockt, weil für die Untersuchung der ersten neun Fässer ein Spezialbohrer fehlt.

23. 6.: Das Bundesamt für Strahlenschutz (BfS) fordert von den 14 Turmbesetzer/-innen Schadensersatz in Höhe von 126 901,10 Mark für die Stillstandzeit.

27. 7.: Die Sternfahrt mit Fahrrädern zum Umweltfestival in Magdeburg macht Station in Gorleben; 200 Jugendliche klettern über die Endlagermauern und machen einen Schachtbesuch.

10. 8.: Die staatsanwaltschaftlichen Ermittlungen gegen die Brennelementlager Gorleben GmbH (BLG) wegen illegaler Atommülllagerung werden eingestellt.

13. 8.: Fünf Transportbehälter mit schwachradioaktivem Müll wurden eingelagert, nachdem 300 PolizistInnen etwa 100 Sitzblockierer/-innen abgeräumt haben.

6. – 9. 9.: Gleich zu Beginn des Erörterungstermins für die Nutzungserweiterung des Zwischenlagers steigen ca. 15 Männer und Frauen der BLG aufs Dach; unter dem Motto »abreißen statt erweitern« beginnen sie mit dem Abdecken der Dachziegel; die Bürgerinitiative boykottiert das Ganze als Alibiveranstaltung.

9. 9.: Ministerin Griefahn stoppt erneut die Erkundungsarbeiten in Gorleben, da eine Enteignung des Grafen von Bernstorff laut Gutachten nicht möglich sei.

11./12. 9.: »Castor-Halleluja« vor dem Zwischenlager; eine Blockade mit Podiumsdiskussion zu den Energiekonsensgesprächen; ein mittelalterlicher Rammbock ist auch dabei.

22. 12.: Mehrere hundert Unterzeichner solidarisieren sich in einer Zeitungsanzeige mit den 14 Turmbesetzern.

29. 12.: Das Verwaltungsgericht Lüneburg bezweifelt die Eilbedürftigkeit des Endlagerprojektes.

1994

30. 11.: Die Herkunft der Laugenzuflüsse in Schacht I ist weiterhin unbekannt; dennoch will man weiterbauen.

4. 2.: Beim Bau der PKA wurden Änderungen ohne Genehmigung durchgeführt; die Gesellschaft für Nuklearservice mbH (GNS) tauscht daraufhin drei Verantwortliche für den Bau aus; und das niedersächsische Umweltministerium verweigert deshalb die zweite Teilerrichtungsgenehmigung.

21. 2.: Beim Anhörungstermin zum Bergwerk in Gorleben vor dem Verwaltungsgericht Lüneburg werden Bedenken laut, ob Gorleben als Endlager für Atommüll überhaupt noch »politisch erwünscht« ist.

7. 3.: Das Gericht entscheidet für den Weiterbau des Erkundungsbergwerkes; und hebt damit den Baustopp auf.

3. 4.: Am Ostersonntag begräbt die Bürgerinitiative vor dem Endlager die Wahlversprechen der rot-grünen Regierung.

14. 4.: Nach dem Verwaltungsgericht erlaubt auch das Landesumweltministerium den Schachtweiterbau in Gorleben.

20. – 22. 5.: Belagerung der Atomanlagen mit mittelalterlichen Geräten; etwa 300 Menschen bauen bei diesem »Pfingstfestival« einen Belagerungsturm, Wurfmaschinen und den inzwischen bekannten Rammbock auf.

21. 6.: Zur Einstimmung auf den erwarteten Castor-Transport verübt eine »Gruppe Waschbär« einen Anschlag auf das BLG-Infohaus in Gorleben. Sachschaden: 20 000 Mark.

21. 6.: Über hundert Schüler blockieren aus Protest gegen den Castor die Lüchower Innenstadt.

23. 6.: Sämtliche Pastoren des Kirchenkreises Dannenberg verurteilen den Castor-Transport.

23. 6.: Bei einem Bahnanschlag auf der Güterbahnstrecke Uelzen-Dannenberg werden neunzehn Bahnschwellen zersägt und die Schienen verbogen.

30. 6.: Mit über 30 Treckern wird in Dannenberg zur Wochenmarktzeit gegen den drohenden Castor protestiert.

6. 7.: Erneute Anschläge auf Bahnstrecken: Eisen und Bäume liegen auf den Bahnschienen. Im Gorlebener Forst entsteht ein Hüttendorf gegen den drohenden Castor-Transport.

7. 7.: Am frühen Morgen werden auf allen Zufahrtsstraßen des Landkreises die verschiedensten Blockaden errichtet. In einer Erklärung wird Monika Griefhahn an ihr Versprechen erinnert, bei der nächsten Castor-Blockade mitzumachen.

10. 7.: Das Castornix-Hüttendorf ist am Wochenende auf 1000 Menschen angewachsen, der Belagerungsturm und 30 Trecker unterstützen die Dauerblockade.

13. 7.: Rund 800 Polizisten räumen die Dauerblockade ab. Der Turm wird zersägt, Straßenuntertunnelungen wieder zugeschüttet. Bis zur Castor-Einlagerung gilt jetzt ein Demonstrationsverbot.

15. 7.: Der Castor-Transport wird vorläufig abgesagt, das Versammlungsverbot wieder aufgehoben.

16. 7.: Trotzdem ziehen 2000 Menschen zum Zwischenlager. Am Hüttendorf wird weitergebaut. Nachts ist Livemusik mit vier Bands aus Hamburg, Stuttgart und Lüchow-Dannenberg.

20. 7.: Die Polizei kämpft Umweltminister Töpfer den Weg zu einer Veranstaltung in Scharnebeck frei. In der Nähe des Verladekranes unterhöhlen 200 AtomkraftgegnerInnen 28 Bahnschwellen. Unterdessen wird der Castor-Behälter in Phillipsburg auf den Bahnwaggon verladen. Auf Weisung von Töpfer genehmigt Griefahn den Weiterbau der PKA: 2. Teilerrichtungsgenehmigung.

26. 7.: Wegen Waldbrandgefahr zieht das Castornix-Hüttendorf auf eine Wiese an der Elbe um.

2. 8.: Töpfer stellt Griefahn ein Ultimatum zur Bearbeitung der Castor-Transportpapiere bis 15 Uhr.

August: Auf 13 Bahnhöfen im ganzen Bundesgebiet haben die Gorleben-Frauen Station gemacht und über die Gefahren der Castor-Transporte informiert.

19. 8.: Klassische Konzertblockade der Gruppe »Lebenslaute« über den ganzen Tag. Mittags werden in einer Blitzaktion die beiden Tore des Zwischenlagers mit Leitern überschritten. Trotz einiger »Ausraster« der Wachleute kann das Konzert »drinnen« und »draußen« stattfinden.

20. 8.: 20 Trecker blockieren als Castor-Protest die Dömitzer Brücke. Eine »Castornix-Karawane« zieht über die Atommülltransportwege von Gorleben nach Phillipsburg, sie informiert über Castor-Gefahren.

15. 10.: Schüler blockieren mehrmals die Lüchower Innenstadt aus Protest gegen den Castor.

26. 10.: Töpfer weist Griefahn an, innerhalb von 14 Tagen der Castor-Einlagerung zuzustimmen.

5. 11.: 1000 Menschen blockieren mit verschiedenartigen Blockaden die Zufahrtsstraßen in den Landkreis.

10. 11.: Nächtliche Barrikaden aus Baumstämmen und brennenden Strohballen machen viele Zufahrtsstraßen stundenlang unpassierbar.

14. 11.: Anschlag auf Bahnoberleitung zwischen Celle und Garßen. Es werden Castor-Aufkleber gefunden.

19. 11.: Trotz Versammlungsverbotes demonstrieren 2000 Leute auf den Bahngleisen gegen den Castor. Die Räte der Stadt und Samtgemeinde Dannenberg sprechen sich erneut gegen die Castor-Transporte aus.

20. 11.: Für die Zeit bis zum Castor-Transport erlässt die Bezirksregierung ein sechs Zeitungsseiten langes Versammlungsverbot.

21. 11.: aus einer Demonstration in Gorleben wurde ein Freudenfest, als der Castor-Stopp des Verwaltungsgerichtes Lüneburg bekannt wird. Über 3000 Menschen feiern ihren Sieg.

1995

21. 1.: Verschiedene Castor-Gruppen, die »Unbeugsamen« und die »Gorleben-Frauen« veröffentlichen das Konzept zum »Zivilen Ungehorsam« – einer »Öffentlichen und gemeinsamen Schienendemontage« vor dem Dannenberger Castor-Verladekran.

24. 1.: Das Oberverwaltungsgericht Lüneburg hebt den Einlagerungsstopp für das Gorlebener Zwischenlager auf; damit ist der Weg für den Castor aus Philippsburg zumindest juristisch frei. Spontan versammeln sich vor dem Verladekran, auf dem Lüchower Marktplatz und vor dem Zwischenlager mehrere hundert Menschen, um ihren Unmut gegen die Entscheidung zu äußern.

26. 1.: Auf die Bahnstrecke zwischen Uelzen und Hamburg wird ein Anschlag verübt, die Oberleitung abgerissen. Menschen werden nicht gefährdet, aber Zettel mit der Aufschrift *Stoppt Castor* gefunden.

10. 2.: Über 300 Unterzeichner bekennen sich öffentlich in einer Zeitungsanzeige zu zivilem Ungehorsam im Rahmen der Aktion »Ausrangiert«, einer öffentlichen Schienendemontage am Castor-Verladekran.

11. 2.: Mittels Luftballons fliegt ein Castor-Modell in die Luft, und der Zaun um den Verladekran wird mit Toilettenpapier eingehüllt.

16. 2.: Bundesumweltministerin Angela Merkel weist Ministerin Griefahn an, binnen einer Woche dem Castor-Transport zuzustimmen.

20. 2.: Eine Kreuzung in Dannenberg wird von 50 Atomkraftgegnern »dichtgemacht«.

10. 3.: Der Landkreis verbietet per »Allgemeinverfügung« die für den 12.3. angekündigte Aktion »Ausrangiert«.

12. 3.: Etwa 800 Menschen zeigen trotz »Allgemeinverfügung« ihren Ungehorsam und gelangen trotz massiver Polizei- und BGS-Präsenz auf die Gleise und beginnen mit der Demontage.

23. 3.: Mehrere hundert Atomkraftgegner protestieren vor dem Zwischenlager und in Lüchow gegen den Besuch von Bundesumweltministerin Merkel im Erkundungsbergwerk. Dabei entschuldigt Merkel die lebensgefährlichen Pannen beim Beladen des Castors kurz zuvor im badischen AKW Philippsburg mit dem Kamikaze-Spruch, dass in jeder Küche »beim Kuchenbacken mal etwas Backpulver danebengeht«.

13. 4.: Unbekannte verüben erneut einen Anschlag auf die Bahnstrecke Lüneburg–Dannenberg. Aus den Schienensträngen werden jeweils etwa 2 m lange Stücke herausgeschnitten und zu einem X aufgerichtet. Ein außerplanmäßiger Güterzug überfährt die Stelle, entgleist aber nicht. Schaden: 20 000 DM.

15. 4.: Für die erneute Aktion zivilen Ungehorsams, »Abschalten«, ergeht wieder eine Allgemeinverfügung des Landkreises. Auktionator »Mister X« versteigert die Endlager-Erkundungstürme zugunsten der Prozesskosten für die Turmbesetzer.

16. 4.: Etwa 1500 BGS- und Polizeibeamte verhindern, dass 400 Aktivisten in die Nähe des Verladekrans zum »Abschalten« auf die Schienen gelangen.

19. 4.: Bei erneuten Anschlägen auf die Bahnstrecke zwischen Uelzen und Celle werden Leit- und Signalkabel zertrennt und »Stopp-Castor«-Plakate gefunden.

21. 4.: Das OVG Lüneburg gibt den Weg für den Castor frei.

22./23. 4.: Mehr als 4000 Menschen protestieren in Dannenberg, aber auch im gesamten Landkreis gegen den unmittelbar bevorstehenden Castor-Transport. Dabei kommt es zu Demonstrationen, Barrikadenbau, Gleisbesetzungen, Errichtung eines Hüttendorfes und vielen anderen Aktionen.

24. 4.: Um 20.05 Uhr beginnt der Castor in Philippsburg seine Fahrt Richtung Gorleben.

25. 4.: »Tag X:« Die gesamte Castor-Transportstrecke ist Ziel von Anschlägen und Protesten. Nach 14 Stunden Bahnfahrt trifft der Castor gegen 10.30 Uhr in Dannenberg ein, wird verladen und setzt sich gegen 12 Uhr auf die 18 km lange Strecke nach Gorleben in Bewegung.

6500 Beamte von Polizei und BGS bahnen dem Transport unter Einsatz von Schlagstöcken und Wasserwerfern den Weg. Es gibt zahlreiche Verletzte. Um 17.12 Uhr erreicht der Castor das Zwischenlager Gorleben. Die Kosten des Transports werden auf 55 Millionen Mark geschätzt.

1. 5.: Rund 1000 Menschen »flüchten« im Treck vor der atomaren Bedrohung und ziehen mit Sack und Pack durch Dannenberg.

3. 5.: Das Landgericht Lüneburg verurteilt die Turmbesetzer zu 126 901,10 DM (+ Zinsen) Schadensersatz wegen Stillstandskosten bei den Erkundungsarbeiten im Gorlebener Salzstock. Die Turmbesetzer beantragen Berufung beim Oberlandesgericht Celle gegen dieses Urteil.

12. 5.: Mehr als 3 000 Menschen sagen erneut in einer Zeitungs-anzeige »Nein zum Castor«.

13. 5.: Etwa 15 000 Menschen und 250 Trecker demonstrieren in Hannover gegen Castor-Transporte.

9. 6.: Die Bäuerliche Notgemeinschaft protestiert mit 100 Atom-kraftgegnerInnen gegen den Besuch von Monika Griefahn in Hitzacker.

9. 7.: Die »Castornix Karawane« startet zu ihrer zweiten Reise, diesmal durch Norddeutschland.

26. 7.: Das BfS ordnet den Sofortvollzug für weitere Castor-Transporte an. Erstmals sollen auch Glaskokillen aus der Wieder-aufarbeitungsanlage La Hague nach Gorleben transportiert wer-den.

1. 8.: Nuklearmediziner Prof. Horst Kuni (sog. Kuni-Gutachten) bestätigt in einem Gutachten, dass Transporte mit Brennelemen-ten aus AKW wesentlich gefährlicher sind als bisher angenommen.

21. 8.: Anschläge auf den Verladekran und das Zwischenlager in Gorleben verursachen Schäden von über 300 000 DM.

26./27. 8.: »Stay rude – Stay rebel«, Benefiz-Open-Air-Festival, mit 24 Bands in Grabow.

24. 9.: »Malefiz« in Gorleben: Ca. 1000 Menschen demonstrieren am Gorlebener Erkundungsbergwerk. Es kommt zu Rangeleien mit der Polizei, Schlagstock- und Wasserwerfereinsatz.

24. 10.: Sechs Anschläge auf Bahnlinien im Kreis Uelzen. Men-schen kommen nicht zu Schaden. Ein Bekennerbrief zeigt den Zusammenhang zu Castor-Transporten nach Gorleben.

1996

Februar: »Gorleben-Frauen« übergeben bei der Siemens-Haupt-versammlung in München mehr als 2000 im Wendland gesam-melte Unterschriften boykottwilliger Verbraucher. Solange der Konzern auf Atomkraft setzt, will man nichts von ihm kaufen.

6. 4.: »Frühjahrsputz« im Wendland mit gut 2000 Demonstranten.

13. 4.: Wieder ergeht eine »Allgemeinverfügung« des Landkrei-ses gegen die Aktion »Ausrangiert«.

14. 4.: Trotzdem lassen sich mehr als 1000 Menschen nicht abschrecken und versuchen erneut, die Schienen öffentlich zu demontieren. Die Polizei verhindert dies mit Härte (Hunde, Wasserwerfer).

April: Vor dem Amtsgericht in Dannenberg beginnt eine Prozessflut wegen Widerspruchsverfahren, die mit dem letztjährigen Castor-Transport zusammenhängen.

16. 4.: Zum Auftakt des Dannenberger Feierabendsägens besetzen 200 Atomkraftgegner die Gleise zum Verladekran.

20./21. 4.: »Tag B«: Gut 1000 Atomkraftgegner begutachten den Zustand der Brücken auf den Castor-Bahnstrecken Uelzen– bzw. Lüneburg–Dannenberg; Solidaritätsaktion von Braunschweiger Anti-Castor-Gruppen an einer Brücke bei Schacht Konrad.

24. 4.: Ein Strommast bei Lüchow wird erklommen und ein riesiges Transparent entfaltet: Stop AKW.

26. 4.: Tschernobyl – 10 Jahre danach: Bundesweite Aktionen für die sofortige Stillegung aller Atomanlagen.

27. 4.: Das Oberverwaltungsgericht Lüneburg gibt grünes Licht für die Einlagerung von Glaskokillen aus La Hague.

27. 4.: Zwischen Lüneburg und Dannenberg explodiert ein Sprengsatz an einer Brücke der Bahnstrecke.

30. 4.: Das Hüttendorf Castornix bei Spietau entsteht.

1. 5.: Anschlag auf Bahnstrecke Uelzen–Hannover. Ein umgesägter Strommast beschädigt die Oberleitungen von vier Gleisen. 100 Kinder protestieren mit Trommeln und Trillerpfeifen in Lüchow.

2. 5.: Erneutes »Demonstrationsverbot« für den Landkreis Lüchow-Dannenberg entlang der Schienen und der Straße nach Gorleben.

2./3.5.: Die ohnehin seit drei Wochen hohe Polizeidichte rund um Dannenberg wächst für den Betrachter ins Uferlose.

3. 5.: Mehrere Dutzend »Gorleben-Frauen« wollen mit Aktionen in U-Bahnschächten der Großstädte zeigen, »dass Gorleben überall ist«.

4. 5.: Über 10 000 Menschen demonstrieren in Dannenberg. Danach werden 400 von ihnen von der Polizei eingekesselt.

7. 5.: Gegen 12 Uhr überquert der Castor bei Lauterbourg die deutsch-französische Grenze.

8. 5.: »Tag X2«: Gegen 6 Uhr erreicht der Castor aus La Hague Dannenberg. Für die Strecke vom Verladekran zum Zwischenlager werden sechs Stunden benötigt. 10 000 Polizei- und BGS-BeamtInnen bahnen unter massivem Wasserwerfer- und Schlagstockeinsatz den Weg gegen den Widerstand der etwa 10 000 Demonstrant/-innen. Im Morgengrauen werden weit entfernt von der Transportstrecke die Trecker der Bäuerlichen Notgemeinschaft beschädigt und stillgelegt. Etwa 500 Demonstranten werden »in Gewahrsam genommen«, mehr als 100 Personen verletzt.

17. 8.: 230 MotorradfahrerInnen demonstrieren im Wendland.

29. 8.: Mit einem Sonderzug wird der Castor nach Bonn gefahren, begleitet von gut 400 AKW-Gegnern.

7. 9: Die Transportstrecke von Dannenberg nach Gorleben wird von 3000 AKW-Gegnern dichtgemacht.

26. 9.: Der Oldenburger Michael F. erhält vom Amtsgericht Dannenberg 900 Mark Geldstrafe wegen »Störung öffentlicher Betriebe«. Er hatte im März 1995 mit 800 anderen im Rahmen der »Aktion Ausrangiert« teilgenommen und mit einer Eisensäge das Gleis, auf dem kein anderer Schienenverkehr rollt, zwei Zentimeter tief angesägt.

7. 10.: Bundesweiter Aktionstag »Stoppt die Bahn – Stoppt den Castor«; dreizehn Hakenkrallen auf Oberleitungen legen den Bahnverkehr lahm.

19. 10.: Etwa 800 AKW-Gegner demonstrieren am AKW Neckarwestheim gegen den bevorstehenden Castor-Transport nach Gorleben.

18. 12.: Die Salinas GmbH reicht beim Oberbergamt Clausthal-Zellerfeld die Genehmigung für Bohrungen in den Salzstock Gorleben ein.

4 Chronik des Projekts Stuttgart 21[691]

April 1994: Bahnchef Heinz Dürr stellt das Projekt Stuttgart 21 mit der Tieferlegung des Stuttgarter Hauptbahnhofes vor.

Januar 1995: Eine Studie bescheinigt die technische Machbarkeit. Umweltschützer und Grüne kritisieren das Projekt.

November 1995: Bahn, Bund, Land und Stadt unterzeichnen eine Rahmenvereinbarung, in der auch die Finanzierung des auf fünf Milliarden Mark veranschlagten Projekts festgelegt wird.

November 1997: Das Düsseldorfer Architektenbüro von Christoph Ingenhoven erhält den Zuschlag für den Umbau in einen Durchgangsbahnhof mit Lichtschächten.

Juli 1999: Der Aufsichtsrat der Bahn stellt alle Großprojekte auf den Prüfstand – auch Stuttgart 21.

Oktober 2001: Das Planfeststellungsverfahren beginnt.

Dezember 2001: Die Stadt kauft der Bahn für 459 Millionen Euro Grundstücke am Stuttgarter Hauptbahnhof ab.

Februar 2005: Das Eisenbahn-Bundesamt erteilt die Baugenehmigung für die Umwandlung des Bahnhofs.

2006

April: Das oberste Verwaltungsgericht Baden-Württembergs, der Verwaltungsgerichtshof, weist drei Klagen gegen den geplanten Umbau des Hauptbahnhofs ab.

Oktober: Der Landtag beschließt den Bau von Stuttgart 21 und der Neubaustrecke Wendlingen–Ulm.

November: Aus Bahnkreisen verlautet, der Umbau des Bahnhofs und dessen Anbindung an die Neubaustrecke nach Ulm könne wegen Baukostenrisiken um bis zu eine Milliarde Euro teurer werden.

2007

Februar: Der Verwaltungsgerichtshof Baden-Württemberg weist vier Klagen gegen den Fildertunnel ab.

März: Der Bund vertagt die Entscheidung über einen Zuschuss von knapp 500 Millionen Euro zu den Baukosten des Bahnhofs erneut.

19. 7.: Bund, Bahn, Land und Stadt verständigen sich in Berlin auf die Finanzierung. Baden-Württemberg übernimmt einen höheren Anteil als geplant und ist mit fast einer Milliarde Euro dabei.

19. 8.: Die Landesregierung muss erstmals Planungsfehler zugeben. Die Folge: Statt mit 2,8 Milliarden kalkuliert man jetzt mit über 3 Milliarden Euro.

11. 1.: Naturschützer, Bürgerinitiativen und Grüne präsentieren das Ergebnis einer Abstimmung für einen Bürgerentscheid: 67 000 Bürger stimmten dafür.

20. 12.: Der Gemeinderat der Landeshauptstadt lehnt einen Bürgerentscheid über das Milliardenprojekt mit 45 zu 15 Stimmen mit großer Mehrheit ab. Die grundsätzlichen Beschlüsse seien schon vor Jahren gefallen.

2008

7. 3: Mit dem Slogan »Das neue Herz Europas« wollen Bahn, Land und Stadt die Akzeptanz in der Bevölkerung erhöhen.

Juli 2008: Das Münchner Beratungsbüro Vieregg-Rössler legt eine Studie vor, wonach die Gesamtkosten von Stuttgart 21 von 6,9 auf 8,7 Milliarden Euro steigen.

19. 8.: Die Landesregierung gibt die Gesamtkosten von Stuttgart 21 mit 5,1 Milliarden Euro an. Davon entfallen 3,1 Milliarden auf Stuttgart 21 und 2 Milliarden auf die Neubaustrecke Richtung Ulm.

3. 11.: Der Bundesrechnungshof prophezeit Mehrkosten von mehr als zwei Milliarden Euro.

28. 11.: Mit der Verabschiedung des Haushaltes 2009 macht der Bundestag den Weg frei.

2009

6. 3.: Der Bundesrechnungshof mahnt Prüfrechte an.

1. 4.: Bundesrechnungshof und Bundesverkehrsministerium einigen sich. Die Finanzkontrolleure setzen sich mit ihrer Forderung nach Kostentransparenz und Nachvollziehbarkeit der Ausgaben durch.

2. 4.: Bundesverkehrsminister Wolfgang Tiefensee (SPD), Ministerpräsident Günther Oettinger (CDU) und Bahn-Vorstand Stefan Garber unterzeichnen die Finanzierungsvereinbarung.

7. 6.: Bei der Kommunalwahl profitieren die Grünen von ihrem jahrelangen Widerstand gegen Stuttgart 21 und werden die stärkste Fraktion im Rathaus der Landeshauptstadt.

17. 7.: Nach einem Urteil des Verwaltungsgerichts Stuttgart hat der Gemeinderat den Bürgerentscheid zu Recht abgelehnt.

24. 7.: Land und Bahn präsentieren den SPD-Abgeordneten Wolfgang Drexler als neuen ehrenamtlichen Sprecher.

26. 10.: Die erste sogenannte Montagsdemonstration gegen Stuttgart 21 findet mit vier Teilnehmern statt. Eine Woche später waren es 20.

8. 11.: Bahn-Chef Rüdiger Grube räumt erstmals ein, dass das Projekt teurer wird als 3,076 Milliarden Euro.

16. 11.: Erste Montagsdemonstration der Gegner von Stuttgart 21 vor dem Bahnhof.

25. 11.: Architekturliebhaber fordern die Aufnahme des Stuttgarter Bahnhofsgebäudes in das Unesco-Weltkulturerbe. Die beiden Seitenflügel des Gebäudes von 1922 sollen den Umbauplänen zum Opfer fallen.

9. 12.: Bahnchef Rüdiger Grube muss die Kostenschätzung nach oben auf 4,1 Milliarden Euro korrigieren.

10. 12.: Nach der Bahn stimmen auch alle anderen Geldgeber zu.

2010

2. 2.: Beginn der Bauarbeiten.

7. 7.: Eine Studie der Zürcher Firma SMA erwartet Probleme mit dem Regionalverkehr.

27. 7.: Bahnchef Rüdiger Grube gibt eine Kostensteigerung um 865 Millionen auf 2,9 Milliarden Euro für die Schnellbahntrasse nach Ulm bekannt.

30. 7.: Die Abrissarbeiten am Nordflügel werden vorbereitet: Ein erster Bagger rollt an, ein Bauzaun wird errichtet.

7. 8.: Über 10 000 Menschen fordern einen Baustopp.

11. 8.: Ein Gutachten für das Umweltbundesamt sagt eine Kostenexplosion auf 11 Milliarden Euro und erhebliche Verkehrsprobleme vorher.

13. 8.: Ein Vordach am Nordflügel wird abgerissen. 20 000 Bürger bilden eine Kette um das Bahnhofsgebäude und fordern einen Baustopp.

14. 8.: Der *Spiegel* enthüllt, dass die Landesregierung mit einem Großauftrag an die Bahn deren Zustimmung zu Stuttgart 21 erkauft habe. Das Verkehrsministerium dementiert dies.

17. 8.: Grünen-Politiker regen einen »Friedensgipfel« an und handeln sich tags darauf die Absage der Projektträger ein.

25. 8.: Mit Baggern will man den historischen Nordflügel abreißen. Aber sieben Aktivisten besetzen das Dach und stoppen die Aktion.

26. 8.: Ein Sonderkommando der Polizei räumt das Dach. Der Abriss kann weitergehen.

7. 9.: Die SPD fordert plötzlich einen Bürgerentscheid über Stuttgart 21. Zuvor stand sie wie CDU und FDP hinter dem Projekt.

15. 9.: Kanzlerin Merkel erklärt die Landtagswahl am 27. März 2011 zur Abstimmung über das Projekt.

17. 9.: Der SPD-Landtagsabgeordnete Wolfgang Drexler tritt als Sprecher des Projektes zurück.

30. 9.: Der Konflikt um Stuttgart 21 eskaliert. Die Polizei setzt Wasserwerfer und Tränengas gegen Demonstranten ein. 400 Menschen werden bei den Protesten verletzt. In der Nacht werden die ersten Bäume im Schlossgarten gefällt.

1. 10.: 100 000 Menschen demonstrieren gegen das Projekt – neuer Teilnehmerrekord!

5. 10.: Wegen der andauernden Proteste stoppt man den Abriss am Südflügel. Ein genereller Baustopp ist jedoch nicht in Sicht.

6. 10.: Ministerpräsident Stefan Mappus schlägt den früheren CDU-Generalsekretär Heiner Geißler als Schlichter vor. Auch

SPD, Grüne und das Aktionsbündnis gegen Stuttgart 21 akzeptieren den Einsatz des 80-Jährigen – allerdings machen die Projektgegner einen sofortigen Baustopp zur Bedingung für Gespräche.

22. 10.: Auftakt der Schlichtung. Geplant sind sechs Themen: Leistungsfähigkeit des Projekts, Alternativkonzept der Gegner, Kosten, Wirtschaftlichkeit, Sicherheit und Ökologie.

30. 11.: Schlichterspruch von Heiner Geißler: Weiterbau ja, aber die Bahn muss in einem »Stresstest« nachweisen, dass der neue Bahnhof 30 Prozent leistungsfähiger ist als der jetzige, und gegebenenfalls Änderungen vornehmen.

Danksagung

Mein herzliches Dankeschön für ebenso befruchtende wie erbauliche Mitarbeit durch Diskussionen, Hinweise und Ratschläge gilt besonders Klaus Peter Kisker, Helge Meves, Wolf-Dieter Narr, Ernst Röhl, Peter Saalmüller und vor allem Karin. Ebenso gilt mein Dank den zahllosen kleinen und großen sachdienlichen Hinweisen aus der Bevölkerung, ohne die dieses Buch nicht dieses Buch geworden wäre. Auch künftig bin ich für Kritik und Anregungen sehr dankbar.

Adresse: thomas.wieczorek@zeitfug.de

Literatur

ANDERSEN, UWE/WICHARD WOYKE (HRSG.): *Handwörterbuch des politischen Systems der Bundesrepublik Deutschland.* Leske+Budrich, Opladen 2003.

ARNIM, HANS HERBERT VON: *Das System.* Droemer, München 2001.

AUHAGEN, HENDRIK: *Die Entwicklung des politischen Bewußtseins von Oberschülern vor, während und nach der Zeit der Studentenunruhen der Jahre 1967–1969.* Jahresarbeit am Hermann-Billung-Gymnasium, Krefeld 1972.

BACKES, UWE/STEGLICH, HENRIK (HRSG.): *Die NPD. Erfolgsbedingungen einer rechtsextremistischen Partei.* Nomos, Baden-Baden 2007.

BARTELS, HENNING: *Die Piratenpartei – Entstehung, Forderungen und Perspektiven.* Contumax-Verlag, Berlin 2009.

BENZ, WOLFGANG/PEHLE, WALTER H. (HRSG.): *Lexikon des deutschen Widerstandes.* S. Fischer, Frankfurt am Main 1994.

BERGMANN, UWE/DUTSCHKE, RUDI/LEFÈVRE, WOLFGANG/RABEHL, BERND: *Rebellion der Studenten oder Die neue Opposition,* Rowohlt, Reinbek 1968.

BERTHOLD, WILL: *Die 42 Attentate auf Hitler.* VMA-Vertriebsgesellschaft, Goldmann, München 1981.

CARR, NICHOLAS: *Wer bin ich, wenn ich online bin … … und was macht mein Gehirn solange? – Wie das Internet unser Denken verändert.* Blessing, München 2010.

CONZE, ECKART/FREI, NORBERT/HAYES, PETER/ZIMMERMANN, MOSHE: *Das Amt und die Vergangenheit. Deutsche Diplomaten im Dritten Reich und in der Bundesrepublik.* Blessing, München 2010.

CROUCH, COLIN: *Postdemokratie.* Suhrkamp, Frankfurt am Main 2008.

DECKER, FRANK/NEU, VIOLA (HRSG.): *Handbuch der deutschen Parteien.* Vs Verlag, Wiesbaden 2007.

DÖSCHER, HANS-JÜRGEN: *Verschworene Gesellschaft. Das Auswärtige Amt unter Adenauer zwischen Neubeginn und Kontinuität.* Akademie-Verlag, Berlin 1995.

DOWNS, ANTHONY: *Ökonomische Theorie der Demokratie,* Mohr Siebeck, Tübingen 1968.

DUTSCHKE, GRETCHEN: *Wir hatten ein barbarisches, schönes Leben.* Kiepenheuer & Witsch, Köln 1996.

EFFNER, BETTINA/HEIDEMEYER, HELGE (HRSG.): *Flucht im geteilten Deutschland. Erinnerungsstätte Notaufnahmelager Marienfelde.* be.bra verlag, Berlin 2005.

ENGELMANN, BERNT: *Großes Bundesverdienstkreuz.* AutorenEdition, Darmstadt 1974.

FEST, JOACHIM: *Staatsstreich. Der lange Weg zum 20. Juli.* München 1994.

FRANKFURT, HARRY G.: *Bullshit,* Suhrkamp, Frankfurt am Main 2006.

FRERICHS, PETRA / WIEMERT, HEIKE: *Ich gebe, damit Du gibst.* Leske + Budrich, Opladen 2002.

FUKUYAMA, FRANCIS: *Das Ende der Geschichte.* Kindler, München 1992.

FUKUYAMA, FRANCIS: *Scheitert Amerika? Supermacht am Scheideweg.* Propyläen Verlag, Berlin 2006.

GERRENS, UWE: *Rüdiger Schleicher – Leben zwischen Staatsdienst und Verschwörung.* Gütersloher Verlagshaus, Gütersloh 2009.

GROTTIAN, PETER (HRSG.): *Wozu noch Beamte?* Rowohlt, Reinbek 1996.

HAYEK, FRIEDRICH AUGUST VON: *Liberalismus,* Mohr Siebeck, Tübingen 1979.

HEER, HANNES / NAUMANN, KLAUS (HRSG.): *Vernichtungskrieg. Verbrechen der Wehrmacht 1941–1944.* Hamburger Edition, Hamburg 1995.

HELLER, PETER: *Wir schreiten ein – Der Kampf des Paul Watson gegen die Walfangflotten der Welt.* marebuchverlag, Hamburg 2008.

HIMMELHEBER, MARIANNE / PHILIP KLAUS: *Startbahn 18 West: Bilder einer Räumung.* Minotaurus Projekt, Darmstadt 1981.

ILLIES, FLORIAN: *Generation Golf zwei.* Blessing, München 2003.

ILLIES, FLORIAN: *Generation Golf.* Fischer, Frankfurt am Main 2000.

JUNG, OTMAR: *Grundgesetz und Volksentscheid.* Westdeutscher Verlag, Opladen 1994.

KARASEK, HORST: *Das Dorf im Flörsheimer Wald. Eine Chronik gegen die Startbahn West.* Luchterhand, Darmstadt und Neuwied 1981.

KLEIN, NORBERT / FALTER, JÜRGEN W.: *Der lange Weg der Grünen.* Beck, München 2003.

KNOPP, GUIDO: *Sie wollten Hitler töten.* Bertelsmann, München 2004.

KOLBE, FRITZ: Der wichtigste Spion des Zweiten Weltkriegs. Piper, München 2004.

KÖSSLER, HENNING (HRSG.): *Identität. Fünf Vorträge.* Erlanger Forschungen, Reihe B, Band 20, Erlangen 1989.

KUNZELMANN, DIETER: *Leisten Sie keinen Widerstand!* Transit Buchverlag, Berlin 1998.

LIESSMANN. KONRAD PAUL: *Theorie der Unbildung.* Zsolnay, Wien 2006.

MANN, HEINRICH: *Der Untertan.* Fischer, Frankfurt am Main 2008.

MARX, KARL: *Das Kapital.* Erster Band. in: Karl Marx / Friedrich Engels – Werke. Band 1. Dietz Verlag, Berlin / DDR 1969.

MIERMEISTER, JÜRGEN / STAADT; JOCHEN: *Provokationen – Die Studenten- und Jugendrevolte in ihren Flugblättern 1965–1971.* Luchterhand, Darmstadt 1980.

MOMMSEN, HANS: *Die verspielte Freiheit. Der Weg der Republik von Weimar in den Untergang 1918 bis 1933.* Ullstein, Berlin 1990.

MONTESQUIEU: VOM *Geist der Gesetze.* Reclam, Stuttgart 1965.

MÜLLER-VOGG, HUGO: *Beim Wort genommen. Roland Koch im Gespräch mit Hugo Müller-Vogg.* Societäts-Verlag, Frankfurt am Main 2002.

NATIONALRAT DER NATIONALEN FRONT DES DEMOKRATISCHEN DEUTSCHLAND (HRSG): *Braunbuch – Kriegs- und Naziverbrecher in der Bundesrepublik und in Westberlin.* Staatsverlag der Deutschen Demokratischen Republik. Berlin / DDR 1965.

NEILL, ALEXANDER S.: *Theorie und Praxis der Antiautoritären Erziehung – Das Beispiel Summerhill.* rororo, Reinbek 1970.

NEUHOLD, HANSPETER/HUMMER, WALDEMAR/SCHREUER, CHRISTOPH (HRSG.): *Österreichisches Handbuch des Völkerrechts. Band 2 – Materialienteil.* Manz, Wien 2004.

NÜRNBERGER, CHRISTIAN: *Mutige Menschen – Widerstand im Dritten Reich.* Gabriel Verlag, Stuttgart 2009.

OLTMANNS, REIMAR: *Du hast keine Chance, aber nutze sie. Eine Jugend steigt aus,* Rowohlt, Reinbek 1980.

PRÜWER, TOBIAS: *Humboldt reloaded. Kritische Bildungstheorie heute.* Tectum, Marburg 2009.

RASCHKE, JOACHIM/HEINRICH, GUDRUN: *Die Grünen. Wie sie wurden, was sie sind.* Bund, Köln 1993.

RASCHKE, JOACHIM: *Die Zukunft der Grünen. So kann man nicht regieren.* Campus, Frankfurt am Main 2001.

RODGERS, GERRY U. A. (HRSG.): *Social Exclusion: Rhetoric, Reality, Responses.* International Institute for Labour Studies, Genf 1995.

SCHELL, MANFRED: *Die Lok zieht die Bahn.* Rotbuch-Verlag, Berlin 2009.

SCHELSKY, HELMUT: *Auf der Suche nach der Wirklichkeit.* Diederichs, Düsseldorf/Köln 1965.

SCHNELLE, NILS: *Die WASG – Von der Gründung bis zur geplanten Fusion mit der Linkspartei.* Grin Verlag, München/Ravensburg 2007.

SCHWARZER, ALICE: *Der kleine Unterschied und seine großen Folgen.* Suhrkamp, Frankfurt am Main 1975.

SIEGFRIED, DETLEF: *Time is on my side: Konsum und Politik in der westdeutschen Jugendkultur der 60er Jahre.* Wallstein, Göttingen 2006.

UEBERSCHÄR, GERD R.: *Für ein anderes Deutschland: Der deutsche Widerstand gegen den NS-Staat 1933–1945.* Fischer, Frankfurt am Main 2006.

UESSELER, ROLF: *Die Achtundsechziger.* Heyne, München 1998.

UNRUH, TRUDE (HRSG.): *Trümmerfrauen – Biografien einer betrogenen Generation.* Klartext, Essen 1987.

UNRUH, TRUDE: *Aufruf zur Rebellion. Graue Panther machen Geschichte.* Klartext, Essen 1987, *Grau kommt – das ist die Zukunft.* Goldmann, München 1990.

VOLMER, LUDGER: *Die Grünen.* Bertelsmann, München 2009.

WALTER, FRANZ U. A. (HRSG.): *Die Linkspartei. Zeitgemäße Idee oder Bündnis ohne Zukunft?* Vs Verlag, Wiesbaden 2007.

WALTER, FRANZ: *Im Herbst der Volksparteien? Eine kleine Geschichte von Aufstieg und Rückgang politischer Massenintegration.* transcript, Bielefeld 2009.

WEBER, MAX: *Die protestantische Ethik und der Geist des Kapitalismus.* Beck, München 1979.

WIECZOREK, THOMAS: *Die Dilettanten.* Knaur, München 2009.

WIECZOREK, THOMAS: *Die geplünderte Republik.* Knaur, München 2009.

WIECZOREK, THOMAS: *Die verblödete Republik.* Knaur, München 2009.

WIECZOREK, THOMAS: *Schwarzbuch Beamte.* Knaur, München 2010.

Anmerkungen

Einleitung

1 Gustav Seibt: »Die Protest-Demokratie«, in: sueddeutsche.de, vom 9. Oktorber 2010. URL:: http://www.sueddeutsche.de/politik/stuttgart-die-protest-demokratie-1.1010052

2 »Barrikadenrepublik Deutschland«, in: *Spiegel Online,* vom 25. Oktober 2010. URL:: http://www.spiegel.de/politik/deutschland/0,1518,druck-721162,00.html

3 »Westerwelle warnt vor Dagegen-Republik«, in: *newsticker sueddeutsche.de,* vom 15. September 2010. URL:: http://newsticker.sueddeutsche.de/list/id/1 040 070

4 www.wdr.de/tv/hartaberfair/

5 Dirk Kurbjuweit: »Der Wutbürger«, in: *Der Spiegel,* Nr. 41 vom 11. Oktober 2010, S. 26–27.

6 Die wichtigsten Etappen der Märzrevolution waren der *Wiener Aufstand* (Sturz Metternichs), am 13. März 1948, Ministerwechsel in Sachsen am 16., Barrikadenkämpfe in Berlin am 18. und die Abdankung Ludwigs I. von Bayern am 20. März. Quelle: Internetlexikon Wissen.de, Stichwort »Märzrevolution«.

7 Ebd.

8 »Preußische Monarchie«, in: *Verfassungen der Welt.* URL:: www.verfassungen.de/de/preussen/preussen50-leiste.htm

9 »Der 6. Februar 1850. Die preußische Verfassung tritt in Kraft. Reaktionen in der Rheinprovinz«, in: *Landesarchivverwaltung Rheinland Pfalz.* URL:: www.landeshauptarchiv.de/index.php?id=490

10 Internetlexikon Wikipedia, Stichwort »Friedrich Ebert«.

11 Internetlexikon Wikipedia, Stichwort »Novemberrevolution«.

12 Hans Mommsen: *Die verspielte Freiheit. Der Weg der Republik von Weimar in den Untergang 1918 bis 1933.* Ullstein, Berlin 1990, S. 49.

13 Internetlexikon Wikipedia, Stichwort »Spartakusaufstand«.

14 »Stauffenberg – Die wahre Geschichte«, ZDF-Dokumentation vom 29, Januar 2009, und: Internetlexikon Wikipedia, »Stichwort »Claus Schenk Graf von Stauffenberg«.

15 Arnulf Baring: »›Bürger, auf die Barrikaden‹«, in: *Frankfurter Allgemeine Zeitung,* vom 19. November 2002, S. 33.

16 Internetlexikon Wikipedia, Stichwort »Royal Dutch Shell«.

17 »Schlecker erleidet Umsatzeinbruch«, in: *Spiegel Online* vom 5. Juni 2010. URL:: http://www.spiegel.de/wirtschaft/unternehmen/0,1518,698966,00.html

18 Daniela Münkel: *»Alias Frahm«. Die Diffamierungskampagnen gegen Willy Brandt in der rechtsgerichteten Presse.* In: Claus-Dieter Krohn (Hrsg.): *Zwischen den Stüh-*

len? Remigranten und Remigration in der deutschen Medienöffentlichkeit der Nach-kriegszeit. Christians-Verlag, Hamburg 2002, S. 397–418.

19 Peter Merseburger: *Willy Brandt, 1913–1992. Visionär und Realist.* DVA, Stuttgart 2002, S. 410.

20 »Volk der Widerborste«, in: *Der Spiegel,* Nr. 35, vom 30 August 2010, S. 64.

21 »Proteste in Stuttgart: ›Menschen werden mit Wasserwerfern von den Bäumen ge-schossen‹, in: *Tagespiegel Online,* vom 30. November 2010. URL:: http://www.tages-spiegel.de/politik/proteste-in-stuttgart-menschen-werden-mit-wasserwerfern-von-den-baeumen-geschossen/1946002.html

Wie alles begann

22 Chaim Frank, a. a. O.

23 »Regierungserklärung des Bundeskanzlers Konrad Adenauer vom 20. September 1949«, in: Internetseite von LeMO (»Lebendiges virtuelles Museum Online«). URL:: http://www.dhm.de/lemo/html/dokumente/JahreDesAufbausInOstUndWest_erkla-erungAdenauerRegierungserklaerung1949/

24 »Die schwankenden Gestalten aus der Nazizeit«, in: FR-online, vom 27. Oktober 2010. URL:: http://www.fr-online.de/politik/die-schwankenden-gestalten-aus-der-nazi-zeit/-/1472596/4782048/-/index.html

25 Quelle: Dominik Reinle: »Entnazifizierung: ›Schikane der Besatzungsmächte‹, in: wdr.de, vom 8. Oktober 2005. URL:: www.wdr.de/themen/politik/deutschland/wiederauf-bau/entnazifizierung/051004.jhtml?rubrikenstyle=wiederaufbau

26 »Das Ahlener Programm der CDU der britischen Zone vom 3. Februar 1947«, in: *Konrad-Adenauer-Stiftung* vom 1. Januar 1997. URL:: http://www.kas.de/wf/de/33.813/

27 Götz Aly: *Unser Kampf. 1968 – ein irritierter Blick zurück.* S. Fischer, Frankfurt 2008, S. 70.

28 *Braunbuch – Kriegs- und Naziverbrecher in der Bundesrepublik und in Westberlin,* Staatsverlag der Deutschen Demokratischen Republik. Berlin 1968.

29 Notiz der *Süddeutschen Zeitung* vom 9. August 2002 zu Götz Alys Rezension der Neuauflage des Braunbuchs in: *perlentaucher.de.* URL:: http://www.perlentaucher.de/buch/11141.html

30 Alexandra Ortmann: »Die Gruppenhochschule und die Wissenschaftsfreiheit oder: Kann die Demokratisierung der Hochschule grundgesetzwidrig sein?«, in: *linksnet,* vom 8. Juli 2009. URL:: http://www.linksnet.de/de/artikel/24687

31 Ebd.

32 Spiegel Spezial, *Die wilden 68er,* Juni 1988, S. 18.

33 »Die Polizisten haben geprügelt wie blöd«, in: *Sueddeutsche Zeitung,* vom 30. Mai 2007. URL:: http://www.sueddeutsche.de/politik/tod-benno-ohnesorgs-die-polizis-ten-haben-gepruegelt-wie-bloed-1.301316

34 Die Résistance war Frankreichs Widerstandsbewegung gegen die Besetzung durch die Nazis.

35 Uwe Soukup: *Wie starb Benno Ohnesorg: Der 2. Juni 1967.* Verlag 1900, Berlin 2007 S. 157.

36 Ebd. S. 155 f.

37 Ebd.

38 »Die Jubelperser«, in: *Die Zeit,* vom 30. Juni 1967. URL:: http://www.zeit.de/1967/26/ Die-Jubelperser?page=1

39 Sebastian Haffner: »Die Nacht der langen Knüppel« in: *Stern,* Nr. 25 vom 27. Juni 1967, zitiert in: Gerd Gründler: »Erinnerung an Sebastian Haffner« Internetseite von Gerd Gründler, früher Stern-Reporter und Direktor des Landesrundfunkhauses Hamburg. URL:: http://www.gerdgruendler.de/Erinnerung%20an%20S.%20Haffner.html

40 Uwe Soukop: »Die Stunde der Zeugen«, in: *Tagesspiegel Online,* vom 2. Juni 2009. URL:: http://www.tagesspiegel.de/zeitung/die-stunde-der-zeugen/1526222.html

41 Katja Apelt: »Der Tag, an dem die Demokratie erschossen wurde«, in: *Berliner Kurier,* vom 2. Juni 2007.

42 Volkmar Deile u.a. (Hrsg.): *Und niemandem untertan.* Rowohlt, Reinbek 1985, S. 23 f.

43 Uwe Soukop, a.a.O.

44 »Als der Sturm auf das Springer-Haus begann«, in: *Welt Online,* vom 17. April 2010. URL:: www.welt.de/morgenpost/bmo_wie_wars/article1907536/Als_der_Sturm_ auf_das_Springer_Haus_begann.html+Springerhaus+Studenten&cd=1&hl=de&ct=c lnk&gl=de

45 Internetlexikon Wikipedia, Stichwort »Massaker von My Lai«

46 Ebd. Und: Willi Winkler: *Die Geschichte der RAF.* Rowohlt Berlin Verlag, Berlin 2007.

47 Jürgen Miermeister/Jochen Staadt: *Provokationen. Die Studenten- und Jugendrevolte in ihren Flugblättern 1965–1971.* Luchterhand, Darmstadt 1980, S. 209 ff.

48 »Promis als Sympathisanten verdächtigt«, in: *SWR,* vom 4. April 2007. URL:: http:// www.swr.de/nachrichten/deutscher-herbst/-/id=2070672/nid=2070672/ did=2073412/1e79r5 c/index.html

49 1. Gleichberechtigungsgesetz.

50 Eherechtsreformgesetz.

51 Internetlexikon Wikipedia, Stichwort »›Wir haben abgetrieben!‹«.

52 Diese Nonsens-Sprechblase ist vermutlich eine reine Erfindung der *Jägermeister*-Werbung, die allerdings – siehe Internet – eine bis heute andauernde hitzige Debatte unter selbsternannten Existenzphilosophen auslöste.

53 Internet-Zitatensammlung Wikiquote, Stichwort »Marihuana«.

54 Das Problem »Schadstoffe in unbehandelter Nahrung« kann im Rahmen dieses Buches nicht weiter vertieft werden.

55 »Am runden Tisch der Talkshow«, in: Maybrit Illner, vom 22. April 2010. URL:: http://www.sueddeutsche.de/medien/tv-kritik-maybrit-illner-am-runden-tisch-der-talkshow-1.933890

56 Kai Diekmann: *Der große Selbstbetrug.* Piper, München 2007.

57 »Kai Diekmann: Buch über 68er«, in: *sueddeutsche.de,* vom 23. Oktober 2007. URL:: http://www.sueddeutsche.de/kultur/447/422208/text/2/

58 Ebd.

59 Natürlich wurde der Text sofort »von oben« gelöscht, aber nicht schnell genug: Dokumentiert ist er in: turi2.de, vom 9. Mai 2007. URL:: http://turi-2.blog.de/2007/05/09/ alan_posener_wir_sind_papst~2 240 695

60 Zitiert in: *perlentaucher.de.*URL:: http://www.perlentaucher.de/buch/28912.html

61 »Der Sündenstolz auf die eigene Geschichte«, in: *Freitag.de,* vom 28. März 2008. URL:: http://www.freitag.de/2008/12/08121101.php

Formen des Widerstandes

62 »Tageseinträge für 18. Februar 1917«, in: www.chroniknet.de/daly_de.0.html?year=1 917&month=2&day=18

63 »Gebärstreik gegen Atomkraftwerke«, in: *greenpeace.de*, vom 9. April 2002. URL:: www.oekonews.de/id/2373/greenpeace-gebaerstreik-gegen-atomkraftwerke/

64 Alice Schwarzer: »Gebärstreik«, in: *Emma*, Heft Juli/August 2001. URL:: http://www. emma.de/hefte/ausgaben-2001/juliaugust-2001/dossier/gebaerstreik-4–01/

65 »Tod im Schlaf«, in: *toxcenter.de*, vom 2005. URL:: http://www.toxcenter.de/artikel/ Tod-im-Schlaf.php

66 »Tendenz schwulen- und lesbenfeindlich«, in *taz.de*, vom 12 Mai 2010. URL:: http:// taz.de/1/leben/alltag/artikel/1/tendenz-schwulen-und-lesbenfeindlich/

67 DGB: DGB-Mitgliedszahlen 2000–2009. URL:: http://www.dgb.de/uber-uns/dgb-heute/mitgliederzahlen/2000–2009/?tab=tab_0_0#tabnav

68 Hans-Ulrich Jörges: »Das entmündigte Volk«, in: *stern.de*, vom 31. Juli 2009. URL:: http://www.stern.de/politik/deutschland/zwischenruf/zwischenruf-das-entmuendig-te-volk-707783.html

69 »FDP triumphiert, SPD stürzt ab«, in, in: *faz.net*, vom 19. Januar 2009. URL:: http:// www.faz.net/s/Rub606F7D1C907A4A7F9C506AE24D76B150/Doc~EE3D10AFA3FF A451BBC39CF0C21FA5A89~ATpl~Ecommon~Sspezial.html

70 Der Bundeswahlleiter: »Endgültiges Ergebnis der Bundestagswahl 2009«. URL:: www. bundeswahlleiter.de/de/bundestagswahlen/BTW_BUND_09/ergebnisse/bundeser-gebnisse/

71 Pressemitteilung des NRW-Innenministeriums vom 10. Mai 2010. URL:: http://www. im.nrw.de/pm/100510_1817.html

72 Anthony Downs: *Ökonomische Theorie der Demokratie*. Mohr Siebeck, Tübingen 1968, S. 290.

73 »Nun hat er sich die SPD hinter sich gelassen«, in *faz.net*, vom 5. September 2006. URL:: http://www.faz.net/s/Rub594835B672714A1DB1A121534F010EE1/Doc~E75 D7C9E1BAB44227916C3530595025BE~ATpl~Ecommon~Scontent.html

74 »Volksentscheid droht Bruchlandung«, in: *stern.de*, vom 25. April 2008. URL:: http:// www.stern.de/politik/deutschland/flughafen-berlin-tempelhof-volksentscheid-droht-bruchlandung-618441.html

75 URL:: http://www.berlin.de/rbmskzl/verfassung/abschnitt5.html

76 Heribert Prantl: »Agenda-Menschen«, in: *sueddeutsche.de*, vom 10. September 2004. URL:: http://www.sueddeutsche.de/deutschland/artikel/32/38993

77 Ebd.

78 Franz Walter: »Diebstahl an Demokratie«, in: *Spiegel Online*, vom 3. November 2006. URL:: http://www.spiegel.de/politik/debatte/0,1518,446234,00.html

79 »Debakel für Merkel und ihre Union«, in: *stern.de*, vom 28. Juli 2010. URL:: http:// www.stern.de/politik/deutschland/forsa-umfragen-fuer-stern-und-rtl-debakel-fuer-kanzlerin-merkel-und-ihre-union-1587559.html

80 Elisabeth Noelle-Neumann: *Öffentlichkeit als Bedrohung – Beiträge zur empirischen Kommunikationsforschung*. Verlag Karl Alber, Freiburg/München 1979, S. 65.

81 »Soziale Gerechtigkeit nimmt ab«, in: *Spiegel Online*, vom 8. Februar 2010. URL:: www.spiegel.de/wirtschaft/soziales/0,1518,676577,00.html

82 Lothar Probst: »Bündnis 90/Die Grünen«, in: Frank Decker/Viola Neu (Hrsg.): *Hand-buch der deutschen Parteien*. Vs Verlag, Wiesbaden 2007, S. 174.

83 Franz Walter: »Die Protest-Beamten«, in: *Spiegel Online*, vom 12. Januar 2010. URL:: http://www.spiegel.de/politik/deutschland/0,1518,670152,00.html

84 Ebd.

85 »Kosovokrieg als Sündenfall«, in: *Berliner Zeitung Online*, vom 24. Oktober 2003. URL:: http://www.berlinonline.de/berliner-zeitung/archiv/.bin/dump.fcgi/2003/1024/politik/0042/index.html

86 »Farbbeutel-Werfer vor Gericht«, vom 21. Dezember 2000. URL:: http://www.spiegel.de/panorama/0,1518,108961,00.html

87 »Kriegsbeteiligung oder Neuwahlen«, in: WDR2, vom 16. November 2006. URL:: http://www.wdr.de/themen/kultur/stichtag/2006/11/16.jhtml

88 Ebd.

89 »Nackter Protest gegen Atom-Kompromiss«, in: *Spiegel Online*, vom 18. März 2000. URL:: http://www.spiegel.de/politik/deutschland/0,1518,druck-69528,00.html

90 »Erklärung von Hans-Christian Ströbele und anderen grünen Bundestagsabgeordneten zu Hartz III und IV«, vom 5. September 2003, in: Homepage von Christian Ströbele, Internetadresse: »www.stroebele-online.de/themen/debatte/19290.html«.

91 Franz Walter: »Die Protest-Beamten«, a. a. O.

92 Ebd.

93 Franz Walter: »Grün ist das neue Schwarz«, in: *Spiegel Online*, vom 7. Oktober 2010. URL:: http://www.spiegel.de/politik/deutschland/0,1518,721664,00.html

94 Johan Schloemann: »Stunde der Heuchler«, in: *sueddeutsche.de*. URL:: http://www.sueddeutsche.de/kultur/zum-siegeszug-der-gruenen-die-stunde-der-heuchler-1.1078968

95 Ebd.

96 Franz Walter: »Grün ist …«, a. a. O.

97 Franz Walter: »Die Protest-Beamten«, a. a. O.

98 Thomas Wieczorek: *Die Dilettanten*. Knaur, München 2009, S. 39. Vergleiche dazu auch: Günther Burkert-Dottolo: »Rechts leben, links wählen«, in: *derstandart.at.*, vom 10. November 2006. URL:: http://derstandard.at/2 655 545

99 Günther Burkert-Dottolo: »Rechts leben, links wählen«, in: *derstandart.at.*, vom 10. November 2006. URL:: http://derstandard.at/2 655 545

100 Rudolf Walther: »Liebling der Saison«, in: *taz.de*, vom 3. November 2010. URL: http://www.taz.de/1/debatte/kommentar/artikel/1/liebling-der-saison/

101 »Ströbele kritisiert Einsatz von französischen Polizisten«, in: *Spiegel Online*, vom 10. November 2010. URL: http://www.spiegel.de/politik/deutschland/0,1518,727754,00.html

102 »Polizeigewalt hat Folgen«, in: *taz.de*, vom 4. Februar 2010. URL: http://taz.de/1/politik/deutschland/artikel/1/polizeigewalt-hat-folgen/

103 Vergleiche Webseite wahlrecht.de.

104 Neuer Name der PDS, um auf die WASG zuzugehen. »100 Tage DIE LINKE«, in: *die-linke.de*, vom 24. September 2007. URL: www.die-linke.de/index.php?id=55&no_cache=1&tx_ttnews%5BbackPid%5D=9&tx_ttnews%5Btt_news%5D=629

105 »Fusion zur Linken perfekt«, in: *Tagesschau*, vom 19. Mai 2007, URL: http://depub.org/tagesschau/artikel/meldung30 358/

106 Internetlexikon Wikipedia, Stichwort »Arbeit & soziale Gerechtigkeit – Die Wahlalternative«.

107 »Das Geheimnis seines Erfolg – Obamas Wahlkampf 2.0«, in: *heise online,* vom 5. Oktober 2008. URL: www.heise.de/newsticker/meldung/Das-Geheimnis-seines-Erfolges-Obamas-Wahlkampf-2–0-215224.html

108 Der Bundeswahlleiter: Endgültiges Ergebnis der Bundestagswahl 2009, vom 28. September 2009. URL: http://www.bundeswahlleiter.de/de/bundestagswahlen/BTW_BUND_09/ergebnisse/bundesergebnisse/index.html

109 »Erfolgreich gescheitert«, in: *faz.net,* vom 28. September 2009. http://www.faz.net/s/Rub4D6E6242947140018FC1DA8D5E0008C5/Doc~E1035DFF78D9D41C890FD598A4CC814E3~ATpl~Ecommon~Scontent.html

110 »Mitglieder«, in: *piratenpartei.de,* vom 10. November 2010. URL: http://wiki.piratenpartei.de/Mitglieder#Mitgliederentwicklung, und: »Datei: Mitgliederstatistik 2009–06–11.pdf«, in: *Piratenwiki.* Piratenpartei Deutschland, 11. Juni 2009, S. 1.

111 »Piratenpartei greift offline an«, in: *Spiegel Online,* vom 13. August 2009. URL: http://www.spiegel.de/politik/deutschland/0,1518,642348,00.html

112 Henning Bartels: *Die Piratenpartei – Entstehung, Forderungen und Perspektiven.* Contumax-Verlag, Berlin 2009, S. 10.

113 »FDP im Höhenflug – SPD tief gestürzt«, in: *tagesschau.de,* vom 28. September 2009. URL: http://www.tagesschau.de/wahl/aktuell/wahlanalyse104.html

114 Piratenpartei: »Gründungsprotokoll«, in: *piratenpartei.de,* vom 10. September 2006. URL: http://wiki.piratenpartei.de/Gr%C3%BCndungsprotokoll.

115 Henning Bartels: *Die Piratenpartei – Entstehung, Forderungen und Perspektiven.* Contumax-Verlag, Berlin 2009, S. 10. Gemeint ist das *Gesetz zur Erschwerung des Zugangs zu kinderpornographischen Inhalten in Kommunikationsnetzen* (Zugangserschwerungsgesetz – ZugErschwG) vom 17. Februar 2010 (BGBl. I S. 78), das den Zugang zu Webseiten mit Kinderpornographie erschweren soll.

116 »Von der Leyens unseriöse Argumentation«, in: *Zeit Online,* vom 20. Mai 2009. URL: http://www.zeit.de/online/2009/20/kinderpornografie-fakten

117 »Netzsperren: Der neue Entwurf und seine Rechtmäßigkeit«, in: *Telemedicus,* vom 24. April 2009. URL: http://www.telemedicus.info/article/1271-Netzsperren-Der-neue-Entwurf-und-seine-Rechtsmaessigkeit.html

118 »Die BigBrotherAwards 2009 – Kategorie Politik«, in: *BigBrotherAwards.de,* vom 16. Oktober 2009. URL: http://www.bigbrotherawards.de/2009/.pol

119 Piratenpartei: »Parteiprogramm«. URL: http://wiki.piratenpartei.de/Parteiprogramm

120 Piratenpartei: »Gründungsprotokoll«, a. a. O.

121 »Beer tritt in Piratenpartei ein«, in: *tagesschau.de,* vom 23. November 2009. URL:http://www.tagesschau.de/inland/beer102.html

122 »SPD und Grüne versuchen sich im Umgang mit der Piratenpartei«, in: *Telepolis,* vom 12. August 2009.URL: http://www.heise.de/newsticker/meldung/SPD-und-Gruene-versuchen-sich-im-Umgang-mit-der-Piratenpartei-751009.html

123 »›Wir wissen noch nicht alles‹«, in: *Spiegel Online,* vom 12. November 2010. URL: http://www.spiegel.de/netzwelt/netzpolitik/0,1518,728889,00.html

124 »Piratenpartei spielt SPD«, *Spiegel Online,* vom 21. November 2010. URL: http://www.spiegel.de/politik/deutschland/0,1518,730336,00.html

125 »Ägypter nennt seine Tochter aus Dankbarkeit Facebook«, in: *derstandard.at,* vom 22. Februar 2011. URL: http://derstandard.at/1297 818 610 483/Aegypter-nennt-seine-Tochter-aus-Dankbarkeit-Facebook

126 »FREIE WÄHLER – Ziele und Standpunkte«, in: Homepage *Freie Wähler.* URL: http://www.freie-waehler-deutschland.de/politische-ziele-und-standpunkte/

127 »Bundespräsident: Freie Wähler wollen für Amtsinhaber Köhler stimmen«, in: *Morgenpost Online,* vom 28, April 2009. URL: www.morgenpost.de/printarchiv/politik/article1082078/Bundespraesident_Freie_Waehler_wollen_fuer_Amtsinhaber_Koehler_stimmen.html

128 »Freie Wähler nehmen über Brüssel Anlauf auf Berlin«, in: *Spiegel Online,* vom 2009. URL: http://www.spiegel.de/politik/deutschland/0,1518,613660,00.html

129 Allerdings beteiligten sich die ausgeschlossenen Brandenburger und kamen auf nicht einmal 0,1 Prozent.

130 »Rüttgers' CDU in Finanzaffäre verwickelt«, in: *Spiegel Online,* vom 1. Mai 2010. URL: www.spiegel.de/politik/deutschland/0,1518,692393,00.html

131 Hans Herbert von Arnim, *Das System.* Droemer, München 2001, S. 129 ff.

132 »Rebländer gehen auf die Barrikaden«, in: *Online-Tageszeitung Baden-Baden,* vom 26. Oktober 2010. URL: http://www.goodnews4.de/daily_news_detail.php?mid=2824

133 »Freie Wähler Gemeinschaft fordert: Stuttgart 21 – Ziehen Sie Konsequenzen«. Pressemitteilung der Freien Wählergemeinschaft, vom 1. Oktober 2008. http://www.openpr.de/news/471840/Freie-Waehler-Gemeinschaft-fordert-Stuttgart-21-Ziehen-Sie-Konsequenzen.html

134 Internetlexikon Wikipedia, Stichwort »Pentagon-Papiere«

135 »Bedingt abwehrbereit«, in: *Der Spiegel,* vom 10. Oktober 1962, S. 32

136 Internetlexikon Wikipedia, Stichwort »Der Spiegel«

137 »Mut ist ansteckend«, in: *Spiegel Online,* vom 26. Juli 2010. URL: www.spiegel.de/netzwelt/netzpolitik/0,1518,708604,00.html

138 http://www.sueddeutsche.de/politik/wikileaks-und-weihnachten-geheimnis-und-mysterium-1.1040011

139 »China und die USA verbrüderten sich gegen Europa«, in: *Spiegel Online,* vom 8. Dezember 2010. URL: www.spiegel.de/wissenschaft/mensch/0,1518,733230,00.html

140 »Deutschland beugte sich Druck aus Washington« in: *Spiegel Online,* vom 9. Dezember 2010. URL: www.spiegel.de/politik/ausland/0,1518,733748,00.html

141 Tyssi Bruns: »Wir informieren uns zu Tode«, in: *Tagesspiegel Online,* vom 14. Dezember 2010. URL: http://www.tagesspiegel.de/politik/wir-informieren-uns-zu-tode/3623006.html

142 So verhöhnte Bayernregent Franz Josef Strauß den Bundesarbeitsminister und erklärten Nichtsozialisten Norbert Blüm wegen dessen Faible für die Bergpredigt als »Herz-Jesu-Marxisten«.

143 Mohandas Karamchand Gandhi: *Mein Leben.* Suhrkamp, Frankfurt 1983, S. 50.

144 Anand Hingorani (Hrsg.): *The Message of Jesus Christ by M. K. Gandhi.* Bharatiya Vidya Bhavan, Bombay 1964, S. 23. Zitat übersetzt von Halverson, Dean C.: *Weltreligionen im Überblick.* Hänssler, Holzgerlingen 2003, S. 119.

145 Gerhard Zimmermann: *Sie widerstanden,* Neukirchener Verlagsgesellschaft, Neukirchen-Vluyn 1995, 49 ff.

146 Internetlexikon Wikipedia, Stichwort »Mohandas Karamchand Gandhi«.

147 »›Kurt Remele: »Ziviler Ungehorsam‹«, in: Internetseite *www.vegan.at.* URL:http://www.vegan.at/veganelebensweise/buchbesprechungen/kurt_remele.html

148 Ebd.

149 Ebd.

150 Ebd.

151 »Urteil gegen Kanther fällt milder aus«, in: *Welt Online*, vom 27. August 2007. URL: http://www.welt.de/politik/article1217197/Urteil_gegen_Kanther_faellt_milder_aus.html

152 Internetlexikon Wikipedia, Stichwort »Lookheed-Skandal«.

153 *Der Spiegel* berichtete 1961, der damalige Bundesverteidigungsminister Franz Josef Strauß habe seinem US-amerikanischen Kollegen Thomas S. Gates die Firma *Fibag* (Finanzbau Aktiengesellschaft) empfohlen, um in der Bundesrepublik mehrere tausend Wohnungen für die US-amerikanische Armee zu bauen. An der Fibag war unter anderem der konservative Passauer Verleger Hans Kapfinger und über Friedrich Zimmermann als Treuhänder Strauß selbst beteiligt. Strauß wurde Vorteilsnahme im Amt vorgeworfen, da sein Freund Kapfinger Anteile der *Fibag* hielt. Quelle: Internetlexikon Wikipedia, Stichwort »Fibag-Affäre«.

154 Die »Onkel-Aloys-Affäre« gehört zu den Skandalen im Vorfeld der Spiegel-Affäre um den damaligen Verteidigungsminister Franz Josef Strauß. Der Nenn-Onkel der Strauß-Gattin Marianne, Aloys Brandenstein, soll bei Rüstungsgeschäften mit Provisionen bedacht worden und somit zum Millionär geworden sein. Den Höhepunkt fand die Affäre im Jahre 1962 mit dem Artikel »Onkel Aloys« in: *Der Spiegel*, Nr. 39 vom 26. September 1962, S. 29.

155 »Thierse drohen Sanktionen wegen Sitzblockade«, in: *Spiegel Online*, vom 2, Mai 2010. URL: http://www.spiegel.de/politik/deutschland/0,1518,692543,00.html

156 »Globkes Widerstand« in: *Geschichtsforum.de*, vom 12. Mai 2009. URL: http://www.geschichtsforum.de/f66/globkes-widerstand-6952/

157 »Thierse droht Ärger« in: *n-tv.de*, vom 1. Mai 2010. URL: http://www.n-tv.de/politik/Thierse-droht-Aerger-article856154.html

158 »Bundesminister rügen Thierse wegen Sitzblockade«, in: *Welt Online*, vom 4. Mai 2010. URL: http://www.welt.de/politik/deutschland/article7464084/Bundesminister-ruegen-Thierse-wegen-Sitzblockade.html

159 Tom Strohschneider: »Die Parteien, der Protest, die Gutachten«, in: *Freitag.de*, vom 20. August 2010. URL: http://www.freitag.de/community/blogs/tom-strohschneider/stuttgart-21-die-parteien-der-protest-die-gutachten

160 »Das Sitzblockaden-Urteil«, in: *Welt Online*, vom 14. Juni 1995. URL: http://www.welt.de/print-welt/article659432/Das_Sitzblockaden_Urteil.html

161 Aktenzeichen: 1 S 2206/03

162 Artikel 5 Absatz 1 Buchstabe. c. Vergleiche: juraforum.de: »Personenfeststellung. URL: http://www.juraforum.de/urteile/begriffe/personenfeststellung

163 Aktenzeichen: 1 S 414/00

164 »Ist eine Sitzblockade immer Nötigung?«, in: *123recht.net*, vom 27. August 2001. URL: http://www.123recht.net/article.asp?a=1643&ccheck=1html

165 »Karlsruhe hebt Urteil gegen Sitzblockierer auf«, in: *Spiegel Online*, vom 30. März 2011. URL: http://www.spiegel.de/politik/deutschland/0,1518,754012,00.html. Aktenzeichen: 1 BvR 388/05

166 Aktenzeichen: 1 BvR 1190/90, 2173/93, 433/96

167 »Gut bezahlte Häuptlinge, aber keine Indianer«. Rede des Grünen Michael Cramer, am 17. März 2004 im Berliner Abgeordnetenhaus. In: Internetseite von Michael Cramer. URL: http://www.michael-cramer.eu/verkehr/31383.html

168 http://www.labournet.de/diskussion/gewerkschaft/erfahrung/schwetz3.html

169 »Discounter fahren auf Öko ab«, in: *Handelsblatt.com*, vom 26. Februar 2006. URL: http://www.handelsblatt.com/unternehmen/handel-dienstleister/discounter-fahren-auf-oeko-ab;1036209

170 »Bio trotzt der Krise«, in: gfk.com, vom 26. Februar 2010. URL: http://www.gfk.com/group/press_information/press_releases/005351/index.de.html

171 »Biokost schützt vor Krebs und Entzündungen«, in: *Welt Online*, vom 19. Januar 1909. URL.: http://www.welt.de/wissenschaft/article3053798/Biokost-schuetzt-vor-Krebs-und-Entzuendungen.html

172 »Discounter fahren auf Bio ab«, in: *Handelsblatt.com*, vom 16. Februar 2006. URL: http://www.handelsblatt.com/unternehmen/handel-dienstleister/discounter-fahren-auf-oeko-ab;1036209

173 »Vorstand des Verkehrsunternehmens weist Kritik des Rechnungshofes zurück« in: *Tagesspiegel Online*, vom 30. März 2004. URL: http://www.tagesspiegel.de/berlin/bvg-haelt-hohe-gehaelter-fuer-richtig-will-sie-aber-trotzdem-kuerzen-vorstand-des-verkehrsunternehmens-weist-kritik-des-rechnungshofes-zurueck/503704.htm

174 Michael Cramer: »Gut bezahlte Häuptlinge, aber keine Indianer«. Rede im Abgeordnetenhaus am 17. März 2004. Homepage von Michael Cramer. URL: http://www.michael-cramer.eu/verkehr/31383.html

175 »Kerzen mitbringen«, in: *Der Spiegel*, Nr. 31, vom 30 Juli 1979, S. 69. URL: www.spiegel.de/spiegel/print/d-40349080.html

176 URL: *Der Spiegel*, Nr. 11, vom 11. März 1981, S. 47, URL: www.spiegel.de/spiegel/print/d-14317466.html

177 »Plusminus: Strom bei Konzerntöchtern meist teurer«, in: *Plusminus* vom 11. Dezember 2007. URL: http://www.strom-magazin.de/strommarkt/plusminus-strom-bei-konzerntoechtern-meist-teurer_21752.html

178 »Treue beim Strom lohnte sich nicht«, in: *sueddeutsche.de*, vom 1. Juni 2010.

179 »Strompreise zu hoch«, in: *taz.de*, vom 3. August 2010. URL: http://www.taz.de/1/zukunft/wirtschaft/artikel/1/strompreise-zu-hoch/

180 »Vattenfall erwägt Stromtarif für Arme«, in: *Welt Online*, vom 21. Januar 2008. URL: http://www.welt.de/wirtschaft/article1575964/Vattenfall_erwaegt_Stromtarif_fuer_Arme.html

181 »Polizeiaktionstag in Hannover – über 14 000 demonstrieren für eine angemessene Gehaltserhöhung«, in: *Gewerkschaft der Polizei Bayern*, vom 5. Februar. 2010. URL: http://www.gdp.de/gdp/gdpbay.nsf/id/05_02_09A

182 »›Widerstand ist eine Klassenfrage‹«, in: *Tagesspiegel Online*, vom 23. September 2010 URL: http://www.tagesspiegel.de/kultur/widerstand-ist-eine-klassenfrage/1939868.html

183 http://www.globalsecurity.org/military/systems/munitions/napalm.htm

184 Österreichisches Bundesheer: »Wenn Hitze unter die Haut geht«, in: Folge 306, Ausgabe 6/2008. URL: http://www.bmlv.gv.at/truppendienst/ausgaben/artikel.php?id=808

185 »Protocol on Prohibitions or Restrictions on the Use of Incendiary Weapons (Protocol III). Geneva, 10 October 1980«. URL: http://www.icrc.org/ihl.nsf/FULL/515?OpenDocument

186 United States of America: »Protocol on Prohibitions or Restrictions on the Use of Incendiary Weapons (Protocol III), Geneva, 10 October 1980«. URL: www.icrc.org/IHL.nsf/NORM/3AB9E36D37F951ECC1257558003E6A3F?OpenDocument

187 »Widerstandskämpfer oder Vaterlandsverräter?«, in: *Deutschlandfunk*, vom 28. Juli 2004. URL: http://www.dradio.de/dlf/sendungen/kulturheute/289796/

188 Ähnlich wie den Holocaust selbst, wagt angesichts der erdrückenden Beweise kaum noch jemand, den Beitrag der Wehrmacht abzustreiten. Besonders ausführlich dokumentiert sind die Greueltaten in: Hannes Heer/Klaus Naumann, (Hg.): *Vernichtungskrieg. Verbrechen der Wehrmacht 1941–1944,* Hamburger Edition, Hamburg 1995.

189 Internetlexikon Wikipedia, Stichwort »Wehrmachtsausstellung«.

190 »CSU-Politiker geißelt Aufhebung von NS-Urteilen«, in: *Spiegel Online,* vom 1. März 2002. URL: www.spiegel.de/politik/deutschland/0,1518,185184,00.html

191 »Baumanns letzter Kampf«, in: *sueddeutsche.de,* vom 5. Mai 2008. URL: http://www.sueddeutsche.de/deutschland/artikel/301/172789/2/

192 http://www.welt.de/politik/article2404289/RAF-Krisenstab-erwog-Erschiessung-von-Haeftlingen.html. Die *Welt* berief sich auf Aufzeichnungen damaliger Spitzenpolitiker.

193 Internetlexikon Wikipedia: Stichwort: »Stuttgart Hauptbahnhof«. URL: http://webcache.googleusercontent.com/search?q=cache:piDjYUrtOkkJ:www.ciao.de/Compact_Miniprasent_Quod_licet_iovi_Heimann_Gabi__Test_2944867+C39Cber+Tote+nichts+Schlechtes&cd=2&hl=de&ct=clnk&gl=de

194 Uwe Gerrens: *Rüdiger Schleicher – Leben zwischen Staatsdienst und Verschwörung;* Gütersloher Verlagshaus, Gütersloh 2009.

195 Lutz Hachmeister: *Schleyer. Eine deutsche Geschichte.* München 2004, S. 173 ff.

196 Gerd Koenen: »Was für eine deutsche Karriere«, in: *Die Welt/Literarische Welt,* vom 10. Juli 2004. URL: http://www.gerd-koenen.de/pdf/Hachmeister_Schleyer_Welt_100704.pdf.

197 Thomas Schmid: »Ein deutsches Leben«, in: *Welt Online,* vom 20. Oktober 2007. URL: http://www.welt.de/welt_print/article1281763/Ein_deutsches_Leben.html

198 »Kiesinger war von 1933 bis 1945 Mitglied der NSDAP. Von 1940 an arbeitete er im Reichsaußenministerium und stieg dort drei Jahre später zum stellvertretenden Abteilungsleiter der Rundfunkabteilung auf. Kiesinger wirkte »an der Verbreitung antisemitischer Hetzpropaganda mit«, wie der Historiker Philipp Gassert in seiner Kiesinger-Biographie schreibt.« Zitiert aus: »Ein Alt-Nazi regiert Westdeutschland«, in: *wdr.de,* vom 1. Dezember 2006. URL: www.wdr.de/themen/kultur/stichtag/2006/12/01.jhtml;jsessionid=GTPLSDDNTE1B0CQKYXFETIQ

199 Internetlexikon Wikipedia, Stichwort »Kurt Georg Kiesinger«.

200 Bernt Engelmann: *Großes Bundesverdienstkreuz.* AutorenEdition, Darmstadt 1974.

201 »Die Affäre Fischer oder: Der Aufstand der Diplomaten«, in: *Monitor,* Nr. 531 vom 7. April 2005. URL: www.wdr.de/tv/monitor/beitrag.phtml?bid=676&sid=127#

202 »Nazi-Relikt in Berliner Bundeswehrkaserne«, in: *Bild Online,* vom 18. August 2008. URL: http://www.bild.de/BILD/berlin/aktuell/2008/08/19/nazi-relikt-in/berliner-bundeswehr-kaserne.html

203 »Ein Querdenker soll vermitteln«, in: *Focus Online,* vom 10. Juni 2010. URL: www.focus.de/politik/deutschland/stuttgart-21/heiner-geissler-ein-querdenker-soll-vermitteln_aid_559631.html

204 Internetlexikon Wikipedia, Stichwort »Rote Brigaden«.

205 Regine Igel: »Linksterrorismus fremdgesteuert? Die Kooperation von RAF, Roten Brigaden, CIA und KGB«, in: *Blätter für deutsche und internationale Politik.* Oktober 2007, S. 1230.

206 »›Mein Blut komme über euch‹«, in: *Deutschlandfunk,* vom 2. Mai 2008. URL: http://www.dradio.de/dlf/sendungen/dossier/775107/

207 Michael Buback: *Der zweite Tod meines Vaters.* Droemer Knaur, München, 2008.

208 »Hatte Verena Becker einen Deal mit dem Verfassungsschutz«, in: *Welt Online,* vom 31. August 2009. URL: http://www.welt.de/News/article4433792/Hatte-Verena-Becker-einen-Deal-mit-dem-Verfassungsschutz.html

209 Internetlexikon Wikipedia, Stichwort »Norodom Sihanouk«.

210 Internetlexikon Wikipedia, Stichwort »Mohammad Reza Pahlavi«.

211 »Widerstand aus Bevölkerung blockiert Kandahar-Offensive«, AP-Meldung vom 10. Juni 2010. URL: http://www.epochtimes.de/articles/2010/06/10/586936.html

212 *Tagesthemen* vom 6. Dezember 2010, und: »Das Ansehen des Westens ist so schlecht wie nie«, in:. *tagesschau.de,* vom 6. Dezember 2010. URL: www.tagesschau.de/ausland/afghanistanumfrage190.html

213 »Web-Aktivisten bringen WikiLeaks in Sicherheit«, in: *Spiegel Online,* vom 5. Dezember 2010. URL: http://www.spiegel.de/netzwelt/netzpolitik/0,1518,732973,00. html

214 »Mut ist ansteckend«, a.a.O.

215 »WikiLeaks ist kaum zu stoppen«, in: *Spiegel Online,* vom 7. Dezember 2010. URL: http://www.spiegel.de/netzwelt/netzpolitik/0,1518,733370,00.html

Widerstand als Vielfrontenkrieg

216 Wie zum Beispiel die vierteilige ZDF-Dokumentation *Sie wollten Hitler töten* des Boulevard-Historikers Guido Knopp von 2004 sowie sein gleichnamiges und zeitgleich erschienenes Buch.

217 Bruno Ganz spielte 2004 im deutschen Kinostreifen »Der Untergang« den Adolf Hitler.

218 Will Berthold: *Die 42 Attentate auf Adolf Hitler.* Goldmann, München 1981. Einen ausführlichen Überblick über die einzelnen Widerstandsgruppen findet sich im Internetlexikon Wikipedia unter dem Stichwort »Widerstand gegen den Nationalsozialismus«.

219 Mit dabei waren unter anderem Ludwig Beck, Walther von Brauchitsch, Hans von Dohnanyi, Franz Halder, Erich Kordt, Hans Oster und Erwin von Witzleben.

220 Joachim Fest: *Staatsstreich. Der lange Weg zum 20. Juli.* München 1994.

221 Bundesgesetzblatt I S. 2501.

222 Bundesgesetzblatt I S. 2714.

223 Bundesgesetzblatt I S. 3150.

224 Internetlexikon Wikipedia, Stichwort »Liste der Volkszählungen in Deutschland«. Die Einwohnerzahlen der okkupierten oder »angeschlossenen« Gebiete sind in den 65 Millionen natürlich nicht enthalten.

225 »Statistisches Jahrbuch des Deutschen Reiches«. btb, Berlin 1933, S. 539.

226 Internetlexikon Wikipedia, Stichwort »Reichstagswahl 1933«.

227 »Ausländerfeindlichkeit im Osten nimmt zu«, in: *Spiegel Online,* vom 27. November 2008. URL: http://www.spiegel.de/politik/deutschland/0,1518,592789,00.html

228 »Nach Hetzjagd Sorge um Standort Deutschland«, in: *netzeitung.de,* vom 21. August 2007.

229 »Warum drei erfolgreiche Neonazi-Bekämpfer ihre Jobs verloren«, in: *Spiegel On-*

line, vom 7. Juli 2007. Vergleiche auch: Thomas Wieczorek: *Die verblödete Republik.* Knaur, München 2009, S. 106.

230 URL: http://www.berlinonline.de/berliner-zeitung/archiv/.bin/dump.fcgi/2009/ 0720/seite1/0087/index.html

231 »Passau wehrt sich gegen Neonazi-Aufmarsch«. in: *Berliner Zeitung Online,* vom 5. Januar 2009. http://www.berlinonline.de/berliner-zeitung/archiv/.bin/dump. fcgi/2009/0105/politik/0086/index.html

232 »Thierse drohen Sanktionen wegen Sitzblockade«, in: *Spiegel Online,* vom 2. Mai 2010. URL: http://www.spiegel.de/politik/deutschland/0,1518,692543,00.html

233 »Rassistische Vorurteile, in: *Bundeszentrale für Politische Bildung, Informationen zur Politischen Bildung,* Heft 271, vom 4. Oktober 2010. URL: http://www.bpb.de/ publikationen/KWCN32,2,0,Rassistische_Vorurteile.html

234 »Sonne und Alkohol«, in: *Der Spiegel,* Nr. 21, vom 23. Mai 1994, S, 22.

235 »Wie Sachsen-Anhalt die Polizeistatistik schönt«, in: *Welt Online,* vom 1. November 2007. URL: http://www.welt.de/politik/article1317931/Wie_Sachsen_Anhalt_ die_Polizei_Statistik_schoent.html

236 »CSU auf Konfrontationskurs«, in: *n-tv.de,* vom 10. September 2009. URL: http:// www.n24.de/news/newsitem_5412641.html

237 »Durch die Geschichte gewurstelt«, in: *Spiegel Online,* vom 3. Dezember 2005. URL: www.spiegel.de/politik/deutschland/0,1518,387748,00.html. Ebd.

238 »Wowereit ruft zur Demonstration gegen Rechte auf«, in: *morgenpost.de,* vom 16. Juli 2010. URL: http://www.morgenpost.de/berlin-aktuell/article1350411/Wo- wereit-ruft-zur-Demonstration-gegen-Rechte-auf.html

239 http://www.bundesregierung.de/Content/DE/Pressemitteilungen/BMI/2009/09/ 2009–09–16-unsere-gesellschaft-braucht-zivilcourage.html

240 Internetlexikon Wikipedia, Stichwort »Dominik Brunner«.

241 »Vom Opfer zum Täter – Zivilcourage vor Gericht«, in: *Frontal 21,* vom 10. August 2010. URL: http://frontal21.zdf.de/ZDFde/download/0,6753,7 017 479,00.pdf

242 Eidesformel nach § 58 Absatz. 1 des Bundesbeamtengesetzes BBG: »Ich schwöre, das Grundgesetz für die Bundesrepublik Deutschland und alle in der Bundesrepublik geltenden Gesetze zu wahren und meine Amtspflichten gewissenhaft zu erfüllen, so wahr mir Gott helfe.«

243 »Treupflicht der Beamten«, in: *beamten-informationen.de.* URL: http://www.beam- ten-informationen.de/treuepflicht_im_beamtenverhaeltnis

244 Beide unterscheiden sich nur dadurch, dass BBG von *dem Beamten,* im BeamtStG aber von Beamten und Beamtinnen die Rede ist.

245 Remonstrieren (lateinisch): Einwände erheben, Gegenvorstellungen entwickeln. Das Remonstrationsrecht ist in Paragraph 56 des Bundesbeamtengesetzes geregelt: (1) Der Beamte trägt für die Rechtmäßigkeit seiner dienstlichen Handlungen die volle persönliche Verantwortung.

(2) Bedenken gegen die Rechtmäßigkeit dienstlicher Anordnungen hat der Beamte unverzüglich bei seinem unmittelbaren Vorgesetzten geltend zu machen. Wird die Anordnung aufrechterhalten, so hat sich der Beamte, wenn seine Bedenken gegen ihre Rechtmäßigkeit fortbestehen, an den nächsthöheren Vorgesetzten zu wenden. Bestätigt dieser die Anordnung, so muss der Beamte sie ausführen, sofern nicht das ihm aufgetragene Verhalten strafbar oder ordnungswidrig und die Strafbarkeit oder Ordnungswidrigkeit für ihn erkennbar ist oder das ihm aufgetragene Verhalten die

Würde des Menschen verletzt; von der eigenen Verantwortung ist er befreit. Die Bestätigung hat auf Verlangen schriftlich zu erfolgen.

(3) Verlangt der unmittelbare Vorgesetzte die sofortige Ausführung der Anordnung, weil Gefahr im Verzuge besteht und die Entscheidung des nächsthöheren Vorgesetzten nicht rechtzeitig herbeigeführt werden kann, so gilt Absatz 2 Satz 3 und 4 entsprechend.

246 Wolf-Dieter Narr: »Verwaltungsreform – warum, wozu, wie?«, in: Peter Grottian (Hrsg.): *Wozu noch Beamte?* Rowohlt, Reinbek 1996, S. 73.

247 Johannes Rux: »Das Remonstrationsrecht – Eine Tradition des liberalen Rechtsstaats?« in: *beamte heute,* vom März 1992, S. 10–14. Internetadresse: www.staatsrecht.info/pub/beamte.pdf

248 Ebd.

249 »Der hessische Steuerfahnder-Skandal – Der Staat am Abgrund zum Willkürstaat«, in: *Freitag.de,* vom 29. November 2009. URL: http://www.freitag.de/community/blogs/columbus/hessischer-steuerfahnder-skandal-macht-der-gefaelligkeitsgutachten-

250 »Kontrolle unerwünscht«, in: *FR-Online,* vom 21. Juli 2009. URL: http://www.fr-online.de/politik/spezials/steuerfahnder-affaere/kontrolle-unerwuenscht/-/1477340/2793240/-/index.html

251 Ebenda.

252 »Steuerfahnder dürfen wiederkommen«, in: *ksta.de,* vom 2. Dezember 2009. URL: http://www.ksta.de/html/artikel/1256137025641.shtml

253 Helmut Lorscheid: »Das Prinzip Stichprobe«, in: *Die Zeit,* Nr. 28, vom 1. Juli 2004, S. 23.

254 »§ 20 Gehorsamsverweigerung (1) Mit Freiheitsstrafe bis zu drei Jahren wird bestraft, 1. wer die Befolgung eines Befehls dadurch verweigert, daß er sich mit Wort oder Tat gegen ihn auflehnt, oder 2. wer darauf beharrt, einen Befehl nicht zu befolgen, nachdem dieser wiederholt worden ist.« Zitiert in: »Wehrstrafgesetz (WStG)«, in: Service des Bundesministeriums der Justiz in Zusammenarbeit mit der juris GmbH. URL: http://www.gesetze-im-internet.de/bundesrecht/wstrg/gesamt.pdf

255 Aktenzeichen: BverwG 2 WD 12.04.

256 Hans-Jürgen Leersch: »Befehlsverweigerungs-Urteil sorgt für Wirbel«, in: *Die Welt,* vom 24. Juni 2005, S. 5.

257 »Bundeswehr bekämpft den Rechtsstaat«, in: *Netzwerk Friedenskooperative,* FF2/2007. URL: http://www.friedenskooperative.de/ff/ff07/2–51.htm

258 Aus der Ballade »Ein Achtel Lorbeerblatt«.

259 »SPD wirft Jung eine gezielte Provokation vor, in: *Welt Online,* vom 18. September 2007. URL: http://www.welt.de/politik/article1192782/SPD_wirft_Jung_eine_gezielte_Provokation_vor.html

260 »Superheldin vor Gericht«, in: *taz.de,* vom 20. Juni 2007.

261 »Richter hat Sympathie für die ›Superhelden‹«, in: *Hamburger Morgenpost,* www.mopo.de, vom 27. Juni 2007. URL: http://archiv.mopo.de/archiv/2007/20070627/hamburg/panorama/richter_hat_sympathie_fuer_die_superhelden.html

262 »Der Pudding-Attentäter der Kommune 1«, in: *sueddeutsche.de,* vom 7. Juli 2010. URL: http://www.sueddeutsche.de/politik/fritz-teufel-ist-tot-der-pudding-attentaeter-der-kommune-1.971127

263 »Brite programmiert virtuellen Bush-Schuhwurf«, in: *N24.de,* vom 16. Dezember 2008. URL: http://www.n24.de/news/newsitem_4322773.html

264 Homepage der *Überflüssigen*. URL: http://die-ueberfluessigen.net/Home/4.html

265 Ebd.

266 »Rote Pullis, weiße Masken: Wer sind ›die Überflüssigen‹?«, in: *sueddeutsche.de*, Wochenbeilage *jetzt.de*, vom 19. Januar 2007. URL: http://jetzt.sueddeutsche.de/texte/anzeigen/356 993

267 »Rote Pullis …«, a.a.O.

268 Ebd.

269 »Robin Hood, Bruder Tuck und die Finanzkrise«, in: *Zeit Online*, vom 25. Mai 2010. URL: http://www.zeit.de/wirtschaft/2010–05/attaac-giegold-finanzmarktkonferenz

270 Ebd.

271 »Brokdorf-Beschluss« des Bundesverfassungsgerichts vom 14. Mai 1985, BVerfGE 69, 315, Aktenzeichen:. 1 BvR 233, 341/81. URL: http://www.servat.unibe.ch/dfr/bv069315.html

272 Wolfgang Lieb: »Die Sarrazins der Wissenschaft: Hartz-IV-Regelsatz von 132 Euro ausreichend«: in: *NachDenkSeiten*, vom 8. September 2008. URL: http://www.nachdenkseiten.de/?p=3437

273 www.emk.de/emk-meldungen-20102BM571 ff285906.html+Kinderarmut+BVG-Urteil&cd=4&hl=de&ct=clnk&gl=de

274 http://www.bafoeg-aktuell.de/News/2010/02/09/bundesverfassungsgericht-hartz-iv-berechnung-ist-verfassungswidrig/

275 *Ostthüringer Zeitung*, Internetausgabe, vom 13. April 2010. URL: http://www.otz.de/startseite/detail/-/specific/Justizminister-warnt-vor-Kuerzung-der-Prozesskostenhilfe-2030016203

276 »Kostenlose Prozesse: Sozialgerichte sind mit Hartz-IV-Klagen überlastet«, in: *ShortNews*, vom 18. Januar 2010. URL: www.shortnews.de/id/810000/Kostenlose-Prozesse-Sozialgerichte-sind-mit-Hartz-IV-Klagen-ueberlastet.

277 »100 000 Klagen gegen Hartz IV«, in: *Tagesspiegel Online*, vom 8. Juni 2010. URL: http://www.tagesspiegel.de/berlin/100–000-klagen-gegen-hartz-iv/1862502.html

278 http://mehr-hartz-iv.net/blog/2010/04/15/hartz-iv-wird-die-prozesskostenhilfe-kunftig-gekurzt-werden

279 http://www.elo-forum.org/soziale-politik-politisches-zeitgeschehen/20145–80–000-klagen-armen-klagen-schwerer-fallen.html

280 »Hartz IV macht reich«, in: *taz.de*, vom 26. August 2010. URL: http://www.taz.de/1/berlin/artikel/1/hartz-iv-macht-reich/

281 »Das Ende der Willkür«, in: *Zeit Online*, vom 9. Februar 2010. URL: www.zeit.de/politik/deutschland/2010–02/hartz-iv-urteil

282 »Kein Hartz-IV-Zuschlag für wachsende Kinder«, in: *sueddeutsche.de*, vom 23. März 2010. URL: http://www.sueddeutsche.de/wirtschaft/592/506759/text/

283 »Bundesrat stoppt die Hartz-IV-Reform«, in: *Welt Online*, vom 17. Dezember 2010. URL: http://www.welt.de/politik/deutschland/article11685880/Bundesrat-stoppt-die-Hartz-IV-Reform.html

284 Aktenzeichen: B 14 AS 1/09 R. URL:/www.berlin.de/special/jobs-und-ausbildung/bewerbung-und-arbeit/karriere/1126107–999401-hartzivkinderbekommenkeinenzuschussfC3BCrk.html

285 »Monatsfahrkarte gilt als Extrakosten«, in: *taz.de*, vom 30. April 2010. URL: http://taz.de/1/politik/deutschland/artikel/1/monatsfahrkarte-gilt-als-extrakosten/

286 *Tagesschau*, vom 11. Januar 2011.

287 http://www.ab-mittelrhein.info/schulung/straffreilandfriedensbruch.pdf

288 »Namensschilder für Polizisten seit 60 Jahren Thema«, in: *Tagesspiegel Online*, vom 20. August 2010. URL: http://www.tagesspiegel.de/berlin/polizei-justiz/namens-schilder-fuer-polizisten-seit-60-jahren-thema/1906404.html

289 »Polizeigewalt in Berlin Brandenburg«, in: *tip berlin*, vom 28. April 2010. URL: http://www.tip-berlin.de/kultur-und-freizeit-stadtleben-und-leute/polizeigewalt-berlin-brandenburg

290 »Lügende Polizisten beschuldigen Journalisten«, *Göttinger Tageblatt*, Onlineausga-be, vom 10. August 2010. URL: http://www.goettinger-tageblatt.de/Nachrichten/Goettingen/Uebersicht/Luegende-Polizisten-beschuldigen-Journalisten

291 »Neuer Prozess um Feuertod in der Polizeizelle«, in *Welt Online*, vom 7. Januar 2010. URL: http://www.welt.de/politik/deutschland/article5763435/Neuer-Pro-zess-um-Feuertod-in-der-Polizeizelle.html

292 Andreas Kopietz: »Das böse Wort vom Korpsgeist«, in: *Berliner Zeitung*, vom 16. Ja-nuar 2009, S. 18. URL: http://www.berlinonline.de/berliner-zeitung/archiv/.bin/dump.fcgi/2009/0116/berlin/0054/index.html

293 »Totschlag – milde Strafe für Berliner Polizisten«, in: *morgenpost.de*, vom 3. Juli 2010. URL: http://www.morgenpost.de/brandenburg-aktuell/article1336957/Tot-schlag-Milde-Strafe-fuer-Berliner-Polizisten.html

294 »Tragödie während der Dienstzeit«, in: *sueddeutsche.de*, vom 8. Juni 2010. URL: http://www.sueddeutsche.de/panorama/polizistin-begeht-erweiterten-suizid-tra-goedie-waehrend-der-dienstzeit-1.955480

295 URL: http://www.tagesspiegel.de/weltspiegel/polizistin-toetet-sich-nach-sexueller-belaestigung/71590.html

296 »Polizistin erschoss sich mit der Dienstpistole«, in: *Der Westen.de*, vom 8. Februar 2010. http://www.derwesten.de/staedte/duesseldorf/Polizistin-erschoss-sich-mit-der-Dienstpistole-id2507300.html

297 »Tragödie während der Dienstzeit«, in: *sueddeutsche.de*, vom 8. Juni 2010. URL: http://www.sueddeutsche.de/panorama/polizistin-begeht-erweiterten-suizid-tra-goedie-waehrend-der-dienstzeit-1.955480

298 »Jaja, die Jugend von heute – wohin soll das noch führen …«, in: Internetforum *Geistige Nahrung*. URL: http://www.geistigenahrung.org/ftopic16090.html

299 Untertitel im *Handbuch Religiöse Gemeinschaften* der Vereinigten Evangelisch-Lutherischen Kirche Deutschlands von 1979.

300 »Was sind Jugendsekten/Jugendreligionen«, in: Niedersächsischer Bildungsserver *nibis.ni.schule.de*. URL: http://nibis.ni.schule.de/~rsgmhuet/Sekten/Was%20sind%20Jugendsekten.htm

301 Eine im Juni 2005 vom US-amerikanischen Physiker Bobby Henderson gegründete Religionsparodie, die gegen den die Bibel wortwörtlich nehmenden »Kreationis-mus« gerichtet ist.

302 Malcolm McLaren: »Punk Celebrates 30 Years of Subversion«, in: *BBC News*, vom 18. August 2006.

303 Montesquieu: *Vom Geist der Gesetze*. Reclam, Stuttgart 1965, S. 179.

304 »Mit Piercings und Tattoo in den Bundestag«, in: *Zeit Online*, vom 3. November 2009. URL: http://www.zeit.de/politik/deutschland/2009–11/junge-politiker-ag-nieszka-malczak

305 »Ab einem gewissen Erfolg ist Rebellion nur noch Pose«, in: *Sounds 2/2008*, S. 47.

306 Montesquieu …, a. a. O.

307 »Stuttgart 21 Extrem: Focus, Verfassungsschutz, Radikale«, in: *freitag.de,* vom 3. Oktober 2010. URL: http://www.freitag.de/community/blogs/tom-strohschnei-der/stuttgart-21-extrem-focus-verfassungsschutz-radikale

308 »Polizei bestätigt Undercover-Einsatz«, in: *stern.de,* vom 8. Juni 2007. URL: http://www.stern.de/politik/deutschland/anti-g8-demo-polizei-bestaetigt-undercover-einsatz-590735.html

309 »Vereinigte Staaten bedauern zivile Opfer«, in: *faz.net,* vom 5. September 2009. URL: http://www.faz.net/s/Rub0CCA23BC3D3C4C78914F85BED3B53F3C/Doc~EA9532DF765D048C3BD0BF86AD5A52237~ATpl~Ecommon~Scontent.html

310 »Bundeswehr tötet afghanische Soldaten«, in: *Focus Online,* vom 3. April 2010. URL: http://www.focus.de/politik/ausland/kundus-bundeswehr-toetet-afghani-sche-soldaten_aid_495509.html

311 »Spionage in linker Szene«, in: *Spiegel Online,* vom 26. Januar 2011. URL: http://www.spiegel.de/politik/deutschland/0,1518,741826,00.html

312 »Agent Provocateur – Unterwanderung der Widerstandsbewegungen und Demons-trationen durch Geheimdienste«, in: Internetportal *We are change,* vom 6. Juni 2009. URL: www.wearechange.ch/main/index.php/Blog/index.php?option=com_co ntent&view=article&catid=1:blog&id=435:agent-provocateur-unterwanderung-der-wiederstandsbewegungen-und-demonstrationen-durch-geheimdienste

313 Eva Prausner und Kerstin Palloks: »Ist mein Kind ein Neonazi?«, in: *Netz gegen Rechts.* URL: http://www.netz-gegen-nazis.de/artikel/ist-mein-kind-ein-neonazi#

314 »Demokratie in der Krise?«, in: *links-lang.de,* vom 14. Oktober 2010. URL: http://www.links-lang.de/presse/10377.php

315 »Seehofer befürwortet Einwanderungsstopp für ›fremde Kulturkreise‹«, in: *faz.net,* vom 9. Oktober 2010. URL: http://www.faz.net/s/Rub594835B672714A1DB1A-121534F010EE1/Doc

316 »137 Schicksale«, in *Zeit Online,* vom 15. September 2010. URL: http://www.zeit.de/gesellschaft/zeitgeschehen/2010–09/todesopfer-rechte-gewalt

317 Vergleiche dazu: Detlef Siegfried: *Time is on my side: Konsum und Politik in der westdeutschen Jugendkultur der 60er Jahre.* Wallstein, Göttingen 2006.

318 Hendrik, Auhagen: *Die Entwicklung des politischen Bewußtseins von Oberschülern vor, während und nach der Zeit der Studentenunruhen der Jahre 1967–1969.* Jah-resarbeit am Hermann-Billung-Gymnasium, Krefeld 1972, S. 25.

319 Karl-Heinz Koch saß damals für die CDU im Landtag, von 1987 bis 1991 war er Landesjustizminister.

320 Hugo Müller-Vogg: *Beim Wort genommen. Roland Koch im Gespräch mit Hugo Müller-Vogg.* Societäts-Verlag, Frankfurt am Main 2002, S. 45.

321 Florian Illies: *Generation Golf.* Fischer, Frankfurt am Main 2000.

322 Florian Illies: *Generation Golf zwei.* Blessing, München 2003, S. 68 f.

323 Bundestagsdrucksache 9/2390. Siehe dazu: »Der Jugendprotest«, in: *Akademische Blätter,* vom 1. Februar 1984, URL: http://akademische-blaetter.de/1984/heft-1/der-jugendprotest

324 Ebd.

325 Anthony Downs: *Ökonomische Theorie der Demokratie.* J. C. B Mohr (Paul Sie-beck), Tübingen 1968, S. 26.

326 Klaus-Uwe Adam: *Die Psyche der Deutschen.* Patmos, Düsseldorf 2007, S. 111.

327 Beate Großegger: »Jugend zwischen Partizipation und Protest« in: *Aus Politik und*

Zeitgeschichte 27/2010. URL: www.bundestag.de/dasparlament/2010/27/Beilage/002.html

328 Siehe auch: Franz Walter: *Im Herbst der Volksparteien? Eine kleine Geschichte von Aufstieg und Rückgang politischer Massenintegration.* transcript, Bielefeld 2009, S. 109.

329 Beate Großegger, a. a. O.

330 »16. Shell Jugendstudie: Jugend trotzt der Finanz- und Wirtschaftskrise«, in: *Shell News,* vom 24. September 2010. URL: www.shell.de/home/content/deu/aboutshell/media_centre/news_and_media_releases/2010/youth_study_2010.html

331 Ayke Süthoff: »Aufstand der Teenies«, in: *news.de,* vom 21. Oktober 2010. URL: http://www.news.de/gesellschaft/855077780/aufstand-der-teenies/1/

332 Anthony Downs: *Ökonomische Theorie der Demokratie.* J. C. B Mohr (Paul Siebeck), Tübingen 1968, S. 26.

333 »Flexibilität am Arbeitsplatz«, in: *sueddeutsche.de,* vom 30. Januar 2009. URL: http://www.sueddeutsche.de/wirtschaft/2.220/grenzgaenger-norbert-hansen-flexibilitaet-am-arbeitsplatz-1.473570

334 »Abgesägte Bahn-Manager nehmen Abfindungen mit«, in: *Welt Online,* vom 13. Mai 2009, URL: http://www.welt.de/wirtschaft/article3732420/Abgesaegte-Bahn-Manager-nehmen-Abfindungen-mit.html

335 »›Ich stehe für Pragmatismus‹«. In: *DB Welt,* vom September 2008, S. 5.

336 »Abgesägte …«, a. a. O.

337 »Ex-VW-Betriebsrat Volkert muss hinter Gitter«, in: *Welt Online,* vom 22. Februar 2008. URL: www.welt.de/wirtschaft/article1708914/Ex_VW_Betriebsrat_Volkert_muss_hinter_Gitter.html

338 Aktenzeichen 5 StR 521/08.

339 Reuters, vom 17. September 2009.

340 »Aldi wehrt sich«, in: *sueddeutsche.de,* vom 17. August 2008. URL: www.sueddeutsche.de/wirtschaft/625/306584/text/

341 »Bahn-Betriebsrat war informiert«, in: *Focus Money Online,* vom 31. Januar 2009. URL:http://www.focus.de/finanzen/news/datenschutz-affaere-bahn-betriebsrat-war-informiert_aid_366429.html

342 http://www.freitag.de/2007/15/07150102.php

343 »Karstadt: Gewerkschaft Verdi vereinbart Lohnkürzung und Schließung von Kaufhäusern«, in: *wsws,* vom 17. November 2009. URL: http://www.wsws.org/de/2009/nov2009/kars-n17.shtml

344 Internetlexikon Wikipedia, Stichwort »Michael Sommer«.

345 Internetlexikon Wikipedia, Stichwort »Frank Bsirske«.

346 13,5 Monatsgehälter à 11 200 Euro. Siehe dazu: »Auch Show-Stars sollten ihr Gehalt offenlegen«, in: *Focus Money Online,* vom 13. Februar 2009. URL: http://www.focus.de/finanzen/news/dgb-chef-auch-show-stars-sollten-gehalt-offenlegen_aid_370816.html

347 http://www.stern.de/politik/deutschland/agenda-2010-dgb-chef-sommer-will-reform-der-reform-507455.html

348 »Buhrufe für die Agenda 2010«, in: *Neues Deutschland.de,* vom 19. Mai 2003. URL: https://www.neues-deutschland.de/artikel/35643.buhrufe-fuer-die-agenda-2010.html?sstr=Engelen-Kefer

349 »Die größten Klötze sind weg«, in: *Spiegel Online,* vom 25. Mai 2005. URL: http://www.spiegel.de/wirtschaft/0,1518,250301,00.html

350 »DGB: Agenda 2010 muss weg«, in: *Berliner Zeitung,* vom 3. April 2004, S. 22. URL: http://www.berlinonline.de/berliner-zeitung/archiv/.bin/dump.fcgi/2004/0403/seite1/0050/index.html

351 http://www.freitag.de/politik/0924-sloterdijk-steuerstaat-buergerprotest

352 »Arbeit macht frei« stand auf Schildern an den Toren über der Nazi-KZs.

353 Internetlexikon Wikipedia, Stichwörter »Ronald Schill« und »Partei Rechtsstaatlicher Offensive

354 »Ex-Politiker der Schill-Partei will Eva Herman«, in: *Welt Online* vom 10. Oktober 2007. URL: http://www.welt.de/regionales/hamburg/article1252721/Ex_Politiker_der_Schill_Partei_will_Eva_Herman.html

355 »›Deutschlandpakt‹ von NPD und DVU am Ende‹«, in: *tagesschau.de,* vom 27. Juni 2009. URL: http://www.tagesschau.de/inland/npddvu100.html

356 »Verschmelzung unter Vorbehalt, in: *tagesschau.de,* vom 2010. URL: www.tagesschau.de/inland/npdvu104.html

357 »Zusammenschluss am rechten Rand«, in: *Zeit Online,* vom 6. November 2010. URL: http://www.zeit.de/politik/deutschland/2010–11/npd-parteitag-dvu

358 »Jeder vierte Deutsche ist ausländerfeindlich«, in: *stern.de,* vom 13. Oktober 2010. URL: http://www.stern.de/panorama/studie-der-friedrich-ebert-stiftung-jeder-vierte-deutsche-ist-auslaenderfeindlich-1613359.html

359 Steffen Kailitz: »Die nationalsozialistische Ideologie der NPD«, in: Uwe Backes, Henrik Steglich (Hg.): *Die NPD. Erfolgsbedingungen einer rechtsextremistischen Partei,.* Nomos, Baden-Baden 2007.

360 a. a. O., S. 352.

361 URL: www.tagesspiegel.de/berlin/brandenburg/npd-tritt-mit-verurteilten-straftaetern-an/1318586.html

362 »NPD-Propaganda auf Bundestagsseite«, in: *sueddeutsche.de,* vom 10. Mai 2009. URL: http://www.sueddeutsche.de/politik/bundespraesidentenwahl-npd-propaganda-auf-bundestagsseite-1.455319

363 Vorderste Front. Zeitschrift für politische Theorie und Strategie, Ausgabe 2. Juni 1991).

364 Internetlexikon Wikipedia, Stichwort »National befreite Zonen«.

365 »Die Deutsche Volksunion«, Analyse der Brandenburger SPD-Landtagsfraktion vom 24. Januar 2005, S. 45. URL: http://www.honestly-concerned.org/Temporary/050125-DVU_Analyse.pdf

366 »Zoff um Steinbach entzweit die Koalition«, in: *Spiegel Online,* vom 22. Februar 2009. URL: http://www.spiegel.de/politik/deutschland/0,1518,608624,00.html

367 »Die Deutsche Volksunion«, a. a. O.

368 »Das Votum der Mitglieder«, in: Internetseite der DVU, vom 23. Juli 2010. URL: http://www.die-rechte.info/2010/07/das-votum-der-mitglieder/

369 »Durch die Geschichte …«, a. a. O.

370 Ebd.

371 »Der Fall Hohmann«, in: *Die Welt,* vom 18. November 2003. Homepage von Arnulf Baring. URL: http://www.arnulf-baring.de/html-dateien/presse_interview_fall-hohmann.htm

372 »Bürger auf die Barrikaden«. in: *Frankfurter Allgemeine Zeitung,* vom 19. November 2002. Homepage von Arnulf Baring. URL: http://www.arnulf-baring.de/html-dateien/presse_buergeraufdiebarrikaden.htm

373 Ebd.

374 »Ein Tusch für Sarrazin«, in: *sueddeutsche.de*, vom 22. April 2010. URL: http://
www.sueddeutsche.de/politik/thilo-sarrazin-karnevalsauftritt-in-mainz-ein-tusch-
fuer-thilo-1.1041978

375 »Zu schön, um wahr zu sein: Sarrazin im Durcheinanderland«, in: *XNxtranews*,
vom 5. September 2010. URL: http://www.xtranews.de/2010/09/05/zu-schoen-um-
wahr-zu-sein-sarrazin-im-durcheinanderland/

376 »Vorauseilender Pessimismus«, in: *sueddeutsche.de*, vom 9. September 2010. URL:
http://www.sueddeutsche.de/kultur/sarrazin-migration-und-intelligenz-vorausei-
lender-pessimismus-1.998054

377 Ebd.

378 »›Darf Sarrazin Arbeitslose folgenlos verhöhnen?‹«, in: *Tagesspiegel Online*, vom
13. Februar 2008. http://www.tagesspiegel.de/berlin/darf-sarrazin-arbeitslose-fol-
genlos-verhoehnen/1164666.html

379 Ebd.

380 »Sarrazin: So sollten Arbeitslose einkaufen«, in: *Tagesspiegel Online*, vom 11. Februar 2008. URL: www.tagesspiegel.de/berlin/landespolitik/sarrazin-so-sollten-ar-
beitslose-einkaufen/1164148.html

381 »Die markanten Sprüche des Thilo Sarrazin«, in: *Focus Online*, vom 2. September
2010. URL: http://www.focus.de/politik/weitere-meldungen/thilo-taktlos-die-mar-
kanten-sprueche-des-thilo-sarrazin_aid_548110.html

382 »Thilo Sarrazin drischt auf Hartz-IV-Empfänger ein«, in: *Der Westen*, vom 13. Mai
2009. URL: http://www.derwesten.de/nachrichten/politik/Thilo-Sarrazin-drischt-
auf-Hartz-IV-Empfaenger-ein-id23087.html

383 »Sarrazin muss sich entschuldigen«, in: *Tagesspiegel Online*, vom 1. Oktober 2009.
URL: http://www.zeit.de/politik/deutschland/2009–10/sarrazin-aeusserung-integ-
ration

384 Zitiert in: »Hartz-Empänger haben es gerne warm«, in: *sueddeutsche.de*, vom
13. Mai 2009. URL: http://www.sueddeutsche.de/politik/thilo-sarrazin-hartz-iv-
empfaenger-haben-es-gerne-warm-1.442966

385 »Sind Muslime dümmer?«, in: *Zeit Online*, vom 26. August 2010, URL: http://www.
zeit.de/2010/35/Sarrazin?page=all

386 »Thilo Sarrazin: ›Ich bin kein Rassist‹«, in: *Welt Online*, vom 28. August 2010. URL:
www.welt.de/regionales/berlin/article9258118/Thilo-Sarrazin-Ich-bin-kein-Ras-
sist.html

387 »SPD-Politiker fordert Rücktritt von Thilo Sarrazin«, in: *Welt Online*, vom 6. Oktober 2009. URL: http://www.welt.de/politik/article4756398/SPD-Politiker-fordert-
Ruecktritt-von-Thilo-Sarrazin.html

388 »Debatte«, in: *Süddeutsche Zeitung Magazin*, Heft 10/2010. URL: http://sz-maga-
zin.sueddeutsche.de/texte/anzeigen/33 007

389 »Vorauseilender …«, a.a.O.

390 »NPD buhlt um Sarrazin«, in: *Focus Online*, vom 30. August 2010, URL: http://
www.focus.de/politik/deutschland/auslaender-thesen-npd-buhlt-um-sarrazin_
aid_547056.html

391 »›Sarrazins Thesen sind abstruse Ergüsse‹«, in: *Tagesspiegel Online*, vom 24. August 2010. URL: http://www.tagesspiegel.de/berlin/sarrazins-thesen-sind-absurde-
erguesse/1909930.html

392 »Wir wissen, dass türkische Kinder in Schulen größte Probleme haben«, Interview

im *Deutschlandfunk,* vom 5. Oktober 2009. URL: http://www.dradio.de/dlf/sendungen/interview_dlf/1045960/

393 »›Sarrazin hat vollkommen recht‹«, in: *Focus Online,* vom 6. Oktober 2009. URL: www.focus.de/politik/deutschland/ralph-giordano-sarrazin-hat-vollkommen-recht_aid_442352.html

394 »Eingeweide des Zeitgeistes«, in: *Der Spiegel, Nr. 44,* vom 26. Oktober 2009, S. 172.

395 Torsten Harmsen: »Sonderberichterstatter will strukturelle Änderungen«, in: *Berliner Zeitung,* vom 22. Februar 2006. URL. http://www.berlinonline.de/berliner-zeitung/politik/528352.html

396 »Kleine Klassen bringen wenig«, in: *Tagesspiegel Online,* vom 20. April 2010, URL: http://www.tagesspiegel.de/wissen/kleine-klassen-bringen-wenig-/1804444.html

397 Thorsten Harmsen: »Rechtsverletzung im Klassenraum«, in: *Berliner Zeitung,* vom 16. Februar 2005, S. 4.

398 »Sarrazin darf in der SPD bleiben«, in: *sueddeutsche.de,* vom 21. April 2011. URL: http://www.sueddeutsche.de/politik/parteiausschlussverfahren-sarrazin-darf-in-der-spd-bleiben-1.1088386. Hervorhebung: T. W.

399 Torsten Harmsen: »Sonderberichterstatter will strukturelle Änderungen«, in: *Berliner Zeitung Online,* vom 22. Februar 2006. URL. http://www.berlinonline.de/berliner-zeitung/politik/528352.html

400 Hans-Werner Sinn, a. a. O.

401 http://www.welt.de/videos/debatte/article4835598/Sarrazins-Rassismus-bleibt-Bullshit.html

Widerstand am Staat vorbei

402 *non-governmental organisation*

403 Albrecht Horn: *Vereinte Nationen – Akteure und Entscheidungsprozesse.* Frank & Timme, Berlin 2007, S. 39.

404 »Die Politik hat sich verändert«, in: *taz.de,* vom 19. Mai 2010. URL: http://www.taz.de/1/zukunft/wirtschaft/artikel/1/die-politik-hat-sich-veraendert/

405 »Attac hat sich überlebt«, in: *Spiegel Online,* vom 19. Januar 2010. URL: http://www.spiegel.de/politik/deutschland/0,1518,672755,00.html

406 »Protest gegen den Gipfel«, in: *Bundeszentrale für poltische Bildung,* vom 4. Juni 2007. URL: http://www.bpb.de/themen/26CVZ8,0,Protest_gegen_den_Gipfel.html

407 Ebd.

408 »G8-Gipfel in Heiligendamm«, in: *Bundeszentrale für politische Bildung,* Special. URL: http://www.bpb.de/themen/GNDPI9,0,0,G8Gipfel_in_Heiligendamm.html

409 Ebd.

410 »Deutsche Aktivistin kehrt aus antarktischem Schutzgebiet zurück«, in: *greenpeace.de,* vom 21. Januar 2006. URL: http://www.greenpeace.de/themen/meere/nachrichten/artikel/deutsche_aktivistin_kehrt_aus_antarktischem_schutzgebiet_zurueck/

411 Internetlexikon Wikipedia, Stichwort »Greenpeace«.

412 »Die Greenpeace-Flotte«, in: *greenpeace.de.* URL: http://www.greenpeace.de/ueber_uns/schiffe/

413 »Die Welt zum Zeugen machen«, in: *badische-zeitung.de,* vom 13. Oktober 2010. URL: http://www.badische-zeitung.de/deutschland-1/die-welt-zum-zeugen-machen--36513923.html

414 Hanspeter Neuhold/Waldemar Hummer/Christoph Schreuer (Hrsg.): *Österreichisches Handbuch des Völkerrechts. Band 2 – Materialienteil.* Manz, Wien 2004, S. 521–525.

415 »Tod eines Aktivisten«, in: *greenpeace.de,* vom 4. Juli 2005. URL: http://www.greenpeace.de/ueber_uns/geschichte/das_attentat_auf_die_rainbow_warrior/artikel/tod_eines_aktivisten/

416 »Die Wut spornt mich an«, in: *einestages.spiegel.de,* vom 12. Oktober 2010. URL: http://einestages.spiegel.de/static/authoralbumbackground/15 961/_die_wut_spornt_mich_an.html

417 »Greenpeace-Container blockiert Castor-Verladekran«, dpa-Meldung vom 8. November. URL: http://www.focus.de/politik/schlagzeilen/nid_56905.html

418 »Radikale Ökos auf Walfänger-Jagd«, in: *dradio.de, Deutschlandradio Kultur,* vom 17. März 2008. URL: http://www.dradio.de/dkultur/sendungen/kritik/753193/

419 Internetlexikon Wikipedia, Stichwort »Neue soziale Bewegungen«.

420 Internetlexikon Wikipedia, Stichwort »Anti-Atomkraft-Bewegung«.

421 »Nein danke!«, in: *sueddeutsche.de,* vom 24. April 2010. URL: www.sueddeutsche.de/,tt7 m1/politik/278/509410/bilder/

422 »120 000 gegen Atomkraft«, in: *taz.de,* vom 24. April 2010, URL: http://www.taz.de/1/zukunft/umwelt/artikel/1/live-ticker-kettenreaktion/

423 »Eine Demo für die Volksmusik: Hörerproteste vor dem BR«, in: *merkur-online,* vom 8. Juni 2010. URL: http://www.merkur-online.de/nachrichten/bayern/eine-demo-volksmusik-hoererproteste-bayerischen-rundfunk-795933.html

424 Christoph Schwennicke: »In Grund und Boden geschlichtet«, in: *Spiegel Online,* vom 30. November 2010. URL: http://www.spiegel.de/politik/deutschland/0,1518,druck-732042,00.html

425 Internetlexikon Wikipedia, Stichwort »Stuttgarter Hauptbahnhof«.

426 »Baden-Württemberg vergab fragwürdigen Millionenauftrag«, in: *Spiegel Online,* vom 14. August 2010. URL: www.spiegel.de/wirtschaft/unternehmen/0,1518,711845,00.html

427 Initiative Kopfbahnhof.de URL: http://www.kopfbahnhof-21.de/index.php?id=534

428 »Tumulte wegen Dach-Blockade«, in: *n-tv,* vom 26. August 2010. URL: http://www.n-tv.de/politik/Polizei-beendet-Dach-Blockade-article1353056.html

429 »Großdemo und Menschenkette gegen Stuttgart 21«, in: *Focus Online,* vom 27. August. 2010, URL: http://www.focus.de/politik/deutschland/verkehr-grossdemo-und-menschenkette-gegen-stuttgart-21_aid_545799.html

430 »Zehntausende bilden Menschenkette gegen S 21«, in.: *SWR.de,* vom 11. September 2010. URL: http://www.swr.de/nachrichten/bw/-/id=1622/nid=1622/did=6878970/1bl3txy/index.html

431 Tom Strohschneider: »Die Parteien …«, a.a.O.

432 »Bürgerkrieg im Schlossgarten«, in: *Spiegel Online,* vom 30. September 2010. URL: http://www.spiegel.de/politik/deutschland/0,1518,720581,00.html

433 »Proteste in Stuttgart: ›Menschen werden mit Wasserwerfern von den Bäumen geschossen‹«, in: *Tagespiegel Online,* vom 30. November 2010, URL: www.tagessspiegel.de.

434 Ebd.

435 »Jugendprotest gegen Stuttgart 21«, in: *Stuttgarter Zeitung online,* vom 29. September 2010. URL: http://www.stuttgarter-zeitung.de/stz/page/2646184_0_9223_-eigene-kundgebung-jugendprotest-gegen-stuttgart-21.html

436 »Entsetzen über die plötzliche Eskalation in Stuttgart«, in: *Welt Online*, vom 30. September 2010. URL: http://www.welt.de/politik/deutschland/article9991514/Entsetzen-ueber-ploetzliche-Eskalation-in-Stuttgart.html

437 http://www.welt.de/politik/deutschland/article10018911/Zehntausende-Menschen-demonstrieren-friedlich.html

438 »Mappus geht aufs Ganze«, in: *Spiegel Online*, vom 30. September 2010. URL: http://www.spiegel.de/politik/deutschland/0,1518,720579,00.html

439 »Bürgerkrieg ...«, a.a.O.

440 »Mappus geht ...«, a.a.O.

441 »Der gefürchtete Schwarze Block in Polizeiuniform?«, in: *kinder-alarm.blogspot.com.*, vom 4. Oktober 2010. URL: kinder-alarm.blogspot.com/2010/10/der-gefurchtete-schwarze-block-in.html

442 »Wie aus Kastanien Steine werden«, in: *n-tv.de*, vom 5. Oktober 2010. URL: http://www.n-tv.de/politik/politik_kommentare/Wie-aus-Kastanien-Steine-werden-article1645606.html

443 Ebd.

444 »Auch NRW-Polizei in Stuttgart im Einsatz«, in: *nachrichten.t-online.de*, vom 1. Oktober 2010. URL: http://nachrichten.t-online.de/auch-nrw-polizei-in-stuttgart-im-einsatz/id_43 018 522/index

445 »Die Polizei wollte diesen Konflikt«, in *Stuttgarter Zeitung Online*, vom 2. Oktober 2010. URL: http://www.stuttgarter-zeitung.de/stz/page/2652161_0_7233_-interview-mit-polizeiwissenschaftler-die-politik-wollte-diesen-konflikt-.html

446 »›Keinerlei Schuldgefühle‹«, in: *sueddeutsche.de*, vom 27. Januar 2011. URL : http://www.sueddeutsche.de/politik/mappus-ueber-erblindetem-s-gegner-keinerlei-schuldgefuehle-1.1048395

447 »Neuer Wirbel um umstrittene Rodung, in: *Spiegel Online*, vom 4. Oktober 2010. URL:http://www.spiegel.de/politik/deutschland/0,1518,721234,00.html

448 »Bahnhofsmission: die Suche nach dem Schlichter«, in: *sueddeutsche.de*, vom 4. Oktober 2010. URL http://www.sueddeutsche.de/politik/stuttgart-bahnhofs-mission-die-suche-nach-dem-schlichter-1.1008015

449 http://www.spiegel.de/politik/deutschland/0,1518,721243,00.html

450 »Vorsicht, Simon hört mit«, in: *Spiegel Online*, vom 21. Dezember 2010. URL: http://www.spiegel.de/unispiegel/studium/0,1518,735784,00.html

451 »Bahn rechnet bei Ausstieg mit 1,4 Milliarden Kosten«, in: *Spiegel Online*, vom 16. Oktober 2010. URL: http://www.spiegel.de/wirtschaft/0,1518,723499,00.html

452 »Voßkuhle: ›Es muss ein Schlusspunkt gesetzt werden‹«, in: *sueddeutsche.de*, vom 16. Oktober 2010. URL: http://www.sueddeutsche.de/politik/schlichtug-bei-stuttgart-vosskuhle-es-muss-ein-schlusspunkt-gesetzt-werden-1.1012669

453 Heribert Prantl: »Die Apfelbaum-Demokratie«, in: *sueddeutsche.de*, vom 18. Oktober 2010. URL: http://www.sueddeutsche.de/politik/stuttgart-und-der-staat-die-apfelbaum-demokratie-1.1012993

454 »Zetsche warnt vor unlauteren Zahlen«, in: *stuttgarter-nachrichten.de*, vom 12. November 2010. URL: http://www.stuttgarter-nachrichten.de/inhalt.stuttgart-21-gegner-zetsche-warnt-vor-unlauteren-zielen.18305ea2-c14 e-4dad-92c0–57be03d5c30 e.html

455 »Die zehn wichtigsten Argumente«, in: *kopfbahnhof-21.de*. URL: http://www.kopfbahnhof-21.de/index.php?id=501

456 Christoph Schwennicke: »In Grund und Boden geschlichtet«, in: *Spiegel Online*,

vom 30. November 2010. URL: http://www.spiegel.de/politik/deutschland/0,1518,d ruck-732042,00.html

457 Heribert Prantl: »Geißler 21 – ein Projekt mit Zukunft«, in: *sueddeutsche.de*, vom 30. November 2010. URL: http://www.sueddeutsche.de/politik/stuttgart-schlich-tungsspruch-geissler-ein-projekt-mit-zukunft-1.1030456

458 Michael Bauchmüller: »Die Grünen – eine Partei sitzt in der Falle«, in: *sueddeut-sche.de*, vom 1. Dezember 2010. URL: http://www.sueddeutsche.de/politik/stutt-gart-die-gruenen-eine-partei-sitzt-in-der-falle-1.1030953

459 »Stuttgart-21-Gegner feiern die Bau-Pause«, *Spiegel Online*, vom 29. März 2011. URL: http://www.spiegel.de/wirtschaft/soziales/0,1518,753826,00.html

460 »Bahn listet 121 Risiken bei Stuttgart 21 auf«, in: *Spiegel Online*, vom 5. April 2011. URL: http://www.spiegel.de/wirtschaft/unternehmen/0,1518,druck-755118,00. html

461 »Das Symbol Brokdorf«, vom 28. September 2006. URL: http://www.taz.de/?id=arc hivseite&dig=2006/10/28/a0104

462 Kommunistischer Bund (KB), Kommunistischer Bund Westdeutschland (KBW), KPD und KPD/ML. Wie schon erwähnt, schafften einige führende Maoisten vor allem in der Politik und im Journalismus den Sprung nach ganz oben.

463 »Das Symbol Brokdorf«, in: *taz.de*, vom 26. Oktober 2006. URL: www.taz.de/?id=ar chivseite&dig=2006/10/28/a0104

464 Beschluss des Bundesverfassungsgerichts, BVerfGE 69, 315, Aktenzeichen:. 1 BvR 233, 341/81. URL: http://www.servat.unibe.ch/dfr/bv069315.html

465 http://www.gorleben-archiv.de/Unsere-Geschichte.htm

466 Deutscher Bundestag, Drucksache 16/10077, vom 9. August 2008. URL: http:// dip21.bundestag.de/dip21/btd/16/100/1 610 077.pdf

467 »Kein Pfefferspray«, in: *taz.de*, vom 9. November 2010. URL: http://www.taz.de/1/ zukunft/schwerpunkt-anti-akw/artikel/1/mit-emotionaler-nachsorge/

468 Peter Unfried: »Die Rebellion der Bürger«, in: *taz.de*, vom 7. November 2010. URL: http://taz.de/1/zukunft/schwerpunkt-anti-akw/artikel/1/die-rebellion-der-buer-ger/

469 Carsten Lißmann: »Kraftprobe auf den letzten Kilometern«, in: *Zeit Online*, vom 9. November 2010. URL: http://www.zeit.de/politik/deutschland/2010–11/castor-gorleben-blockade

470 http://www.ausgestrahlt.de/mitmachen/castor-transporte/gorleben-2010.html

471 Michael Bauchmüller: »Das Prinzip Gorleben«, in: *sueddeutsche.de*, vom 10. No-vember 2010. URL: http://www.sueddeutsche.de/politik/suche-nach-einem-atom-endlager-das-prinzip-gorleben-1.1021617

472 »Es geht wieder los«, in: *taz.de*, vom 9. September 2009. URL: http://www.taz.de/1/ zukunft/umwelt/artikel/1/%5Ces-geht-wieder-los%5C/

473 »Krawall war gestern«, in: *Zeit Online*, vom 24. Oktober 2009. URL: http://www. zeit.de/2009/44/Atomprotest

474 »Atomkraftgegner bilden 120 Kilometer lange Menschenkette«, in: *Reuters*, vom 25. April 2010. URL: http://de.reuters.com/article/domesticNews/

475 »20 000 Teilnehmer bei der Demo gegen Atomkraft in Biblis«, *in: wiesbadener-ku-rier.de*, vom 26. April 2010,. URL: http://www.wiesbadener-kurier.de/nachrichten/ vermischtes/8809422.htm

476 »Atomkraftgegner ziehen vor Kanzleramt auf«, in: *Handelsblatt.com*, vom 4. Juni

2010. URL: http://www.handelsblatt.com/politik/deutschland/laengere-laufzeiten-atomkraftgegner-ziehen-vor-kanzleramt-auf;2594598

477 http://www.derwesten.de/nachrichten/Deutsche-lehnen-laengere-AKW-Laufzeiten-ab-id3644075.html

478 »Atomgegner proben Protest-Revival«, in: *Spiegel Online*, vom 28. Oktober 2010. URL: http://www.spiegel.de/politik/deutschland/0,1518,725858,00.html

479 URL: http://www.spiegel.de/politik/deutschland/0,1518,218189,00.html

480 »Ich würde lieber unterschreiben«, in: *Spiegel Online*, vom 14. November 2010. URL: http://www.spiegel.de/politik/deutschland/0,1518,729053,00.html

481 »Grüne segeln mit voller Kraft voraus«, in: *tagesschau.de*, vom 12. November 2010. URL: http://www.tagesschau.de/inland/deutschlandtrend/deutschlandtrend1184.html.

482 »Deutsche finden Atomwende der Regierung unglaubwürdig«, in: *Spiegel Online*, vom 17. März 2011.URL: http://www.spiegel.de/politik/deutschland/0,1518,druck-751538,00.html

483 »Merkels AKW-Abschaltung auf wackligen Füßen«, in: *Welt Online*, vom 16. März 2011. URL:http://www.welt.de/newsticker/dpa_nt/infoline_nt/thema_nt/article12846423/Merkels-AKW-Abschaltung-auf-wackeligen-Fuessen.html

484 Ebenda.

485 »... und die Entscheidungen daher nicht immer rational«, in: *sueddeutsche.de*, vom 24. März 2011. URL: http://www.sueddeutsche.de/politik/dokumentation-rainer-bruederle-beim-bdi-und-die-entscheidungen-daher-nicht-immer-rational-1.1076888

486 Heribert Prantl: »Merkels Glaubwürdigkeits-Gau«, in: *sueddeutsche.de*, vom 25. März 2011. URL: http://www.sueddeutsche.de/politik/atompolitik-bruederle-merkel-und-das-moratorium-es-ist-nun-ja-wahlkampf-1.1076912

487 »Tricks, Chaos, Kungelei«, in: *Spiegel Online*, vom 25. März 2011. URL: http://www.spiegel.de/wirtschaft/soziales/0,1518,753190,00.html

488 »AKW-Dinos ziehen ins letzte Gefecht«, in: *Spiegel Online*, vom 13. April 2011. URL: http://www.spiegel.de/politik/deutschland/0,1518,druck-756784,00.html

489 »Mehr als 100 Jahre für Mensch und Natur«, in: *Naturschutzbund Deutschland*, vom 24. März 2010. URL: http://www.nabu.de/nabu/portrait/geschichte/00351.html

490 »Salamander und Kröten – Tiere gehen auf der Wanderschaft«, in: *abendblatt.de*, vom 13. April 2010, URL: http://www.abendblatt.de/region/article1456096/Salamander-und-Kroeten-Tiere-gehen-auf-der-Wanderschaft.html

491 Internetlexikon Wikipedia, Stichwort »Umweltrecht«.

492 Internetlexikon Wikipedia, Stichwort »Umweltpolitik«.

493 »Ethisch-ökologische Geldanlage«, in: *Spiegel Online*, vom 24. Mai 2010. URL: http://www.spiegel.de/wirtschaft/unternehmen/0,1518,694795,00.html

494 Holger Keller: »Thomas Wieczorek: Bestseller für den Zeitgeist«, in: *Zeitschrift für unfertige Gedanken*, vom 29. April 2010. http://www.zeitfug.de/index.php?page=655

495 Mit Material aus: »Widerstand gegen den ›Wachstumswahn‹«, in: *stern.de*, vom 15. September 2003. URL: http://www.stern.de/politik/geschichte/startbahn-west-widerstand-gegen-den-wachstumswahn-512052.html; »Die Frankfurt Story«, in: Blog der *Frankfurter Rundschau*. URL: http://www.frankfurt.frblog.de/schuessean-der-startbahn-west; Horst Karasek: *Das Dorf im Flörsheimer Wald*. Luchter-

hand, Darmstadt und Neuwied 1981; Marianne Himmelheber/Klaus Philip: *Startbahn 18 West: Bilder einer Räumung.* Minotaurus Projekt, Darmstadt 1981.

496 »Startbahn West: ›Wer nicht kämpft, hat schon verloren‹«, in: *evangelisch.de,* vom 8. November 2009. http://www.evangelisch.de/themen/gesellschaft/startbahn-west-wer-nicht-kaempft-hat-schon-verloren6146

497 »Andreas Eichler«, in: *Der Spiegel,* Nr. 12, vom 18. März 1991, S. 218.

498 »Die Wucht des Widerstandes«, in: *einestages, Zeitgeschichten auf Spiegel Online.* URL: http://einestages.spiegel.de/static/topicalbumbackground/1770/die_wucht_des_widerstandes.htmlhttp://einestages.spiegel.de/static/topicalbumbackground/1770/die_wucht_des_widerstandes.html

499 »›Ich bereue nichts‹«, in: *FR-online,* vom 7. April 2010. URL: http://www.fr-online.de/rhein-main/spezials/-ich-bereue-nichts-/-/1472874/2844158/-/index.html

500 http://webcache.googleusercontent.com/search?q=cache:x_56gBT1_UgJ:www.hagalil.com/01/de/index.php3Fitemid3D683+Friedensbewegung+weicheier&cd=3&hl=de&ct=clnk&gl=de

501 Internetlexikon Wikipedia, Stichwort »Irakkrise« (Europäische Union), und »Millionen protestieren weltweit gegen einen imperialistischen Irak-Krieg, neue-einheit.de http://www.neue-einheit.com/deutsch/aktuelles/irak/030215-weltweite-proteste.htm

502 Internetlexikon Wikipedia, Stichwort »Friedensbewegung«.

503 »Internationale Konvention zum Streubomben-Verbot tritt in Kraft«, in: *tt.com,* vom 1. August 2010. URL: http://www.tt.com/csp/cms/sites/tt/Nachrichten/1074524–2/internationale-konvention-zum-streubomben-verbot-tritt-in-kraft.csp

504 http://www.ngo-online.de/2010/02/12/friedensdemonstration-am-20-februar-in-berlin/

505 »Friedlicher Protest gegen Afghanistan-Einsatz«, in: *Focus Online,* vom 20. Februar 2010. URL: http://www.focus.de/politik/weitere-meldungen/demo-in-berlin-friedlicher-protest-gegen-afghanistan-einsatz_aid_482537.html

506 »Rückhalt in der Bevölkerung für den Afghanistan-Einsatz schwindet«, in: *tagesschau.de,* vom 25. April 2010. URL: http://www.tagesschau.de/inland/afghanistan-umfrage148.html

507 »Viel Geld für die Bundeswehr«, in: Textarchiv des Bundestags. URL: http://www.bundestag.de/dokumente/textarchiv/2010/28388169_kw03_de_hh_verteidigung/index.html

508 Interview mit dem Deutschlandradio, vom 22. Mai 2010. URL: http://www.dradio.de/aktuell/1191138/

509 1. Gleichberechtigungsgesetz.

510 Eherechtsreformgesetz.

511 Susanne Hertrampf: »Ein Tomatenwurf und seine Folgen«, in *Bundeszentrale für politische* Bildung (bpb), vom 8. September 2008. URL: http://www.bpb.de/themen/E25KCE,0,Ein_Tomatenwurf_und_seine_Folgen.html

512 Alice Schwarzer: *Der kleine Unterschied und seine großen Folgen.* Suhrkamp, Frankfurt am Main 1975, S. 192 f.

513 Alice Schwarzer: »Beyond Bitch«, in: *Emma* 1994/2, S. 34 f.

514 »›Hoffnungsloser Fall‹: Alice Schwarzer giftet gegen Ministerin«, in: *sueddeutsche.de,* vom 8. November 2010. URL: www.sueddeutsche.de/politik/feminismus-schwarzer-keilt-gegen-schroeder-sie-sind-ein-hoffnungsloser-fall-1.1021221

515 Barbara Gärtner: »Die Work-Wife-Balance«, in: *sueddeutsche.de,* vom 7. Mai 2008.

516 Kay Sokolowsky: »Die neue Rechte«, in: *Konkret* 3/99.

517 Christiane Hoffmann: »Die Frau an der Macht: Vom Mädchen zur Mutti«, in: *faz. net,* vom 28. Juli 2009. URL: www.faz.net/s/Rub594835B672714A1DB1A-121534F010EE1/Doc~EBF53F24BE8B0435D976AD5D7D9DEF4CB~ATpl~Ecomm on~Scontent.html

518 Ebd.

519 Katrin Göring-Eckardt: »Selbst bei den Grünen gilt Frauenpolitik als Loser-Thema«, in: *Zeit Online,* vom 23. August 2006. URL: www.zeit.de/2006/35/Feminismus-Goering-Eckhardt

520 »30 Prozent Ausländer, zwei Prozent Frauen«, in: *taz.de,* vom 12. August 2010. URL: http://www.taz.de/1/zukunft/wirtschaft/artikel/1/30-prozent-auslaender-2-pro-zent-frauen/

521 »Im Rampenlicht um jeden Preis«, in: *Tagesspiegel Online,* vom 6. September 2010. URL: http://www.tagesspiegel.de/meinung/im-rampenlicht-um-jeden-preis/1919838.html

522 »Unternehmerinnen, Richterinnen, Professorinnen«, in: *Deutschlandfunk,* vom 5. Oktober 2010. URL: http://www.dradio.de/dlf/sendungen/campus/1289004/

523 Barbara Gärtner, a. a. O.

524 Petra Frerichs/Heike Wiemert: »Ich gebe, damit Du gibst«. Studie des Kölner *Instituts zur Erforschung sozialer Chancen (*ISO), vom 8. April 2002. URL: http://www.uni-protokolle.de/nachrichten/id/84677/ http://www.uni-protokolle.de/nachrich-ten/id/84677/. Das ISO musste 2004 dichtmachen, weil die rot-grüne NRW-Landesregierung unter Peer Steinbrück ihm den Geldhahn zugedreht hatte. Quelle: ISO Informationen Nr. 13 (2004) URL: http://www.klaus-birkelbach.de/ISO_Info_13.pdf

525 Christoph B. Schiltz: »In Deutschland verdienen Frauen viel weniger«, in: *Welt Online,* vom 9. Juni 2008.

526 »Alice Schwarzer wettert gegen Weltfrauentag«, in: *Focus Money Online,* vom 8. März 2010?

527 Absichtserklärung des gemeinsamen Bund-Länder-Bildungsgipfels vom 22. Oktober 2008.

528 »Aus Bildung wird Zukunft«, in: Homepage der Bundesregierung. URL: http://www.bundesregierung.de/Webs/Breg/bildungsrepublik/DE/Startseite/startseite.html

529 Quelle: Homepage von Guido Westerwelle. URL: http://www.guido-westerwelle.de/Reden/909c108i35/index.html

530 »Bildungsstreik: Mehr als 100 000 Schüler auf den Straßen«, in: *Spiegel Online,* vom 17. Juni 2009. URL: http://www.spiegel.de/unispiegel/studium/0,1518,630965,00.html

531 »Unsere Agenda heißt Widerstand – eine Chronik«, in: *labournet.de,* 2005. URL: http://www.labournet.de/diskussion/arbeit/aktionen/asbuch_chronik.pdf

532 »Berliner Schülerprotest endet mit Verwüstungen«, in: *morgenpost.de,* vom 13. November 2008. URL: www.morgenpost.de/berlin/article976436/Berliner_Schueler-protest_endet_mit_Verwuestungen.html

533 Ebd.

534 »Die Mobilisierung fällt den Studenten inzwischen schwer«, in: *Zeit Online,* vom

9. Juni 2010. URL: http://pdf.zeit.de/studium/hochschule/2010–06/bildungsstreik-demo-berlin.pdf

535 Peter Grottian: »Denkpause nötig«, in: *junge Welt*, vom 10. Juni 2010, S. 8. URL: http://redquote.blogsport.eu/2010/06/10/denkpause-noetig/

536 Internetlexikon Wikipedia, Stichwort »Helmut Schelsky«.

537 Helmut Schelsky: *Auf der Suche nach der Wirklichkeit*. Diederichs, Düssel-dorf/Köln 1965, S. 137 ff.

538 »Darüber wollt ihr reden: Bildung«, vom 24. September 2010, in: Jugendportal *mit-mischen* http://www.mitmischen.de/index.php/Informativ/BundestagLive/site/AlleBeitraege/id/28612

539 »Hamburg will Schulen verkaufen«, in: *abendblatt.de*, vom 2. Juni 2003. URL: http://www.abendblatt.de/hamburg/article191426/Hamburg-will-Schulen-verkaufen.html

540 Internetlexikon Wikipedia, Stichwort »Bildungssystem in Finnland«.

541 »Kleine Klassen …«, a. a. O.

542 »Den Schulen gehen die Lehrer aus«, in: *faz.net*, vom 18. Oktober 2008. URL: http://www.faz.net/s/Rub594835B672714A1DB1A121534F010EE1/Doc~E52535FEB23AE46788E757F2E279EC350~ATpl~Ecommon~Scontent.html

543 »Zustände wie in der DDR«, in: *sueddeutsche.de*, vom 29. Oktober 2010. URL: http://www.sueddeutsche.de/karriere/unterfinanzierte-universitaeten-zustaende-wie-in-der-ddr-1.1017365

544 Internetlexikon Wikipedia, Stichwort »E-Lecture«.

545 »Nationalsozialismus light«, in: *sueddeutsche.de*, vom 19. Juli 2008. URL: www.sueddeutsche.de/karriere/lehrplaene-im-verkuerzten-gymnasium-nationalsozialismus-light-1.579628–3

546 »Auswärtiges Amt hob Fischers Nazi-Erlass auf«, in: *Spiegel Online*, vom 26. Oktober 2010. URL: www.spiegel.de/politik/deutschland/0,1518,725314,00.html.

547 Konrad Paul Liessmann: *Theorie der Unbildung*. Zsolnay, Wien 2006, S. 106.

548 »Von vorne bis hinten Murks«, in: *Spiegel Online*, vom 11. Mai 2009. URL: http://www.spiegel.de/unispiegel/studium/0,1518,620295,00.html

549 Susanne Risch: »Vorsicht Falle«, in: *manager magazin* 4/1992, S. 246 f.

550 »Bachelor mit Soft Skills gesucht«, in: *sueddeutsche.de*, vom 14. März 2008

551 »Bachelor willkommen«, in: *faz.net*, vom 12. Januar 2010. URL:http://www.faz.net/s/Rub8D05117E1AC946F5BB438374CCC294CC/Doc~EFD60C5DE7EBE40FF91DD6A77E77A201A~ATpl~Ecommon~Scontent.html

552 »Bologna-Prozess in der Kritik«, in: *Deutsche Bildung AG*, Info-Center 2010. URL: www.deutsche-bildung.de/guidance-programm/info-center/bachelor-master/news/bologna-reform-in-der-kritik.html

553 Henning Kößler: *Bildung und Identität*, in: Henning Kössler (Hrsg.): *Identität. Fünf Vorträge*. Erlanger Forschungen, Reihe B; Bd. 20, Erlangen 1989, S. 56.

554 Tobias Prüwer: *Humboldt reloaded. Kritische Bildungstheorie heute*. Tectum, Marburg 2009, S. 11.

555 Siehe dazu auch: Internetlexikon Wikipedia, Stichwort »Bildung«.

556 »Bildung als Schlüsselqualifikation für die Zukunft«, in: *INSM-Homepage*, 2009. URL: http://www.insm.de/insm/Themen/Soziale-Marktwirtschaft/INSM-Dossier-Nachhaltigkeit/Bildung-als-Schluesselqualifikation-fuer-die-Zukunft.html

557 Ebd.

558 Zitiert in: Goedart Palm: »Die schöne neue Bildungsrepublik«, in: *Telepolis*, vom 24. Oktober 2101. URL: http://www.heise.de/tp/r4/artikel/32/32510/1.html. Siehe dazu: Alexander S. Neill: *Theorie und Praxis der Antiautoritären Erziehung – Das Beispiel Summerhill*. rororo, Reinbek 1970.

559 Ebd.

560 Internetsammlung *zitate.de*, Stichwort »Wettbewerb«.

561 Franz Walter: »Wie Deutschland zerfällt«, in: *sueddeutsche.de*, vom 20. September 2005.

562 »Eingliederungshilfe für seelisch behinderte Kinder und Jugendliche«, in: »Bundesministerium der Justiz«. URL: http://www.gesetze-im-internet.de/sgb_8/__35 a. html

563 »Sozialamt zahlt Schulgeld für Millionärskinder«, in: *abendblatt.de*, vom 23. Februar 2004. URL: http://www.abendblatt.de/politik/deutschland/article237117/Sozialamt-zahlt-Schulgeld-fuer-Millionaerskinder.html

564 Bundesarbeitsgemeinschaft der Senioren-Organisationen (BAGSO): »Online-Jahr 50plus – Internet verbindet«, in: *bagso.de*, 2007. URL: http://www.bagso.de/online_jahr50plusa.html

565 Endgültiges Ergebnis der Bundestagswahl 2009. www.bundeswahlleiter.de/de/bundestagswahlen/BTW_BUND_09/presse/06anzahl_wahlberechtigte.htm

566 »Seniorenpartei steht vor der Auflösung«, in: *Handelsblatt.com*, vom 1. März 2008. URL: http://www.handelsblatt.com/politik/deutschland/seniorenpartei-steht-vor-der-aufloesung;1398175

567 Internetlexikon Wikipedia.

568 Anna Reimann: »Aufstand der Silberköpfe«, in: *Spiegel Online*, vom 17. Oktober 2010, URL: http://www.spiegel.de/politik/deutschland/0,1518,723053,00.html

569 Ebd.

570 Dirk Kurbjuweit: »Der Wutbürger«, in: *Spiegel Online*, vom 11. Oktober 2010. URL: http://www.spiegel.de/spiegel/print/d-74184564.html

571 Ebd.

572 Francis Fukuyama: *Das Ende der Geschichte*. Kindler, München 1992.

573 Francis Fukuyama: *Scheitert Amerika? Supermacht am Scheideweg*. Propyläen Verlag, Berlin 2006.

574 »Wie viel Aufstand verträgt die Demokratie?« *Hart aber fair*, vom 6. Oktober 2010.

575 Dirk Kurbjuweit, a. a. O.

576 Anna Reimann, a. a. O.

577 »Kollege Silberlocke holt auf«, in: *Spiegel Online*, vom 16. November 2010. URL: http://www.spiegel.de/politik/deutschland/0,1518,724295,00.html

578 Song von Gunter Gabriel, 1974.

579 *Spiegel Online*, vom 6. Januar 2010. URL: http://www.spiegel.de/wirtschaft/soziales/0,1518,670474,00.html

580 »DAX-Vorstandsgehälter deutlich gestiegen«, in: *sueddeutsche.de*, vom 30. März 2010. URL: http://webcache.googleusercontent.com/search?q=cache:_hmoNaPdM3IJ:wirtschaft.t-online.de/managergehaelter-dax-vorstandsgehaelter-deutlich-gestiegen/id_41177184/index+Vorstandgeh%C3%A4lter+gestiegen+seit&cd=2&hl=de&ct=clnk&gl=de

581 »ideen-park Studie 2009: Die deutsche Umverteilungspolitik im Zeitverlauf«, in:

Ideen-Park GmbH, vom 22. Januar 2009. URL: www.ideen-park.de/Files/studie_2009.pdf

582 »Der Hotelier, die FDP und viele offene Fragen, in: *Spiegel Online,* vom 18. Januar 2010. URL: http://www.spiegel.de/politik/deutschland/0,1518,672499,00.html

583 »Hotel-Unternehmer spendete FDP 1,1 Millionen Euro«, in: *Welt Online,* vom 16. Januar 2010. URL: http://www.welt.de/politik/deutschland/article5875752/Hotel-Unternehmer-spendete-FDP-1–1-Millionen-Euro.html

584 »Das Recht, zur Wahrung und Förderung der Arbeits- und Wirtschaftsbedingungen Vereinigungen zu bilden, ist für jedermann und für alle Berufe gewährleistet. Abreden, die dieses Recht einschränken oder zu behindern suchen, sind nichtig, hierauf gerichtete Maßnahmen sind rechtswidrig.«

585 Vergleiche: Internetlexikon Wikipedia, Stichwort »Streik«.

586 Colin Crouch: *Postdemokratie.* Suhrkamp, Frankfurt am Main, 2008.

587 Ebd.

588 »Tarifvertrag für Lokomotivführer von Schienenverkehrsunternehmen des Arbeitsgeberverband für Mobilitäts- und Verkehrsdienstleister (Lokomotivführertarifvertrag)«, zitiert in: Homepage der Gewerkschaft Deutscher Lokomotivführer (GDL). URL: http://cache.gdl.de/uploads/Service/LFTV2009.pdf

589 »›Das hat mit Solidarität wenig zu tun‹«, in: *Zeit Online* 48/2007, vom 22. November 2007. URL: http://www.zeit.de/2007/48/Interview-Sommer

590 »Bahn erstellt Notfallplan für Lokführerstreik«, in: *Welt Online,* vom 13. November 2007. URL: http://www.welt.de/wirtschaft/article1358544/Bahn_erstellt_Notfallplan_fuer_Lokfuehrer_Streik.html

591 »Stahlkocher ohne Schrott«, in: *stern.de,* vom 15. November 2007. URL: http://www.stern.de/wirtschaft/news/unternehmen/streik-ticker-stahlkocher-ohneschrott-602562.html

592 »Bahn soll Lokführer-Streik sabotiert haben«, in: *morgenpost.de,* vom 28. März 2009. URL: http://www.morgenpost.de/wirtschaft/article1063625/Bahn_soll_Lokfuehrer_Streik_sabotiert_haben.html

593 »1400 Lokführer legen Deutschland lahm – Passagiere sauer«, in: *Spiegel Online,* vom 18. Oktober 2007. URL: http://www.spiegel.de/wirtschaft/0,1518,512201,00.html

594 »Gezielte Stimmungsmache zum Lokführerstreik«, in: *NachDenkSeiten,* vom 19. Oktober 2007. URL http://www.nachdenkseiten.de/?p=2705

595 Ebd.

596 »Mit der Geduld am Ende«, in: *Focus Online,* vom 19. Oktober 2007. URL: http://www.focus.de/finanzen/news/lokfuehrerstreik_aid_136412.html

597 »Transnet droht mit Aufsplittern des Bahn-Tarifwerks«, in: *net tribune,* vom 20. August 2007. URL: http://www.net-tribune.de/article/200807–273.php

598 Manfred Schell: *Die Lok zieht die Bahn.* Rotbuch-Verlag, Berlin 2009, S. 186.

599 »Schon wieder Streik – München hat die Schnauze voll«, in: *bild.de,* vom 29. September 2010. URL: http://www.bild.de/BILD/regional/muenchen/aktuell/2010/09/25/gdl-lokfuehrer-streik/muenchen-hat-die-schnauze-voll.html

600 »GDL-Chef Weselsky kritisiert Ermittlungen gegen Zugchefs«, in: *ddp* und *unternehmer.de,* vom 16. Juli 2010.URL: http://www.unternehmer.de/gdl-chef-weselsky-kritisiert-ermittlungen-gegen-zugchefs-66433

601 »Hartz kommt mit Bewährung davon«, in: *sueddeutsche.de,* vom 25. Januar 2007.

URL: http://www.sueddeutsche.de/wirtschaft/gericht-haelt-sich-an-absprache-hartz-kommt-mit-bewaehrung-davon-1.898569

602 Ebd.

603 »Attac und Grüne streiten sich nach Demoaufruf«, in: *Berliner Zeitung, berlin-online,* vom 31. Oktober 2003. URL: http://www.berlinonline.de/berliner-zeitung/archiv/.bin/dump.fcgi/2003/1031/politik/0091/index.html

604 »Bewährung für eine tragische Figur«, in: *Spiegel Online,* vom 24. August 2004. URL: www. spiegel.de/politik/deutschland/0,1518,315531,00.html

605 »Hartz IV macht mobil«, in: *Handelsblatt.com,* vom 10. August 2004. URL: www. handelsblatt.com/politik/deutschland/hartz-iv-macht-mobil;774715

606 »Agenda: Hartz IV – Wer ist das Volk?«, in: *Financial Times Deutschland, ftd.de,* vom 8. August 2004. URL: http://www.ftd.de/politik/deutschland/:agenda-hartz-iv-wer-ist-das-volk/1091856604786.html?mode=print

607 »Agenda: Hartz IV – Wer ist das Volk?«, in: *Financial Times Deutschland, ftd.de,* vom 8. April 2004. URL: http://www.ftd.de/politik/deutschland/:agenda-hartz-iv-wer-ist-das-volk/1091856604786.html?mode=print

608 »Fegefeuer des Volkszorns«, in: *Der Spiegel,* Nr. 36 vom 30. August 2004, S. 21.

609 »PDS-Chef setzt Schlusspunkt hinter Hartz-Demonstrationen«, in: *Tagesspiegel Online,* vom 3. Oktober 2004. URL: http://www.tagesspiegel.de/berlin/pds-chef-setzt-schlusspunkt-hinter-hartz-demonstrationen-45–000-menschen-protestierten-in-berlin-stefan-liebich-war-dabei-will-aber-jetzt-andere-formen-der-auseinandersetzung-mit-der-arbeitsmarktreform/551878.html

610 Internetlexikon Wikipedia, Stichwort »Hartz-Konzept«.

611 Silver, Hilary: »Reconceptualizing Social Disadvantage: Three Paradigms of Social Exclusion«, in: Gerry Rodgers u. a. (Hrsg.): *Social Exclusion: Rhetoric, Reality, Responses.* International Institute for Labour Studies, Genf 1995. S. 59. Zit. in: »Vater Staat und seine Kinder«, in: *faz.net,* vom 6. September 2004. URL: http://www.faz.net/s/Rub117C535CDF414415BB243B181B8B60AE/Doc~E11C2338217174E8287AD1ABC199B854F~ATpl~Ecommon~Scontent.html

612 »›Widerstand ist eine Klassenfrage‹«, in: *Tagesspiegel Online,* vom 23. September URL: http://www.tagesspiegel.de/kultur/widerstand-ist-eine-klassenfrage/1939868.html

613 Heribert Prantl: »Viele Schleifen, viel Papier – aber wenig Inhalt«, in: *sueddeutsche. de,* vom 3. Dezember 2010.

614 »Hartz-IV-Reform ist endlich beschlossen«, in: *Spiegel Online,* vom 25. Februar 2011. URL: http://www.spiegel.de/politik/deutschland/0,1518,druck-747732,00. html

615 BGH-Urteil vom 31 Januar 1978, Aktenzeichen: VI ZR 32/77.

616 Internetlexikon Wikipedia, Stichwort »Dienst nach Vorschrift«.

617 Volker Faust: »Innere Kündigung am Beispiel des Lehrerberufs«, in: Internetseite *Psychosoziale Gesundheit.* URL: http://www.psychosoziale-gesundheit.net/psychiatrie/innere_kuendigung.html

618 »Zwei Drittel machen Dienst nach Vorschrift«, in: *wiwo.de,* vom 14. Januar 2009. URL: http://www.wiwo.de/management-erfolg/zwei-drittel-machen-dienst-nach-vorschrift-383810/

619 »Deutsche zieht es in die Schweiz und die USA«, in: *Welt Online,* vom 26. Mai 2010. URL: http://www.welt.de/politik/deutschland/article7795431/Deutsche-zieht-es-in-die-Schweiz-und-USA.html

620 »Deutschland ein Auswanderungsland?«, in: *Wochenbericht des* DIW *Berlin* 39/2009, S. 664. URL: http://www.diw.de/documents/publikationen/73/diw_01.c.340726. de/09-39-3.pdf

Lichter am Ende des Tunnels

621 »Volk der Widerborste«, a.a.O., S. 66

622 »Bundesländer: Volksbegehren«, in: URL: http://www.mehr-demokratie.de/volksentscheid.html

623 *Morgenpost Online,* vom 2. Juni 2010. URL: http://www.morgenpost.de/printarchiv/berlin/article293977/Plaene_fuer_Tempelhof_bestaetigt.html

624 »Mehdorns Übernahme-Angebot für Tempelhof in der Kritik«, in: *Märkische Oderzeitung,* vom 6. Februar 2008. URL: http://www.moz.de/artikel-ansicht/dg/0/1/4049/?print=1&cHash=e2b4c07d1959449a261a2eb922d00f71

625 Björn Erichsen: »Weniger Demokratie wagen«, in: *stern.de,* vom 20. Juli 2010. URL: http://www.stern.de/politik/deutschland/volksentscheide-in-deutschland-weniger-direkte-demokratie-wagen-1585264.html

626 »CDU-Basis macht Druck auf Ole von Beust«, in: *bild.de,* vom 20. November 2009. URL: http://www.bild.de/BILD/regional/hamburg/aktuell/2009/11/20/schulreform-vor-dem-aus/cdu-basis-macht-druck-auf-ole-von-beust.html

627 »Mehrheit für Volksentscheide auf Bundesebene«, in: *stern.de,* vom 28. Juli 2010. URL: http://www.stern.de/politik/deutschland/stern-umfrage-mehrheit-fuer-volksentscheide-auf-bundesebene-1587587.html

628 Björn Erichsen, a.a.O.

629 »Pro Reli – Geringe Beteiligung bei Briefwahl«, in: *morgenpost.de.,* vom 23. Aroil 2009. URL: http://www.morgenpost.de/berlin/article1078226/Pro_Reli_Geringe_Beteiligung_bei_Briefwahl.html

630 Björn Erichsen, a.a.O.

631 »Asklepios kämpft um seine Mitarbeiter«, in: *abendblatt.de,* vom 7. Juni 2007.

632 Internetlexikon Wikipedia, Stichwort »Kollektive Intelligenz«

633 Udo Hochschild: »Gewaltenteilung im deutschen Bewusstsein«. in: *gewaltenteilung.de.* URL: http://www.gewaltenteilung.de/einf_druck.htm

634 Hans Herbert von Arnim: *Das System.* Droemer, München, S. 294.

635 In Baden-Württemberg hat der Wähler nur eine einzige Stimme sowohl für einen Kandidaten als auch dessen Landesliste, wobei die Liste nach den Stimmergebnissen der Kandidaten in ihren Wahlkreisen gebildet wird. Bremen und das Saarland kennen nur die reine Listenwahl; und in Bayern zählt man Erst- und Zweitstimmen zusammen und berechnet daraus die Sitzverteilung. Vgl.: Internetlexikon Wikipedia, Stichwort »Landesparlament«.

636 »USA erklärt«, in: *wordpress.com,* vom 23. Oktober 2006. URL http://usaerklaert.wordpress.com/2006/10/23/warum-abgeordnete-und-viele-beamte-in-den-usa-direkt-gewahlt-werden/

637 Harald Jähner: »Platz da für die Wirklichkeit«, in: *Berliner Zeitung Online,* vom 2. Dezember 2010. URL: http://www.berlinonline.de/berliner-zeitung/politik/321293/321294.php

638 »Für Schaeffler wird's noch schwerer«, in: *Focus Money Online,* vom 19. Februar 2009. URL: http://www.focus.de/finanzen/news/conti-milliardenverlust-fuer-schaeffler-wirds-noch-schwerer_aid_372646.html

639 »Rüttgers' Beleidung sorgt für Empörung«, in: *Hannoversche Allgemeine*, Online-Ausgabe, vom 4. September 2009. URL: http://www.haz.de/Nachrichten/Politik/Deutschland-Welt/Ruettgers-Beleidigung-gegen-Rumaenen-sorgt-fuer-Empoerung

640 »Guttenberg will Wirtschaft militärisch absichern«, in: *Handelsblatt.com*, vom 9. November 2010. URL: http://www.handelsblatt.com/politik/deutschland/sicherheitskonferenz-guttenberg-will-wirtschaft-militaerisch-absichern;2689173

641 »Aus der Sauna in die Hitze der Freiheitsnacht«, in: *bild.de*, vom 8. November 2009. URL: http://www.bild.de/BILD/politik/2009/11/08/angela-merkel-mauerfall/aus-der-sauna-in-die-hitze-der-freiheitsnacht.html

642 »Merkels Revolutionserfahrung ist gefragt«, in: *Welt Online*, vom 5. Februar 2011. URL: www.welt.de/politik/deutschland/article12458675/Merkels-Revolutionserfahrung-ist-gefragt.html

643 Enver Robelli: »Die Umsturz-GmbH«, in: *sueddeutsche.de*, vom 17. Februar 2011. URL: http://www.sueddeutsche.de/politik/proteste-in-der-arabischen-welt-die-umsturz-gmbh-1.1061251

644 Max Weber: *Die protestantische Ethik und der Geist des Kapitalismus.* Beck, München 1979, S. 45.

645 Franz Walter: »Die Rückkehr des Tumults«, in: *Spiegel Online*, vom 21. Januar 2007. URL: http://www.spiegel.de/politik/debatte/0,1518,461058,00.html

646 Ebd.

647 Ebd.

648 Internetlexikon Wikipedia, Stichwort »Kieler Matrosenaufstand«.

649 »Deutsche fürchten soziale Unruhen«, in: *Focus Online*, vom 26. April 2009. URL: http://www.focus.de/politik/deutschland/umfrage-deutsche-fuerchten-soziale-unruhen_aid_393507.html

650 »Merkel warnt vor Panikmache«, in: *Focus Online*, vom 24. April 2009. URL: http://www.focus.de/politik/deutschland/soziale-unruhen-merkel-warnt-vor-panikmache_aid_393010.html

651 Peter Glotz: »Was, wenn die Arbeitslosigkeit bleibt?«, in: *Frankfurter Allgemeine Zeitung*, vom 12. Mai 2005, S. 31.

652 In Jahre 2007 im Internet entstandenes Schlagwort gegen die innenpolitischen Pläne und Maßnahmen der Bundesregierung. Vergleiche. »Stasi 2.0: Widerstand mit Schablone gegen den Bundesinnenminister«, in: *sueddeutsche.de*, Wochenbeilage *jetzt.de*, vom 26. April 2007. URL: http://jetzt.sueddeutsche.de/texte/anzeigen/378419

653 »Deutschland im Herbst – Terrorangst und Polizeipräsenz«, in: *sueddeutsche.de*, vom 18. November 2010. URL: http://www.sueddeutsche.de/politik/nach-dem-mutmasslichen-bombenfund-deutschland-im-herbst-terrorangst-und-polizeipraesenz-1.1025755

654 Heribert Prantl: »Eine Terrorwarnung ist kein ABC-Alarm«, in: *sueddeutsche.de*, vom 18. November 2010. URL: http://www.sueddeutsche.de/politik/innenminister-de-maizire-eine-terrorwarnung-ist-kein-abc-alarm-1.1025146

655 »Konkrete Anschlagsplanungen – Merkel bestätigt reale Terrorgefahr«, in: *Spiegel Online*, vom 20 November 2010. URL: http://www.spiegel.de/politik/deutschland/0,1518,druck-730260,00.html

656 »De Maizière bremst die Scharfmacher aus«, in: *Spiegel Online*, vom 18. November 2010. URL: http://www.spiegel.de/politik/deutschland/0,1518,729892,00.html

657 »Scharfe Kritik an Minister Rech«, in: *n-tv.de,* vom 2. Oktober 2010. URL: http://www.n-tv.de/politik/Scharfe-Kritik-an-Minister-Rech-article1624921.html

658 »Schäuble will Grundgesetzänderung nach der Wahl«, in: *Spiegel Online,* vom 27. August 2009. URL: http://www.spiegel.de/politik/deutschland/0,1518,645345,00.html

659 »Geld wird überschätzt«, in: *Focus Money Online,* vom 25. September 2009. URL: http://www.focus.de/finanzen/karriere/management/tid-15624/mitarbeitermotivation-geld-wird-ueberschaetzt_aid_438595.html

660 Colin Crouch: *Postdemokratie.* Suhrkamp, Frankfurt am Main 2008, Klappentext.

661 Karl Marx: *Das Kapital.* Erster Band. in: Karl Marx/Friedrich Engels – Werke. Band 23. Dietz Verlag, Berlin/DDR 1969.

662 »DGB-Ökonom kritisiert Debatte über Finanzinvestoren«, in: *Spiegel Online,* vom 3. Mai 2005. URL: http://www.spiegel.de/wirtschaft/0,1518,354440,00.html

663 »Deutsche finden die Bundesrepublik ungerecht«, in: *Welt Online.* vom 18. Juli 2009. URL: http://www.welt.de/politik/deutschland/article4144197/Deutsche-finden-die-Bundesrepublik-ungerecht.html

664 Barbara John: »Der Anstand der Aufständischen«, in: *Tagesspiegel Online,* vom 6. März 2011. URL: http://www.tagesspiegel.de/meinung/der-anstand-der-aufstaendigen/3919532.html

665 Jakob Augstein: »Der Dieter Bohlen der Politik«, in: *Spiegel Online,* vom 24. Februar 2011. URL: www.spiegel.de/politik/deutschland/0,1518,747254,00.html

666 »Die Sehnsucht nach dem Gesalbten«, in: *sueddeutsche.de,* vom 4. März 2011. URL: http://sueddeutsche.dehttp://www.sueddeutsche.de/politik/guttenberg-de-mazire-friedrich-und-die-magie-der-demokratie-die-sehnsucht-nach-dem-gesalbten-1.1068171

667 »Guttenberg-Gegner verhöhnen Guttenberg-Fans«, in: *Spiegel Online,* vom 5. März 2011. URL: http://www.spiegel.de/politik/deutschland/0,1518,749271,00.html

668 Friedrich August von Hayek: *Liberalismus,* Mohr Siebeck, Tübingen 1979, S. 35.

669 »Its major function must be to protect our freedom both from the enemies outside our gates and from our fellow-citizens: to preserve law and order, to enforce private contracts, to foster competitive markets.« Milton Friedman: *Capitalism and Freedom.* The University of Chicago Press, Chicago und London 1962, S. 2.

Anhang

670 Bundeszentrale für Politische Bildung: »Chronik der Studentenproteste« URL: http://www.bpb.de/fsd/68zeitleiste/index.php; Freie Universität Berlin: *Kleine Chronik der Freien Universität Berlin.* URL: http://web.fu-berlin.de/chronik/chronik_Home.html; Freie Universität Berlin: *Archiv* »APO *und Soziale Bewegungen*« (APO-Archiv). URL: http://web.fu-berlin.de/APO-archiv/ und: »Zeit der Außerparlamentarischen Opposition (APO) und Endphase«, in: *Glasnost Archiv.* URL: http://www.glasnost.de/hist/apo/

671 Gretchen Dutschke: *Wir hatten ein barbarisches, schönes Leben.* Kiepenheuer & Witsch, Köln 1996, S. 98.

672 Quelle: *aktion* 7, S. 3, Dezember 1965. URL: www.glasnost.de/hist/apo/ost66.html

673 Eine Art »Operettenparlament« aus Professoren, Studenten sowie wissenschaftlichen und sonstigen Mitarbeitern.

674 Nach dem 1982 verstorbenen Schriftsteller Peter Weiss wurden Straßen, Plätze und Preise benannt. Siehe hier sein Interview: »Amerika will den Völkermord«, in: *Der Spiegel*, Nr. 32 vom 5. August 1968, S. 66. URL: http://www.spiegel.de/spiegel/print/d-46020816.html

675 Rolf Uesseler: *Die 68er.* Heyne, München 1998, S. 147.

676 Vergleiche: H. Heinemann: »Anmerkungen zur Taktik der formierten und faschistoiden Presse West-Berlins – Eine Kritik an der Springer-Presse anläßlich des Todes von Benno Ohnesorg«, Quelle: *berliner manuskripte* 2, vom Juli 1967 S. 12. URL: http://www.glasnost.de/hist/apo/spresse1.html

677 »Ohne SDS keine APO«, in: *Linksruck*, Nr. 226, vom 31. Januar 2007. URL: http://www.linksruck.de/artikel_1948.html

678 »Dutschke-Attentäter hatte Kontakt zu Neonazis«, in: *Spiegel Online*, vom 9. Dezember 2009. http://www.spiegel.de/politik/deutschland/0,1518,665334,00.html

679 Jürgen Miermeister/Jochen Staadt, a. a. O. S. 122.

680 »Kotzen wir's öffentlich aus: sind wir penisneidisch, frustriert, hysterisch, verklemmt, asexuell, lesbisch, frigid, zukurzgekommen, irrational, penisneidisch, lustfeindlich hart, viril, zickig, wir kompensieren, wir überkompensieren, sind penisneidisch. Frauen sind anders! Befreit die sozialistischen Eminenzen von ihren bürgerlichen Schwänzen.«

681 Ein roter Punkt auf der Windsschutzscheibe bedeutete: Ich nehme Anhalter kostenlos mit.

682 Quelle: »Geschichte der RAF«, in: *taz*, vom 22. April 1998, S. 3, und: »Die Geschichte der RAF«, in: Dossier *der Bundeszentrale für poltische Bildung.* URL: http://www.bpb.de/themen/TSS56U,0,0,Die_Geschichte_der_RAF.html

683 Jürgen Miermeister/Jochen Staadt, a. a. O., S. 209 ff.

684 »Erst mal wegschließen«, in: *Der Spiegel*, Nr. 21, vom 21. Mai 1990, S. 68–73.

685 Vergleiche: Internetlexikon Wikipedia, Stichwort »Mitgliedschaft in einer terroristischen Vereinigung«.

686 Hans Leyendecker: »DNS des Terrors«, in: *sueddeutsche.de*, vom 30. September 2010. URL: http://www.sueddeutsche.de/politik/verena-becker-vor-gericht-die-dns-des-terrors-1.1006360

687 »Gorleben-Chronik Teil 1 (1977–1993)«, in: Forschungsprojekt Energiepolitik. Jürgen Sattari. URL: http://www.Gorleben-archiv.de/Gorleben-Chonik-Teil-1.htm, und: »Riesiger Klotz«, in: *Der Spiegel*, Nr. 29, vom Juli 1978., S. 33. URL: Piratenpartei spielt SPD«, *Spiegel Online*, vom 21. November 2010. URL: http://www.spiegel.de/politik/deutschland/0,1518,730336,00.html

688 Abteufen = Herstellung von Schächten von oben nach unten.

689 Internetlexikon Wikipedia, Stichwort »Kurt-Dieter Grill«.

690 1992 trat sie der SPD bei.

691 »Stuttgart 21: Chronologie der Ereignisse«, dpa, vom 24. August 2010. URL:http://www.augsburger-allgemeine.de/Home/Nachrichten/Politik/Artikel,-Stuttgart-21-Chronologie-der-Ereignisse-_arid,2226679_regid,2_puid,2_pageid,4290.html

Register

Thomas Wieczorek

Die verblödete Republik

Wie uns Medien, Wirtschaft und Politik für dumm verkaufen

So wenig Niveau war nie! Selbst Qualitätsmedien berichten ausführlich und mit Hingabe vom Dschungelcamp oder Deutschland sucht den Superstar. Gleichzeitig dürfen von der Wirtschaft finanzierte Professoren auch in der Tagesschau dreist als unabhängige Experten auftreten. Ihre Phrasen werden uns als alternativlose Wahrheiten verkauft – während kritische Politsendungen im Nachtprogramm verschwinden.

Thomas Wieczorek deckt die Auswüchse der allgemeinen Massenverblödung auf. Und er geht der Frage nach: Wird sie bewusst betrieben? Und von wem? Und mit welchem Ziel?

Das Ergebnis seiner Recherchen ist Aufklärung im besten Sinne.

Knaur Taschenbuch Verlag